dtv

Leo Bauer 1970

MICHAEL SCHWELIEN

Der Mann der Schwester meiner Mutter

Eine deutsch-jüdische Familiengeschichte

dtv

Dieses Buch ist auch als E-Book erhältlich.

Ausführliche Informationen über unsere Autoren und Bücher
www.dtv.de

MIX
Papier aus verantwortungsvollen Quellen
FSC® C019821
FSC
www.fsc.org

Originalausgabe

Umschlagkonzept: Balk & Brumshagen
Umschlaggestaltung: Susanne Böhme unter Verwendung eines Fotos von SZ Photo/Alfred Strobel
Satz: pagina GmbH, Tübingen
Druck und Bindung: Druckerei C. H. Beck, Nördlingen
Gedruckt auf säurefreiem, chlorfrei gebleichtem Papier
Printed in Germany · ISBN 978-3-423-28058-7

Für meine Kinder
Lisa, Woody, Johnny, Tim, Greta und Klara
und meine Enkel Lionel und Daphne.
Damit ihr wisst, wo ihr herkommt.

Inhalt

Vorwort

In diesem Buch will ich vor allem die Lebensgeschichte von »Onkel Leo« erzählen. Onkel Leo war der Mann der Schwester meiner Mutter, also ein angeheirateter Onkel. Er hatte einen Doppelfehler im sogenannten Dritten Reich. Er war als Jude geboren und er ist als junger Mann Kommunist geworden. Sein Leben war eine Geschichte voller Fluchten.

Leo stammte aus einer Familie orthodoxer Juden und kam 1912 in Skalat zur Welt, etwa 150 Kilometer östlich von Lemberg. Lemberg war damals die östlichste Großstadt der K.-u.-k.-Monarchie. Es heißt heute Lviv und ist nunmehr die westlichste Großstadt der Ukraine. Leos Familie siedelte nach dem Ersten Weltkrieg in das deutsche Chemnitz um. Ihre Sitten und Gebräuche gab sie in der deutschen Industriemetropole nicht auf. Der Junge Leo wollte indes mit dem Jüdischen dort nichts mehr zu tun haben. Er ging nach Berlin, wurde Student – und Kommunist.

Als die Nazis an die Macht kamen, floh er über die Tschechoslowakei nach Frankreich. Dort koordinierte er die Flucht von Kommunisten und anderen Verfolgten aus Nazi-Deutschland. Er wurde in Frankreich interniert, floh in die Schweiz, wurde auch dort interniert, wurde wieder freigelassen, lebte in Genf und kam dort in Kontakt mit Geheimagenten aus aller Welt, auch mit denen des amerikanischen »Office of Strategic Services (OSS)«, dem Vorläufer der CIA.

Nach dem Krieg machte Onkel Leo bei der KPD Karriere in Frankfurt. Er wurde Abgeordneter in Wiesbaden und schrieb mit an der hessischen Verfassung. Von ihm stammt der Artikel 41, der sogenannte »Sozialisierungsartikel«, der die Überführung von Großbesitz im Bergbau, in der Eisen- und Stahlindustrie sowie im Energiebereich und dem Verkehrswesen in das Allgemeineigentum vorsieht. Auf einer Fahrt nach Berlin, wo Leo Bauer dem Zentralkomitee der Kommunistischen Partei Deutschlands Bericht zu erstatten hatte, geriet er in einen schweren Autounfall. Noch bevor er richtig wiederhergestellt war, wurde er von der Partei, der er in Treue fest diente, zur Arbeit in den Medien beordert. Nun machte Leo Karriere in Berlin. Er wurde Chefredakteur des Deutschlandsenders.

Dieser Sender wurde von den Sowjets kontrolliert, befand sich aber im britischen Sektor. Es hatte ihn bereits seit 1921 gegeben. Er war der stärkste Rundfunksender Europas. Bei der Machtübernahme der Nazis hatte sich die Redaktion der Verbreitung von deren Propaganda widersetzt.

Nach dem Krieg war es die Hauptaufgabe des Deutschlandsenders, die Propaganda der aus dem Zwangszusammenschluss von SPD und KPD in der Sowjetisch Besetzten Zone (SBZ) entstandenen Sozialistischen Einheitspartei Deutschlands, der SED, in den Westzonen zu verbreiten. 1949 wurde der Deutschlandsender zu einem reinen Hörfunkprogramm der neu gegründeten DDR. Die DDR-Zeitung *Neues Deutschland* beschrieb die politische Zielrichtung des Senders so: »In seiner Aufklärungsarbeit bekämpft er die Lügenhetze und widerlegt sie durch Tatsachen aus dem Leben der Werktätigen im östlichen Deutschland.«

Walter Ulbricht, der Mann an der Spitze des Zentralkomitees der neu entstandenen Staatspartei SED, welche auch der KPD in den Westzonen Weisungen gab, fürchtete den charismatischen, gut aussehenden und gewandt auftretenden Leo Bauer.

Weil Ulbricht Onkel Leo für einen »Trotzkisten« hielt, ließ er ihn beseitigen. 1950 wurde Leo aus der Partei ausgeschlossen und am selben Tag verhaftet. Nach langen quälenden Verhören – bei denen ihm ein russischer Großinquisitor ein Bild seines Sohnes zeigte und ihm bedeutete, er würde diesen Sohn nur dann wieder sehen, wenn er gestehe – gestand Leo Bauer alles, was man von ihm hören wollte.

Schließlich wurde er in Moskau – als »amerikanischer Spion«

und als »Trotzkist« – zum Tode verurteilt. Er wurde dort in eine Todeszelle gesperrt. Nach Stalins Ableben am 5. März 1953 wurde das Todesurteil zu 25 Jahren Haft in Sibirien »abgemildert«. Das hieß: Zwangsarbeit im Gulag. Mit einem Trick – in der Bundesrepublik setzte man Leo Bauer auf eine Liste deutscher Soldaten in sowjetischer Kriegsgefangenschaft – wurde er von der Regierung Adenauer freigekauft.

So kam unser Onkel zurück in die Bundesrepublik und wurde wieder Journalist. Zunächst arbeitete er für die Illustrierte *Stern*. Sehr viel wohler fühlte sich Leo Bauer bei der SPD-Theoriezeitschrift *Die Neue Gesellschaft*, deren Chefredakteur er im Anschluss wurde. So näherte er sich den Sozialdemokraten an, die er in der Weimarer Republik noch als »Sozialfaschisten« bekämpft hatte, so wurde er alsbald zu einem wichtigen Berater von Willy Brandt. Bis zu seinem frühen Tod 1972 – in der Folge einer Gelbsucht, die er sich in der sowjetischen Haft zugezogen hatte – blieb er den Idealen einer gerechten, sozialen Weltordnung treu.

In diesem Buch möchte ich aber auch von seiner Frau Gitta Bauer, meiner Tante, und ihrer Schwester Maria Schwelien, meiner Mutter, die mit Mädchennamen Dubro hießen, erzählen. Die beiden haben ihre jüdische Freundin im letzten Kriegsjahr vor den Nazischergen versteckt. Sie wurden dafür – meine Mutter posthum – im Washingtoner Holocaustmuseum und der Gedenkstätte Yad Vashem in Jerusalem, also in der »Gedenkstätte der Märtyrer und Helden des Staates Israel im Holocaust« als »Gerechte unter den Völkern« geehrt. Meine im Sommer 2015 jung verstorbene Schwester überreichte mir vor zehn Jahren – als ich in einer schweren persönlichen Krise steckte – die Yad-Vashem-Medaille für meine Mutter und meine Tante Gitta mit der französischsprachigen Inschrift *Quiconque sauve une vie sauve l'univers tout entier* – Wer ein Leben rettet, rettet das ganze Universum.

Ich möchte in diesem Buch überdies von meiner Großtante Anna-Elisabeth Liedig, Tante Ami genannt, erzählen. Sie war die Schwester meiner Großmutter und hatte vor dem Krieg in Berlin für eine Metallfirma im Besitz zweier Juden – Robert Baruch und Willy Cohn – gearbeitet. Vier Jahre nach der sogenannten Machtergreifung setzte sich Tante Ami nach Holland ab, die wichtigsten Firmenunterlagen ihrer jüdischen Chefs im Gepäck. In Amsterdam hat sie dann geholfen, die beiden Familien der Firmeninhaber, die Familien Cohn und Baruch, zu verstecken und zu versorgen.

Für ihren Anstand ist auch Tante Ami belohnt worden – mit der holländischen Staatsbürgerschaft. Das erfüllte sie mit großem Stolz. Die Überlebenden der Familien Cohn und Baruch, die ihren Betrieb in Rotterdam als Roba Metallurgische Handelmaatschappij weiterführen und ihn nach dem Krieg zu einer erfolgreichen, an mehreren Orten in Europa tätigen Metall verarbeitenden Firma ausbauen konnten, haben überdies für den Rest ihres Lebens für sie gesorgt. Diese Großtante hat uns Kindern am meisten über unsere Eltern in der Nazizeit erzählt. Von ihr stammen die meisten Informationen in diesem Buch.

Ich will auch von unserem »Onkel Werner« berichten. Dieser Onkel Werner – Werner Tom Angress – war nicht direkt mit uns verwandt. Er war ein Jugendfreund meiner Tanten in Berlin. Onkel Werner war ins Exil gegangen und 1939 als Farmarbeiter in den Vereinigten Staaten untergekommen. Bald nach seiner Einreise in die USA gab er sich selber den Namen Tom. Wie viele andere jüdische Exilanten aus Nazi-Deutschland meldete er sich bei der US-Army, um seine alte Heimat von der braunen Pest zu befreien. Er wurde im Camp Ritchie in Maryland zum Verhörspezialisten ausgebildet und landete dann – als Tom Angress – am D-Day, dem 6. Juni 1944, mit der 82nd Airborne, mit der ersten und größten Luftlandedivision der US-Army (»America's Guard of Honor«), in der Normandie.

Es war sein erster richtiger Sprung mit dem Fallschirm. Wegen eines Navigationsfehlers seines Piloten – der für diesen Fehler vor ein Kriegsgericht gestellt wurde – war Onkel Werner versehentlich hinter den deutschen Linien gelandet. Es wäre eigentlich seine Aufgabe gewesen, deutsche Kriegsgefangene scharf zu verhören, um für die Alliierten herauszufinden, welche Pläne die deutsche Wehrmacht verfolgte. Nun aber war er selber erst einmal ein Kriegsgefangener. Hätten die Deutschen herausgefunden, dass dieser Tom Angress in Wirklichkeit ein deutscher Jude war – der Tod wäre ihm sicher gewesen. Sobald der Krieg zu Ende war, nahm sich Onkel Werner Urlaub, lieh sich einen Army-Jeep aus und fuhr nach Amsterdam, wo sich seine Mutter und seine Brüder versteckt gehalten hatten. So war er per Zufall der erste amerikanische Soldat, der Amsterdam nach der Kapitulation der Deutschen betrat.

Zuvor war er mit der Luftlandeeinheit über die Ardennen nach Deutschland vorgerückt und hatte in der *Battle of the Bulge* gekämpft, von den Deutschen Ardennenoffensive genannt, bei der drei deutsche Armeen im Winter 1944 den Westalliierten erhebliche Verluste bescherten.

Toms »All American«-Luftlandedivision mit dem doppelten »A« auf dem Ärmelabzeichen befreite nach dem Vorrücken auf deutschen Boden das KZ-Außenlager Wöbbelin bei Ludwigslust in Mecklenburg. Bei der Beerdigung der KZ-Häftlinge, zu der alle Ortsansässigen kommen mussten, so schrieb Werner – jetzt nur noch: Tom Angress –, ein junger Jude aus Berlin, dessen Vater, wie er später erfahren sollte, in Auschwitz ermordet worden war, hatte er einen SS-Offizier mit entsicherter Pistole gezwungen, aus Respekt vor den Toten seine brennende Zigarette auszudrücken.

Ich will in dieser Familiengeschichte auch in die heutige Zeit gehen und von meinem »Bruder« Kai-Alexander Moslé erzählen. Er ist genauso wenig mein leiblicher Bruder wie Onkel Werner mein leiblicher Onkel war. Kai ist der Sohn jener jüdischen Freundin, die meine Tante und meine Mutter versteckt hatten, und er ist der Enkel einer jüdischen Berlinerin namens Margot Baumgart, die wiederum die Tante von »Onkel Werner« war.

Margot Baumgart und Anna-Elisabeth Liedig waren Jugendfreundinnen, lange vor der Nazizeit, schon vor dem Ersten Weltkrieg. Mit ihrer Freundschaft fing diese deutsch-jüdische Familiengeschichte an.

Ich will überdies die Erlebnisse meines Vaters wiedergeben: Hans-Joachim Schwelien, der ehemalige Washington-Korrespondent des NDR. Mein Vater war als Jugendlicher in Berlin-Mitte Mitglied einer kleinen studentischen Oppositionsgruppe.

Die Gruppe nannte sich »Der Rote Student«. Mein Vater hat nie groß darüber geredet, er hat nur so viel erzählt: Seine Kommilitonen und er hätten nicht viel anderes getan als kleine Plakate und Flugblätter gegen die Nazis zu drucken und diese an Laternenpfähle und Litfaßsäulen zu kleben. Er sei als angehender Journalist der Verfasser dieser Texte gewesen. Im Hintergrund habe eine »richtige« Widerstandsgruppe, die »Rote Kapelle«, den »Roten Studenten« Hinweise für das sichere, richtige konspirative Verhalten gegeben.

Auf Hinweis der »Roten Kapelle« hätten die »Roten Studenten« englische Vornamen als Decknamen benutzt. »John« war der Deckname meines Vaters. Eines Tages sei ausgerechnet der Jüngste der Gruppe, ein sechzehnjähriger Schüler, von der Gestapo geschnappt worden. In diesem kriminalpolizeilichen Kader des NS-Staates dienten zu jener Zeit noch viele Mitglieder der alten preußischen Kriminalpolizei. »Und diese Polizisten«, so hat mein Vater mit einem merkwürdig anerkennenden Tonfall gesagt, »waren oft noch wirklich gute Kriminalbeamte im herkömmlichen kriminalistischen, also nicht im nationalsozialistischen, nicht im politischen Sinn.«

Die Gestapo stellte den sechzehnjährigen »Roten Studenten« vor die Wahl: Entweder du hilfst uns, deine Komplizen zu stellen, oder du endest am Galgen. Der Sechzehnjährige vermochte es nicht, diesem mörderischen Druck standzuhalten. Da der Deckname meines Vaters wegen seiner Tätigkeit als »Schriftführer« am häufigsten im Notizbuch des Wortführers der Gruppe auftauchte, hielt die Gestapo ihn, Hans-Joachim Schwelien, für den »Rädelsführer«. Er wurde der »Vorbereitung zum Hochverrat« wegen »illegaler Arbeit für eine linksstehende Organisation« beschuldigt und zu dreieinhalb Jahren Zuchthaus verurteilt. Im Anschluss an die Haftstrafe sollte er als einfacher »Schütze« von 1942 bis 1944 Dienst tun in der »Afrika Division 999«. Offiziell wurde diese Einheit genannt: »Strafdivision 999«.

So ist also mein Vater unter dem berühmt-berüchtigten Generalfeldmarschall Rommel in das umkämpfte Nordafrika gekommen.

Er hat mir gegenüber seine Tätigkeit bei den »Roten Studenten« wie auch die Arbeit der Gruppe bescheiden als »unbedeutend« hingestellt. Er sagte, seine Kommilitonen und er hätten doch gar nicht »viel gegen die Nazis ausgerichtet«. Für »nicht viel« war die Strafe aber gewaltig:

Eine Granate riss ihm bald nach der Landung im Gebiet des heutigen Tunesiens die halbe linke Schulter weg. Ein großer Splitter muss schräg von vorne, oben durch ihn hindurchgefahren sein. Nun hatte er zwei große Löcher im Oberkörper, eines vorne, gerade oberhalb des Herzens, das andere hinten, unterhalb des Schulterblattes – und seine Strafe für den »versuchten Hochverrat« war verbüßt, vorerst jedenfalls.

Nach dem Krieg holten unsere Eltern ihre »verlorene Jugend« nach. Sie feierten ausschweifende Partys. Es kam zu allen möglichen Seitensprüngen, Partnerwechseln und Ehekrisen. Unsere Eltern fühlten sich modern und aufgeklärt, auf jeden Fall nicht spießig, und sahen nach einiger Zeit sogar über einen Partnerwechsel hinweg. Eine meiner Tanten – ich hatte sieben, eine schwere Last! – stellte einmal auf einer Party einen neuen Gast mit folgenden Worten vor: »Dies ist So-und-so, die dritte Frau meines zweiten Mannes.«

So kam es auch, dass ich, immer wenn ich gefragt wurde, wer denn dieser Leo Bauer sei und was ich mit ihm zu tun hätte, antwortete: »Er ist der Mann der Schwester meiner Mutter.«

Tante Gitta, seine Frau und meine Tante, sowie ihre Schwester Hilde wurden mit Leo Bauer in Sippenhaft genommen, in den DDR-Knast »Bautzen« gesperrt und kamen noch längst nicht frei, als Leos Todesurteil am Ende der Ära Stalin im März 1953 zur Haft in Sibirien umgewandelt wurde. Die beiden Schwestern hielten danach ihr Leben lang zusammen. Sie waren unzertrennlich, auch wenn Ozeane zwischen ihnen lagen.

Wir Kinder sahen es, sobald wir es halbwegs verstehen konnten, immer als Glücksfall an, dass wir auf unsere Eltern wegen ihres Widerstands im Dritten Reich stolz sein konnten.

Während meiner Jahre bei der *Zeit* habe ich Fritz J. Raddatz, FJR, kennengelernt. Er kannte auch meine Eltern und erwähnt sie in seinen »Tagebüchern«. Ich will ihn an dieser Stelle bemühen und sage mit ihm: »Ich habe ja nie 90 Millionen Widerstandskämpfer gefordert – aber ich erlaube mir festzustellen, daß Heinz Rühmann eben nicht nur ›Quax der Bruchpilot‹ spielte oder ›Die Feuerzangenbowle‹, sondern widerliche Hetzlieder gegen Churchill sang: um seine Villa im Grunewald zu haben. DAS ›mußte‹ man eben gar nicht.«

Raddatz war oft sehr schnell in seinem Urteil. Er fand verkappte Altnazis und entdeckte Überbleibsel brauner Gesinnung bei so manch einem »Gewandelten«. Unsere Eltern hatten es nicht nötig, sich zu wandeln. Sie waren »Gerechte unter den Völkern«. Sie haben sich schon als junge Menschen gegen die braune Diktatur aufgelehnt, sie haben ihren jüdischen Freunden selbstlos geholfen.

Sie haben gezeigt: Man musste kein Mitläufer Hitlers sein und erst recht kein »williger Vollstrecker« (Daniel Goldhagen), nicht einmal ein unfreiwilliger Helfer. Man konnte sich auflehnen, man konnte widerstehen; es war möglich, jemandem bei der Flucht zu helfen. Die Geschichte zeigt: Es waren nur wenige. Die Geschichte meiner Familie zeigt aber auch: Es hätten mehr sein können. Denn sie waren nur »einfache, kleine Leute« und mein Vater sagte oft, »wir haben gar nichts Großes vollbracht, wir haben nur nicht bei den Nazis mitgemacht«.

Inzwischen sind sie alle verstorben. Ich bin meines Wissens das älteste lebende Mitglied meiner Familie. Über den Mann der Schwester meiner Mutter gab es Streit unter uns Nachkommen. Die einen bewunderten ihn rückhaltlos, andere meinten, er habe auf keinen Fall etwas mit dem Jüdischen zu tun, er sei ein »überzeugter Atheist« gewesen, wieder andere meinten gar, er sei in Wirklichkeit doch ein amerikanischer Spion gewesen und hätte seine »gerechte Strafe verdient«.

Die Jugendsünden der Achtundsechziger, zu denen wir uns zählten, kann man verzeihen, die gedankenlose Übernahme der DDR-Ideologie aber, diese Sünde kann man nicht verzeihen.

Es ist höchste Zeit, den mir Nahestehenden – meinen Eltern, meinen Tanten und Onkeln – einen Nachruf zu schreiben, ihnen ein Denkmal zu setzen. Dieses Denkmal wird nicht übermäßig poliert werden von mir. Sie waren keine Übermenschen, sie waren nicht frei von Fehl und Tadel. Ich werde auch ihre Widersprüche aufzeigen – indes will ich niemanden bloßstellen.

Ebenso muss ich den Wunsch mindestens einer KZ-Überlebenden respektieren, die nicht mehr an die »schreckliche Zeit« erinnert werden möchte, weil sie dies zu sehr »aufwühlt«.

Zu dem vorliegenden Buch gehört auch eine Schilderung des Lebens im neuen, im späteren Nachkriegsdeutschland: Wie kamen die Eltern, die Onkel und Tanten, die Juden – aktive wie nichtreligiöse – mit dem Land und dessen Menschen zurecht, von denen doch so viele immer wieder schworen, von »allem nichts gewusst« zu haben, die bis zum Überdruss behaupteten, »wir hatten doch keine Wahl, wir mussten mitmachen«, die gebetsmühlenartig wiederholten: »Was sollten wir denn machen? Wir konnten doch nicht alle emigrieren?« Wie lebten sie in einem Land, das sich bei der »Vergangenheitsbewältigung« nicht gerade mit Ruhm bekleckerte, das vielmehr gerade auch dank der völlig unzureichenden strafrechtlichen Verfolgung der Täter eine »zweite Schuld« (Ralph Giordano) auf sich geladen hat? Und wie konnten – das ist die größte Frage – deutsche Juden in das Land des Holocaust zurückkehren und hier auch noch Gutes tun?

Etliche aus unserer Familie – einige sogar an entscheidender Stelle – hatten ihren Teil daran, dass aus unserem Land trotz seiner schrecklichen Vergangenheit eine gelassene Demokratie geworden ist.

Früher war es ein Fluch, in diesem Land, in Deutschland geboren zu werden. Heute, sage ich, ist es ein Glücksfall. Auch dafür danke ich meinen Eltern, meinen Onkeln und Tanten – mit dieser »deutsch-jüdischen Familiengeschichte«.

Ich will nicht verschweigen, dass der Mut unserer Eltern, sich gegen die Nazis zu stellen, noch etwas anderes zur Folge hatte. Ich vermag es nicht genau zu benennen. Mir scheint aber – wenn es einen gemeinsamen Nenner bei meinen Verwandten gab –, dass dieser gemeinsame Nenner so etwas wie das Gegenteil von »Spießer« gewesen sein muss. Keiner der in diesem Buch geschilderten Menschen war spießig, ganz im Gegenteil. Aber was ist das Gegenteil von spießig? Ist es »unstet«? So etwas wird nicht genetisch vererbt, so etwas wird erlernt.

Mir scheint, der Nachholbedarf nach den Jahren der Haft oder der Flucht forderte einen späten Preis. Bei einigen aus dieser Generation ist aus der Suche nach der verlorenen Jugend auch Sucht nach Anerkennung und bei manchen leider auch eine unüberwindbare Sucht nach Krücken, wie dem Alkohol, geworden.

Die Verwerfungen, die so erzeugt wurden, blieben nicht ohne Spuren. Auch um diese Folgen des Widerstands gegen das Böse soll es in diesem Buch gehen.

Wenn sich jemand aus meiner Verwandtschaft daran stören sollte, dass damit alte Wunden wieder aufgerissen werden, dann bitte ich hiermit um Verzeihung.

I

Tante Ami erzählt

Es war an einem Nachmittag in den Schulferien, wahrscheinlich in den Herbstferien des Jahres 1964. Ich war bei Tante Ami zu Besuch. Plötzlich fuhr sie mich an: »Jungchen, hörst du mir überhaupt noch zu?« Ich tat es nicht. Ich hörte nicht zu. Ich las unter dem Tisch in einem Buch. Es war Ian Flemings James-Bond-Thriller *Live and Let Die*.

Ich war 16 Jahre alt und zu der Zeit wieder einmal Internatsschüler. Im Internat mussten nachmittags für zwei Stunden und abends für eine weitere Stunde Hausaufgaben im *Silentium* gemacht werden. Im *Silentium* durfte man sich mit nichts anderem beschäftigen als mit Schulbüchern oder fremdsprachigen Texten. Entweder konnten wir also anhand des aufgeschlagenen Diercke-Schulatlas in unserer Fantasie Reisen durch die ganze Welt unternehmen oder wir schossen mit 007 auf böse sowjetische Agenten, tranken unsere Martinis »geschüttelt, nicht gerührt« und verführten mit ihm wunderschöne Frauen, natürlich immer nur im englischen Original – schließlich war fremdsprachige Literatur im *Silentium* erlaubt, ja, sogar erwünscht. Es gab einen weiteren Grund, auf Englisch und nicht in der deutschen Übersetzung zu lesen. Wir lasen vor allem der »Stellen« wegen, von denen alle pubertierenden Jungs schon wussten, bevor sie das Buch überhaupt in die Hand genommen hatten. Im Deutschen zieht die James-Bond-Schönheit »Solitaire« ihre »fleischfarbenen« Strümpfe aus. Man fragte sich – auch unaufgeklärt –, was denn an »fleischfarben« verführerisch sein sollte. Im Englischen heißt es *nude*, wenn von durchsichtigen Nylonstrümpfen die Rede ist – und *nude*, nackt, das klingt doch gleich viel erotischer.

Es war nur halb gelogen, als ich Tante Ami versicherte, dass ich ihr zuhörte. Ich hatte ihre Geschichten so oft gehört, dass ich sie wie aus der Pistole geschossen repetieren konnte. Ich kannte sie in- und auswendig. Deshalb hielt ich es so: Wenn ich bei meiner Großtante zu Besuch in Berlin war und sie ohne Unterlass palaverte (immer wieder dieselben alten Kamellen), las ich unter dem Tisch ein Buch. Ich interessierte mich nicht übermäßig für die Geschichten über meinen Vater, meine Mutter, meine Onkel und meine sieben Tanten – zuzüglich meiner Großtante Ami, die mich alle auch irgendwie erziehen wollten. Das lehnt ein 16-Jähriger schon aus Prinzip ab.

Ami trug an jenem Nachmittag – wie immer zu dieser Uhrzeit – noch ihren verblichenen gesteppten, leicht seidig glänzenden grün-grauen Morgenmantel. Ihr weißes Haar war in großen Lockenwicklern aufgesteckt. Sie thronte am liebsten in ihrem übergroßen grünlichen Fledermaussessel, zu dem der Morgenmantel farblich gut passte. Auf einem »Nierentisch« – so genannt wegen der nierenförmigen Tischplatte: ihre einzige Konzession an das Design der fünfziger Jahre – stand in einem großen Wärmebehälter eine Kanne mit Ceylon-Tee. Dieser Tee wurde ihr aus Holland geschickt. Und sie wurde nie müde, das zu betonen.

»Ich beziehe meinen Tee ausschließlich aus den Niederlanden. Die Cohns schicken ihn mir immer noch regelmäßig. Du weißt doch, Jungchen – hörst du mir auch zu? –, die Cohns, die jetzt die Cohn-Baruchsche Handelmaatschappij in Holland führen, die Metallfirma, für die ich seinerzeit in Berlin als Sekretärin gearbeitet habe. Habe ich dir schon mal gesagt, was passierte, als ich mit den Firmenpapieren im Koffer über die Grenze ging?«

Sie hatte es gesagt, nicht nur ein Mal, hundert Mal.

Wie stets steckten noch zwei »Schrippen« in ihrem Tee-Muff, damit sie warm blieben. Diese Brötchen bestrich Tante Ami fingerdick mit Butter, wobei sie treuherzig meinte: »Ich muss die Butter ganz dünn draufkratzen, sonst bekomme ich noch Pickel von dem vielen Fett.«

Das »Kratzen der Butter« war wohl eine Erinnerung an den Krieg und die Zeit unmittelbar danach. Bei meiner Mutter und meinen Tanten wurde noch bis in die fünfziger Jahre hinein die Butter tatsächlich so dünn wie möglich auf das Brot geschmiert. Danach wurden die Stullen umgedreht und mit der gebutterten Seite kurz auf die Tischkante geschlagen, damit die Butter aus den »Poren« des Brots hervortrat und es nach mehr aussah.

1964 konnte Tante Ami sich Butter im Überfluss leisten. Es waren bald zwanzig Jahre seit Kriegsende vergangen. Die Familien Cohn und Baruch schickten ihr Butter aus Holland, wie auch vieles andere mehr: Ceylon-Tee und Orangenmarmelade, die Tante Ami daumendick auf die andere Hälfte der Schrippe strich.

Die weitere Versorgung musste ich (oder wer auch immer sie gerade besuchte) mit Einkäufen erledigen. Dazu gab Tante Ami strenge Anweisungen. Nein, nicht hinsichtlich der Preise, sie hatte Geld genug, aber sie meinte, sie müsse doch sehr auf Fett und Zucker achten, müsse aufpassen, dass sie davon »so gut wie nichts« zu sich nahm.

»Jungchen, du weißt doch …«, sagte sie gerne, während sie sich dick »Dubro-Salbe« ins Gesicht schmierte. Diese Salbe wurde ihr nicht aus Holland, sondern aus Ost-Berlin geschickt, von ihrem Bruder, meinem Großonkel Dubro, einem nach wie vor selbstständigen Apotheker in der DDR. Onkel Dubro stellte die fette, gelbe Salbe selber her und schrieb mit Füllfederhalter säuberlich in Sütterlinschrift auf das aufgeklebte Etikett: »Hervorragend geeignet für die Pflege von Pferden.« – »Jungchen, du weißt doch«, sagte seine Schwester also zu mir, dem pickeligen Jüngling, »dass Frauen in meinem Alter genau auf das Fett achten müssen, das sie zu sich nehmen oder das sie sich auf die Haut schmieren, sonst gibt es noch Pickel auf der ollen Faltenhaut.«

Wegen der gefürchteten Hautunreinheiten musste ich auch beim Metzger von dem ohnehin sehr mageren Lachsschinken den »Fettrand« abschneiden lassen. Aber Tante Ami war auf das Liebenswerteste inkonsequent und so ließ sie sich von mir immer zwei Esslöffel Zucker in den schweren Beaujolais hineinrühren, den sie trotz ihrer Beteuerung, »ick habe nie in meinem Leben Alkohol jetrunken«, schon nachmittags zu sich nahm, wahrscheinlich, weil er, wie auch Kardiologen wissen, den Cholesteringehalt im Blut senkt: »Aber, Jungchen, jib ordentlich Zucker rein, sonst ist der Wein viel zu sauer.«

Tante Ami, mit vollem Namen Anna-Elisabeth Liedig, Jahrgang 1894, hatte also vor dem Zweiten Weltkrieg für die »Cohn und Baruch Metallverarbeitende Industriegesellschaft« in Berlin gearbeitet – und sie hatte nach der Flucht der Firmeninhaber Cohn und Baruch aus Deutschland die Firmenunterlagen nach Holland gerettet.

Nach dem Krieg wäre sie wohl am liebsten in Holland geblieben. Aber sie hatte sich in den fünfziger Jahren entschieden, doch wieder nach Berlin zu ziehen, wo sie schließlich in der Halmstraße in Charlottenburg nahe dem Theodor-Heuss-Platz (für sie immer noch mit verächtlichem Unterton: »Reichskanzler-Platz«) eine Zweieinhalbzimmerwohnung bezog.

Sie war wegen uns, ihrer Familie, aus dem geliebten Holland in das ungeliebte Deutschland zurückgekommen. Aber fast alle von uns waren längst »in den Westen«, also die Bundesrepublik, umgezogen. So saß Tante Ami meistens allein in ihren zweieinhalb Zimmern in der Halmstraße. Die nun holländischen Familien Cohn und Baruch hatten ihr aus dem Pensionsfonds der Firma eine großzügige Rente ausgesetzt, die sie zusätzlich zu ihrer staatlichen deutschen Rente bezog: 857 Gulden im Jahr – das wären nach heutiger Kaufkraft ungefähr 6500 Euro. Also bekam Tante Ami umgerechnet gut 540 Euro im Monat zu ihrer deutschen staatlichen Rente hinzu. Ferner schickten ihr die Überlebenden der Familien Cohn und Baruch regelmäßig Lebensmittelpakete.

Mary Cohn ist die Tochter des einen der beiden Firmengründer, Robert Baruch. Sie hat als Einzige aus der Familie Baruch Auschwitz überlebt. Und sie hat nach dem Krieg Stefan Cohn, den Sohn des anderen Firmengründers, Willy Cohn, geheiratet. Mary Cohn war zur Zeit der Flucht vor den Nazis erst acht Jahre alt. Sie ist heute eine über achtzigjährige rüstige weißhaarige Frau, die ich eigens für dieses Buch zu einem Gespräch im niederländischen Hilversum aufgesucht habe. Sie erinnerte sich unter anderem an eins: »Ihre Tante war, wie soll ich sagen?, sie war geradezu *verslaafd* an den Kaffee.« Anders, als es sich für deutsche Ohren anhört, bedeutet dieses niederländische Wort keineswegs »verschlafen«, sondern »versklavt«.

Die Familie Cohn schickte ihrer »Liedig« regelmäßig den heiß geliebten holländischen *Koffie*, den ebenso heiß geliebten Ceylon-Tee, die Butter, die Tante Ami, ihrer Meinung nach, nur spärlich auf die Schrippen »kratzte«, sie schickte Kandiszucker, Gouda und die exquisite holländische Orangenmarmelade, alles Sachen, die zu dieser Zeit in Deutschland noch schwer zu finden und außerordentlich teuer waren. Tante Ami hatte nach ihrer eigenen, mit den Familienmitgliedern übereinstimmenden Erinnerung nie »einen Mann«. Das heißt, sie war nie verheiratet. Wohl aber war sie einmal »verlobt«. Ihr Verlobter fiel im Ersten Weltkrieg. So wurde sie schon zu einer »alten Jungfer«, bevor sie 25 Jahre alt war. Sie muss hübsch gewesen sein. Als sie Sekretärin bei Cohn & Baruch wurde, nannte man sie, wie damals üblich, *Fräulein* Liedig. Sie wurde bald zu einem Faktotum. Das »Fräulein Liedig« muss bei ihren Arbeitgebern sehr beliebt gewesen sein.

Robert Baruch war ein vermögender Mann. Er stammte aus einer gut situierten Familie in Temeswar, einer Stadt der »Donauschwaben«. Temeswar ist das historische Zentrum des Banat, war damals ungarisch, ist heute rumänisch. Die Familie der Baruchs war wohlhabend, sie war im Glashandel tätig, ihr gehörte eine Kupfermine. Sie waren Großgrundbesitzer. Das Haus, in dem Robert Baruch aufwuchs, hatte einen eigenen Tennisplatz. Aber der junge Robert Baruch wollte nicht einfach in die Fußstapfen seiner Vorfahren treten. Er hatte nicht die Absicht, nur von dem stetig wachsenden Familienvermögen zu zehren. Er wollte etwas erleben und selber etwas leisten. So brach er eines Tages auf und schrieb sich an der berühmten Universität Dresden ein. Diese Hochschule war im Mai 1828 als »Technische Bildungsanstalt zu Dresden« gegründet worden, um für die zunehmende Industrialisierung Fachkräfte für die Mechanik, den Maschinenbau und den Schiffsbau auszubilden. Robert Baruch entschied sich für das Fach Chemie, er studierte fleißig und machte alsbald seinen Doktor.

Der andere Firmeninhaber, Robert Baruchs späterer Freund und Partner, Willy Cohn, hatte einen ganz anderen Hintergrund. Er wuchs in einer Arbeiterfamilie auf. Seine Eltern legten sich schwer ins Zeug, um ihrem Willy eine gute Ausbildung zu ermöglichen. Aber auch dieser Chef des Fräulein Liedig hatte einen sturen Kopf. Er ging im Alter von 13 von der Schule ab, denn er wollte lieber sein eigenes Geld verdienen, als von dem hart erarbeiteten Geld seiner Eltern die Schulbank drücken.

Gleichwohl hatte er seine erste Arbeitsstelle dann doch wieder seiner Mutter zu verdanken. Der Zufall wollte es, dass sie Zeugin der Entführung der Tochter eines gewissen Moses Stern wurde. Dieser Moses Stern war Eigentümer und Geschäftsführer einer Firma, die seinen Namen trug, der M. Stern Aktiengesellschaft Essen (»Grösste Schrott Zerkleinerungs Betriebe«).

Frau Cohn hatte sofort nach der Entführung die Polizei alarmiert, und diese konnte das kleine Mädchen den Entführern entreißen. Der dankbare Moses Stern wollte die Retterin seiner Tochter belohnen. Er fragte Frau Cohn, was er für sie tun könne. Sie soll, so erzählt man es in der Familie, wie aus der Pistole geschossen geantwortet haben: »Ich habe einen Taugenichts von Sohn. Würden Sie ihm irgendwie helfen?«

Und so wurde der 13-jährige Willy Cohn auch zu einem Faktotum, er wurde, sagen wir einmal, »der Junge für alles« bei der Schrott verarbeitenden Altmetallgesellschaft Moses Stern. Er lernte von der Pike auf. Er war fleißig und strebsam. Er hatte einen hellen Kopf – so machte er Karriere bei M. Stern, gelang sogar in den Aufsichtsrat und wurde Teilhaber.

Das ungleiche Paar Robert Baruch und Willy Cohn – Baruch war der weltgewandte, charmante Träger eines akademischen Grades; Cohn war der dominante Selfmademan, nicht sonderlich gebildet, aber erfahren im Metallgeschäft – tat sich 1937 in Berlin zusammen. Eine ihrer ersten Angestellten war meine Großtante, »die Liedig«.

Robert Baruch führte damals ein großes Haus. Seine Tochter Mary, die Dame, die mich jetzt in ihrer schmucken Backsteinvilla in der Nähe des niederländischen Hilversum empfing, erinnert sich gut, wie ihr Herr Vater mit dem Fräulein Liedig umging. Er rief sie telefonisch, wann immer es ihm gerade passte, zu sich nach Hause: »Kommen Sie, Liedig, ich will Briefe diktieren.« Und so musste Tante Ami antanzen und stenographieren, was Baruch seinen Mitmenschen mitteilen wollte.

Tante Ami muss ihm sehr nahegestanden und auch die Privatpost erledigt haben. Mary Cohn, die zum *Kopje koffie* in ihrer Villa schweren, süßen holländischen *Cake* auftragen lässt, erinnert sich noch genau, wie ihr Vater »die Liedig« anwies: »Schreiben Sie an den und den, Sie wissen doch, das ist ein entfernter Cousin von mir in Brasilien, und, Liedig, Sie wissen doch, was ich ihm sagen will, also schreiben Sie es einfach, ja, in meinen Worten, und setzen Sie das übliche Blabla darunter – ich unterschreibe dann später.«

So erzählt Mary Cohn. Sie sagt auch: »Ihre Tante, die Liedig, nein, wir nannten sie nicht ›die Liedig‹, wir nannten sie ›Tante Liedig‹, also Ihre Tante war bei uns wie zu Hause, sie kannte ja die ganze Familie – und wir Kinder, ich war damals sieben oder acht Jahre alt, wir hatten keine Geheimnisse vor ihr. Sie war wirklich wie eine Tante für uns. Wir wuchsen mit ihr auf. Ach, nehmen Sie doch bitte noch ein Stück *Cake.*« (Bei diesem zweiten oder dritten Stück reichhaltigen Frühstückskuchens, der zur Hälfte aus Milch, Honig und Zucker besteht, wurde mir mit einem Mal klar, warum Tante Ami immer so sehr für die Fresspakete aus Holland schwärmte.)

Wie nahe stand Tante Ami ihrem Chef Robert Baruch wirklich? Sie muss ihn grenzenlos bewundert haben. Wenn Tante Ami doch nach eigenem Kundtun nie geraucht hat, unsere jüngeren Tanten indes von zwei bis drei Schachteln am Tag sprachen, wenn Tante Ami nie getrunken hat (»pfui deibel, nee«), wir aber doch immer Beaujolais für sie einkaufen und mit Zucker versüßen mussten, sollten wir ihr dann glauben, dass sie tatsächlich nur den einen »Verlobten« hatte, der im Ersten Weltkrieg gefallen ist? Sollten wir es für bare Münze nehmen, wenn sie verächtlich schnaubte, »Männer? Nee, für mich nich, denen rutscht doch immer gleich der Verstand in die Hose, wenn sie 60 werden«?

Paul Cohn, der Sohn von Mary und Enkel von Firmenmitbegründer Willy Cohn, führt heute die Firma »Roba Metal«. Er hat die Zeichen der Zeit erkannt und sagt stolz: »Ja, das ist aus uns ›Schrottjuden‹ geworden. Außer dem Handel, zumeist mit Geld, war uns ja über die Jahrhunderte hinweg alles verboten, wir durften nicht in die Zünfte gehen, wir wurden nicht von den Handwerkerinnungen aufgenommen, so wurden wir gezwungenermaßen Schrotthändler, eben Schrott*juden*. Und heute, da Recycling das Gebot der Stunde ist, sind wir eine hoch geachtete Metallrecyclingfirma.«

»Kann es stimmen«, frage ich Mary, »dass Ihr Vater beziehungsweise Ihr Großvater meine Großtante – wir nannten sie immer: Tante Ami – einmal mit Bier und Jenever betrunken gemacht hat? Sie hat das so erzählt.«

Ich hatte mich daran erinnert, wie Tante Ami mit glücklichem, mit verzücktem Blick berlinerisch schwärmte:

»Da hat mir doch der Baruch, er war so ein netter Mann, Jungchen, und immer ein Kavalier, da hat er mir doch ein Bier und einen Jenever nach dem anderen bestellt. Det war bei irjend so 'ner Feier. Und mir wurde plötzlich janz anders. Ick weeß jar nicht mehr, wat ick da allet jemacht habe. Aber am nächsten Tag, Jungchen, da hab ick et bereut. Ick kann dir sagen, allet drehte sich bei mir im Kreis herum – und mir war speiübel. Jott sei Dank war der Herr Baruch gleich zur Stelle und hat mir einjelegte Matjes jeholt. Die hab ick jejessen, und det hat mir jeholfen, wa. Ach, der liebe Baruch.«

Mary Cohn lacht: »Ja, so war er, das sieht ihm ähnlich. Nehmen Sie doch bitte noch ein Stückchen *Cake*.«

Als die Herren Cohn und Baruch sich 1937 in Berlin zusammentaten, hatten sie ihren Blick schon von Anfang an auf das neutrale Holland gerichtet. In Berlin regierte seit dem 30. Januar 1933 Adolf Hitler (Tante Ami: »Der Schicklgruber, Jungchen, ein österreichischer Parvenü, ick sage immer nur: Schicklgruber, da weiß jeder gleich Bescheid.«).

Aber auch in den Niederlanden taten sich Probleme für die Firmengründer auf: Zwar nahm die Regierung unter Premierminister Hendrik Colijn gemessen an der Größe Hollands mehr jüdische Flüchtlinge auf als die anderen an Deutschland grenzenden Länder. Bei der Zahl der aufgenommenen Emigranten aus Deutschland rangierten die Niederlande an dritter Stelle nach Frankreich und Großbritannien. Im Jahre 1938 aber sollten die Niederlande ihre Grenzen für Juden effektiv schließen. Ausnahmen wurden lediglich für jene gemacht, deren Leben nachweislich unmittelbar bedroht war. Das geschah nach den antisemitischen Pogromen in Deutschland. Während und direkt nach jener sogenannten »Reichskristallnacht« mit den vom Regime gelenkten und organisierten Gewalttaten gegen Juden im gesamten Deutschen Reich, in der Woche vom 7. bis 13. November 1938, wurden mehrere hundert Menschen ermordet oder in den Selbstmord getrieben, Zehntausende in Konzentrationslager verschleppt. Etwa 1400 Synagogen, Betstuben und Versammlungsräume sowie mehrere tausend jüdische Friedhöfe, Geschäfte und Wohnungen wurden zerstört.

Angesichts dieser Gräueltaten im Nachbarland öffneten die Niederlande ihre Grenzen wieder, wiewohl nur ein klein wenig: Von den 50 000 Flüchtlingen, die kamen, wurden lediglich 8000 eingelassen und auch dies nur auf Druck der Öffentlichkeit. Jene, die sich nicht selber versorgen konnten, und das waren die meisten, wurden in dem von der niederländischen Verwaltung in der Provinz Drenthe 1939 errichteten »Zentralen Flüchtlingslager Westerbork« untergebracht. Dort wurden sie nach der Besetzung der Niederlande durch die deutsche Wehrmacht im Mai 1940 gleich wieder von der nationalsozialistischen Judenpolitik getroffen und erneut auf das Unbarmherzigste drangsaliert und verfolgt. Die meisten der in Westerbork untergebrachten Flüchtlinge wurden am Ende direkt in die Vernichtungslager deportiert.

Robert Baruch und Willy Cohn hatten zunächst Glück gehabt. Ihnen war es gelungen, die Grenze zu den Niederlanden zu überqueren, bevor die restriktiven Maßnahmen der Regierung Colijn griffen. Jeder von ihnen verfügte über etwas Kapital und über eine ganze Menge an Erfahrung im Schrotthandel. Robert Baruch hatte die Geschäfte in der Berliner Niederlassung von Moses Stern geführt, und Willy Cohn saß im Hauptsitz in Gelsenkirchen im Aufsichtsrat. Somit war er auch Baruchs Chef. Von Baruch stammte der Plan, in den Niederlanden gemeinsam mit Cohn, mit dem er sich derweil angefreundet hatte, eine eigene Metallfirma aufzumachen.

Robert Baruch kam irgendwann im Frühsommer 1937 in Amsterdam an. Lebemann, der er nun einmal war, ließ er sich standesgemäß in der Edelherberge »Hotel de l'Europe« nieder. Das Grand Hotel aus dem 19. Jahrhundert liegt an der Amstel im Herzen der Stadt. Der entscheidende Grund für die Wahl dieses erstklassigen Hotels dürfte indes die Nachbarschaft zum Finanzdistrikt gewesen sein.

Einer seiner ersten Besuche galt dort dem Notar De Kup, der dafür zuständig war, Firmen den korrekten handelsrechtlichen Status zu verschaffen und die notwendigen Urkunden auszustellen. So setzte der Notar am 27. Juli 1937 den Titel für die »Roba« *Metallurgische Handelmaatschappij in oprichting N. V.* des *heer doctor ingenieur* ROBERT BARUCH auf. Die junge Firma wollte Handel betreiben mit »Metallen, Erzen und verwandten Artikeln«.

Tante Amis Chef hatte nun seine eigene, wie sie immer auf Niederländisch mit Stolz in der Stimme sagte, *»Handelmaatschappij«*. Bereits einen Monat später, im August 1937, wurde der Titel abgeändert, die Tätigkeit der »Roba Handelmaatschappij« ausgedehnt auf »den Import und Export und auf den Handel mit Metallen etc.«. Es waren goldene Zeiten für das Metallgeschäft angebrochen. Im selben Jahr 1937, hatten sich nämlich die Niederlande zu einer vollständigen Neuorganisation ihres Eisenbahnwesens entschlossen. Die beiden vorhandenen Eisenbahngesellschaften SS und HJSM sollten zu einer einzigen Gesellschaft zusammengeschlossen werden: den Nederlandse Spoorwegen (NS). Die Zahl der Fahrgäste war nämlich dramatisch gesunken, in dem kurzen Zeitraum von 1925 bis 1936 verdreifachte sich unterdessen die Zahl der Automobile in den Niederlanden. Im Jahr 1937 wurden von den vorhandenen 3701 Kilometern Schienennetz nur noch 3420 Kilometer benötigt. Im Zuge der Neuorganisation wurden die unprofitablen Verbindungen einfach gekappt.

Der anfallende Schrott fand eifrige Abnehmer: die Herren Willy Cohn und Robert Baruch aus Gelsenkirchen beziehungsweise Berlin.

Ihre neu gegründete Firma mietete sich ein im »Bunge-Gebäude« in der zentral gelegenen Amsterdamer Spuistraat, unweit des Hauptbahnhofs. Das Startkapital entsprach heutigen € 45 000. In den Büros im Bunge-Gebäude waren zehn Angestellte beschäftigt. Drei von ihnen hatten schon zuvor für die Herren Cohn und Baruch gearbeitet: die Herren M. Kaufmann und E. Catz sowie ein gewisses Fräulein Liedig, Tante Ami. In der Firmenchronik heißt es, zurückhaltend formuliert: »Fräulein Liedig war keine Jüdin. Ihre früheren Kollegen aber hatten keinen Gefallen an ihrer Solidarität mit ihrem jüdischen Chef gefunden; eine Entscheidung, wie sie sie getroffen hatte, wurde in der judenfeindlichen Atmosphäre des Deutschlands jener Jahre als Verrat angesehen.«

Mary Cohn sagt es ganz unverblümt: »Ihre Tante ist mit uns geflohen. Das musste sie nicht tun, sie war schließlich, wie sagt man doch?, sie war eine Reichsdeutsche!«

Frage von mir: »Kann es sein, dass man – wie viele Deutsche es später behaupten würden – damals, 1937, einfach noch nicht gewusst hat, was die SS und die Gestapo den Juden in Deutschland antaten?«

Mary Cohn, ohne nachzudenken: »Das ist Quatsch!«

So hätte es Tante Ami auch selber gesagt.

Es hatte sich schließlich so ergeben, dass Willy Cohn sich auf den Handel in der neuen Heimat, den Niederlanden, sowie auf den in der alten Heimat, Deutschland, und Robert Baruch sich auf das übrige, weltumspannende internationale Geschäft konzentrierte. So ist die gesamte Familie Cohn mit ihm nach Amsterdam gezogen, während die Baruchs noch in Berlin wohnen blieben.

Während einer Fahrt der Familie – ohne Vater Robert Baruch – nach Dresden passierte eine Lappalie mit ungeheuren Auswirkungen. Marys Bruder, Franz Ralf, streckte einem jungen Mädchen aus Gründen, die so nichtig waren, dass sich niemand mehr an sie erinnern kann, die Zunge raus. »Judenbengel!«, schimpfte dieses vermutlich »arische« Kind. Dessen Eltern – oder irgendein sich berufen fühlender Deutscher – erstatteten Anzeige. Nun wurde Frau Baruch, die Gattin des Firmengründers Robert Baruch und Mutter von Mary Cohn, in Dresden aufs nächste Polizeirevier vorgeladen.

»Und dann ging es«, erinnert sich Mary Cohn, »Hals über Kopf weg.« Mary Cohn war zu diesem Zeitpunkt gerade erst acht Jahre alt. Unterwegs auf der Flucht aus Nazi-Deutschland feierte sie, wenn man das noch »feiern« nennen kann, ihren neunten Geburtstag.

Was passierte nach dem »Judenbengel«, Frau Cohn?

»Das habe ich alles vergessen – alles vergessen wollen. Sehen Sie, ich war doch noch ein Kind, ein acht Jahre altes Mädchen, und ich habe von der Politik noch gar nichts verstanden. Ich weiß nur noch, dass ich zutiefst beleidigt war, weil ich keine blonden Zöpfe haben und nicht ›Heil Hitler!‹ rufen durfte.«

Und auch dies weiß sie noch: »Dass jedoch mein Bruder diesem Mädchen nicht die Zunge hätte zeigen sollen, dass dies schlimme Folgen haben würde, das habe ich auch verstanden.«

Die Mutter sei mit ihr und dem Bruder sofort von Dresden nach Italien, von dort über Jugoslawien und Frankreich bis nach Holland geflohen: »Wir konnten keine Möbel, wir konnten gar nichts mitnehmen.« Der Vater, so erinnert sie sich, sei noch kurz in Berlin geblieben und hätte sich von dort aus direkt in die Niederlande abgesetzt.

Und »die Liedig«?

»Sie muss in unser Haus gegangen sein, das schöne Berliner Haus, in dem uns immer so viele Menschen besuchten, und die Firmenpapiere geholt haben.«

Robert Baruch dürfte es der Liedig, seiner Sekretärin, so aufgetragen haben.

Sie wusste, was sie tat. Immer wenn Tante Ami von dieser Flucht mit zwei Schrankkoffern voller Akten sprach, geriet sie ins Schwärmen und stellte rhetorisch die Frage, die sie dann meist selber mit hochrotem Kopf beantwortete:

»Und weißt du, wat ick jesacht hab, Jungchen, als de Gestapo mich an der Grenze jefragt hat, was ick in de Koffern bei mir habe?«

»Du hast gesagt, Tantchen, ›ick bin eene Arierin, und det jeht se jar nischt an, meene Herrn, wat ick in meene Koffers hab‹, das hast du doch gesagt, Ami. Soll ich dir noch ein Tässchen Tee einschenken?«

»Und weißt du auch, du Schlauberger, was ich gesagt habe, als die Gestapo an der Tür klopfte, von der Wohnung in Amsterdam, in der ich mich vorne großbürgerlich vornehm gab und hinten die beiden Familien Cohn und Baruch versteckt waren?«

»Bitte erzähle es noch einmal, Ami, es ist so aufregend!«

»Aber hör mir auch gut zu, Jungchen, höre mir nur einmal richtig zu!«

»Das tue ich doch die ganze Zeit, Tantchen.«

»Ich habe sie angeherrscht«, in der Aufregung verlor Tante Ami den Berliner Dialekt, den sie meist dann bemühte, wenn sie zurück in die Rolle der braven, aber doch zu ihrem Chef aufsehenden Sekretärin schlüpfte: »Ich hab sie angefaucht, habe sie angeschrien, ›was wollen Sie von mir, meine Herren, ich bin eine Arierin, die hier Geschäfte zu erledigen hat, verschwinden Sie sofort! Aus meinen Augen! Hinaus!‹ So habe ich die Kerle abgefertigt, Jungchen.«

Erst viele Jahre später erfuhr ich, dass es leider doch nicht immer funktioniert hat mit dem Anherrschen der Gestapohäscher. Es war auf der Trauerfeier für Tante Ami, die 1976 verstorben ist. Dieser »Leichenschmaus« – so hätte Tante Ami selber erfreut gekräht – wurde von den Familien Cohn und Baruch ausgerichtet. Neben mir saß eine elegante Dame mittleren Alters, auf deren linkem Unterarm – sie trug eine kurzärmlige Bluse – eine Nummer tätowiert war. So etwas hatte ich nie zuvor gesehen. Es war die fortlaufende Häftlingsnummer, welche allen KZ-Insassen in den Unterarm gestochen wurde. Und die schöne Dame war niemand anders als jene Mary Cohn, die mich Jahrzehnte später bei den Recherchen für dieses Buch so nett in ihrer Villa bei Hilversum empfangen hat.

Ihr Sohn, Paul Cohn, hatte ausdrücklich darum gebeten, das Thema Konzentrationslager nicht anzusprechen. Es würde seine Mutter zu sehr aufregen. Sie möchte es, so das überhaupt geht, vergessen.

Robert Baruch hatte es also ins halbwegs sichere Holland geschafft und konnte wieder mit seiner Familie zusammenkommen. Sein Partner Willy Cohn konnte etwas später – im September 1937 – von Gelsenkirchen nach Amsterdam übersiedeln. Anders als die meisten der aus der Industriemetropole stammenden deutschen Juden mussten sich die Cohns nicht in dem »Kamp Westerbork« internieren lassen. Willy Cohn hielt, wie auch sein Partner Robert Baruch, 49 Prozent der Anteile der im Juli 1937 gegründeten »Roba Metallurgische Handelmaatschappij« (die übrigen zwei Prozent hielt ein dritter Partner, ein Bankier namens C. J. P. Crasborn, der später der Leitende Direktor der Hausbank von Roba, der Bank H. Albert de Bary & Co., werden sollte).

Ein Ereignis am anderen Ende der Welt kam den Firmengründern indirekt zugute: Im Mai 1937 war das deutsche Luftschiff LZ 129 »Hindenburg« in Lakehurst, New Jersey, dem Flughafen in den USA, explodiert. Mit dem Brand der Wasserstofffüllung zerbarst auch der Traum von der schnellen Luftfracht. Der Eisenbahnausbau und der Schiffbau erhielten angesichts des wachsenden Welthandels weiter Auftrieb, und das war von großem Vorteil für eine Firma, die Altmetall als preiswerten Rohstoff für die Bahnlinien und Werften liefern konnte.

Willy Cohn hatte aus Gelsenkirchen wertvolle Kontakte zu führenden Leuten bei den Niederländischen Eisenbahnen mitgebracht, die ihm kein Nazi hatte nehmen können. Nun zahlten sie sich aus. Es gelang ihm, große Mengen an Schienen und anderem Material aufzukaufen und es an Gießereien weiterzuverkaufen.

Zusätzlich zu diesem reinen Handel mit Metallen unterhielt Roba auch ein kleines Lager im alten Amsterdam Dock, wo vorübergehend Buntmetall gelagert werden konnte. Die verschiedenen Ladungen an Kupfer, Aluminium, Blei und vor allem Zink wurden dort aussortiert. Das meiste kam von der Firma Bammens in Utrecht, die Mülltonnen herstellte, aus deren Produktion zinkhaltige Asche ein Abfallprodukt war. Die Weltwirtschaftskrise der dreißiger Jahre schien ein Ende zu finden. Die Niederlande hatten ihre Währung, den Gulden, im Jahre 1936 mit positiven Auswirkungen auf die Volkswirtschaft stark abgewertet. Man rückte vom Goldstandard ab und die zerstörerische Spekulation mit dem Gulden endete. Im Januar 1938 drohten die Metallarbeiter mit Streikaktionen. Sie forderten eine Lohnerhöhung von 10 Prozent. Die Arbeitgeber willigten alsbald in eine Erhöhung um vier Cent pro Stunde ein, was einer Steigerung der Löhne um 7,5 Prozent gleichkam. Die Arbeiter in dem Lager der Firma Roba im alten Dock von Amsterdam dürften zu jener Zeit gut 50 Cent die Stunde verdient haben. Ein anständiger Lohn, den die Metallurgische Handelmaatschappij sich zu bezahlen leisten konnte. Allem Anschein nach hatten die Herren Cohn und Baruch neue und erfolgreiche Karrieren im neutralen Holland begonnen.

Sie konnten es sich auch schon bald erlauben, größere Büros in der 6–8 Nieuwe Doelenstraat zu beziehen. Und Tante Ami, wie sie selber zu sagen pflegte, »imma mittemang – ick war ja die Seele von det Janze«.

Unterdessen stiegen international die Spannungen. Nazi-Deutschland bewaffnete sich mit großer Geschwindigkeit und schüttelte hohnlachend die »Knebelverträge« ab, die nach dem Ersten Weltkrieg geschlossen worden waren, um ein Wiedererstarken des Reichs in Europas Mitte zu verhindern.

Die Niederlande fürchteten eine Verletzung ihrer Neutralität. Doch die lange Tradition des Pazifismus verhinderte eine wirksame Verstärkung der eigenen Streitkräfte. Die 1936 an die Macht gekommene Regierung des Hendrik Colijn wollte das ändern – aber erst, als es zu spät war. Dabei hatte der Ministerpräsident Erfahrung in der Kriegsführung. Als junger Mann hatte er an den holländischen Kolonialkriegen teilgenommen und zehn Jahre in der Kolonialarmee gedient. 1911 wurde Colijn zum Kriegsminister berufen. Zu jener Zeit organisierte er das niederländische Einberufungssystem von Grund auf um. Am Ende des Ersten Weltkriegs betätigte er sich als Vermittler zwischen Großbritannien und dem Deutschen Reich, um zu helfen diesen Krieg zu einem Ende zu bringen. Colijns Vermittlungstätigkeit führte auch dazu, dass der deutsche Kaiser Wilhelm II. nach seiner Abdankung in den Niederlanden Zuflucht fand.

Am 10. Mai 1940 musste aber ihre Majestät, Königin Wilhelmina von den Niederlanden, proklamieren:

> »Mein Volk,
> nach all den Monaten, in denen unser Land sich strikt an die Neutralität gehalten hat und obwohl es keinerlei andere Absicht hatte, als streng und konsistent bei dieser Haltung zu bleiben, startete die Deutsche Wehrmacht gestern Nacht, ohne jegliche Vorwarnung, einen Überraschungsangriff auf unser Staatsgebiet.«

Die gewaltige Übermacht von Nazi-Deutschland zeigte sich schnell: Binnen fünf Tagen, einen Tag nach der Zerstörung von Rotterdam am 14. Mai 1940, kapitulierten die Niederlande.

Anfangs brachte die deutsche Besatzung noch nicht sehr viel Leid für die Holländer mit sich. Ihnen wurde die zweifelhafte Ehre zuteil, von den Nazis als »Brudervolk« behandelt zu werden. Der deutsche Reichskommissar Arthur Seyß-Inquart hatte von Hitler selber den Befehl erhalten, den Lebensstandard auf dem gleichen Niveau zu halten wie im Deutschen Reich. Für die Industrie war eine »Verflechtung« mit der Deutschlands vorgesehen – was nichts anderes bedeutete als ihre vollständige Unterjochung unter die deutsche Rüstungsindustrie, bei welcher ganze Fabrikeinrichtungen und vollständige Lagerbestände ins Reich abtransportiert wurden. Für die Bevölkerung galt zunächst »Gleichberechtigung« – ausgenommen die Juden, deren Betrieben keinerlei Eigenrechte mehr zugestanden wurden.

So hatten es die Familien Cohn und Baruch nicht nur erneut mit der sie hetzenden deutschen Meute zu tun. Sie mussten auch die Kollaborationsbestrebungen der Regierung Colijn fürchten. Nach der Invasion und nachdem die königliche Familie ins Exil gegangen war, hatte der Ministerpräsident einen Essay geschrieben, Titel: *Op de grens van twee werelden (Auf der Grenze zweier Welten)*. Darin rief er dazu auf, die deutsche Führung in Europa zu akzeptieren. Er schränkte lediglich ein, dass er als »Calvinist für nationalsozialistische Gedankengänge irgendwelcher Art nicht zu haben« sei.

Zu Colijns Ehrenrettung muss gesagt werden, dass er wenig später versuchte, einen Widerstand gegen die deutsche Besatzung zu organisieren. Er wurde daraufhin – im Juni 1941 – verhaftet und nach Berlin gebracht. Im März 1942 wurde er zwar aus der Haft entlassen, durfte aber nicht nach Hause zurückkehren, sondern musste unter Hausarrest und nur von seiner Frau begleitet in einem Hotel im thüringischen Ilmenau leben. Er starb dort 1944. Falls Himmler ihn als Geisel genommen hatte, um ihn in seiner alten Rolle als Vermittler einzusetzen, so kam es dazu jedenfalls nicht mehr.

Die jüdische Firma Roba war zu keiner Zeit als ein möglicher »gleichberechtigter« Betrieb angesehen worden. Die Besatzer übernahmen einfach die Büros in der Nieuwe Doelenstraat, welche die Handelmaatschappij zwei Jahre zuvor so stolz bezogen hatte, und betrachteten diese als ihr Eigentum.

Mit tätiger Hilfe der »Arierin« Anna-Elisabeth Liedig fand die Roba aber schnell neue Räume in der Van Baerlestraat, gerade außerhalb des Grachtenrings. Doch beiden Eigentümern, Willy Cohn und Robert Baruch, wie auch ihrer Chefsekretärin, der Liedig, war klar, dass auch die »Gleichberechtigung« und die zur Schau gestellte Freundlichkeit der Besatzer gegenüber den Holländern nicht von Dauer sein würde. Schließlich hatten sie miterlebt, wie die Nazis ihren Terror während der Olympischen Spiele 1936 in Berlin zeitweilig minderten und sich der Weltöffentlichkeit als freundliches Volk zeigten, um gleich danach umso härter wieder zuzuschlagen.

Robert Baruch versuchte kurz nach der Invasion der Deutschen mit seiner Familie nach Großbritannien zu entkommen. Doch ihr Versuch, mit einem Boot von IJmuiden über den Ärmelkanal zu kommen, scheiterte.

Beide Direktoren sahen ein, dass sie zu Vorsichtsmaßnahmen anderer Art würden greifen müssen. Sie hatten bereits am 29. Juni 1940 einen Herrn Koers zum Direktor der Firma ernannt. Dieser Koers war kein Jude, er wird eine Galionsfigur ohne eigene Macht gewesen sein, ein loyaler Statthalter. Tante Ami hat ihn bei ihren Erzählungen nicht einmal erwähnt. Willy Cohn und Robert Baruch müssen genau gewusst haben, dass es nur eine Frage der Zeit war, bevor die Nazis ihnen Stellung und Vermögen rauben würden. Mit der Ernennung von Koers hofften sie wohl, dies ein wenig hinauszögern zu können.

Häufig wiederholt hat Tante Ami allerdings die Geschichte von der Wohnung der Anna Prinz, einer katholischen Verwandten, die für Mary Cohn ebenfalls eine »Tante« war, indes eine blutsverwandte.

»Hörst du mir auch wirklich gut zu, Jungchen?«

James Bond unter dem Tisch mit dem Fuß zugeklappt und geantwortet: »Aber selbstverständlich, Tante Ami. Du hast gerade erzählt, wie die beiden Familien Cohn und Baruch sich in dieser Wohnung ihrer nichtjüdischen Tante versteckt hielten, wenn die Gestapo oder die SS mal wieder Razzien unternahm, und du hast erzählt, wie du vorne in der großen Wohnung gewacht hast, wie du an die Tür gegangen bist, wenn die Nazis kamen, was du ihnen gesagt hast, nachdem du die Tür geöffnet hast, bevor sie diese eintreten konnten.«

»Nu, wat hab ick denn da gesacht, Jungchen?«

»Du hast sie angeherrscht, sie sollten verschwinden, du seist eine ›Arierin‹ und sie hätten hier gar nichts zu suchen.«

»*Precies!* Genau! Das habe ich gesagt, Jungchen, immer wieder!«

Bereits im Februar 1941 wurden über vierhundert Juden in Amsterdam von den deutschen Häschern aufgetrieben und nach Mauthausen verschleppt. Kurz zuvor war der erste Erlass in Kraft getreten, mit welchem Juden aus dem Geschäftsleben gedrängt wurden. Der Firma Roba wurde ein Herr G. A. de Vries als Administrator zugeteilt. Dieser de Vries dürfte indes nicht der schlimmste der Nazikollaborateure gewesen sein. Zwar profitierte er. Aber er sorgte auch dafür, dass die Angestellten von Roba genug zu essen bekamen. »Trotz der allgemeinen Knappheit«, sagt G. W. M. Smaling, einer der Angestellten der ersten Stunde und später ein Direktor von Roba, »war der Kühlschrank bei der Roba immer gut gefüllt.«

Herr de Vries beließ es nicht dabei, den Kühlschrank zu füllen. Er ging auch zu dem Theater, der *Hollandse Schouwburg*, in dem die Juden zusammengepfercht wurden, bevor man sie über Westerbork in die deutschen Vernichtungslager verschleppte. Nicht unähnlich dem durch Steven Spielbergs Film ›Schindlers Liste‹ bekannt gewordenen deutsch-mährischen Industriellen Oskar Schindler, der in seinem Rüstungsbetrieb Juden aus Polen und der Tschechoslowakei beschäftigte und somit 1200 von ihnen vor dem Tod in Auschwitz bewahren konnte, rettete de Vries mehrere Dutzend Juden vor dem Abtransport aus der Schaubühne, indem er sie für unentbehrlich für den kriegswichtigen holländischen Metallbetrieb erklärte.

Währenddessen versteckten sich Willy Cohn und seine Frau in der Wohnung der Tante Anna, ihre Kinder brachten sie anderswo unter. In diesem Haus wohnte dauerhaft anscheinend noch ein weiterer Deutscher.

Es ist nicht mehr in Erfahrung zu bringen, ob er etwas über die im Gebäude untergetauchten Juden wusste. Tante Ami hat ihn nie erwähnt. Aber auch er muss irgendwie dafür gesorgt haben, dass die Durchsuchungen oberflächlich blieben. Beide Cohns – wie auch ihre Kinder – überlebten den Krieg und den Naziterror.

Auch den Baruchs gelang es zunächst, den Nazihäschern zu entkommen. Eine Schwester von Tante Amis früherem Chef konnte in Hamburg Ausreisevisa nach Ungarn für die ganze Familie beschaffen. Schließlich stammten die Baruchs ursprünglich von dort. Sie wähnten sich glücklich und sicher, als sie sich in Budapest niederließen. Ungarn war ein Bündnispartner Deutschlands und hatte eine faschistische Regierung – aber es wurde nicht von den Deutschen besetzt. Bis in das Jahr 1943 hinein gab es dort auch keine systematische Verfolgung von Juden.

Der umtriebige Robert Baruch gründete zusammen mit einem ungarischen Partner ein Import-Export-Geschäft. Innerhalb eines Jahres wurde es aber offensichtlich, dass die Familie Baruch in Ungarn keineswegs in Sicherheit war. Es musste zwar wegen der Neutralität der Niederlande – von denen sie ihre Pässe hatten – keiner von ihnen den »Judenstern« auf seiner Kleidung tragen. Gleichwohl wurden sie alle im Jahre 1944 aufgegriffen und in die Konzentrationslager in Deutschland verschleppt.

Auch in Holland ging es nicht mehr so gut. Der Verwalter de Vries – der in den Anfangsjahren das Schlimmste hatte verhindern können, zumal die Roba als »kriegswichtig« eingestuft worden war – wurde von einem Deutschen namens Nagel verdrängt. Dieser war als »Liquidationstreuhänder« eingesetzt worden. Denn ob »kriegswichtig« oder nicht, es war Befehl von ganz oben aus Berlin gekommen, alle jüdischen Geschäfte seien zu »liquidieren«. In dieser Zeit stieg auch die Zahl der Durchsuchungen rapide an. Die Cohns konnten ihnen entgehen. Doch wurden ihre Mitarbeiter Catz und Kaufmann, die mit Tante Ami und den Firmengründern aus Deutschland geflohen waren wie alle Juden, derer die Deutschen in den Niederlanden habhaft werden konnten, im Zuge dieser systematischen Überfälle festgesetzt und verschleppt.

Der Liquidierer Nagel schien anfangs keine Eile gehabt zu haben, die Firma Roba zu zerschlagen. Es gab so gut wie nichts mehr zu veräußern. Bereits 1944 hatte Nagel die Bestände aus dem Lagerhaus in der Kadijksplein nach Deutschland verschiffen und in Lagern der deutschen Kriegsmarine unterbringen lassen. Als Empfänger war eine »Eisen & Metall AG« in Gelsenkirchen bezeichnet.

Welche Ironie des Schicksals: Diese Aktiengesellschaft war keine andere als die »arisierte« M. Stern AG, für die Willy Cohn und Robert Baruch vor ihrer Flucht aus dem Dritten Reich gearbeitet hatten. Für diese »Lieferung« bekam das verbliebene Management mit der Sekretärin Liedig einen Schuldschein der deutschen Marine ausgehändigt. Damals glaubte keiner daran, dass er jemals würde eingelöst werden können.

Doch es kam überraschend anders.

Niemand hat je erfahren, was den Treuhänder Nagel dazu gebracht hat, doch noch umzudenken, sich auf gewisse Weise reuig zu zeigen. War es, dass er das baldige Ende des Kriegs kommen sah und seine Haut retten wollte? Hat der den Eigentümern gegenüber loyale Direktor Koers doch Druck auf Nagel ausgeübt oder ihm vielleicht einfach nur gut zugeredet? Wir wissen es nicht. Auf jeden Fall trieb Nagel die Schuld für die an die deutsche Kriegsmarine abgestoßenen Güter in letzter Minute ein: 100 000 Gulden.

Das sollte sich noch als sehr nützlich für die Roba erweisen.

Der Winter 1944 auf 1945 war furchtbar für die Niederlande. Der Süden des Königreichs war von den Alliierten bereits befreit worden. Der größte Teil des Landes, alles nördlich der *grote rivieren* – der großen Flüsse, Rhein, Maas und Schelde –, war in deutscher Hand verblieben. Und die Deutschen plünderten alles, was zu haben war, lenkten Schiffe mit Lebensmitteln nach Deutschland um und schnitten zugleich die großen Städte von jeglicher Lieferung an Lebensmitteln ab. Bis zum November 1944 herrschte eine effektive, eine alles strangulierende Blockade.

Als wegen der Bedrängnis an allen Fronten diese Blockade nicht mehr durchgehalten werden konnte, gab es weder Lastwagen noch funktionierende Güterbahnen, um die Versorgung wieder aufzunehmen. Auch die Binnenschifffahrt war unterbrochen. In der Kälte waren sämtliche Kanäle zugefroren. Im Dezember wurden die täglichen Essensrationen auf 500 Kalorien pro Person abgesenkt. In jenem Winter starben im Westen der Niederlande über 22 000 Menschen an Hunger. Am schlimmsten litten die Juden. Viele hielten sich bis zur letzten Minute der deutschen Besatzung versteckt. Sie wagten sich einfach nicht auf die Straße – aus Angst, sie könnten doch noch verschleppt werden. Ami konnte einigen ein bisschen helfen. Sie leistete Kurierdienste für die Familie Angreß, die sie aus Berlin kannte und von denen einige Mitglieder sich in Amsterdam versteckt hielten (wovon in einem späteren Kapitel noch die Rede sein wird). Aber selbst jene, die sich einigermaßen frei bewegen konnten, hatten oft keine

Möglichkeit, die versteckten Freunde zu ernähren. Tante Ami bedauerte das bis zu ihrem Tode: »Wir hatten einfach nischt zum Beißen, Jungchen, das könnt ihr euch gar nicht vorstellen.«

Das alles – wie überhaupt der Krieg – hatte in den Niederlanden am 5. Mai 1945 ein Ende. Zwei Tage später ergaben sich deutsche Truppen. Die offizielle Kapitulation kam am 7. Mai 1945.

Radio Herrijzend Nederland (Die Niederlande werden wiederauferstehen), das in dem brutalen Winter aus Eindhoven gesendet hatte, brachte die Nachricht um 16 Uhr 15:

> »Hier spricht Radio Herrijzend Nederland. Liebe Mitbürger, der Augenblick ist gekommen, an dem wir sagen können, der Krieg in Europa ist vorbei.«

In diesem Mai 1945 kam Willy Cohn aus seinem Versteck. Nichts von dem, was er mit Robert Baruch von 1936 an aufgebaut hatte, war übrig geblieben. Und von seinem Kompagnon fehlte jede Spur. Einen Hoffnungsschimmer bot die letzte Amtshandlung des Liquidationstreuhänders Nagel. Cohn verfügte dank dessen Eintreibung der Außenstände bei der deutschen Kriegsmarine über ein Startkapital. Er fand einen neuen Partner in seiner Hausbank, H. Albert de Bary & Co. Und er unternahm das, was er am besten konnte: Er kaufte gebrauchte Armeebestände der Amerikaner in Heidelberg auf, alte Panzer, Jeeps, Lastkraftwagen. Diese verkaufte er als Schrott an luxemburgische Firmen, die das Kriegsmaterial auseinandernahmen, das Metall einschmolzen und zur Wiederverwendung in der Stahlindustrie aufbereiteten.

Zwei Jahre danach nahm Willy Cohn, nunmehr 60 Jahre alt, auf Anraten von de Bary Kontakt zum niederländischen Wirtschaftsministerium auf. Die Beamten dort wiederum rieten ihm, er solle doch wieder Geschäfte mit seinen vormaligen Partnern in Deutschland machen. Es zeigte sich als weitere Ironie der Geschichte, dass ausgerechnet der Handel mit Deutschland von entscheidender Bedeutung für die wiederauferstandene Roba Handelmaatschappij sein sollte.

Nach Kriegsende kam Mary Baruch, die Tochter von Robert Baruch, nach Budapest. Sie hatte Auschwitz überlebt und wollte in Ungarn ihre Familie suchen, und zwar in Budapest, dem Ort, von dem aus sie und ihre Angehörigen verschleppt worden waren. Sie fand niemanden mehr.

So ging sie wieder nach Holland, wo Willy Cohn sie wie eine eigene Tochter aufnahm. Mary arbeitete nicht bei Roba, ihr gehörte aber die Hälfte der Firma. Und die Bindungen wurden noch enger. Im Jahre 1951 heiratete sie Stefan Cohn, den Sohn von Willy Cohn. Dieser Stefan Cohn hatte sich in Brasilien versteckt, am anderen Ende der Welt. Und »die Liedig« hatte die Briefe seiner Angehörigen in Holland an ihn geschrieben.

Auch Tante Ami ging zurück in ihre alte Heimat. Vorher war Anna-Elisabeth Liedig noch von den Niederlanden mit der holländischen Staatsbürgerschaft geehrt worden. Was das betraf, so spielte ihr die Erinnerung einen kleinen Streich. Sie sagte immer: »Hörst du mir auch zu, Jungchen? Man hat mich doch zur holländischen Ehrenbürgerin gemacht.« In Wirklichkeit war das nicht möglich. Es können nur Holländer zu Ehrenbürgern ihres Landes ernannt werden. Anna-Elisabeth Liedig wurde lediglich »ehrenhalber« zur Bürgerin der Niederlande ernannt.

Die Firma Roba blieb ihr ein Leben lang treu. Für die jüdische Firma war die Loyalität gegenüber den Angestellten ein Muss. Es war im Jahr 1957, als Stefan Cohn seinem Vater Willy Cohn gegenüber Beschwerde über die mageren Ergebnisse des zurückliegenden Geschäftsjahres führte.

»Ich will davon nichts hören«, hatte ihn Willy Cohn zurechtgewiesen, »wir haben alle genug zu essen gehabt, und niemand ist zu kurz gekommen.«

Die Firma hat noch nie jemanden aus finanziellen Gründen entlassen. Aber bis heute, da es ihr wieder blendend geht, hat sie nicht einen einzigen Firmenwagen deutschen Fabrikats gekauft. »Wir mögen die Deutschen nicht«, sagt Paul Cohn, der Sohn von Stefan Cohn und Mary Cohn, geborene Baruch, der heutige Firmenchef, der von der Pike auf bei Roba das »Recyclinggeschäft« gelernt hat, »einzelne Deutsche natürlich ausgenommen.«

Die »*Geachte juffrouw* Liedig« erhielt unter dem Datum des 13. Oktober 1954 von dem Roba-Pensioenfonds einen Brief an die Adresse Sprengelstraße 3 in Berlin-Spandau (es handelt sich um dasselbe Haus, in welchem meine Mutter und eine meiner anderen Tanten ihre jüdische Freundin Ilse Moslé das ganze letzte Kriegsjahr vor den Nazis versteckt hatten – wovon später noch die Rede sein wird):

> »Nu U de leeftijd van 60 jaar heeft bereikt, doen wij U bij dezen namens alle deelgenooten onze hartelijkste gelukwenschen met deze gebeurtenis toekomen – Jetzt da Sie das 60. Lebensjahr vollendet haben, können wir Ihnen unsere herzlichsten Glückwünsche aus diesem Anlass im Namen aller Teilhaber senden … (und Ihnen eine Rente von 856,80 Gulden pro Jahr zusichern).«

Man wünschte ihr überdies noch ein langes Leben, um »diese Rente genießen« zu können.

Tatsächlich lebte Tante Ami noch weitere 20 Jahre in Berlin, wo meine Geschwister, Tanten, Cousins und ich sie abwechselnd besuchten.

Anfang der siebziger Jahre holte sie eine Krankheit ein, die sie schon lange befallen haben musste: Herpes Zoster, bekannt als »Gürtelrose«. Die Krankheit wird durch ein Virus ausgelöst und tritt bei älteren Menschen infolge von Stress oder wegen eines geschwächten Immunsystems auf. Dieses weit verbreitete Virus wird häufig bereits in der Kindheit übertragen. Womöglich hat also am Ende der Stress, unter dem Tante Ami in der Blüte des Lebens stand, gesiegt, indem er das Virus aktivierte, das sonst so viele Menschen ohne Folgen in sich tragen.

Ein bisschen schwierig war es, sie in dem Pflegeheim Henry-und-Emma-Budge-Heim in Frankfurt-Seckbach unterzubringen. Der Träger, die Henry-und-Emma-Budge-Stiftung, ist eine gemeinnützige Einrichtung, die seit ihrer Gründung 1920 ältere jüdische und christliche Menschen betreut. 50 Jahre nach der Gründung und 25 Jahre nach dem Kollaps des Dritten Reichs –

als eine Anna-Elisabeth Liedig um Aufnahme ersuchte – wurden aus verständlichen Gründen jüdische Menschen bevorzugt aufgenommen. Man teilte uns mit, es sei kein Zimmer für Tante Ami frei.

Ein Brief von Stefan Cohn aus Holland änderte das über Nacht.

Er schrieb, das »Fräulein Liedig« sei »unter Juden aufgewachsen, »sie kann nicht anders.«

Sie hatte es selber ein ganz klein wenig anders gesagt: »Ich habe unter Juden gelebt, nun will ich auch unter Juden sterben.«

So verbrachte Tante Ami noch ein paar Monate in dem schönen Heim. Ich musste sie fast täglich besuchen. Ich arbeitete als »Sekretär« in dem »Sozialistischen Büro« in Offenbach und sie rief mich täglich mindestens zwei Mal an: »Du kommst doch noch vorbei, Jungchen, ich muss dir noch so viel erzählen!«

Den Mitbegründer der Roba Handelmaatschappij und Schwiegervater des Stefan Cohn, ihren geliebten ersten Chef Robert Baruch, hat sie indes nie wiedergesehen.

Er ist nach dem Krieg nicht mehr aus Auschwitz zurückgekommen.

II

Eliezer Lippa Ben Jossip David ha Cohen

Von Tante Ami hatte ich schon früh gehört, dass er ein »Salonkommunist« gewesen sei. Viel anfangen konnte ich mit dieser Bezeichnung nicht. Ich wusste nicht, was ein Kommunist ist, erst recht nicht, was ein *Salon*kommunist ist. So richtig böse schien Tante Ami – »Hörst du mir auch gut zu, Jungchen? Ich will dir etwas über deinen Onkel Leo Bauer erzählen, also höre gut zu, det war so ein richtiger Salonkommunist!« – darüber aber nicht zu sein.

Wenn sie sonst von Kommunisten sprach – Walter Ulbricht, für sie der »mit dem Zickenbart« –, dann wurde ihr Tonfall abfällig und hasserfüllt, dann mokierte sie sich mit ihrem großen schauspielerischen Talent über die »Ganoven«, die sie vortrefflich nachäffte.

Mit Vorliebe gab sie Ulbrichts Rundfunkansprache zur Berlin-Blockade zum Besten. Und zwar besonders gern ihre Version, die im breitesten Sächsisch vorgetragene Antwort des damaligen Staatsratsvorsitzenden der DDR Ulbricht zu der Frage, weshalb die Sowjets zwar den Straßen- und Schienenverkehr, nicht aber den Luftverkehr der Alliierten nach Berlin blockiert hatten: »Nü, die westdeutschen Bürger wöllen doch och fliejen. Das wöllen wir ihnen nicht nöhmen. Wir fliejen doch och überallhin.« Jeder wusste – auch ein Teenager wie ich –, dass die Bürger der DDR nirgendwohin fliegen durften.

Tante Ami hatte genauso viel Angst vor den Kommunisten wie vor den Nazis – in dieser Hinsicht vertrat sie, ohne das Wort jemals zu benutzen, Hannah Arendts »Totalitarismustheorie«.

Für sie waren Kommunisten nicht weniger schlimm als die Nazis. Wie für sie Adolf Hitler nur der »Schicklgruber« war, war für sie Josef Stalin nur »der Dschughaschwili mit dem Schnauzbart« und Walter Ulbricht nur »der Mauerbauer mit dem Zickenbart« – für sie war die »rote Gefahr« nicht minder bedrohlich als die »braune Gefahr«.

Sie ließ uns aus Angst vor den »Russen« zu den Besuchen bei ihr nach Berlin fliegen: »Jungchen, komm doch mit der guten alten Pan!« Damit meinte sie die zwischen Frankfurt, Hamburg, Hannover, Nürnberg, München, Stuttgart, zeitweise auch Saarbücken und Berlin-Tempelhof verkehrende, dabei auf den Lufttransitrouten der Westalliierten über die DDR hinwegfliegende Pan American World Airways. »Dann können die Russen dich nicht unterwegs einsperren.«

Die »gute alte Pan« war neben der französischen Air France und den britischen British-European-Airlines (BEA) eine der drei Fluggesellschaften, die nach dem Besatzungsrecht West-Berlin von Westdeutschland aus anfliegen durften. Für einen Teenager war das ein herrliches Vergnügen, ein wunderbarer Luxus: Eine viermotorige Propellermaschine; im Luftkorridor nach Berlin betrug die maximale Flughöhe 3000 Meter, was die Sache herrlich wackelig machte; ein dreigängiges Menü, serviert von schicken amerikanischen Stewardessen in hellblauen Uniformen, die stets »fleischfarbene« Strümpfe trugen …

Tante Ami meinte, ihren »angestammten« Sitzplatz in der Maschine der »guten alten Pan« an einem Zigaretten-Brandfleck in dem Bodenteppich erkennen zu können – »ick setz mir imma uf denselben Platz, Jungchen, den erkenn ick an dem Fleck uf'm Boden«.

Irgendwie hätte ich von ihr erwartet, dass sie voller Abscheu über Onkel Leo sprach, wo dieser doch ein Kommunist war. Aber der Zusatz »Salon« schien die Sache ein wenig abzumildern. Das Wort »Salonkommunist« sprach Tante Ami ohne klar erkennbare Wertung aus. Da sie aber nichts unkommentiert lassen konnte, erklärte sie dann doch, warum sie von Onkel Leo als einem Salonkommunisten sprach: »Det war doch so 'n Anjeber, der trug imma zwee Aktentaschen mit sich rum, eene für de Butterstullen und sen Whiskey, de andre für seene Agitationsschriften, wa!«

Als ich Onkel Leo das erste Mal so um 1964 herum sah, hatte ich doch ein wenig Angst. Würde er mich entführen und mich in der »Zone« den Russen übergeben? Ich wusste nicht, dass er zu dieser Zeit längst kein Kommunist mehr war, mithin nicht einmal mehr ein *Salon*kommunist. Ich wusste auch nicht, dass er ein Jahrzehnt zuvor aus einem Lager in Sibirien entkommen war.

Auf einmal stand er vor mir in der winzigen Dreizimmersozialbauwohnung in Frankfurt am Dornbusch, wo ich seinen Sohn André, meinen Cousin, besuchte. Leo war ein groß gewachsener Mann, sehr hager, seine dichten, lockigen Haare waren zurückgekämmt, seine dunklen Augen funkelten entschlossen unter den buschigen Brauen.

Diese Wohnung war von unserer Oma Dubro gemietet worden. Dort wohnte aber nicht nur sie, dort wohnten auch – womit sich Oma Dubro nach dem seit dem Kaiserreich bis 1968 geltenden Paragraf 180 des Strafgesetzbuchs der »Kuppelei« schuldig machte – die Tanten Hilde und Gitta (mit ihrem Sohn André). Diese Tante Gitta, noch die Ehefrau von Leo Bauer, wohnte bei Oma Dubro, ihrer Mutter, nicht nur mit ihrer Schwester und ihrem Sohn, sondern auch mit ihrem Freund, dem »Platz«, sowie ihrem Irischen Setter namens »Sherry«, dem Hund, den sie und Jochen Platz nach reichlichem Konsum des spanischen Liqueurweins gekauft und gleich danach benannt hatten.

Und auch dies konnte ich nicht verstehen: Wer war dieser »Mann« meiner Tante Gitta, wenn sie doch schon einen »Mann« hatte, den blonden Hünen und ehemaligen Napola-Schüler Jochen Platz, der uns immer so nett mit einem Glas Dunkelbier belohnte, wenn wir für ihn den Hund Sherry »Gassi« geführt hatten?

Auf einmal stand nun Leo vor André und mir und sagte: »Wir gehen jetzt zum Sechstagerennen.« Auch André hatte keine Kindheitserinnerungen an seinen Vater. Er war ein halbes Jahr alt gewesen, als Leo verhaftet wurde. Aber das mit dem Radrennen hörte sich doch schon einmal ganz gut an. Und unfreiwillige Komik gab es obendrein: Mit einem Mal kreischte Tante Gitta »Platz! Mach Platz! Mach jetzt sofort Platz!« Damit meinte sie aber nicht ihren blonden Freund. Sie meinte den Setter Sherry mit dem leuchtend roten Fell.

Der Hund legte sich gerne unter den niedrigen Cocktailtisch aus der Teakholzgarnitur, welche sie und »der Platz« mit den Honoraren aus den – nächtlichen – Übersetzungen billiger amerikanischer Krimis angeschafft hatten. Unter der Tischfläche war ein Bastgeflecht für die Ablage von Zeitungen eingezogen, was den von Sherry als Hundehütte benutzten Raum unter dem Tisch noch niedriger machte. Auf dem Tisch standen Biergläser und Schnapsgläser – immer! Das Lieblingsgetränk meiner Tanten war Bier mit Cognac, aber nur »von de janz billige Weinbrandts«, also »Dujardin« oder »Tisserand«. Tante Gitta frühstückte immer zwei Eier (»nach den Entbehrungen im Knast brauche ich das einfach«, sagte sie, »in den drei Jahren Haft in Bautzen gab es nie ein Ei, nicht einmal«), alle tranken reichlich Kaffee.

Wir Jugendliche bekamen Kakao und brieten uns Spiegeleier (was bei den Abrechnungen, die unsere Eltern untereinander nach den Besuchen machten – 1 Mark 50 pro Frühstück, 3 Mark 50 für ein Mittagessen, 2 Mark für ein Abendessen –, von der jeweiligen »Gastgeberin« zusätzlich in Rechnung gestellt wurde). Der Aufpreis für ein Ei kam durch Gittas Wünsche zustande. Eier waren damals noch verhältnismäßig teuer – für uns, die wir nicht in DDR-Haft sitzen mussten, gab es höchstens ein Ei pro Woche, das »Sonntagsei«, es sei denn unsere jeweiligen Eltern zahlten extra.

Das Frühstücksgeschirr stand auch noch auf dem Tisch, die überquellenden Aschenbecher ebenfalls. Als es klingelte, schreckte Sherry unter dem voll bedeckten Tisch hoch. Die Tanten und Onkel retteten, was zu retten war, bevor der Tisch kippelte und alles auf den Boden fiel: »Platz, mach Platz, Sherry! Und Prösterchen! Erst mal einen heben auf den Schreck! Prösterchen, Platz!«

Leo nahm uns, seinen Sohn und mich, in diesem Chaos einfach an den Händen und sagte: »*Wir* gehen jetzt zum Sechstagerennen in die Festhalle!«

Wir waren froh, der Enge der Sozialbauwohnung entkommen

zu sein, nicht abwaschen und aufräumen, nicht mit dem Hund ums Karree laufen zu müssen.

Unten sah Onkel Leo die Straßenbahn kommen. »Los«, rief er, »die schaffen wir noch!« Als André und ich zur Haltstelle rennen wollten, hielt er uns aber fest. Er lachte und sagte: »*Wir* fahren mit dem Taxi!«

Das war also ein *Salon*kommunist: ein Sportsfreund, der mit dem Taxi zum Sechstagerennen fuhr (und dort mehr Süßigkeiten, Würstchen und Limonade spendierte, als wir jemals zuvor bekommen hatten – ohne dafür unseren Müttern auch nur einen einzigen Pfennig in Rechnung zu stellen).

Das war also der Mann der Schwester meiner Mutter.

Sein Geburtsname war Eliezer Lippa Ben Jossip David ha Cohen. *Eliezer* stammt aus dem Hebräischen und heißt »Gott ist Hilfe«. *Lippa* könnte ein Vorname sein, womöglich ist es aber auch ein Familienname, der auf die Herkunft eines wichtigen Vorfahren aus Lipova, der altungarischen Stadt Lippa in der historischen Region, dem Banat, hinweist. Juden kannten ursprünglich keine Familiennamen. Als die staatlichen Behörden im Europa des 18. und 19. Jahrhunderts die Registrierung von Nachnamen durchsetzten, ließen viele Juden die Namen ihrer Geburtsorte als Nachnamen eintragen.

Später in der Zeit der Flucht und des Widerstands gegen die Nazis sollte Onkel Leo den Decknamen *Katz* benutzen, dieser dürfte etymologisch aus »Cohen-Zadek« (»Priester der Gerechtigkeit«) hervorgegangen sein.

Ungefähr zwei Jahre nach Leos Geburt, am 6. August 1914, erklärte Österreich-Ungarn dem zaristischen Russland den Krieg. Onkel Leos Großvater ist 1914 bei einem der judenfeindlichen Pogrome, die damals – noch mitten im Weltkrieg – in Galizien, und nicht nur dort, an der Tagesordnung waren, ermordet worden. So siedelte Onkel Leos Familie im Herbst 1914 nach Chemnitz um. Die Stadt galt als das »Klein Manchester« von Sachsen. In Chemnitz, dem zu DDR-Zeiten der Name »Karl-Marx-Stadt« verpasst werden sollte, herrschten damals die Textilindustrie und der Maschinenbau vor. Leos Vater war Oberhaupt der »Kewra

Kedischa«, der Totenbruderschaft, die im Vereinsregister als »israelitischer Krankenpflege-Unterstützungs- und Beerdigungsverein« geführt wurde. Für die orthodoxe jüdische Familie war es ein gewaltiger Schritt vom galizischen »Stetl« in eine Stadt, über die es in einer offiziellen Selbstdarstellung von 1923 hieß, sie sei ein Ort »werbenden Schaffens, dröhnender Hammerschläge und kraftvollen Pulsierens der Technik«.

Die jüdische Gemeinde klagte damals selber über einen besonders hohen Ausländeranteil unter ihren Mitgliedern. So sagte ihr Vorsitzender Louis Ladewig im Jahr 1921 bei einer Rede auf dem Deutsch-Israelitischen Gemeindetag: »Bei uns besteht die weitaus größte Mehrzahl der Juden aus Ausländern … Von den 20 000 Seelen der Leipziger Gemeinde sind 6000 Ausländer. In Chemnitz haben wir über 4000 Juden und davon nur 900 Deutsche. Wir haben wohl ein Herz für unsere ausländischen Glaubensgenossen … und wir haben das bewiesen, indem wir 2000 ausländische Juden, die bei Kriegsbeginn nach Chemnitz überwiesen wurden, in der ganzen Zeit durchgehalten haben … Wir haben Hunderttausende für sie geopfert, um zu verhindern, dass sie in Konzentrationslager kämen … Wir wollen ihnen alles gewähren, aber eines können wir nicht: Wir können ihnen nicht das Wahlrecht geben. Wir können nicht die Ausländer über unsere deutschen Juden verfügen lassen.«

Onkel Leo wurde, wie die meisten anderen »Ausländer«, religiös erzogen, er lernte hebräische und jiddische Lieder singen. Diese Lieder sang er später meiner Tante Gitta manchmal vor. Sie erinnerte sich so daran: »Und das Merkwürdige war, dann warf er den Kopf zurück … so, wie ich es später in Synagogen in Israel gesehen habe … Er war ein vollkommen anderer Mensch dann. Das war auch für mich eine andere Welt, die ich nicht kannte, trotz meiner persönlichen Bekanntschaft mit Juden … Die Juden, die ich aus Berlin kannte, waren sehr assimiliert und nicht so religiös.«

Leo war bald auch nicht mehr »so religiös«. Er legte den mosaischen Glauben bereits als junger Mann ab. Später in seinem Leben wurde er erst recht zu einem dezidierten Atheisten. Er hat nach dem Krieg keine Entschädigung wegen der Verfolgung als Jude angenommen – er beharrte darauf, dass er keiner gewesen sei. Leo musste Hebräisch lernen. Aber er war stärker vom Denken seiner Lehrer und Mitschüler auf dem Realgymnasium geprägt als von dem Denken seiner unmittelbaren Familie. Er, der bald darauf selbst zu den Kommunisten stoßen und am Ende seines Lebens überzeugter Sozialdemokrat sein würde, freute sich allerdings noch über den Einmarsch der Reichswehr 1923 in Sachsen. Diese setzte die Koalitionsregierung von SPD und KPD kurzerhand ab. Die Freude des Jungen hatte einen einfachen Grund. Es gab schulfrei. Die Soldaten wurden nämlich in den Klassenzimmern untergebracht.

Den größten Einfluss hatte auf Onkel Leo ein Lehrer. Für ihn war dieser Lehrer »das Vorbild, das jeder junge Mensch braucht«. Leo Bauer hat einen Roman hinterlassen, der nie veröffentlicht wurde. Der Protagonist dieses stark autobiografischen Werkes, ein »Ludwig Bergmann«, ist unverkennbar Leos Alter Ego. Dieser Ludwig Bergmann sagt über seinen Lehrer:

> »Er beantwortete im Gegensatz zum Vater die zweifelnden Fragen Ludwigs mit der Marx'schen Darstellung des Ablaufs der Geschichte der Menschheit und der Darlegung der wirklichen Ursachen der Ungerechtigkeiten und sozialen Unterschiede zwischen den Menschen. Er machte als erster Bergmann mit der theoretischen Literatur des Sozialismus vertraut, gleichzeitig aber auch mit den Schriftstellern und Dichtern jener Zeit, die sich zum Sozialismus und damit als Feinde des Nationalismus bekannten.«

III

Im Roten Orden

So trat an die Stelle des Judentums der Sozialismus. Dieser sollte Leo Bauers Religion bis ans Ende seines Lebens bleiben.

1927 wurde Leo, gerade erst 15 Jahre alt, Mitglied der Sozialistischen Arbeiterjugend (SAJ), der Jugendorganisation der SPD. Er nahm diese Mitgliedschaft sehr ernst. Für ihn war die Tätigkeit bei der SAJ von Anfang an »politische Arbeit«: »Als Fünfzehnjähriger fuhr ich Abend für Abend ins Erzgebirge, um mit Freunden gemeinsam für die Sache des Sozialismus zu werben. In den armen Dörfern begegnete ich dem Elend der Heimarbeiter, das sich kaum unterschied von den Schilderungen in Hauptmanns ›Die Weber‹.«

Abend für Abend ins Erzgebirge, um für den Sozialismus zu werben – das konnte auf Dauer nicht gut gehen. Diese erste politische Arbeit von Leo hatte das Sitzenbleiben in der 11. Klasse zur Folge. Er ging sogleich von der Schule ab und zog auf eigene Faust, alleine, nach Berlin um.

Leo wollte gebildet sein. So holte er sein Abitur in einer Privatschule am Nürnberger Platz in Berlin nach. Dadurch konnte er ein Studium der Rechte und der Nationalökonomie an der Humboldt-Universität beginnen. Sein erstes persönliches Erlebnis mit der Nazirepression war seine Zwangsrelegation von der Humboldt-Universität im Jahre 1933.

Auch wechselte er seine politische Heimat und trat 1931 von der Sozialistischen Arbeiterjugend (SAJ) der SPD über zur Sozialistischen Arbeiterpartei Deutschlands (SAP), einer linken Abspaltung von der Sozialdemokratie. Diese Sozialistische Arbeiterpartei war die sogenannte Klassenkampfgruppe, die sich bildete, als die sozialdemokratisch geführte Reichsregierung trotz der

Wahlkampfparole der SPD »Für Kinderspeisung, gegen Panzerkreuzer!« den Bau eben eines solchen Panzerkreuzers, den Panzerkreuzer »A« bewilligte. Onkel Leo, noch nicht einmal 20 Jahre alt, handelte spontan und sehr emotional. Er hielt später fest:

»Die Weltwirtschaftskrise mit ihren furchtbaren Auswirkungen für Deutschland, die Millionen Arbeitslosen – sie prägten das politische Bild und unsere Hoffnung, die Endkrise des Kapitalismus sei angebrochen. Die Zeit sei reif für den Sozialismus. Wir Jungen – wir forderten von der SPD, daß jetzt der Kampf für das große Menschheitsideal aufgenommen werden müsse.«

Statt zu erleben, wie der Kampf für das »große Menschheitsideal« aufgenommen wurde, musste er zusehen, wie die SPD schwächlich auf die immer stärker werdenden Nazis reagierte und wie sie zugleich die »Linken« aus der Partei ausschloss. So wechselte Leo mit diesen Linken zur SAP. Das Scheitern dieser Splitterpartei wurde bereits Mitte 1932 offenbar. Das wiederum veranlasste Leo – zusammen mit seiner »Großen Mentorin« (sein Wort), der aus der Schweiz stammenden Sozialistin Gertrud Düby – im Juni jenes Jahres von der abgespaltenen Partei SAP zur ungleich machtvolleren KPD überzutreten. Darüber schrieb er selber:

»Zwei Gründe waren es, die mich reif für die Propaganda der Kommunisten machten – ihr scheinbar konsequenter Kampf gegen die Nazis und ihr begeistertes Eintreten für die soziale Revolution … In der Nähe des Bayerischen Platzes in Berlin, in der Wohnung eines Freundes, traf ich zum ersten Mal einen Mann des Apparates, der mich feierlich in die Partei aufnahm, mir aber gleich zu verstehen gab, daß ich vorerst für die Sonderarbeit vorgesehen sei und deshalb am normalen Parteileben nicht teilzunehmen hatte.«

»Sonderarbeit« – das bedeutete, dass Onkel Leo dem »Anti-Militaristischen-Apparat« zugeteilt wurde. Diese konspirative, kurz »AM-Apparat« genannte Untergruppierung der Kommunistischen Partei war bestens geeignet, den jungen, noch ungefestigten Leo Bauer fest in den Roten Orden einzuführen, den die KPD schon damals darstellte. Der »AM-Apparat« wurde von

Hans Kippenberger geleitet. Kippenberger war der polizeilich gesuchte Anführer des von der Kommunistischen Partei angezettelten »Hamburger Aufstands« von 1923.

Kippenbergers Apparat betrieb Werks- und Militärspionage für die Sowjetunion sowie Zersetzungsarbeit bei der Reichswehr, der Polizei und bei anderen Parteien, insbesondere bei SPD und NSDAP. Sie überwachten auch die Mitglieder der eigenen Partei, der KPD, und legten ein umfangreiches Personenarchiv an. Überdies besorgte der AM-Apparat legale wie illegale Quartiere. Er schützte Funktionäre und Versammlungen und half den von der Polizei gesuchten Mitgliedern der KPD unterzutauchen oder sich ins Ausland abzusetzen.

Manche Teile des AM-Apparats handelten völlig selbstständig von der Partei und verübten sogar individuelle Terrorakte wie die Ermordung der Polizisten Franz Lenk und Paul Anlauf 1932 in Berlin. Wir wissen nicht, ob Onkel Leo direkt an solchen Aktionen beteiligt war. Es ist aber anzunehmen, dass die Mitgliedschaft in einer derart geheim agierenden und nach außen abgeschotteten Gruppe ein absolutes Zugehörigkeitsgefühl zu ebendieser Gruppe erzeugte, gerade bei einem so jungen Menschen. Onkel Leo dürfte, nein, besser sollte ich sagen: er muss auch an den Übergriffen auf Parteifeinde und an der Bespitzelung von Parteifreunden und auf jeden Fall auch an der Umsetzung der gegen die Sozialdemokraten gerichteten »Sozialfaschismus«-Theorie beteiligt gewesen sein.

Franz Feuchtwanger, von 1928 bis 1935 ebenfalls Mitarbeiter von AM-Apparat-Chef Hans Kippenberger, schrieb in seinen Erinnerungen an diese Zeit, 1981 veröffentlicht in der Zeitschrift IWK, über die Arbeit der Gruppe, der Leo zugeteilt worden war:

»Der ›Abwehr‹ oblag der Schutz der Parteiorganisation vor gegnerischen Anschlägen und Umtrieben schädlicher Elemente. Die von dieser Abteilung laufend zusammengestellten und verbreiteten Schwarzen Listen boten ein Sammelsurium von überführten, verdächtigen oder einfach aus politischen Gründen dazu beförderten Parteischädlingen, beginnend mit entlarvten oder angeblichen Polizeispitzeln bis hinunter zu den armen Teufeln, denen die Unterschlagung von ein paar Groschen Zeitungsgeldern angelastet wurde.«

Ob Onkel Leo hier schon eine Vorahnung hatte, dass er selber eines Tages von der DDR-Führung ähnlich wie einer dieser »armen Teufel« von der eigenen Partei »gesäubert« werden würde, wissen wir nicht. Hierüber gab es Streit in der Familie. Die einen meinten, er hätte ahnen müssen, dass die Verfolgung der eigenen Leute aufgrund des leisesten Verdachts oder auch nur aufgrund einer unbelegten Anschuldigung ihn eines Tages selber erwischen würde. Die anderen meinten, er sei derart verbissen gewesen, dass er das Unrecht, welches auch er im Namen der Partei beging, gar nicht gesehen habe.

Es gab da ein Lied, dessen keineswegs ironisch gemeinter Refrain das Denken der KPD-Genossen trefflich beschrieb: »Die Partei, die Partei, die hat immer recht!« Dieses Lied war die DDR-Hymne auf ihre Einheitspartei, die SED. Es stammt aus dem Jahr 1950.

Diejenigen von uns, die Leo unterstellten, er sei ein blind gehorchender Parteisoldat gewesen, pfiffen vielsagend die Melodie von »Die Partei, die hat immer recht« vor sich hin, wenn es um Onkel Leo ging.

Auf jeden Fall hegte Leo bereits früh Zweifel an der für die Ausrichtung der KPD am Ende der Weimarer Republik so entscheidenden »Sozialfaschismus«-Theorie. Diese Theorie wurde von der »Kommunistischen Internationale« (Komintern) auf ihrem VI. Weltkongress im August 1928 zur Begründung einer »linken« Wendung beschlossen. Dabei wurde die Sozialdemokratie allgemein wegen ihrer Regierungsbeteiligung und konkret wegen des brutalen Vorgehens der sozialdemokratisch geführten Berliner Polizei gegen kommunistische Demonstranten am 1. Mai 1929, dem sogenannten »Blutmai«, mit 31 Toten, zum »Hauptfeind« erklärt, gegen den die Kommunisten den »Hauptstoß« zu führen hätten.

Gustav Noske, Sozialdemokrat und als erster Sozialdemokrat auch Reichswehrminister, hatte 1929 den blutigen Einsatz im

»Roten Wedding« befohlen. Es gibt ein Arbeiterlied aus dieser Zeit mit dem Titel ›Roter Wedding‹, dessen Textdichter Erich Weinert 1931 wegen »Aufreizung zum Klassenhass«, »Gotteslästerung« und »Verächtlichmachung der republikanischen Staatsform« angeklagt wurde. Dieses Lied, das von Hanns Eisler vertont wurde, veranschaulicht die damalige Gefühlslage sehr gut. Eine seiner Strophen lautet: »Links, links, links, links, /Ein Lump, wer kapituliert./ Links, links, links, links!/Der rote Wedding marschiert!/ Sie schlagen uns die Genossen tot,/ Doch der Wedding lebt und Berlin bleibt rot./ Es wächst unser heimliches Heer/ Und holt das Volk seine Freiheit zurück,/ dann spürt der Faschist unsere Faust im Genick./ Wir entreißen ihm Dolch und Gewehr.«

Es ist vielleicht nachvollziehbar, wie die dogmatisch nach innen gekehrten Kommunisten nach diesem von einem Sozialdemokraten befohlenen Polizeieinsatz zu ihrer »Sozialfaschismus«-Theorie kamen. Onkel Leo schob seine Zweifel beiseite, weil er in der KPD eine politische Heimat fand, welche weder die SPD noch die SAP ihm geboten hatte. Hier wurde er gebraucht, hier konnte er mitarbeiten, hier konnte er an das »große Ziel« der sozialen Gerechtigkeit glauben.

Dank ihrer »Sozialfaschismus«-Theorie verloren aber die Kommunisten die eigentliche Gefahr – die schnell und zielstrebig zur Macht greifende Hitlerpartei – aus den Augen. So beteiligte sich die KPD 1931 an einem Volksentscheid der NSDAP und der DNVP gegen die republikanische, sozialdemokratisch geführte preußische Regierung und machte gemeinsame Sache mit den Nazis in einem von ihnen selber, den Kommunisten, inspirierten Streik bei den Berliner Verkehrsbetrieben, anstatt den Faschismus der Nazis als die wahre Gefahr zu erkennen und ein Bündnis mit der SPD anzustreben. Gerade über diesen Streik, der ein Schlüsselereignis für die Nazis auf ihrem Weg zur Machtergreifung war, gab es Konflikte innerhalb der KPD. Im Nachhinein stellte die Partei selbstkritisch fest, dass sie nicht in der Lage gewesen sei, die Rolle der Nationalsozialisten in diesem Streik, bei dem es vordergründig »nur« um den drohenden Lohnabbau ging und für den es bei der Urabstimmung nicht die erforderliche Dreiviertelmehrheit gab, zu »entlarven«.

Im Nachhinein stellte Onkel Leo fest, dass er selber mit der »taktischen Begründung für diese Maßnahme *nicht* einverstanden« gewesen sei. Leo haderte mit der KPD, weil sie mit der NSDAP gemeinsame Sache gemacht hatte. Später erkannte er jedoch, wieso er trotzdem bedingungslos dem kommunistischen Weg folgte:

»Wie Gläubige traten wir für unsere Sache ein, nicht nach rechts und nicht nach links schauend. Alle Zweifel wurden noch durch etwas anderes übertönt. Die Kommunistische Partei betrachtete sich als Avantgarde des Proletariats und der Menschheit. Ich gehörte dazu. Ich war Mitglied des kommunistischen Ordens für die Befreiung der Menschen. Die Kommunisten erklärten, die absolute Wahrheit zu kennen.«

Er war im Roten Orden – sein Wort war »kommunistischer Orden« – aufgenommen worden. In diesem Bund der Erleuchteten fühlte er sich über die kommenden Jahre hinweg wohl. Ein schreckliches Erwachen hinsichtlich der Ereignisse außerhalb der Traumwelt vom Sozialismus kam indes bald.

Am 30. Januar 1933 wurde der Führer der NSDAP, Adolf Hitler, von Reichspräsident Hindenburg zum Reichskanzler ernannt. Die Hoffnung auf einen demokratischen Weg aus der Krise zerstob. Ebenso verlor sich die Hoffnung auf große, gemeinsame Widerstandsaktionen der deutschen Arbeiterbewegung gegen die braune Diktatur. Der Graben zwischen den Arbeiterparteien war zu tief aufgerissen worden. Nun konnten die linken Parteien keine Bündnisse mehr miteinander schließen.

Die KPD verwandelte sich mehr und mehr zu einer Partei junger Arbeitsloser, die von Kriminellen und Nazispitzeln durchsetzt war. Derweil kam die Gestapo in den Besitz tausender Dossiers von Parteifunktionären. Im Herbst 1933 gelang es den Sicherheitsorganen des »Dritten Reichs«, die gesamte Berliner Bezirksleitung der KPD zu verhaften.

IV

Paris – »Es kann heiter werden«

Just zu dieser Zeit erhielt Leo Bauer von der Parteileitung den Befehl zu emigrieren. Er gehorchte, ohne Fragen zu stellen, und ging nach Prag, bereits 1934 weiter nach Paris.

Lion Feuchtwanger beschreibt in seinem in Paris spielenden, 1940 publizierten Roman ›Exil‹ das Leben dort sehr realistisch. Erst kamen die flüchtigen Deutschen ganz gut zurecht. Sie konnten arbeiten und sich über Wasser halten. Dann obsiegten die Tristesse und das Gefühl der Nutzlosigkeit. Dazu kam das hilflose Mit-ansehen-Müssen, was da in der alten Heimat an Schrecklichem geschah. Am schlimmsten aber sind die internen Zerwürfnisse der Exilanten untereinander und die offene oder verdeckte Kollaboration mit den Machthabern im »Vaterland«.

Auch Willi Münzenberg, der führende kommunistische Verleger der Weimarer Republik, war zunächst beinahe guter Dinge und versuchte, das Beste aus der Zwangslage zu machen. Er schrieb am 15. Mai 1933 an einen Schweizer Freund: »Paris wird die Stadt der Emigranten … Hier trifft sich alles. Es kann heiter werden.«

Onkel Leo schrieb später selber über den Aufbau und die Lage der KPD in Frankreich. Was er sagte, klang recht nüchtern und lakonisch:

> »1.) Die Masse der kommunistischen Emigranten, die nicht mehr direkt für die Parteiarbeit in Deutschland gebraucht wurde, lebte so weit wie möglich legal und wurde von der ›Roten Hilfe‹ Frankreichs betreut … Wurde der Flüchtling (von der deutschen Emigrationsleitung) anerkannt, erhielt er von der französischen ›Roten Hilfe‹ eine Unterstützung von

5 Franc täglich (damals ca. 80 Pfennige). Außerdem wurde er in einem Hotel untergebracht. Der größte Teil dieser Emigranten wurde später nach Spanien geschickt … 2.) Apparat Münzenberg … Dieses Büro stellte also den Prototyp der legalen und illegalen Mischung dar. Bei Münzenberg riefen zum Teil die Kuriere aus Moskau an. Sie wurden von ihm an die illegale Auslandsleitung der KPD weitergereicht. Auch Geldgeschäfte illegaler Art gingen über das Büro Münzenberg. 3.) Die Auslandsleitung der KPD: Sie lebte völlig legal. Niemand kannte die Quartiere der Mitglieder der Leitung. Es bestand ein besonderer Apparat, der sich in Zusammenarbeit mit der französischen KP um Quartier und Bürobeschaffung zu kümmern hatte. Beim Grenzübergang erhielt man einen Treffpunkt mitgeteilt … Dann begann die Maschinerie zu laufen. Es wurde mitgeteilt, wo man wohne: Entweder in einem Hotel, in dem man sich mit dem falschen Paß eintrug. Gewöhnlich handelte es sich um gute und teure Hotels, von denen man annahm, daß die von der Polizei weniger genau kontrolliert wurden. Man erhielt Geld … Der Parteifunktionär erhielt ein festes Monatsgehalt. Die Höhe hing von der Funktion ab: Von 800 frcs. bis 2000 frcs. Außerdem Spesen. Das Geld stammte ausschließlich aus Moskau und lief über die französische kommunistische Partei. Außerdem gab es das sogenannte westeuropäische Büro der Komintern, das die gesamte Arbeit kontrollierte.«

Was hier beschrieben wird, war die Arbeit der »Emigrationsleitung«, in der Onkel Leo saß. Es gab auch eine »Auslandsleitung«, deren Arbeit geheim blieb und ausschließlich auf die Illegalität im Reichsgebiet selber ausgerichtet war. Dieser »Auslandsleitung« gehörten Wilhelm Pieck und Walter Ulbricht an, die späteren Machthaber der DDR. Es ist anzunehmen, dass es schon zu dieser Zeit Differenzen und Eifersüchteleien zwischen der Emigrationsleitung und der Auslandsleitung gab.

Wir wissen aber nicht, inwieweit unser Onkel damals schon Kontakt zu ihnen hatte, zu den Männern, die ihn nach dem Krieg aus der Partei »säubern« und die in Moskau hinter seiner Verurteilung zum Tode stecken sollten.

In Paris lernte Onkel Leo auch Herbert Wehner kennen. Wehner wurde später zu dem legendären sozialdemokratischen Fraktionsvorsitzenden im Deutschen Bundestag, der das SPD-Führungstriumvirat mit Willy Brandt und Helmut Schmidt bildete, welches die Sozialdemokraten an die Spitze der Macht in der Bundesrepublik bringen und dort halten sollte. Er trug damals im Pariser Exil den Decknamen Kurt Funk. Er war als Mitglied des ZK der Kommunistischen Partei für die Verbindung von »Emigration« und »Inland« zuständig. Unmittelbar erlebte Leo Bauer den Einsatz deutscher Freiwilliger im Spanischen Bürgerkrieg. Zusammen mit Willi Münzenberg glaubte er, die fatalen Folgen der »Sozialfaschismus«-Theorie – die schier unüberwindbar erscheinende Kluft zwischen den beiden großen Arbeiterparteien SPD und KPD – seien in Spanien überwunden worden:

»Für uns Kommunisten bedeutete dieser Krieg viel. Hier äußerten sich Einheitsfront und Volksfront nicht nur in Resolutionen, hier entwickelten sie sich im blutigen Kampfe. Hier endlich glaubten wir das nachzuholen, was 1933 in Deutschland versäumt wurde. Mit der Waffe in der Hand gegen den Faschismus zu kämpfen.«

Leo hielt sich von 1936 an mehrfach in Spanien auf. Ob er am Bürgerkrieg selbst teilnahm, wissen wir nicht. Nur so viel: Der offene Terror, mit dem die Kommunisten in Spanien ihre Machtposition – auch gegen die Sozialdemokraten – ausbauten, muss ihn dann doch wieder zutiefst verunsichert haben. Zu dieser Zeit bemerkte er zum ersten Mal, wie unglaublich rücksichtslos und brutal die moskauhörigen Kommunisten, sein »kommunistischer Orden«, die Vormachtstellung in der Arbeiterbewegung durchzusetzen versuchten. Er schrieb:

»Wie rücksichtslos hatte man … Freunde und Genossen in diesem Kampf für Zwecke geopfert, die nichts mit jenem durch Worte verkündeten Kampf zu tun hatten. Wie verbittert klangen die Berichte der aus Spanien Zurückgekehrten über das Tun und Handeln einiger führender Funktionäre, die Moskaus Befehle durchführten.«

Es gibt eine – überraschende – Quelle für die Empfindungen der in Frankreich exilierten deutschen Kommunisten, wie Onkel Leo einer war. In seiner Grabrede für Leo zeigte Herbert Wehner am 27. September 1972 auf, wie sehr die Ereignisse im Spanischen Bürgerkrieg Leo nahegegangen waren, wie sehr er sich gewünscht haben muss, dort für seine Überzeugung kämpfen zu können anstatt in Paris Verwaltungsarbeit zu machen, wie lange ihn der Spanische Bürgerkrieg beschäftigte. Noch kurz vor seinem Tod, so Wehner, habe Leo Bauer mit ihm selber »an die ersten tatsächlich Freiwilligen gedacht, die damals sofort der spanischen Republik zur Hilfe eilten und von denen allein in der ersten Schlacht 34 tot auf der Strecke blieben. Das waren nicht nur uns Nahestehende, das waren solche, die eigentlich wie wir selbst alle lieber schon unter den 34 sein hätten wollen.«

In Paris war Leo vor allem mit Flüchtlingsarbeit beschäftigt. Er trug zu dieser Zeit den Decknamen »Rudolf Katz«. Unter diesem Decknamen schilderte er in den von namhaften Sozialdemokraten und Kommunisten herausgegebenen »Informationen von Emigranten für Emigranten« im Sommer 1936 die wichtigsten Probleme der meisten im französischen Exil lebenden deutschen Flüchtlinge. Hier war sein Ton schon etwas emotionaler:

»Unzählige dieser Emigranten sind gezwungen illegal und versteckt zu leben … aus Furcht, von den Behörden wegen mangelnder Ausweispapiere verhaftet, bestraft und alsdann an die Grenze gestellt zu werden … Dazu kommt Hunger und Elend, denn Arbeitserlaubnis hat keiner.«

Onkel Leo war ein charmanter Mann, der zuvorkommend und sogar liebevoll mit Frauen umging. Ich habe das selbst erlebt. Es muss 1968 gewesen sein. Onkel Leo war zu Besuch bei meinem Vater, damals ARD-Korrespondent in Arlington, Virginia, nahe der Hauptstadt Washington.

Mit einer Freundin, die an einem der Womens' Colleges in der Nähe von Charlottesville studierte, war ich nach Arlington zu meinem Vater gefahren. Wir kamen gegen Morgen an, hundemüde nach der nächtlichen Autofahrt. Ria, die dritte Frau meines Vaters, meine Stiefmutter, machte deutlich, dass sie meine Besucherin nicht im Haus haben wollte, dass wir auf keinen Fall in meinem alten Kinderzimmer schlafen dürften. Ich brachte die Freundin also zum »Greyhound«-Bahnhof, damit sie mit dem Bus nach Hause fahren konnte.

Leo rannte hinter uns her. Ich hielt jedoch das Auto nicht an, wir hatten es eilig. Und er konnte uns nicht einholen. Als ich wieder zu Hause war, fragte er mich, wo ich denn meine »nette Freundin« gelassen hätte. Ich sagte ihm, dass ich sie zum Bus gebracht hatte. Er lachte, verdrehte die Augen und prustete los: »Ich habe doch gleich gemerkt, dass Ria euch nicht zusammen hier im Haus dulden wollte. Hättest du doch nur ein Wort gesagt, ich hätte euch beiden ein Hotelzimmer spendiert.«

Er war sensibel für die Bedürfnisse anderer. Aber konnte er selber lieben? Oder galt seine Liebe nur der Partei? Spielten Frauen für Leo nur die zweite Geige nach der KPD?

Im Sommer 1938 heiratete Onkel Leo jedenfalls auf dem Rathaus des 9. Pariser Arrondissements eine aus Hamburg stammende, etwas jüngere jüdische Freundin namens Aenne Sophie Lyon. Leo verdiente Geld und zwar als Parteifunktionär ein festes Gehalt von mindestens 800 Francs, in seiner Position wohl näher an 2000 Francs im Monat. Außerdem erhielt er »Spesen« für notwendige Ausgaben in Ausübung der Parteiarbeit. Wahrscheinlich wurde ihm bald auch die hübsche Akademikerwohnung in der Rue Notre Dame de Lorette gestellt, in einem schönen bürgerlichen Haus aus dem 19. Jahrhundert. Aenne Sophie hatte wohl schon längere Zeit mit ihm in seiner Wohnung in dieser bohemehaften, idyllischen Umgebung nahe der Oper zusammengewohnt. Von Aenne Bauer, geb. Lyon, wissen wir leider nicht viel, außer dass sie bald nach Kriegsbeginn von den französischen Vichy-Behörden im Lager Rieucros interniert und im August 1942 an Nazi-Deutschland ausgeliefert worden ist, wo sie im Frauenkonzentrationslager Ravensbrück ermordet wurde.

Im November 1935 hatten sich 15 verschiedene Hilfsorganisationen für Flüchtlinge aus Deutschland zu einer »Einheitsvertretung« zusammengetan. Daraus wurde in jenem Sommer 1936, als Leo den »Hunger und das Elend der Migranten ohne Arbeitserlaubnis« beklagte, nach einigem Hin und Her die »Zentralvereinigung der deutschen Emigration«. Diese Art von Zusammenschluss war ganz im Sinne der Kommunisten. »Einheitsvertretung« und »Zentralvereinigung«, das hört sich so schön nach gemeinsamer, gleichberechtigter Arbeit aller Flüchtlingsorganisationen an. In Wirklichkeit war es aber das Bestreben der Kommunisten, solche Vereinigungen zu dominieren, zumindest im Hintergrund die Fäden zu ziehen und sich zugleich in ihnen zu tarnen.

Leo Bauer wurde »Sekretär« dieser »Zentralvereinigung«, das heißt, er wurde ihr hauptamtlicher Geschäftsführer und Vorsitzender. Er folgte damit dem ehemaligen Polizeipräsidenten von Berlin, Albert Greszinski, der ein SPD-Mann war. Somit leiteten die Kommunisten in Paris die wichtigste Hilfsorganisation für Flüchtlinge. Neben Vertretern für jüdische Flüchtlinge, neben Liberalen und anderen Kommunisten wie Herbert Wehner nahm auch Leo an internationalen Konferenzen über Flüchtlingsfragen teil. Als Sekretär der »Zentralvereinigung der deutschen Emigranten« war er zugleich auch beigeordneter Sekretär beim Hohen Kommissar für deutsche Flüchtlingsfragen des Völkerbunds. So konnte er im Juli 1936 unbehelligt nach Genf und im Dezember 1936 ebenso frei nach London reisen. Für den ehedem mittellosen Studenten, der von zu Hause weggegangen war, um der Enge der orthodoxen Familie zu entfliehen und statt der Thorarollen die Gesetzbücher zu studieren, war dies alles ohne Zweifel ein großer Schritt nach vorne. Als international tätiger »Diplomat« gab er auch Gesellschaften, er konnte sich gepflegt über alles Mögliche unterhalten, er war ebenso wortgewandt wie attraktiv. Er kleidete sich stilsicher in feine Anzüge, Mäntel und bestes Schuhwerk, schließlich hatte er auf höchstem politischen Parkett zu wandeln. Das allein dürfte ihm den Argwohn seiner Genossen Ulbricht und Pieck eingebracht haben. Diese Männer traten in der »Auslandsleitung« der Kommunistischen Partei Deutschlands sicher viel proletarischer auf. Ihnen waren solche »feinen Pinkels« von vorneherein suspekt. Und die Bohemiens aus seiner Wohnumgebung dürften Leo noch weiter geprägt haben, sodass er sich eine Haltung und einen Auftritt angewöhnte, die später zu Tante Amis Verdikt »Salonkommunist« führten. Worin sie sich – ohne sich dessen bewusst zu sein – gar nicht einmal so weit von der Meinung des von ihr gehassten »Zickenbart« Ulbricht entfernt befand.

Vordergründig wollte Leo in den Jahren 1936 bis 1938 Folgendes erreichen (und das war sehr viel in einer Welt, die nicht noch mehr Flüchtlinge aus Deutschland aufzunehmen bereit war):

a) Schaffung eines international gültigen Ausweispapiers, das den politischen Flüchtlingen Aufenthalt in jedem Orte des Asyllandes und Überwechseln in ein anderes Land seiner Wahl gestattet, bei unbedingtem Ausweisungsverbot des politischen Emigranten.
b) Aufhebung des Arbeitsverbotes und Eingliederung der politischen Flüchtlinge in die kulturelle und soziale Gesetzgebung des Asyllandes.
c) Maßnahmen zur materiellen Hilfeleistung.
d) Schaffung eines internationalen Status für politische Emigranten und eines Asylgesetzes.

Bei der Lektüre dieses Forderungskatalogs fällt die geradezu makabre Aktualität sofort auf. Das wollen doch wohl auch die Flüchtlinge aus den Kriegen im Nahen Osten und den tödlichen Konflikten in Afrika erreichen: Einen gültigen Ausweis haben und damit frei herumreisen können, wie jeder andere auch; arbeiten dürfen und am Leben in ihrer neuen Heimat teilnehmen können; gegebenenfalls Sozialhilfe zu erhalten; eine klare, einheitliche Zuwanderungsgesetzgebung, welche die besonderen Schwierigkeiten der zwangsweise, etwa wegen Krieges oder aus politischen Gründen ausgewanderten Emigranten berücksichtigt.

Leo gab sein Bestes, um solche Regelungen für die aus Deutschland Geflohenen zu erkämpfen. Immerhin gab es ab 1936 in Frankreich eine Volksfront-Regierung, und diese ratifizierte die Genfer Konvention zur Frage der Flüchtlinge aus Deutschland vom August 1936. Damit korrigierte die Volksfront die Politik der vorausgegangenen bürgerlichen Regierungen. Dank eines Dekrets vom 19. September 1936 erhielten die Flüchtlinge aus Deutschland sogar einen von der Völkerbundkonvention vorgesehenen Interimspass, an welchen die Aufenthalts- und Arbeitserlaubnis praktisch gekoppelt waren. Dieses Dekret wurde in Frankreich bis zum Jahre 1937 großzügig angewendet. Lediglich ein aus französischen Beamten und Vertretern der deutschen Emigranten gebildetes *Comité Consultatif* überprüfte die Flüchtlinge. Dies geschah zu ihrem eigenen Schutz wie auch zum Schutz Frankreichs – hier war die Interessenslage identisch. Man wollte mit diesem Komitee Spitzel des Deutschen Reichs aufspüren. Onkel Leo arbeitete bei diesem Komitee eifrig mit, ohne formell Mitglied zu sein. Den Flüchtlingen ging es in Frankreich eine Zeit lang spürbar besser. In den anderen Nachbarländern Deutschlands gab es solche Erleichterungen nicht; sie waren nicht einmal den bescheidenen Forderungen der Völkerbundkonventionen nachgekommen. Doch überall in Europa sank in jener Zeit die Bereitschaft, Flüchtlinge aus Deutschland aufzunehmen. Ähnlich wie in den Niederlanden entwickelte sich auch in Frankreich zumindest eine gewisse Bereitschaft zur Kollaboration mit dem Deutschen Reich, jedenfalls zur Vermeidung von Spannungen. Die auf die Volksfront folgende neue bürgerliche Regierung erlag bald der an sich emigrantenfeindlichen Stimmung in Frankreich und machte die Erleichterungen im Mai 1938 schon wieder rückgängig, allerdings ohne die Genfer Konventionen anzutasten. Das geschah mit einem einfachen Dekret, welches jeglichen Verstoß gegen eine Aufenthaltsregelung zu einer Straftat machte. Womit der Willkür einzelner Beamter Tür und Tor geöffnet wurde, ohne das Asylrecht an sich zu verkürzen.

Im selben Jahr 1938 zeigte sich überdeutlich, wie sehr ein anderes Nachbarland Deutschlands in Gefahr eines Überfalls geraten war. Dies war die Tschechoslowakei, in der sich – nach Frankreich – die zweitgrößte Zahl deutscher Emigranten aufhielt, ein Land mit damals einer deutschen Minderheit von 28 Prozent der Gesamtbevölkerung. Schon bald nach dem Anschluss Österreichs an das Deutsche Reich im März 1938 verschärften die Nationalsozialisten gemeinsam mit der Sudetendeutschen Partei absichtsvoll die Konflikte zwischen der deutschen Minderheit und der tschechischen Mehrheit. Sie forcierten einen Nationalitätenkonflikt und schürten das Feuer, indem sie jede Kleinigkeit zu einem Angriff auf das deutsche Volk hochstilisierten. Gleichzeitig erhöhte das »Dritte Reich« den Druck auf die fragile, aus den beiden tschechischen und slowakischen Teilstaaten erst 1918 gegründete freiheitlich-demokratische Republik. Da zu ahnen war, was kommen würde, wollten mehr und mehr deutsche Flüchtlinge dieses für sie zunehmend unsicher werdende Zufluchtsland wieder verlassen. Für die Ausreise aus der Tschechoslowakei benötigten sie die Hilfe von Flüchtlingsorganisationen. Denn es war nicht leicht an Geld für die Reise und an Visa für den Transit und die neuen Zufluchtsziele zu gelangen. Das verhängnisvolle Münchner Abkommen kam schnell. Es sollte für alle Zeiten zur Chiffre für eine falsche *Appeasement*-Politik werden, bei der man Zugeständnisse an den Aggressor – das Deutsche Reich – machte, um diesen zu »besänftigen« (*to appease*), was aber nur zu weiteren Begehrlichkeiten seitens der Nazis und deren Hohngelächter über die vermeintliche Schwäche ihrer internationalen Gegner führte. Dieses Münchner Abkommen wurde am 30. September 1938 geschlossen. Mit dem Abkommen lieferten Frankreich und Großbritannien die sudetendeutschen Gebiete der Tschechoslowakei praktisch an das Deutsche Reich aus. Eine Annexion der Tschechoslowakei durch das »Dritte Reich« stand zu befürchten, zumindest eine schrittweise Unterwerfung der Tschechoslowakei als Vasallenstaat unter Deutschland. Denn durch den Verlust des Sudetenlands, das faktisch ein Grenzgebiet zwischen der Tschechoslowakei sowie Deutschland und ehedem auch Österreich war, verlor die Republik eine Pufferzone.

Im Herbst 1938 befanden sich etwa 2600 Juden, 691 Kommunisten, 118 Sozialdemokraten oder Gewerkschaftsfunktionäre sowie 81 andere, nicht weiter kategorisierte Personen in der Betreuung der von dem Sozialdemokraten Kurt Grossmann geleiteten »Demokratischen Flüchtlingsfürsorge«. Sie alle wollten aus der Tschechoslowakei so schnell wie möglich ausreisen. Dazu benötigten sie Einreisevisa in sicherere Länder, Durchreisevisa durch Drittländer und natürlich auch Geld für Fahrten mit der Eisenbahn, für Flüge oder Schiffspassagen.

In den ersten Oktobertagen jenes Jahres 1938 traf ein Herr Rudolf Katz aus Paris in der Tschechoslowakei ein. Er war ausgestattet mit der Autorität des Flüchtlingskommissariats beim Völkerbund. Dieser Herr Katz war kein anderer als Leo Bauer. Denn trotz der Legitimation durch den Völkerbund – der nach dem Ersten Weltkrieg mit Sitz in Genf gegründeten zwischenstaatlichen Organisation, die erst mit der Gründung der die gleichen Ziele verfolgenden Vereinten Nationen 1946 aufgelöst wurde –, trotz solcher schützender Papiere war er gefährdet und musste sich mit dem Tarnnamen schützen. Denn er reiste im Auftrag der Kommunistischen Partei, und diese half nicht nur selbstlos den gepeinigten Flüchtlingen, diese verfolgte auch das allem anderen übergeordnete Ziel der »Weltrevolution«, die nach dem Verständnis von Karl Marx und Friedrich Engels auf alle Fälle nur international hätte erreicht werden können, die indes im Verständnis der damaligen, stalinistischen »Kommunistischen Internationale« (Komintern) durchaus in einem Land, nämlich der inzwischen etablierten Sowjetunion, bereits existierte. »Kommunismus in nur einem Land« – das hätte es aus der Sicht der Vordenker eigentlich gar nicht geben können, das gab es aber wohl in der Realität, und die Praktiker, namentlich die von Vladimir Iljitsch Lenin und Josef Wissarionowitsch Stalin in Alleinherrschaft geführte Kommunistische Partei der Sowjetunion, die KPdSU, leitete daraus die »Vormachtstellung der Sowjetunion« ab. Diese Vormacht behauptete sie durch die Komintern. Und so bestimmte auch die Komintern, was ein Parteisoldat wie Leo Bauer zu tun hatte.

Diesem war befohlen worden, bei einer kommunistisch

ausgerichteten Flüchtlingshilfsorganisation, dem sogenannten »Salda«-Komitee, ein zentrales Büro einzurichten, welches die dringlich gewordene Ausreise der in der Tschechoslowakei untergekommenen deutschen Emigranten zu bewerkstelligen hatte. Und Leo stürzte sich mit Verve auf diese neue Aufgabe.

Seine erste Sorge galt indes den eigenen Parteigenossen. Die Nazis hatten mehr als deutlich gemacht, dass sie nach wie vor die KPD als ihren Hauptfeind ansahen. Noch war die Verfolgung und Ermordung der vielen deutschen Juden im Wesentlichen eine Absichtserklärung. Die im Auftrag von Hitler von Hermann Göring initiierte und auf der Wannsee-Konferenz beschlossene »Endlösung der Judenfrage« stand noch in der Ferne, der systematisch betriebene Holocaust sollte erst mit dem deutschen Angriff auf die Sowjetunion im Juni 1941 und den Massenmorden in den von der Wehrmacht besetzten Gebieten einsetzen. Im Herbst 1938, drei Jahre davor, konnte man noch annehmen, die Nazis verfolgten zuallererst die Kommunisten. Aus deren Reihen stammten zu jener Zeit schließlich auch die meisten der verurteilten und der verfolgten Widerstandskämpfer. So war denn Leos Entscheidung, sein Augenmerk zunächst auf die Kommunisten zu richten, durchaus nachzuvollziehen.

Aber im Hintergrund stand noch immer die unsägliche »Sozialfaschismus«-Theorie, der zufolge aus Sicht der Kommunisten die Sozialdemokraten der »Hauptfeind« waren, nicht etwa die Nazis. Überdies gab es eine neue Chiffre für eine Gruppe von Menschen, die aus der Sicht der Kommunisten zu bekämpfen war: die »Trotzkisten«. Damit bezeichneten die dogmatischen, moskauhörigen Kommunisten alle möglichen »Abweichler«. Es hatte bereits Schauprozesse in Moskau gegen vermeintliche Verräter gegeben. Und Lew Dawidowitsch Bronstein, genannt »Leo Trotzki«, befand sich im Exil in Mexiko (wo er im August 1940 von Stalins Agenten ermordet werden sollte). So galt der »Trotzkismus« als »bewiesen«. Dieser Vorwurf galt – recht willkürlich – allen, die von der offiziellen Parteilinie, wie Stalin sie diktierte und die Komintern sie verfolgte, auf irgendeine Weise abwichen. Als »Trotzkisten« wurden diffamiert: »Abweichler«, »Renegaten«

und »Agenten des Faschismus«, echte wie auch nur vermutete und solche, die in bestimmten Fragen schlicht anderer Meinung waren.

Der Vorwurf konnte alle und jeden treffen – zum Beispiel jene, die im Spanischen Bürgerkrieg zwar für die Republikaner und gegen die Franco-Faschisten kämpften, aber eine andere militärische Strategie wünschten als die Komintern. Dadurch war es im Mai 1937 in Barcelona sogar zu Kämpfen der Republikaner untereinander gekommen. Mit dem Vorwurf wurde der Rätekommunist Franz Pfemfert belegt. Er war Verleger und hatte Trotzkis Werke herausgegeben. Dafür drangsalierten ihn die deutschen Kommunisten in Prag, sie forderten sogar seine Ausweisung aus der Tschechoslowakei. Pfemfert hatte nämlich auch die Moskauer Prozesse scharf kritisiert. Als »Moskauer Prozesse« werden vier zum Teil öffentliche, als »Schauprozesse« organisierte, zum Teil geheime Gerichtsverhandlungen zwischen 1936 und 1938 bezeichnet, bei denen zahlreiche Partei- und Staatsfunktionäre wegen »staatsfeindlicher« und »terroristischer« Aktivitäten angeklagt wurden. Sie fanden in der Anfangszeit des großen Terrors unter Stalin statt, in welcher der Diktator die alte Garde der Bolschewiken aus den Zeiten Lenins und der Revolution aus dem Weg räumen und seine Alleinherrschaft sichern wollte. Man nannte das »Säuberungen«.

Den Linientreuen reichte es, dass Franz Pfemfert diese Prozesse kritisiert hatte, um ihn ebenfalls als »Trotzkisten« zu verunglimpfen. Die nach wie vor erscheinende Zeitung der KPD, die *Rote Fahne*, forderte im Einklang mit den deutschen Kommunisten im Prager Flüchtlingskomitee, Franz Pfemfert sollte aus der Tschechoslowakei ausgewiesen werden. Eine Ausweisung hätte seinen sicheren Tod in Nazi-Deutschland bedeutet.

Auch die in Moskau weilenden hohen deutschen KPD-Funktionäre konnten nicht sicher sein, dass sie nicht selbst Opfer des »Trotzkismus«-Vorwurfs würden. Ein Zeitzeuge, der deutschschwedische Schriftsteller Peter Weiss (›Die Ästhetik des Widerstands‹), berichtete: »Beklommenheit, Gewissenskonflikte kamen auf, als die Namen derer genannt wurden, die an der Gründung, dem Aufbau der Partei, der Internationale beteiligt gewesen waren und die jetzt des Verrats, der Zusammenarbeit mit dem Feind beschuldigt wurden.«

Es ist wichtig, die schwierige Duplizität der stalinistischen Verfolgung zu verstehen, das Nachhallen der »Sozialfaschismus«-Theorie und das Einsetzen der Terrorherrschaft Stalins mit den »Moskauer Prozessen«. Leo Bauer wurde später vorgeworfen, er habe sich in Prag allzu einseitig um die Ausreise von Kommunisten gekümmert und Sozialdemokraten, Liberale, gar Bürgerliche und überhaupt Juden, die allesamt durch das stetige Vordringen der Nazis nach dem Münchner Abkommen in der Tschechoslowakei gefährdet waren, allzu oft übergangen.

Diese Vorwürfe wurden allesamt von Unverdächtigen zurückgewiesen. Die damals noch sehr junge tschechische Kommunistin Lucie Taub, die später den tschechischen Schauspieler und Theaterregisseur Walter Taub heiraten und Journalistin werden würde, beschrieb Leo Bauer alias Rudolf Katz als einen außergewöhnlich hilfsbereiten Menschen. Er habe unter anderem alles Erdenkliche getan, um ihren Schwiegereltern – tschechische Sozialdemokraten – zu helfen und sie vor den Nazis zu schützen.

Der linke Sozialdemokrat Siegfried Aufhäuser, der vor 1933 Vorsitzender der Gewerkschaft »Allgemeiner Freier Angestellten-Bund« war, erklärte sogar anlässlich einer Klage des SPD-Exilvorstands an Eides statt, »daß Herr Bauer im November 1938 bekannten deutschen Sozialdemokraten, die vorher in Deutschland wie in Prag kompromißlose Gegner der Kommunistischen Parteien waren … Flugplätze beschafft hat, um sie aus der damaligen Prager Hölle der Nazis zu befreien«. Leo Bauer habe sich, so Aufhäuser weiter, um Visa für Angehörige aller Parteien, soweit die eben wegen ihrer antinazistischen Aktivität bedroht waren (gekümmert).

Es kam sogar vor, dass vermeintliche oder echte »Trotzkisten« den Nazis überlassen oder in die Hände getrieben wurden, in der sicheren Annahme, dass diese die derart bloßgestellten vermeintlichen Gegner der kommunistischen Weltrevolution schon erledigen würden. Es war sehr gefährlich, sich den politischen Direktiven aus Moskau zu widersetzen oder auch nur, sie in Frage zu stellen. Was alles möglich war, beschrieb Henry Jacoby, Mitglied einer revolutionär-sozialistischen Gruppe namens »Der Funke«, später Schriftsteller unter dem Pseudonym Sebastian Franck in seinen Erinnerungen *Davongekommen*: »Als später Hitlers Truppen in Prag einmarschierten und die britische Botschaft bereit war, die deutschen Emigranten in ihrem Flugzeug mitzunehmen, wurde ihr eine Liste von ›Hitler-Agenten‹ zugespielt, die die Namen fast sämtlicher Mitglieder linker Gruppierungen der deutschen Emigration enthielt, und erst im letzten Moment gelang es, die Engländer von dem wahren Charakter dieser Liste zu überzeugen.«

»Linke Gruppierungen« – damit waren jene sozialistischen und kommunistischen Gruppen gemeint, die sich von der Komintern abgewandt hatten, die politische Linie Moskaus nicht mitmachten, gleichwohl aber für eine sozialistische Welt zu kämpfen glaubten.

»Wahrer Charakter« – damit war gemeint, dass diese Liste mit vermeintlichen Nazis die Namen von »Trotzkisten« enthielt, zusammengestellt von moskauhörigen Stalinisten, welche diese »Gegner« auf solche bequeme Weise »säubern«, heißt: aus der Partei entfernen wollten.

Es ist leider gut denkbar, dass sich Onkel Leo selber auch kompromisslos gegenüber Einzelnen und gegenüber Mitgliedern solcher kleinen linkssozialistischen Gruppen und kommunistischen Splitterverbände verhielt, die vielleicht einmal der KPD angehört hatten, dass er diesen nicht half aus der »Prager Hölle« zu entkommen.

Zwar hat Leo später immer wieder versichert, er habe bereits bei den Moskauer Prozessen mit dem »Kommunismus stalinistischer Prägung« innerlich gebrochen, habe sich abgewendet von der Parteidoktrin. Es mag sein, dass ihm damals – 1936 bis 1938 – starke Zweifel an der Richtigkeit aller Befehle, Direktiven und Interpretationen aus Moskau kamen. Aber er war zu jener Zeit immer noch ein loyales Mitglied des roten Ordens. Und er dürfte sich auf keinen Fall offen gegen die Partei aufgelehnt haben. Sonst wäre es mit der Karriere, die er in den Jahren 1936 bis 1948 bei der KPD noch machen sollte, wohl nie etwas geworden. Sonst wäre vielleicht auch er auf einer ominösen Liste als »Hitler-Agent« aufgetaucht. Alles spricht dafür, dass er – mag er noch so sehr gezweifelt haben – zu jener Zeit und noch lange danach der Parteilinie strikt folgte.

Denn die Partei, die hatte nicht nur immer recht, sie ersetzte Freundschaften, sie wurde mehr geliebt als die eigene Frau, der eigene Mann. Wenn es Zweifel an ihr gab, wurden diese weggewischt, dann wurden die »Verräter« oder »Parteifeinde«, die solche Zweifel verbreiteten, als »Renegaten« verjagt und unerbittlich verstoßen – konnte man damit doch auch die eigenen Zweifel verjagen. Die Verstoßenen wurden nicht mehr von der Partei geschützt. Ihnen kamen auch die regelmäßigen finanziellen Zuwendungen (das Funktionärsgehalt) und die Spesen für die Finanzierung politischer Tätigkeiten abhanden. Gerade Leo, der einen recht aufwendigen Lebensstil auch in diesen schlechten Zeiten pflegte, war ein Mensch, der für das Alleinsein, für Einsamkeit, völlig ungeeignet war. Es gab für ihn – seit er sich von seiner strenggläubigen jüdischen Familie getrennt hatte – kein »Danach« in irgendeiner Form. Er lebte ganz im Hier und Jetzt. Er war ein Diesseitsmensch, für den es ein Dasein nur auf dieser Erde gab. Da er dem Leben und den Menschen in seiner Umgebung Anteilnahme entgegenbrachte, konnte er darauf vertrauen, dass die Menschen und das Leben nicht achtlos an ihm vorübergingen. Er war auf Freunde und Freundschaften, auf das Leben und den lebendigen Austausch angewiesen. Er pflegte die Freundschaft sogar noch zu Menschen, die sich von ihm abgewendet hatten. So zu seiner Exfrau, der Schwester meiner Mutter, meiner Tante Gitta. Er hätte es in jener Zeit in Prag wahrscheinlich gar nicht verkraftet, die Partei zu verlieren und dann aus seinem Roten Orden ausgestoßen zu werden, mögen seine Zweifel nach den Moskauer Prozessen noch so groß gewesen sein.

Er hatte zuvor schon eine bittere Erkenntnis über die Fehlbarkeit des doch eigentlich für ihn unfehlbaren Roten Ordens gehabt. Es war die Einsicht in den Irrsinn der »Sozialfaschismus«-Theorie. Darüber hat er geschrieben. Die Reorientierung der KPD in den Jahren 1934 und 1935 war für ihn eine »totale Wende, keine Korrektur, sondern die prinzipielle Erkenntnis, daß man mit der ›Sozialfaschismus‹-Theorie Mist gebaut hatte, daß man natürlich unter den Bedingungen der sozialfaschistischen Theorie niemals zu einer echten Einheitsfront kommen konnte ... wir hatten Demokratie zum ersten Mal lebendig erlebt und hatten ein anderes Demokratie-Verständnis als etwa jene Genossen, die in der Emigration in der Sowjetunion waren«.

So bedeutend war das Umdenken, war diese Erkenntnis für ihn, dass er meinte, er hätte erst danach begonnen, politisch zu denken: »Ich persönlich bin überhaupt geformt worden in meinem ideologischen Denken, in meinem politischen Denken in der Emigration.«

Da ist ein zweites, radikales Umdenken in der Zeit und unter dem Eindruck der Moskauer Prozesse nicht vorstellbar. Es wäre nicht nur mit dem Entzug aller persönlichen Beziehungen geahndet, es wäre auch mit dem Verlust der materiellen Lebensgrundlagen, ja wahrscheinlich sogar mit dem Verlust des Lebens bestraft worden.

Es ist also durchaus denkbar, dass Onkel Leo den »Renegaten« in Prag nicht so selbstlos aufopfernd half wie den Parteigenossen und wie jenen, die zwar einer anderen Partei angehörten oder an eine ganz andere Ideologie glaubten, die aber gleichwohl Verfolgte des Naziregimes waren. Es gibt da das Zeugnis eines Ausgestoßenen.

Die Rede ist von Otto Wollenberg. Wollenberg war ein wichtiger Funktionär der Kommunistischen Partei Deutschlands. Er ist für die KPD ins Gefängnis gegangen. Danach ist er mit ausdrücklicher Zustimmung der Partei emigriert. Und zwar nach Prag, wo er erneut von der Partei mit wichtigen Aufgaben betraut wurde. Anfang 1937 hatte Wollenberg allerdings sachliche Differenzen mit seiner Partei, der KPD. Die Partei reagierte – mit ihrem Alleinanspruch auf die Wahrheit – bösartig. Kurt Grossmann, damals Leiter der »Demokratischen Flüchtlingsfürsorge« in Prag, schilderte es so: »Die KP begann gegen diesen Mann (Wollenberg), dem sie Brot und Wohnung entzogen hatte, ein Kesseltreiben, als sie erkennen mußte, daß es auch in der Emigration genügend unabhängige und einflußreiche Leute gab, die einen Mann wie Wollenberg unterstützen konnten. Man veröffentlichte in der illegalen ›Roten Fahne‹ seinen Ausschluß unter vollem Namen und Angabe von fünf Gründen – und gefährdete damit Wollenbergs Angehörige und ihn selbst.«

Wollenberg bemühte sich – erfolglos – um ein Visum für Frankreich. Darauf schlug die von Grossmann geleitete »Demokratische Flüchtlingsfürsorge« ihn für eine Ausreise nach Großbritannien vor. Es passierte etwas Merkwürdiges, etwas, das noch nie vorgekommen war: Es trafen hundert Visa für England in Prag ein, und der Name Otto Wollenberg stand ganz oben auf der Liste; von den hundert vorgeschlagenen Menschen wurden 16 von den Briten zunächst abgelehnt; nicht jedoch Otto Wollenberg; sein Pass wurde mit denen der anderen eingereicht; es befand sich bereits ein britischer Visastempel in Wollenbergs Pass. Dieser wurde jedoch durch einen zweiten Stempel ohne Begründung sofort wieder ungültig gemacht. Wollenbergs Visum war *cancelled* – widerrufen.

Grossmann von der »Demokratischen Flüchtlingsfürsorge« will später erfahren haben, Onkel Leo alias Rudolf Katz hätte Otto Wollenberg als »Gestapo-Agenten« denunziert. Diese Vermutung geht letztlich auf Otto Wollenberg selber zurück, der sie indes weniger als Tatsachenbehauptung darstellte denn als das, was sie war: eine Vermutung. In einem Schreiben an Grossmann schlussfolgerte Wollenberg, dass er von Leo Bauer alias Rudolf Katz (in diesem Schreiben nur »K«) verleumdet worden sei:

»Es gibt außer mir keinen weiteren Freund, der ein Visum schon in seinem Paß eingetragen hatte und das dann gestrichen wurde. Also: entweder hat das Home Office nachträglich über mich Nachrichten erhalten, die solche waren, daß mein Visum nicht auszufüllen ist und dieses Telegramm kam im Moment des tschechischen Ausstellungsvorgangs an. In diesem Fall muß ich also in London verleumdet worden sein. Die zweite Möglichkeit – und es gibt nur diese zwei Möglichkeiten – während hier auf dem Konsulat man bei der Ausstellung des Visums begriffen war, wurde dem entscheidenden Beamten eine Mitteilung zuteil – von hier –, die zur Streichung veranlaßte. Für beide Fälle steht eindeutig fest: nachträglich muß ich verleumdet worden sein. Es gab bei den in Frage kommenden engl. Amtsstellen keinen Fakt, der gegen mich an sich vorlag.«

Wollenberg bezichtigte Leo Bauer, den er als Rudolf Katz kannte, in diesem Schreiben nicht der Denunziation als Gestapo-Agent. Er beklagte nur, dass Katz (Onkel Leo) nichts getan habe, um ihm, Wollenberg, in dieser überraschend misslichen Lage zu helfen: »Wie hat nun darauf der Beauftragte K, der nicht nur wegzutransportieren hat, sondern auch die Interessen der Emigration vertreten und betreuen soll, reagiert. Wie hat er sich meines Falles angenommen? … Das Büro K nahm einfach hin, daß ein Emigrant abgelehnt worden war, und zwar in solcher Form, daß sein Paß wertlos wurde. Kein Wort, kein Vorschlag erfolgte, wie man dem Emigranten helfen könne, damit er einen neuen Paß erhalte … Das Büro K tat in diesem haarsträubenden Fall nichts. Es war passiv.«

An anderer Stelle hatte sich Otto Wollenberg (ebenfalls in einem Brief an den Leiter der »Demokratischen Flüchtlingsfürsorge«, Grossmann) deutlicher ausgedrückt, hatte gefordert, dass »der von Herrn Katz gegen mich erhobene Vorwurf, ›ich sei ein Gestapoagent‹, seitens des Comité Central zurückgewiesen wird«.

Es gibt noch einen zweiten Fall, in dem Leo Bauer alias Rudolf Katz der unlauteren Machenschaften gegen Emigranten bezichtigt wurde, die zwar Sozialisten oder Pazifisten waren – und deswegen von den Nazis verfolgt wurden, die aber nicht auf der Linie der KP standen. Auch dieser Fall ist kompliziert. Die Aussagen sind widersprüchlich. Die Vorwürfe wiegen indes schwer.

Bei diesem zweiten Fall handelte es sich um Walter Detlef Schultz. Dieser Schultz war ebenfalls ein aus der KPD ausgeschlossener Kommunist. Über seinen Fall und die Streitigkeiten mit Leo Bauer/Rudolf Katz berichtete Schultz' Freund, der Schriftsteller Kurt Hiller, ein Pazifist und Sozialist ohne Parteizugehörigkeit. Hiller hat Rudolf Katz – ohne zu wissen, dass dieser in Wahrheit Leo Bauer war – in seinen Memoiren *Leben gegen die Zeit* als einen KPD-Funktionär beschrieben, der »menschenhaft« und »unborniert« gewesen sei. In einem persönlichen Brief hat er unserem Onkel sogar ausdrücklich zugestanden, dass er sich »vom typischen KP-Funktionär zu seinen Gunsten unterschied«. In seiner Schrift mit dem bezeichnenden Titel *Rote Ritter* über seine Erfahrungen mit Kommunisten, der doch Leos Einordnung als »Roter Orden« recht nahekommt, hatte Hiller ganz anders über Rudolf Katz/Leo Bauer geurteilt:

»Mit Katz erlebte ich etwas, nämlich den Nervenzweikampf meines Lebens. Es ging um die Rettung eines nahen Freundes von mir, D. [gemeint ist der aus der KPD ausgeschlossene Kommunist Walter Detlef Schultz] … Meine eigene Rettung war unterdes so gut wie gesichert … Niemanden haßte und verfolgte der kommunistische ›Apparat‹ in gleichem Maße wie die Ehemaligen der eigenen Partei, die freiwillig Ausgeschiedenen und namentlich die Ausgeschlossenen. … Meine Aufgabe war, nachdem D.s (Schultz') Name endlich auf der Schriftstellerliste stand, durchzusetzen, daß dieser mutige Antinazi auch wirklich nach England gerettet wurde … t r o t z jenes Vorfalls. Eines Freitags (2. Dezember) eröffnete mir Katz, ich flöge am Montag nach London. Ich erwiderte: ›Gern; falls D. mitfliegt!‹ Katz: ›Wenn Sie sich weigern, Montag allein zu fliegen, setze ich Ihren Namen ans Ende der Gesamtliste, und Sie kommen aus Prag nicht vor April weg.‹ (Am 15. März marschierte, wie wir wissen, Hitler ein.) Dann begann das zermürbende Ringen … Das Ende war: Katz gab mir sein Wort, daß D. zwei Tage nach mir fliegen werde, falls ich dem Büro keine Schwierigkeiten mache und Montag flöge. Mißtrauisch bis zum Exzeß, lehnte ich ab. Ich berichtete D.; er beschwor mich meinen Entschluß umzuwerfen; das Angebot noch nachträglich anzunehmen; die Ablehnung könne tödlich für uns beide sein; er traue trotz allem jetzt dem Worte des Mannes … So zog ich mein Nein am Sonntag zurück, erklärte meine Unterwerfung, das heißt, meine Bereitschaft, Montag ohne D. zu fliegen. Aus Montag wurde dann Mittwoch. Und Freitag, jawohl, Freitag flog tatsächlich D.! Ich habe anzuerkennen, dass Katz sein Wort gehalten hat.«

Also hat auch Kurt Hiller unserem Onkel bescheinigt, persönlich integer gewesen zu sein. Und Leo hat immer wieder versichert, er habe bei den Ausreisebemühungen aus der Tschechoslowakei niemanden willkürlich benachteiligt. Es ist aber nicht auszuschließen, dass er schwere innere Konflikte durchmachte. Er musste wägen, wem er zu den wenigen Visa verhalf und wen er aus welchen Gründen oben, wen er unten auf die Listen setzte. Anzunehmen ist indes auch, dass wohl niemand mehr in diesen Intrigen mit echten Gestapo-Agenten und mit nur als solche diffamierten Emigranten erkennen konnte, was denn nun die Wahrheit war.

Just zu dieser Zeit hatte gerade ein anderer mit dem Kommunismus gebrochen. Sieben Jahre lang hatte er der Kommunistischen Partei angehört, zu deren bedeutendsten »Renegaten« er nach Ansicht seiner Zeitgenossen gehörte. Dies war der Schriftsteller Arthur Koestler. 1940 veröffentlichte er in England den Roman *Sonnenfinsternis*, der seine Abrechnung mit dem Kommunismus darstellt. Die Hauptfigur steht für die Unterwerfung des Individuums unter eine mörderische politische Maschinerie. In seinem Werk *Abschaum der Erde – Gesammelte autobiographische Schriften* hat Arthur Koestler eindringlich beschrieben, was den Roten Orden für den Einzelnen ausmachte, hat geschildert, dass normale Freundschaften diesen Orden nicht ersetzen konnten. Koestler sagte, individuelle Freundschaften könnten nicht »das Zusammengehörigkeitsgefühl zu einer die ganze Welt umspannenden internationalen Brüderschaft ersetzen; und nicht das wärmende, tröstende Gefühl der Solidarität, das jener ungeheuren, anonymen Masse den Zusammenhalt und die intime Familienatmosphäre gab«.

Leo Bauer hat betont – das war ihm wichtig –, er habe sich für *alle* Gefährdeten, auch für Gegner der KP und für Exkommunisten gleichermaßen eingesetzt. Er musste aber einschränken, dass er nicht alleine entscheiden konnte, sondern einen aus Vertretern unterschiedlichster Richtungen von Emigrantengruppen gebildeten Ausschuss zu befragen hatte.

Die letzten Tage in der »Hölle von Prag« sollten für Onkel Leo noch viel schwieriger werden, als zu befürchten war.

Die deutsche Wehrmacht marschierte bereits am 15. März 1939 ein. Die Nazis hatten nur noch von der »Rest-Tschechei« gesprochen. Nun kam die »Zerschlagung« dieser Rest-Tschechei oder auch der »Griff nach Prag«. Die Aussiedlung der gefährdeten deutschen Flüchtlinge war zu diesem Zeitpunkt längst nicht abgeschlossen gewesen.

Viele der Emigranten fanden Zuflucht in den Botschaften Großbritanniens und Frankreichs (ähnlich wie 1989, als die DDR-Flüchtlinge in der Botschaft der Bundesrepublik unterkamen). Die meisten von ihnen hatten noch keine Visa zur rechtzeitigen Weiterreise erhalten. Auch dank guter Kontakte Leos nach Großbritannien sorgte das britische Außenministerium, das »Foreign Office«, dafür, dass Listen mit den Namen von asylberechtigten Flüchtlingen in den britischen Konsulaten in Krakau und Kattowitz hinterlegt wurden. Die beiden polnischen Städte liegen nicht weit entfernt von der tschechischen Grenze, sie waren damit für die Flüchtlinge aus Deutschland, die sich in Prag befanden, relativ leicht zu erreichen. Privatpersonen wie auch Hilfsorganisationen konnten etliche Emigranten mit Reisegeld ausstatten. Doch es blieb auch ein Rennen gegen die Zeit. Manche Flüchtlinge wurden bereits in Prag, andere noch kurz vor der polnischen Grenze von der ebenfalls schnell vorrückenden Gestapo verhaftet, die sich im »Reichsprotektorat« dazu sogar die rechtlichen Mittel verschafft hatte.

Für die Bedauernswerten bedeutete eine solche Verhaftung im »Reichsprotektorat« die sichere Verschleppung ins eigentliche »Reich« und damit die Haft und später fast immer auch der Tod in einem KZ.

Eine entscheidende Rolle bei der britischen Aktion zur Fluchthilfe spielte ein amerikanischer Architekt in London namens Hermann Field. Dieser, der Bruder des Noel Field, den Leo Bauer später in Genf kennenlernen sollte und von dem noch die Rede sein wird, sympathisierte mit dem Kommunismus und half von dort aus »antifaschistischen« Flüchtlingen in ganz Europa.

Unmittelbar nach dem Einmarsch der Deutschen ist Hermann Field nach Prag gereist, unter dem Vorwand, er habe dort eine Ausstellung vorzubereiten. Tatsächlich hatte er die Taschen voller Geld, das zur Bestechung von tschechischen Beamten genutzt werden sollte, damit sie deutsche Emigranten nicht an einer weiteren Flucht hinderten. Das Geldbündel wollte er Leo Bauer übergeben.

Aber das gelang nicht.

Hermann Field kam nicht in die britische Botschaft hinein, in der Leo Bauer mit den von ihm betreuten deutschen Flüchtlingen ein Asyl gefunden hatte. So übergab Hermann Field das Schmiergeld Max Reimann, dem späteren Vorsitzenden der KPD in Westdeutschland. Hermann Field reiste nach der Geldübergabe weiter nach Kattowitz und Krakau, wo er die britischen Konsulate aufsuchte und einen Plan ausheckte, nach dem noch mehr deutsche Emigranten aus dem »Protektorat« hätten fliehen können. Und dies in Zusammenarbeit mit dem kommunistisch geprägten »Salda-Komitee«, in dem auch Leo Bauer tätig war, indes nicht mit ihm (Hermann Field hatte Leo Bauer doch gar nicht sehen können), sondern mit einem Kurt Naumann.

In der Atmosphäre von Furcht und Hektik stieß dieser Plan Onkel Leo unangenehm auf. Er kritisierte ihn auf das Entschiedenste. Das wiederum verärgerte Hermann Field maßlos, als er davon aus zweiter und dritter Hand erfuhr. Field glaubte, Leo Bauer sei arrogant und herrisch und verfechte die Parteilinie der Kommunisten allzu fanatisch. Er berichtete über den Streit nach London. Angeblich sei bei der KPD im Londoner und Pariser Exil damals ein Parteiverfahren eingeleitet worden, in dessen Folge Leo Bauer mit einem Funktionsverbot belegt wurde. Leo Bauer hat dazu gesagt, ihm sei, ganz im Gegenteil, die »Begünstigung von Parteifeinden« vorgeworfen worden, und dieser Vorwurf sei auch bei dem Strafprozess von 1952 gegen ihn wiederholt und zu einem gewichtigen Anklagepunkt gemacht worden.

Wie auch immer: Zu dieser Zeit muss schon seitens mancher deutscher KPD-Funktionäre im Exil eine Intrige gegen Onkel Leo angezettelt worden sein, der aus ihrer Sicht (für sein Alter) allzu ehrgeizig und (aus ihrer bornierten Sicht: leider) auch zu erfolgreich war. Womöglich war diese Intrige das Vorspiel zu dem späteren von der SED-Führung erbetenen, in Moskau durchgeführten Prozess mit dem Spionage-Vorwurf gegen Leo Bauer, bei welchem er zum Tode verurteilt wurde. Ein Indiz mag sein, dass Hermann Field bereits in Prag von Max Reimann, der gewiss der ostdeutschen SED hörig war, ohne erkennbaren Grund vor Onkel Leo gewarnt worden ist.

Über den Einmarsch der Deutschen in Prag hat Onkel Leo sein Alter Ego Ludwig Bergmann in dem unveröffentlichten Romanfragment sprechen lassen. Es geht auch um Gefühle, und Gefühle konnte sich Leo Bauer damals noch nicht erlauben. Wie überall in diesem »Roman« ist die autobiografische Wirklichkeit unübersehbar:

> »In der Nacht vom 14. zum 15. März früh 3.30 Uhr teilt man ihm telefonisch mit, daß in den Vormittagsstunden des 15. die deutschen Truppen einmarschieren würden. Morgens um 7 Uhr wagt er es, in den englischen und französischen Botschaften anzurufen. Dort schläft alles oder man tut so, als habe man nicht die geringste Ahnung von den bevorstehenden Ereignissen. Bergmann erlebt den Einmarsch der deutschen Truppen, die Verzweiflung, die Trauer und die Verbitterung der Bewohner der schönen Moldaustadt …
> Er hatte aufgrund seiner Funktion als beigeordneter Sekretär des Hohen Kommissars des Völkerbundes für Flüchtlinge aus Deutschland Asyl in der britischen Botschaft erhalten. Von dem Fenster seines Zimmers – die Botschaft befand sich in der Nähe des Hradschin – konnte man auf die Stadt schauen und den Lauf der Moldau verfolgen. Es war am zweiten oder dritten Tag nach dem Einmarsch. Bergmann stand am offenen Fenster und schaute auf die Stadt. Flugzeuge kreisten über der Stadt, um nach Ruhe und Ordnung zu schauen und um die Be-

völkerung einzuschüchtern. Triumphierend schienen sie das Lied der MACHT zu singen. In das Gedröhne der Propeller erklang jedoch plötzlich die Musik der Moldau von Smetana, jenes Werk, das den ewigen Lauf der Dinge in Klang verwandelte und der MACHT ihre Begrenztheit verkündet.«

Nach der »Zerschlagung der Rest-Tschechei« kehrte Leo Bauer in das Pariser Exil zurück. Er fand ein ganz anderes Frankreich vor. Die rücksichtslose Verletzung internationaler Vereinbarungen durch die Deutschen wurde in Frankreich mit Empörung registriert. Auch wuchs die Angst, man könnte das nächste Opfer der nationalsozialistischen Aggression werden. Es gab einen deutlichen antideutschen Stimmungsumschwung. Dieser drückte sich indes nicht in der französischen Politik aus. Diese Politik wandte sich vielmehr zusehends nach rechts. Das Großkapital, identisch mit der Reaktion in Frankreich, gab in Übereinstimmung mit den bürgerlichen Liberalen und großen Teilen der Sozialdemokratie deutlich zu erkennen, dass ihm Hitler im Nachbarland Deutschland lieber war als eine Volksfront-Regierung im eigenen Land.

Es hatte eine zweite, kurzlebige Volksfront-Regierung unter Léon Blum, dem jüdischen Juristen und Schriftsteller, gegeben. Diese bestand vor allem aus Sozialisten. Ihr gehörten – zum ersten Mal in Frankreich – drei Frauen auf Ministerposten an. Sie wurde von den Kommunisten, die ihr nicht angehörten, toleriert.

Im April existierte diese Regierung faktisch schon nicht mehr. Blum, der zeitweilig zurückgetreten war und sich dann wieder im Amt des Ministerpräsidenten bestätigen ließ, wurde vom französischen Senat Anfang 1938 die volle Haushaltshoheit verweigert, worauf er endgültig zurücktrat.

Die auf ihn folgende Regierung des linksliberalen Édouard Daladier, der unter dem Sozialisten Blum Kriegsminister war, aber die angesichts des Militarismus rechts des Rheins eigentlich fällige Aufrüstung Frankreichs vernachlässigt hatte, machte sich nun daran, die von der Volksfront beschlossenen Sozialreformen wieder rückgängig zu machen.

Wichtiger für Leo Bauer und die deutschen Emigranten: Édouard Daladier hielt sich sklavisch an die Beschwichtigungsversuche des britischen Bündnispartners, welche den Nationalsozialismus in Deutschland noch begünstigten. Derweil setzte seine Regierung Polizei und Militär im eigenen Land ein, um Streiks zu brechen. Somit wurden in dieser Zeit nicht nur die sozialen Errungenschaften wieder rückgängig gemacht. Es wurde zugleich die Verfassung ausgehöhlt, und es wurden die Rechte und Freiheiten aus der Französischen Revolution beschnitten. Es wurde also unter Daladier – ganz ähnlich wie in der »Weimarer Republik« Deutschlands vor der »Machtergreifung« Hitlers – die demokratische französische Republik systematisch ausgehöhlt.

So wurde zur Zeit der Rückkehr von Onkel Leo in Frankreich bereits der Boden für die autoritäre Diktatur der späteren Kollaborateur-Regierung von »Vichy« bereitet.

V

Der Pakt der Teufel und der »Vertreter Gottes in der Schweiz«

Anderswo sah es nicht viel besser aus für die deutschen Emigranten und Regimegegner. Die Spanische Republik verlor gegenüber den rechtsgerichteten Putschisten unter General Francisco Franco ständig an Boden. Im Winter 1938/1939 war bereits abzusehen, dass die Republik dem Untergang geweiht war. Im April 1939 kam denn auch der Sieg der Anhänger Francos. So mussten die Kommunisten in Europa damit rechnen, dass sich die kapitalistischen Länder für eine gegen die Sowjetunion gerichtete Politik zusammentaten. Die Bemühungen der UdSSR um ein gemeinsames Sicherheitssystem gegen die faschistischen Staaten Deutschland und Italien waren jedenfalls gescheitert. Das war im Frühjahr 1939 für jeden zu erkennen.

Gleichwohl vermochten die Emigranten es nicht, sich wenigstens ihrerseits auf ein gemeinsames Vorgehen zu verständigen. Die Kommunisten bereiteten sich jedenfalls auf die Eventualität eines neuen Krieges vor. Die KPD hielt in dem Ort Draveil in der Nähe von Paris eine Parteikonferenz ab, die sie aus konspirativen Gründen »Berner Konferenz« nannte. Onkel Leo schrieb darüber 30 Jahre später – 1971, kurz vor seinem Tod –, der Sinn dieser Konferenz »bestand darin, die Emigration darauf vorzubereiten, daß eine Zeit eintreten könnte, in der man nicht auf zentrale Beschlüsse – auf Beschlüsse des Zentralkomitees – warten dürfe, d.h. der Kriegsfall, sondern jede Einheit der Partei, wo sie auch sei, konsequent die Politik des Kampfes gegen den Faschismus fortzuführen habe, gemeinsam mit den Sozialdemokraten innerhalb der Einheitsfront und Volksfront. Das war die Bedeutung der ›Berner Beschlüsse‹ für mich. Ich habe sie gar nicht gelesen, sondern mir in Paris von Franz Dahlem erläutern lassen, der an dieser Konferenz teilgenommen hatte.« (Dieser Franz Dahlem war einst Abgeordneter im Preußischen Landtag gewesen. Er war 1939 Mitglied der KPD-Leitung in Paris und wurde zuletzt sogar Nachfolger von Walter Ulbricht als Vorsitzender des Zentralkomitees.)

Es kam nicht einmal mehr zu einem breiten Bündnis wenigstens der Emigranten. Ein noch 1938 gegründeter »Thomas-Mann-Ausschuß« zerfiel bereits bei seiner Gründung. Die Differenzen über die Ziele eines solchen Ausschusses für alle Emigranten waren einfach zu groß. Ein am 25. März 1939 gegründeter »Aktionsausschuß Deutscher Oppositioneller« litt unter einem Geburtsfehler. Er war als Fortsetzung des früheren Volksfrontausschusses (von KPD und SPD) gedacht. Jedoch erschienen die namhaften Sozialdemokraten in der Emigration gar nicht erst zur Gründung.

Doch diese Querelen in der Emigration wogen nichts gegen das, was von der Komintern in »brüderlicher Einheit« in Moskau beschlossen wurde. Jeglicher Gedanke an ein gemeinsames Vorgehen, ja, auch nur an ein Bündnis der Oppositionellen auf dem Papier wurde am 23. August 1939 verunmöglicht. Unter diesem Datum, tatsächlich aber erst einen Tag später, am 24. August 1939, schlossen der deutsche Reichsaußenminister, Joachim von Ribbentrop, und der sowjetische Volkskommissar für Auswärtige Angelegenheiten, Wjatscheslaw Molotow, im Beisein von Josef Stalin und dem deutschen Botschafter in Moskau, Friedrich Werner Graf von der Schulenburg, für das Deutsche Reich und die Sowjetunion den deutsch-sowjetischen Nichtangriffspakt. Dieser wurde später als Hitler-Stalin-Pakt bekannt (oder, nach den beiden Außenministern, auch als Molotow-Ribbentrop-Pakt). Der Vertrag war auf zehn Jahre befristet. Er garantierte den Deutschen die sowjetische Neutralität bei einem Krieg gegen Polen und die Westmächte und den Russen die Rückgabe von im Ersten Weltkrieg verlorenen Territorien.

Der Hitler-Stalin-Pakt war großenteils ein Geheimabkommen, mindestens von der beschlossenen Aufteilung Polens wussten die deutschen Oppositionellen nichts, auch nichts von den weiteren

Einzelheiten des geheimen Zusatzprotokolls: Mit diesem wurden die Interessenssphären der beiden Staaten abgegrenzt: Finnland, Estland und Lettland fielen in das sowjetische »Interessengebiet«, Litauen dagegen in das deutsche »Interessengebiet«, das heißt, nicht nur Polen, auch das Baltikum und gleich noch das riesige, an die Sowjetunion grenzende Finnland wurden von den beiden totalitären Ländern untereinander verteilt.

Der Krieg gegen Finnland und die Annexion des Baltikums rissen die Gräben zwischen den Anhängern der KPD und allen anderen Emigranten wieder so weit auf, dass alle Lippenbekenntnisse der Kommunisten zur »Anti-Hitler-Koalition« nichts taugten. Als man dann auch noch erlebte, wie die Rote Armee ungehindert in Ostpolen einmarschierte und wie England der »reaktionärste Staat der Welt« genannt und gemeinsam mit Frankreich zum »Aggressor« erklärt wurde, weil diese beiden das deutsche »Friedensangebot« – eine Finte Hitlers – vom Oktober 1939 abgelehnt hatten, da war wohl endgültig Schluss mit irgendwelcher Zusammenarbeit zwischen Kommunisten und den »bürgerlichen« Oppositionellen in der Emigration.

Wie borniert die Kommunisten damals vorgingen, zeigte sich im Fall des Industriellen Fritz Thyssen. Thyssen ist im September aus Deutschland zunächst in die Schweiz geflohen. Er war NS-Mitglied und wurde von Hermann Göring geehrt als Preußischer Staatsrat »auf Lebenszeit«. Indes kritisierte er die Pogrome gegen die Juden und auch die Kriegspläne des Regimes. Im Dezember 1939 – nunmehr in Südfrankreich – schrieb er dem »Führer« einen Brief, in dem er sich von dem Diktator, dessen Aufstieg er selber mitfinanziert hatte, in klaren Worten abwandte:

»Ihre neue Politik, Herr Hitler, stößt Deutschland in den Abgrund und das deutsche Volk in den Zusammenbruch. Drehen Sie die Maschine um, solange es noch Zeit ist … Geben Sie dem Reich ein freies Parlament, geben Sie dem Deutschen Volk Freiheit des Gewissens, des Denkens und der Rede. Stellen Sie die notwendigen Garantien für die Wiederherstellung von Gesetz und Ordnung sicher.«

Die Kommunisten mochten ihr altes Feindbild nicht von solchen Worten korrigiert wissen. Alle, die den Hitler-Stalin-Pakt kritisierten, wurden flugs zu Mitgliedern der »Thyssenclique« erklärt und bekämpft, auch wenn sie genauso wie sie selber im Exil darbten. Fritz Thyssen sollte übrigens bald – nach dem Sieg Deutschlands über Frankreich – von der kollaborierenden Vichy-Regierung auf Druck der Gestapo an das Reich ausgeliefert und in verschiedene KZ gesteckt werden (woraus er kurz vor Kriegsende von einem Wehrmachtsoffizier befreit wurde).

Walter Ulbricht, damals noch selber Emigrant, später der Staatsratsvorsitzende der DDR, verteidigte in einem Artikel für eine Zeitschrift der Komintern noch im Jahre 1940 den Hitler-Stalin-Pakt. Er war es auch, der den bösartigen Ausdruck »Thyssenclique« prägte. Er fantasierte:

»Deshalb sehen nicht nur die Kommunisten, sondern auch viele sozialdemokratische Arbeiter und nationalsozialistische Werktätige ihre Aufgabe darin, unter keinen Umständen einen Bruch des Paktes zuzulassen. Wer gegen die Freundschaft des deutschen und des Sowjetvolkes intrigiert, ist ein Feind des deutschen Volkes und wird als Helfershelfer des englischen Imperialismus gebrandmarkt. Im werktätigen Volke Deutschlands verstärken sich die Bemühungen, die Anhänger der Thyssenclique, dieser Feinde des sowjetisch-deutschen Paktes, aufzudecken. Vielfach wurde die Entfernung dieser Feinde aus der Armee und dem Staatsapparat und die Konfiszierung ihres Eigentums gefordert.«

Kein Zweifel: Walter Ulbricht war eher bereit mit den Nazis zusammenzuarbeiten als mit den bürgerlichen Feinden und Verfolgten des Regimes. Die alte »Sozialfaschismus«-Theorie waberte immer noch in den Köpfen führender KPD-Funktionäre, die auch jetzt nicht erkennen wollten, dass nicht irgendein Sozialdemokrat oder ein »großbürgerlicher Oppositioneller« wie Thyssen ihr schlimmster Feind war, sondern Hitler.

Vernunft und Verstand wurden bei dieser wahnhaften Ideologie allem Anschein nach vollständig ausgeschaltet. Mit dem Überfall auf die Sowjetunion am 22. Juni 1941 – nur ein halbes Jahr später – zeigte der oberste »nationalsozialistische Werktätige« Adolf Hitler, wie er es in Wirklichkeit mit der deutsch-sowjetischen Freundschaft hielt. Doch viele Kommunisten wollten die Wirklichkeit der sowjetischen Machtpolitik immer noch nicht wahrhaben. So mag man im Nachhinein sagen, dass Stalin den Pakt aus militärisch-taktischen Gründen schloss, einfach um Zeit zu gewinnen und Grenzen weit entfernt vom Kernland Russlands zu sichern. Doch der politische Schaden des Pakts war mit Sicherheit für die Kommunisten und das Ansehen der Sowjetunion weitaus größer als der militärische Nutzen.

Auch Leo Bauer muss durch den Hitler-Stalin-Pakt ziemlich verwirrt worden sein. Aber zu einer Abkehr vom Kommunismus führte dies bei ihm nicht. Auf die Bekanntgabe des Vertrags zwischen dem braunen und dem roten Diktator reagierten Politik und Medien des Landes, in dem er wieder ein Exil gefunden hatte, also Frankreich, mit einer massiven antisowjetischen, eo ipso auch antikommunistischen Kampagne, was nur allzu gut verständlich war, aber auch mit einer offenen Verfolgung von Kommunisten, die sicher unangemessen, aber der guten Gelegenheit zu verdanken war und welche die deutschen Kommunisten in der Emigration gleich mit einschloss.

In dieser für die Kommunisten misslichen Lage wäre eine offene, ja vielleicht sogar schon eine verdeckte oder auch nur intern erfolgte Kritik gleich als Abwendung von der Partei verstanden worden. Ohnehin kannten die Kommunisten keine offene Diskussion über oder gar Kritik an den programmatischen und strategischen Beschlüssen ihrer Führung (in Stalins Moskau hätte solche Kritik, hätten schon offen zur Schau gestellte Zweifel zum Tode durch Genickschuss, im Einflussbereich der Komintern anderswo auf der Welt immer noch zumindest zum Ausschluss aus der Partei geführt, welcher auch die Todesstrafe nach sich ziehen konnte – wenigstens indirekt, weil der Kritiker nicht mehr den Schutz der Partei, nicht mehr die materielle Grundversorgung zum Überleben und auch nicht mehr die Hilfestellung auf der Flucht genossen hätte und somit der Gestapo ausgeliefert gewesen wäre).

Bei aller Verwirrung, bei allen Zweifeln – sollte er sie denn schon gehabt haben – ließ Onkel Leo jedoch lieber erst viele Jahre später sein Alter Ego, Ludwig Bergmann, in seinem unveröffentlichten Roman über den Hitler-Stalin-Pakt räsonieren, wobei er wieder, wie in Prag, die Nazis als MACHT (immer in Großbuchstaben geschrieben) bezeichnete:

»So sehr überraschend der Pakt für jedermann verkündet wurde, so sehr entsprach er im Grunde dem Ablauf des unerbittlichen Machtkampfes der damaligen Welt. Deutsche Kommunisten waren verzweifelt über dieses Abkommen. Sie dachten an ihre Genossen in den Konzentrationslagern.

Die gleichen Kommunisten hatten aber auch anzuerkennen, daß die andere Seite nur deswegen so schrie, weil die eigenen Pläne durchkreuzt worden waren. Zwei Möglichkeiten gab es, um die Ereignisse zu betrachten. Bejahte man das Recht der MACHT, nur den Interessen der MACHT zu dienen, dann mußte man auch der Sowjetunion als MACHT das Recht einräumen die Gesetze des politischen Kampfes der MACHT anzuwenden. Wollte man aber vom moralischen und menschlichen Standpunkt die Politik der Sowjetunion verurteilen, dann war dies nur unter der Bedingung möglich, daß man jede politische Handlung, jede politische Tat vom moralischen Standpunkt aus be- und verurteilte.«

Schwer verständlich? Auf jeden Fall sehr verklausuliert. Man muss wissen, dass Kommunisten – und ein solcher war Onkel Leo zweifelsfrei zu jener Zeit, 1939, noch – die Welt durch ihre »marxistisch-leninistische« Brille betrachteten. Das heißt, sie glaubten, »historisch-materialistisch« zu denken und zu argumentieren. Ihre Theorien hielten sie für »sozialistisch-wissenschaftlich« untermauert, was natürlich, gelinde gesagt, purer Unsinn – *pardon, Leo!* – ist. Jede politische Tat ist »vom moralischen Standpunkt« aus zu beurteilen, wenn man denn einen hat. Leo hat es abgelehnt so zu denken, bis er selber Opfer des historisch-materialistischen Denkens wurde, dem man wie selbstverständlich das »Recht einräumt(e), die Gesetze des politischen Kampfes der Macht anzuwenden«.

Leo schrieb seinen Roman ungefähr Mitte der sechziger Jahre

in der Bundesrepublik, als er wieder ein freier Mann war und für Willy Brandt und die SPD arbeitete. Er war kein geborener Schriftsteller. Er hatte lediglich 80 Seiten zu Papier gebracht, als er sein Roman-Manuskript einem Verlag anbot. Es trug noch viele Züge des alten Denkens des vormaligen Kommunisten. So wollte Onkel Leo sein eigenes Leben rückblickend als typisch für seine Generation sehen. Er lehnte es entrüstet ab, in der Ich-Form zu schreiben, was das Lektorat ihm angeraten hatte. Lieber sollte sein »Ludwig Bergmann«, der stellenweise auch »Berger« heißt, der allwissende Erzähler sein, der stellvertretend für die ganze Generation derer spricht, die bei der »Machtergreifung« der Nazis volljährig wurden. So scheint es, als wollte Onkel Leo mit seinem Roman, der viele Aussagen über ihn selber enthält, die zum Verständnis seines Werdegangs beitragen, als wollte er mit der »Fiktion« doch auch wieder einen ideologischen Entwurf übergeben, als wollte er die Welt und seine eigene politische Weltanschauung durch die Augen und mit der Stimme des »Ludwig Bergmann« in einem einzigen leicht verständlichen und gut nachvollziehbaren Wurf erklären – und aus dieser Erklärung politisches Handeln ableiten.

Das konnte nicht gut gehen.

Nach seiner Weigerung, das Buch in der Ich-Form zu schreiben und damit das Subjektive hervorzuheben, fand sich kein Verlag mehr, der das Manuskript drucken wollte.

Leo grämte das offensichtlich nicht allzu sehr. Er machte nicht viel Aufhebens um seinen Roman. Er arbeitete einfach nicht weiter daran. Er hatte schließlich ein Forum gefunden, auf welchem er am Ende seines Lebens seine politische Sicht der Dinge zur Schau stellen konnte: Die Theoriezeitschrift der SPD mit dem durchaus programmatischen Titel *Neue Gesellschaft,* deren Chefredakteur er war.

Das »Romanfragment« kam erst nach seinem Tode wieder zum Vorschein, ausgegraben von dem Sohn Willy Brandts, dem Historiker Peter Brandt, gemeinsam mit dem Lehrbeauftragten und Journalisten Jörg Schumacher und dem Verlagsredakteur und Mitautor von Geschichtsbüchern für die Schule, Götz Schwarzrock, sowie dem Historiker Klaus Sühl. Alle vier kamen aus der linken Szene, waren irgendwie »Achtundsechziger«, sind alle in den Jahren 1945 bis 1950, also unmittelbar nach dem Krieg geboren. Sie haben Leos »Roman« für ihre gemeinsam erarbeitete wissenschaftliche Biografie über ihn, *Karrieren eines Außenseiters – Leo Bauer zwischen Kommunismus und Sozialdemokratie 1912 bis 1972,* verwendet und analysiert. Wobei sich das Interesse der vier Autoren sehr deutlich im Untertitel ausdrückt. Auch sie sahen sich anscheinend damals, am Anfang ihrer beruflichen Laufbahn, irgendwo »zwischen Kommunismus und Sozialdemokratie« und wollten wohl die beiden großen politischen Strömungen »links der Mitte« (Willy Brandt) durch den Rückblick auf das Lebenswerk von Onkel Leo ein Stück weit versöhnen. Ferner hofften sie, »mit dieser Schrift [der Biografie von Leo Bauer, M. S.] einen Beitrag dazu leisten zu können, indem wir historische Erfahrungen und Kenntnisse kritisch vermitteln, die hierzulande keineswegs Bestandteil des Bewusstseins der jüngeren und mittleren Generationen in ihren politisierten Schichten sind ...«

Sie wollten also zeigen, dass Leo Bauer einen Weg zwischen Kommunismus und Sozialdemokratie gesucht hat – und sie wollten anscheinend diesen Weg zwischen Kommunismus und Sozialdemokratie selber gehen sowie anderen ihrer Generation anempfehlen. Als Historiker und Sozialwissenschaftler taten sie sich naturgemäß schwer, aus einem Roman zu zitieren. Sie behalfen sich aber, indem sie mehrfach versicherten, dass dieses Stück autobiografischer Belletristik von Leo Bauer seiner Lebenswirklichkeit doch wohl recht nahegekommen sein muss: »Der Einbezug anderer Quellen und die wenigen Bemerkungen gegenüber vertrauten Menschen zusammengenommen, erlauben es, ein Bild zu konstruieren, das von der Wirklichkeit nicht weit entfernt sein dürfte.«

Die vier Autoren haben ein Bild von Leo Bauer »konstruiert«, das für meine Begriffe der Wirklichkeit durchaus angemessen ist. Sie haben Onkel Leo gut getroffen.

Leo hat oft die »Sorglosigkeit seiner Kindheit« hervorgehoben. Er war behütet und wird von der Judenfeindlichkeit noch nichts mitbekommen haben. Aber die mit dem tiefen Glauben an Gott verbundene Menschenfreundlichkeit und die der jüdischen Religion inhärente Menschenliebe dürften diese »Sorglosigkeit« mit verursacht haben. Jenseits aller Ideologie: Das Gute an ihm, seine Freundlichkeit, die alles Leiden überstand, sein Optimismus und sein unerschütterlicher Glauben an eine bessere Welt waren den Werten zu verdanken, die ihm in der orthodox-jüdischen Kindheit vermittelt wurden. Und sicher auch seine Fähigkeit, seine Bereitschaft zu *glauben*. Nichts erklärt seinen *Glauben* an den Kommunismus, sein selbstloses Eintreten in den »Roten Orden« besser als ausgerechnet die Zugehörigkeit zu jener Familie und Glaubensgemeinschaft, die er als junger Mann verließ und die er zeitlebens nie mehr so richtig wahrhaben wollte. Er war ein *believer* – und er ersetzte eine Religion, die jüdische, durch eine andere, die kommunistische. Bekanntlich sind Konvertiten die eifrigsten Verfechter eines Glaubens. Hatte nicht Karl Marx, der »Begründer des wissenschaftlichen Sozialismus«, gemeint: »Religion ist Opium für das Volk«? Mir scheint, Leo Bauer hat das Entzugsmittel für dieses Opium, den Glauben an einen friedlichen, weltumspannenden Kommunismus, allzu gerne in großen Dosen aufgenommen und einen Glauben gegen einen anderen ausgetauscht.

Im Frankreich des Jahres 1939 glaubte er noch fest an den Kommunismus. Bevor er sich versah, wurde er dort denn auch als »feindlicher Ausländer« angesehen.

Am 26. September 1939 wurde die Kommunistische Partei Frankreichs, die PCF, verboten. Es hatte ihr nichts genützt, dass sie zuvor noch für die Kriegskredite stimmte, sie galt der nun fast geschlossen nach rechts driftenden französischen Politik als der schlimmere Feind. Nazifreundliche rechtsextremistische Organisationen und Publikationen wurden toleriert, die Immunität der kommunistischen Abgeordneten wurde dagegen aufgehoben. Der unsägliche Hitler-Stalin-Pakt bot den besten Vorwand zur Vorbereitung der Internierung »feindlicher Ausländer«. Generell wurden alle Deutschen in Frankreich nun als »boches« beschimpft, auch die Emigranten. Die französische Polizei gab vor, gegen eine deutsche »fünfte Kolonne«, die Gestapo und andere Naziagenten vorzugehen, in Wirklichkeit fahndete sie nach Kommunisten, nach Mitgliedern der eigenen PCF sowie auch gleich nach Mitgliedern der deutschen Exil-KPD. Ab dem 30. August 1939 wurden deutsche Kommunisten von der französischen Polizei gejagt und inhaftiert.

So kam unser Onkel in eines der großen französischen Sammellager, die sich von den deutschen Konzentrationslagern vor allem dahingehend unterschieden, dass sie keine systematische Tötungsmaschine betrieben. Er wurde im »Stade Roland Garros« eingesperrt.

Das ist ein Tennisstadion im 16. Arrondissement von Paris, benannt nach einem französischen Luftfahrtpionier. Hier findet noch heute das zweite Grand-Slam-Turnier, die French Open, statt. Von 1939 an diente das Stadion als Sammellager zur Unterbringung von »politisch gefährlichen Elementen«. Auch Arthur Koestler war im Stade Roland Garros interniert und berichtet darüber:

> »Man hatte das Stadion in ein provisorisches Internierungslager für ›unerwünschte Ausländer‹ umgewandelt. Wir waren etwa fünfhundert und hausten in einer Art Höhle unterhalb der in Stufen ansteigenden Tribüne des großen Tennisplatzes. Früher einmal war dieser Raum unter den Treppen zum Teil für Umkleidekabinen verwendet worden; jetzt hatte man ihn in drei Abschnitte geteilt; in die Erste Abteilung, die Zweite Abteilung und die Deutsche Abteilung. In jeder waren etwa hundertfünfzig bis zweihundert Männer untergebracht.
> Ich gehörte zur Zweiten Abteilung. Unsere Grotte hatte keine Fenster; ihr Dach – die Unterseite der Tribüne – stieg über uns in einem Winkel von fünfundvierzig Grad hinweg. Wir schliefen auf dem nackten Fußboden, auf einer dünnen Lage Stroh. Nur die Hälfte von uns hatte Wolldecken mitgebracht; vom Lager wurden keine ausgegeben. Wir lagen so eng aneinandergequetscht, daß viele das ›Sardinen-System‹ vorzogen: man legte den Kopf zwischen die Beine zweier Nachbarn, dann

mußte man ihren Atem nicht spüren. Trotz aller Unbequemlichkeiten war die Moral in unserer Höhle ausgezeichnet, und wir hatten viel Spaß.

Bei Tag durften wir uns auf den Stufen vor der Grotte aufhalten. Dort standen wir stundenlang herum, atmeten die frische Luft, rauchten und unterhielten uns – ein Stamm moderner Höhlenbewohner vor seiner Behausung. Bei manchen Arbeiten ergab sich sogar die Gelegenheit zu einem kleinen Spaziergang, zum Beispiel wenn man sich zur corvée de bois meldete – zum Holzsammeln für das Küchenfeuer – oder zur corvée de l'eau – zum Wasserholen – oder zur corvée de cuisine – zum Kartoffelschälen in der Küche; das bedeutete jedes Mal einen Weg von fünf Minuten. Für die corvées gab es immer fünfmal so viel Freiwillige, wie gebraucht wurden. Natürlich durften wir außerhalb unserer Abteilung keinen Schritt allein tun, aber wir wurden von Soldaten bewacht und nicht von Polizisten.«

Leo Bauer scheint sich in dieser drangvollen Enge, die viele der Insassen krank machte, zu einer Art Spezialist für die Behandlung von Hautkrankheiten entwickelt zu haben. Jahre später berichtete Luigi Longo, Onkel Leo hätte ihm dort die Furunkel kuriert. Luigi Longo war ein glühender Antifaschist gewesen. Im Spanischen Bürgerkrieg war er der hochrangige »Inspekteur« der Internationalen Brigaden. Nach der Niederlage der Spanischen Republik ging Longo nach Frankreich. Dort wurde er verhaftet und in den Sammel- und Deportationslagern für »feindliche Elemente« interniert.

Nach dem Krieg wurde er Mitglied des italienischen Nationalkongresses. Anschließend wurde er in die Abgeordnetenkammer gewählt und über die Liste der Italienischen Kommunistischen Partei, PCI, wiedergewählt. 1964 wurde er Generalsekretär des PCI, später Ehrenvorsitzender.

Er unterstützte maßgeblich den Reformkurs seines Nachfolgers Enrico Berlinguer, mit dem Onkel Leo vor seinem Tode noch eng zusammenarbeiten wollte. Berlinguer wollte für die

Kommunisten eine »Einheit in der Vielfalt« und distanzierte sich von den sowjetischen Interventionen gegen die Reformen in ihrem Machtbereich. Gemeinsam fanden Longo und Berlinguer den *compromesso storico*, den »historischen Kompromiss«, nach dem die Kommunisten in Italien sowohl mit den Sozialdemokraten als auch mit den Christdemokraten zusammenarbeiteten, um ein mögliches autoritäres Regime zu verhindern und die italienische Demokratie vor gezielten Angriffen zu schützen. Leo Bauer befürwortete – als Sozialdemokrat – diesen »historischen Kompromiss« ausdrücklich, wovon später noch die Rede sein wird.

Leo kam damals noch in mehrere andere Internierungslager, womöglich auch in das gefürchtetste aller Lager, »Le Vernet« nahe den Pyrenäen. Dort waren im Februar 1940 bereits gut 2000 Männer interniert, unter ihnen alle deutschen KPD-Funktionäre, derer die französische Polizei habhaft werden konnte. Die »gefährlichen Elemente« – das waren alle Kommunisten – erhielten die Prügelstrafe, Fluchtversuche endeten mit Erschießungen. Alle Insassen mussten harte körperliche Arbeit leisten, bekamen aber nur magerste Essensrationen mit weniger als 1000 Kalorien am Tag. Nur wenige konnten das Essen aufbessern und sich Medikamente besorgen – es gab einen Schwarzmarkt mit horrenden Preisen im Lager, manche konnten sich die teuren Extras in der Kantine leisten, einige erhielten Pakete von Freunden und Verwandten. In den ersten drei Monaten des Jahres starben ungefähr 180 Insassen, die meisten von ihnen an Unterernährung und an eigentlich leicht zu behandelnden Infektionskrankheiten. Es ist nicht hundertprozentig verbürgt, dass Leo Bauer auch in Le Vernet einsaß, aber Luigi Longo war auf jeden Fall dort interniert. Die Rückkehrer aus dem Spanischen Bürgerkrieg kamen statt in die erhoffte Freiheit in Frankreich eher in dieses grenznahe Lager, das von Sadisten geführt wurde.

Die letzte Station von Onkel Leo auf der qualvollen Reise durch die diversen französischen Internierungslager war ein kleines Camp bei Nîmes in der Nähe des römischen Aquädukts Pont du Gard.

Einigen deutschen Kommunisten war es gelungen, sich dem Zugriff der französischen Polizei zu entziehen, andere kamen nicht erst nach Le Vernet, manche – ungefähr hundert deutsche und österreichische Antifaschisten – schafften es sogar, aus den Lagern zu flüchten. Sie verfügten immer noch über ihre Netzwerke in der Illegalität. So konnten sie Gruppen in mehreren Orten im unbesetzten Frankreich bilden. In einer dieser Gruppen war ein Mitglied des Politbüros der KPD, Paul Bertz, tätig. Paul Bertz hatte um 1928 eine wichtige Rolle in der Gewerkschaftspolitik der KPD gespielt, wurde aber nach 1930 »linker Abweichungen« bezichtigt und hatte so an Einfluss verloren. Er verlor noch weiter an Einfluss in der Partei, da er sich gegen den Hitler-Stalin-Pakt aussprach. Ihm ist die deutsche Staatsbürgerschaft von den NS-Behörden im November 1939 aberkannt worden. Er war ein wenig ein Seelenverwandter von Leo Bauer.

Leo konnte mit Hilfe eines freundlichen Lagerverwalters, der den Kommunisten nach dem Waffenstillstand vom 24. Juni 1940 half, aus dem Camp bei Nîmes entkommen. Dies geschah bald nach dem Sieg der deutschen Wehrmacht im »Westfeldzug«, der erfolgreichen militärischen Offensive gegen Frankreich und der Besetzung der Niederlande, Belgiens und Luxemburgs. In der Folge dieses »Blitzkriegs« wurde bekanntlich Frankreich in ein unbesetztes Gebiet im Südosten, in eine deutsche Besatzungszone, die den Großteil Frankreichs im Westen und Norden umfasste, sowie in eine italienische Zone in den Westalpen aufgeteilt.

Die deutschen Emigranten, die in dem unbesetzten Gebiet Frankreichs zunächst recht frei schalten und walten konnten, organisierten in Marseille gefälschte Papiere für Leo und seinen neuen Freund Paul Bertz. Mit diesen flüchteten die beiden im Sommer 1940 in die Schweiz. Wie Onkel Leo es uns sagte, gingen sie dabei »über die grüne Grenze«. Das heißt, sie umgingen die Grenzposten und mussten so nicht einmal ihre falschen Pässe vorzeigen. Sie wollten die kommunistische Agitation in der Schweiz fortsetzen und neue Stützpunkte für ihre Genossen aus Deutschland aufbauen – sicher halfen ihnen ihre schweizerischen

Genossen, Schleichwege von dem Gebiet des Vichy-Regimes in die neutrale Alpenrepublik zu finden. Die Flucht über die »grüne Grenze« war aber keineswegs von den Parteioberen genehmigt, Leo hatte schlicht die Gelegenheit genutzt, um gemeinsam mit »dem Alten«, wie sie Paul Bertz in der Partei nannten, aus Frankreich zu entkommen.

Dies geschah in der Nacht vom 20. zum 21. Juli 1940, sie fuhren dabei ein schönes Stück über den Genfer See.

Am 25. Juni dieses Jahres 1940 hatte anlässlich des Waffenstillstands zwischen Deutschland und Frankreich der Schweizer Bundespräsident Marcel Pilet-Golaz programmatisch verkündet: »Persönliche, regionale und parteiliche Meinungsverschiedenheiten werden sich verschmelzen im Tiegel des nationalen Interesses, dieses höchsten Gesetzes.« Der einflussreiche, französischsprachige Pilet-Golaz war von 1933 bis zum 31. Dezember 1944 nacheinander Innen-, Verkehrs- und Außenminister und bekleidete zwei Mal das Amt des Bundespräsidenten. Schon als verantwortlicher Leiter der Außenpolitik – seit dem 2. März 1940 – versuchte er eine Balance zwischen den deutschen Forderungen, den alliierten Einwänden und dem Unabhängigkeitswillen der Schweiz zu finden. Sein Weg, ein relativ gutes Verhältnis zum Deutschen Reich aufzubauen, blieb in der Alpenrepublik stark umstritten. Manche warfen ihm persönliche Sympathien für den Faschismus vor.

Es war bald nach diesen diplomatischen Äußerungen des Bundesrats zu erkennen, dass aus der latenten Bereitschaft der neutralen Schweiz zur Anpassung an Nazi-Deutschland so etwas wie eine offene Kollaboration werden könnte. Die Schweiz war, wie die Nazis spotteten, tatsächlich in Gefahr, zum »Wartegau« zu werden.

Die Schweizer Presse hielt sich freiwillig an die Weisungen der »Pressekontrollkommission« der Armee. Dabei ging es keineswegs um militärische Geheimnisse. Aber um welche dann? Es ging um das Verhältnis zum deutschen Nachbarn. So wurde die Publikation ›Gespräche mit Hitler‹ verboten. Sie durfte in der

Schweiz weder gedruckt noch verbreitet werden, eine bemerkenswerte Maßnahme, die nur damit erklärt werden kann, dass man es sich mit den Nazis nicht verderben wollte.

Die Schrift stammte von Hermann Rauschning, ab 1932 Mitglied der NSDAP und 1933/1934 Senatspräsident von Danzig. 1934 wurde er zum Nazigegner, verließ die Partei und musste ins Exil gehen. Seine Flucht führte ihn unter anderem in die Schweiz und schließlich in die USA. In Zürich ließ er sich 1939 von einem Verleger dazu überreden, seine Begegnungen mit Hitler möglichst ausführlich aufzuschreiben. Dafür wurde ihm ein großer Vorschuss angeboten. Das Buch wurde ein Bestseller und in mehrere Sprachen übersetzt. Allerdings war es eine Fälschung, denn Rauschning war Hitler nur ein paar Mal begegnet und hatte nie »persönliche« Gespräche mit ihm geführt. Dass die Schweiz auf diese Fälschung hereinfiel und sie dann auch noch verbot, zeigte, wie stark die »neutrale« Alpenrepublik ihre Politik auf die Zustimmung aus Berlin ausrichtete.

Seit Oktober 1939 waren selbst den anerkannten politischen Emigranten – während des ganzen Krieges gab es nie mehr als 251 von ihnen in der Schweiz – jegliche Erwerbstätigkeit sowie alle politischen Betätigungen strikt verboten. Illegal eingereiste Emigranten wurden in Arbeitslagern und auf Bergdörfer verteilten Heimen interniert. Es sah also nicht gut aus für die Verfolgten des Naziregimes, die von Frankreich über die »grüne Grenze« in die Schweiz gegangen waren.

Leo Bauer lebte unter dem Namen Paul Eric Perret, auf den er eine gefälschte Aufenthaltserlaubnis hatte, illegal in Genf. Ihm drohte von Anfang an die »zwangsweise Ausschaffung« – und zwar nach Deutschland, wo er als Kommunist und Jude im KZ geendet wäre.

Dass er in Genf von seiner Partei für die aktive kommunistische Arbeit eingesetzt wurde, vergrößerte sein Risiko unendlich. Seine wichtigste Aufgabe war es, die Verbindung zwischen den in Südfrankreich und den in der Schweiz operierenden KPD-Gruppen herzustellen und aufrechtzuerhalten. Die Arbeit war hoch konspirativ: Man sprach sich nur mit Codenamen an und fragte unter keinen Umständen nach den echten Namen; Treffen wurden stets von Dritten arrangiert, die sich legal in der Schweiz aufhielten oder selber Schweizer waren. Aus der Sicht der Leitung hatte sich Leo Bauer als »Genfer Stelle« zu bewähren. Der ein Jahr zurückliegende Konflikt mit Hermann Field in der Tschechoslowakei war der KPD-Führung in der Schweiz bekannt. Leo blieb der Verbindungsmann zu Paul Bertz, der sowohl in Marseille im Untergrund weiter als Mitglied des ZK der KPD arbeitete wie auch in der Schweiz die kommunistischen Umsturztätigkeiten voranzutreiben hatte.

Obwohl Onkel Leo die Regeln der Konspiration anscheinend missachtete und in seiner Wohnung große Mengen an Flugblättern, allerlei Artikelentwürfe und Aufzeichnungen sowie einige Broschüren offen herumlagen – was umso bemerkenswerter war, als sich im selben Haus auch noch ein besonders gefährdeter illegaler Nachrichtensender der Kommunisten befand, von dem er nichts wusste –, hielt er mehr als zwei Jahre in Genf durch. Er arbeitete auch für die Zeitung *Der Deutsche*, die von der KPD herausgegeben wurde und sich an über 100 000 Reichsdeutsche richtete, die in der Schweiz lebten, besonders an die 25 000 Mitglieder der Nazivereinigung »Deutsche Kolonie«. Er arbeitete demnach recht offen mit Gegenpropaganda und versteckt mit Verbindungs- und Kurierdiensten.

Für die »einfachen« Flüchtlinge war Leo etwas Besonderes gewesen. Seine Genfer Freundin Erica Glaser sagte später: »... wir wussten, dass er (Bertz) Mitglied des Zentralkomitees gewesen war ..., und der Einzige wirklich, der Kontakt zu ihm hatte, war Leo Bauer. Also war Leo Bauer der Vertreter Gottes in der Schweiz.«

Am 27. Oktober 1942 wurde der »Vertreter Gottes in der Schweiz« jedoch verhaftet und im Juni 1943 vor einem Militärtribunal in Genf angeklagt. Die Anklage lautete auf »Verstoss gegen die Bundesverordnung über die Aufrechterhaltung der Neutralität und über kommunistische Aktivitäten«. Onkel Leo wurde ferner für seine Aktivitäten über die Grenze nach Frankreich hin angeklagt und zwar wegen des »Verstosses gegen die Bundesgesetze, die sich auf die partielle Schliessung der Grenzen beziehen … Seitdem er selber illegal und konspirativ in die Schweiz geflohen war, hat der Angeklagte versucht, geheime Grenzüberschreitungen von politischen Flüchtlingen von Frankreich zur Schweiz hin zu organisieren. Er hat Informationen nach Marseille weitergeleitet.«

Die Klageschrift umfasst viele Seiten. Sie zeigt, wie gut die Schweizer Polizei über die Tätigkeiten der illegalen Emigranten informiert war. Sie beweist, dass die Schweiz selber mit großer Härte gegen »kommunistische Umtriebe« vorging. Und sie belegt, wie wenig neutral sich das Land verhielt, wie sehr es vielmehr zu Kollaboration mit dem »Dritten Reich« neigte. Die Anklageschrift ist zu umfangreich, um sie hier vollständig wiederzugeben. Aber einige Auszüge sollen doch aufgeführt werden:

> »Von 1940 bis 1942 hat er vom Schweizer Territorium durch Schriften feindselige Handlungen gegen das nationalsozialistische Deutschland vorbereitet und begünstigt …
> Bauer hat aktiv an dem vervielfältigten Blatt ›Der Deutsche‹ mitgearbeitet, das eine konspirative Publikation kommunistischer Organe in der Schweiz ist … Das von der Zeitung verfolgte Ziel besteht vor allem darin, zum Kampf gegen die deutsche Regierung aufzustacheln …
> Der Angeklagte hat den gesamten Tagesbefehl von Stalin anlässlich des 1. Mai 1942 … ins Deutsche übersetzt und in der Schweiz vertrieben (verbotene kommunistische Propaganda). {Der Tagesbefehl enthält den Satz: ›In Wirklichkeit sind die deutschen Faschisten keine Nationalisten, sondern Imperialisten …‹}
> Im Juni oder Juli 1942 hat der Angeklagte das Flugblatt ›Aider‹ verfasst, das sich mit dem Problem der in Frankreich internierten politischen Flüchtlinge befasst und insbesondere die neutralen Länder dazu auffordert, gegen den ›Faschismus‹ zu kämpfen … Dieses Flugblatt hat zum Ziel, in heftigen Worten das deutsche Volk aufzufordern, sich gegen seine Regierung zu erheben …

> Der Angeklagte hat eine französische Übersetzung der Broschüre ›Internierte in Witzwil‹ … die auf Anordnung des Bundesöffentlichkeitsministeriums beschlagnahmt wurde, angefertigt. Er hat diese Übersetzung entweder in Frankreich oder in der Schweiz verbreitet. Die erwähnte Schrift … enthält ungenaue und verfälschende Informationen, die dazu geeignet sind, die innere und äussere Sicherheit des Bundesstaates zu gefährden …
> Bauer ist, seinem Geständnis folgend, der Autor des Artikels ›Die fünfte Kolonne in der Schweiz‹ … In diesem Artikel beschuldigt der Angeklagte … den Bundesrat, sich von der nationalsozialistischen Propaganda dominieren zu lassen … Außerdem stachelt Bauer das Schweizer Volk zum Hass gegen die Deutschen in der Schweiz, die ihrer Regierung treu sind und die als ›fünfte Kolonne‹ dargestellt werden, in einer Weise auf, die die Existenz unseres Landes gefährdet.«

Vielleicht müssen wir von Glück reden, dass die Schweiz ihre »Existenz« durch die eher harmlosen, vor allem doch deutschkritischen Schriften und Flugblätter (mit der Ausnahme von »Witzwil«) derart »gefährdet« sah, dass sie unseren Onkel Leo nicht »ausschaffte«, sondern es vorzog, ihn im eigenen Land abzuurteilen. So verbrachte er die nächsten beiden Jahre in der vergleichsweise – gemessen an dem, was er schon erlebt hatte und noch erleben sollte – komfortablen Haftanstalt St. Antoine in Genf, wo ihn die aufopferungsvolle Erica Glaser mit Essen, Zeitungen und Kassibern versorgte. Anfangs aber drohte ihm auch in dieser Haft die »Ausschaffung« nach Deutschland. Denn er war nicht nur wegen »kommunistischer Propaganda«, »Gefährdung der Sicherheit und Neutralität der Schweiz« und »Illegalen Grenzübertritts« angeklagt. Ihm war auch »Militärspionage« vorgeworfen worden. Und diese wäre unter anderem mit seiner Überstellung an Hitler-Deutschland geahndet worden.

In den zwei Jahren vor seiner Verhaftung hatte Leo auch mit Noel Field und mit Agenten des amerikanischen Abschirmdienstes »Office of Strategic Services (OSS)« unter Allen W. Dulles, dem späteren Leiter der CIA, zu tun. Noel Field, der Bruder von Hermann Field, stammte aus einer angesehenen amerikanischen Quäkerfamilie, er wurde jedoch in Europa geboren und ist in Zürich aufgewachsen. Dieser Umstand war der Grund für seine für Amerikaner ungewöhnliche Mehrsprachigkeit. Noel Field machte zwischen dem Ersten und dem Zweiten Weltkrieg Karriere als Diplomat im amerikanischen Department of State, dem Außenministerium. Er war aber auch ein überzeugter Kommunist. Als solcher ließ er sich in jener Zeit als Informant für den sowjetischen Geheimdienst GPU anwerben.

Möglicherweise wollte er einem Loyalitätskonflikt zwischen Vaterland und Politik entgehen, jedenfalls nahm er 1935 eine Stelle beim Völkerbund in Genf an. Dort gehörte er zu dem Ausschuss, der den Abzug der Internationalen Brigaden aus Spanien überwachen sollte.

1940 wurde Noel Field vom Völkerbund entlassen. Im Frühjahr 1941 wurde ihm dann – zusammen mit seiner Frau Herta – die Leitung einer Hilfsorganisation in Marseille, des *Unitarian Service Committee* übertragen. Diese, man würde heute sagen: NGO, war in jener Zeit mit der Unterstützung von Flüchtlingen beschäftigt, die sich entweder in Internierungslagern befanden oder in der Illegalität lebten und die ihre Auslieferung an die deutsche Gestapo oder die SS zu befürchten hatten.

Field nutzte seine Position im *Unitarian Service Committee*, um diesen Menschen, die sich in größter Lebensgefahr befanden und sich in ihren Zufluchtsländern keineswegs sicher wähnen konnten, Geld und Ausweispapiere, mitunter schlicht Lebensmittel und für sie wichtige persönliche Informationen zukommen zu lassen. Er half auch bei der medizinischen Versorgung der Flüchtlinge. Unter anderem beteiligte er sich am Aufbau einer Klinik in Marseille.

Insbesondere für die Kommunisten unter den Flüchtlingen waren diese Aktivitäten von existenzieller Bedeutung. Sie mussten in Europa bleiben und konnten nicht in die sicheren Vereinigten Staaten ausreisen, da die Einwanderungsbestimmungen der

USA die Immigration von Kommunisten verboten. Der größte Teil des Geldes, das Field an die Flüchtlinge weiterleitete, kam indes aus den USA. Noel Field war der Vertrauensmann des *Joint Antifascist Refugee Committee.* Dieses Flüchtlingskomitee sammelte unter Beteiligung von bekannten Schriftstellern wie John Steinbeck und Ernest Hemingway Geld zur Unterstützung der Flüchtlinge in Europa.

Die Gelder wurden von Field aus der Schweiz nach Südfrankreich gebracht. Dabei kam er in Kontakt mit einer Vielzahl von Kommunisten, die sich zumeist im Untergrund oder in Gefangenschaft befanden und denen er in vielen Fällen helfen konnte. So lernte Noel Field auch Leo Bauer kennen. Wegen seiner persönlichen Sympathien mit dem kommunistischen Gedanken diente Noel Field auch auf Reisen – insbesondere nach der Etablierung von Vichy-Frankreich – als Kurier des kommunistischen Widerstandes in diesem Teil Frankreichs.

Dabei wurde Noel Field im Sommer 1942 Augenzeuge der ersten Deportationen aus dem Lager Les Milles, benannt nach einem Stadtteil von Aix-en-Provence, in die deutschen KZ. Field hatte noch versucht, die Deportation abzuwenden, indes vergeblich.

Nach dem Einmarsch der Deutschen am 10. Mai 1940 in Frankreich waren die meisten Deutschen und Österreicher in Les Milles interniert worden. Auch ehemalige Spanienkämpfer wurden hierherverlegt.

Nach der Kapitulation Frankreichs im Juni 1940 wurde das in der »Freien Zone« gelegene Lager zunehmend als Deportationslager verwendet. Die ersten Gefangenen im umfunktionierten Lager waren Juden aus Baden, die Ende Oktober 1940 hierherdeportiert wurden und angeblich – nach dem »Madagaskarplan« – auf die französische Kolonie vor Ostafrika abgeschoben werden sollten. Daraus ist, wie bekannt, nichts geworden, und nach der Wannsee-Konferenz wurden von »Les Milles« aus Juden in die deutschen Vernichtungslager deportiert.

Noel Field musste sich selber mit einer dramatischen Flucht aus Frankreich vor der Gestapo retten. Von Ende 1942 an konnte er seine Tätigkeit für das *Unitarian Service Committee* von der

Schweiz aus fortsetzen. Das meiste, das wir über Onkel Leo aus dieser Zeit wissen, stammt von Noel Field oder aus Berichten über ihn. Ein Bericht stammt aus der Feder der amerikanischen Journalistin Flora Lewis. Sie hat zwei Bücher über Noel Field veröffentlicht, eines in Großbritannien und das andere in den Vereinigten Staaten. In dem amerikanischen Buch lesen wir:

> »Merker [Paul Merker: seit Februar 1937 Mitglied des Sekretariats des ZK der KPD, das zunächst von Paris aus für die Anleitung der Partei in allen Emigrationsländern – mit Ausnahme der Sowjetunion – zuständig war, M. S.] brauchte vertrauenswürdige Verbindungsleute, die den regelmäßigen Kontakt mit der deutschen Parteiführung in der Schweiz über die Verbindung durch geheime Funksprüche hinaus ermöglichten. Abgesehen von der Notwendigkeit, geheime Nachrichten zu senden und zu empfangen, tauchten immer wieder Fragen der internen kommunistischen Politik über die Delegierung der Parteigewalt und die Beziehungen zu den Franzosen auf, die örtlich nicht entschieden werden konnten. Sehr schnell entschloss sich Merker, Noel versuchsweise als Kurier in die Schweiz einzusetzen. Ungefähr einmal im Monat überschritt Noel die Grenze, und Merker instruierte ihn, nach einem vertrauenswürdigen Funktionär der deutschen kommunistischen Partei zu suchen, der zum offiziellen Partner am anderen Ende dieser unterirdischen Nachrichtenverbindung bestimmt werden könne …
>
> Dieser Deutsche war Leo Bauer, der bei anderen Gelegenheiten die Namen Rudolf Katz, Baumann und andere geführt hatte, einer der verantwortlichen Parteifunktionäre.
>
> Bauer war überrascht, als er Noels Namen hörte, und meinte, dass er ihn in Krakau kennengelernt habe.
>
> Das war natürlich ein Irrtum. Bauer verwechselte Noel und Hermann, aber die Verwechselung machte ihn nur geneigter, sich mit Noel heimlich zu treffen. Bauer war ein hochgewachsener, kräftiger Mann mit einer Mähne dichten, locki-

gen Haars und starken Augenbrauen. Jahre der konspirativen Arbeit und der Parteidisziplin machten sich in seiner Härte und Selbstbeherrschung bemerkbar. Er hatte schon lange gelernt, Befehle zu erteilen und entgegenzunehmen, die richtigen Antworten zu geben und die falschen Fragen zu vermeiden. Er hatte einen starken Intellekt und einen unabhängigen Willen, aber sie standen streng im Dienst der Partei. Er besaß den scharfen, schnellen, abstrakt arbeitenden Verstand der kommunistischen Intellektuellen und die Sicherheit und Tüchtigkeit der Aktivisten. Noel übermittelte Leo Bauer die Nachricht von Merker, und Bauer antwortete vorsichtig, er müsse zunächst mit seinem Vorgesetzten, Paul Bertz, darüber sprechen. Er bat Noel, beim nächsten Mal einen Brief von Merker als Legitimation mitzubringen …

Der Brief, den Noel von Merker überbracht hatte, enthielt über Noels Position keine genaue Erklärung. Darin hieß es nur, Noel habe vielen Kommunisten geholfen und sei loyal und voll vertrauenswürdig. Die Not war zu dieser Zeit groß. Täglich standen Menschenleben auf dem Spiel. Es gab keinen gangbaren Weg, Noels Angaben zu überprüfen oder sich an eine höhere Instanz zu wenden, folglich erklärte Bertz sich bereit, Noels Hilfe anzunehmen. Regelmäßige Zusammenkünfte mit Leo Bauer wurden vereinbart.

Viele Tausende Dollar wurden Noel in Schweizer Währung aus kommunistischen Mitteln in der Schweiz zur Unterstützung der deutschen Partei in Frankreich übergeben. Mit Hilfe der französischen Widerstandsbewegung wurde ein geheimer Grenzübergang organisiert, der den illegalen Übertritt in die Schweiz ermöglichte. Noel lenkte deutsche Kommunisten in Frankreich über diesen Weg, wenn er die Mitteilung überbracht hatte, dass die Partei die Flucht wünschte. Nachdem er Merker zur Flucht nach Mexiko verholfen hatte, wurde Noel an Willi Kreikemeyer weitergereicht, der Merkers Stellung in Marseille übernahm.

Die Befehle und Berichte wurden Noel immer mündlich mitgeteilt; er musste sie gründlich auswendig lernen und durfte nichts Schriftliches bei sich führen. Gelegentlich erhielt er unverschlossene Briefe, aber das kam selten vor und wurde nur riskiert, wenn es keine andere Möglichkeit gab. Wenn Noel niederschreiben musste, was ihm gesagt wurde, weil der Text zu lang oder zu schwer zu behalten war, machte er sich Notizen in einer Kurzschrift, die er selbst erfunden hatte, einem ganz persönlichen Code, den niemand anders entziffern konnte.«

Zu dieser Zeit war das Leben für deutsche Emigranten oder Juden in der Schweiz auch nicht gerade einfach. Nicht nur neigte der Bundesrat recht offen zur Kollaboration mit dem Dritten Reich. Es gab auch antisemitische Tendenzen, sogar Ausschreitungen gegen Juden. Was geschah, lässt sich eindrucksvoll nachlesen in dem Roman *Melnitz* des Schweizer Schriftstellers Charles Lewinsky. Er handelt von der fiktiven Geschichte der jüdischen Familie Meijer zwischen 1871 und 1945. Der zeitgeschichtliche Hintergrund des Werks – vom Schächtungsverbot über die Untaten der schweizerischen antisemitischen und faschistischen Partei »Nationale Front« bis zum Gedächtnis an die Verwandten der in Zürich lebenden Juden, die unter der NS-Herrschaft sterben mussten – entspricht sehr genau den geschichtlichen Ereignissen in der Schweiz.

Ein weiteres Zeugnis über den Umgang mit Ausländern in der Schweiz zur Kriegszeit stammt von dem deutschen Literaturwissenschaftler Hans Mayer. Er stammte aus einer wohlhabenden jüdischen Familie in Köln. Seine Eltern wurden in Auschwitz ermordet. Als Jude und Marxist erhielt er bereits im Juli 1933 in Deutschland Berufsverbot und floh im August nach Frankreich. 1934 überquerte er die Grenze und ging nach Genf. In seinen zwei Bände umfassenden Memoiren *Ein Deutscher auf Widerruf* erinnerte er sich an das Zuchthaus Witzwil, dem ein Straflager für internierte Ausländer angeschlossen war. Witzwil wurde von einem Lagerdirektor namens Kellerhals geführt, der Mitglied des »Vaterländischen Vereins« war und keine Unterschiede zwischen Zuchthaussträflingen und Emigranten machte. Mayer fürchtete diesen Kellerhals:

»Nun ist der Name gefallen. Immer noch zittert es in mir, wenn ich an ihn denke. Immer noch sehe ich ihn zu Pferde und in seiner Landschaft und hoch über seinen Zwangsarbeitern, die am Boden kriechen und das Unkraut mit den Händen auszureißen haben: den Direktor Dr. Kellerhals.
Kein aufrechter Gang, Furche um Furche, Beet um Beet. Sehr schwere Arbeit: von der Morgenfrühe bis in den späten Nachmittag. Dazu eine Kost, die entkräftend macht. Fettlose Suppen und zerkochtes Gemüse, das nicht für den Verkauf getaugt hatte. Bereits im Mai freuten sich die Langjährigen auf den 1. August, also den schweizerischen Nationalfeiertag: da würde es am Abend ein Stück Butter geben und Marmelade. Ein anderer Feiertag galt ebenfalls als memorable: da würde ein großes Stück Emmentaler verteilt werden. Jede Nacht ein Schlaf des Erschöpften. Auch heute noch schlafe ich manchmal mit der Beruhigung ein: Morgen wird dich kein Aufseher wecken.«

Das Lager Witzwil, nahe der Hauptstadt Bern, ist heute noch eine Strafanstalt. Damals ließ der Lagerdirektor Kellerhals die Internierten Feldarbeit – wie von Mayer beschrieben – auf seinem privaten Großgrundbesitz verrichten. Damals – im Sommer 1942 – hatten einige internierte Kommunisten Berichte aus dem Lager geschmuggelt. Sie wurden an Schweizer Zeitungen geschickt und bald als Broschüre veröffentlicht. Diese Broschüre erregte viel Aufsehen. Und zu jener Zeit nahm die Zahl der Flüchtlinge in die Schweiz stark zu. Dies war eine Folge der Deportationen aus Frankreich in die deutschen KZ. Gleichwohl wurden in der Schweiz die Bestimmungen zur »Zurückweisung« von Ausländern, zu deren »Ausschaffung« wie auch zu deren Gängelung in der Schweiz noch weiter verschärft.

Leos Bekanntschaft mit Erica Glaser kam durch Noel Field zustande. Die drei wurden schnell Freunde und trafen sich häufiger, als ihre Aufgaben es erforderten. Aus Sicherheitsgründen wurden die Zusammenkünfte immer von Erica arrangiert. Als Amerikaner, der für eine internationale Hilfsorganisation tätig war, konnte Field die genau bewachte Grenze zwischen der Schweiz und Frankreich unbehindert und kaum kontrolliert häufig passieren. Das war ja schließlich auch der Grund, warum er von Paul Merker als Kurier eingesetzt wurde, über die »Genfer Stelle« – so wurde Leo auch später, noch in den siebziger Jahren, in der DDR genannt, damit sie den Namen des »Renegaten« nicht in den Mund nehmen mussten –, über Onkel Leo also an Paul Bertz in Basel Material weiterzuleiten. Seit Noel Field 1935 aus dem Dienst des State Departments ausgeschieden war, arbeitete er als Abrüstungsexperte für den Völkerbund mit Sitz in Genf. Von dort aus hatte er mit einer Delegation des Völkerbunds im Jahr 1938 für einige Monate Spanien und Südfrankreich besucht, um Hilfsaktionen für republikanische Flüchtlinge aus dem Spanischen Bürgerkrieg zu organisieren.

Auf dieser Reise lernte er die Eltern von Erica Glaser kennen. Sie hatte als 13-Jährige mit ihren Eltern Deutschland verlassen und war mit ihnen nach Spanien emigriert. Ihr Vater war Arzt. Zu Beginn des Spanischen Bürgerkriegs übernahm er die Leitung eines Krankenhauses für verwundete Republikaner in Katalonien. Erica half bei der Versorgung der Verletzten und wurde so bereits als junges Mädchen mit den Schrecken des Kriegs vertraut. Die Familie musste vor den anrückenden Truppen des Generals Franco über die Pyrenäen flüchten. Die Flucht war an sich schon eine Tortur, aber sie kamen vom Regen in die Traufe – und wurden sogleich von den Franzosen in einem der schrecklichen Lager für »feindliche Ausländer« interniert. Ericas Vater wollte sich in London eine neue Existenz aufbauen, bis das so weit war, sollte das Mädchen seine Schulausbildung in der Schweiz fortsetzen, dann den Eltern nach England folgen. Diese Entscheidung trafen sie 1939 und sie konnten nicht wissen, dass Erica ihre Eltern erst 1948 wiedersehen würde.

Noel Field machte sein Versprechen wahr und nahm Erica mit nach Genf. Er adoptierte sie sogar, um ihr das Leben in der Schweiz und den Umgang mit den Behörden zu erleichtern. Er selber quittierte den Dienst beim Völkerbund. Nach dem Ausbruch des Krieges mit dem deutschen Überfall auf Polen am

1. September 1939 machte die Arbeit als Abrüstungsexperte in Genf keinen Sinn mehr für Noel Field. Nach weiteren Reisen mit Besuchen von Flüchtlingslagern und nach weiteren Hilfsaktionen für die Emigranten wurde Noel Field schließlich der Leiter des genannten *Unitarian Service Committee* mit Sitz in Marseille. Er hielt trotz der Übersiedlung nach Frankreich seine privaten Kontakte nach Genf aufrecht. Das *Unitarian Service Committee* war, wie auch die anderen Hilfsorganisationen, offiziell nicht bereit, solchen Internierten zu helfen, die als Kommunisten galten oder deren Namen von Kommunisten genannt wurden. Noel Field aber tat dies trotzdem – wegen seiner persönlichen Sympathien für den Kommunismus. So kam es zu dem Kurierdienst – und zum Kontakt zu Leo Bauer, dem Field in zahlreichen Gesprächen über seine Bekanntschaften mit jugoslawischen, ungarischen und polnischen Kommunisten – unter ihnen sicher so manch ein »Renegat« – und von seinen Hilfsaktionen in Frankreich berichtete. Eigentlich erlaubte die Parteidisziplin Onkel Leo solche freundschaftlichen Treffen nicht. Aber Leo Bauer konnte wegen seiner Illegalität sonst kaum jemanden treffen, schon gar nicht seine Genossen vom Roten Orden, außerdem war er wissbegierig und ehrgeizig. So kam es immer wieder zu Begegnungen mit Noel Field, die weit über das hinausgingen, was für die Weitergabe von Informationen von Frankreich in die Schweiz durch den Kurier Field über die »Genfer Stelle« (Bauer) unbedingt notwendig war. In ihren späteren Berichten über diese Zeit hob Erica Leos Hingabe an seine Tätigkeit hervor – die damals darin bestand, Materiallieferungen für den Kampf in Frankreich und den Grenzübertritt führender Genossen zu organisieren. Sie sagte, nicht unähnlich wie Flora Lewis, über ihn: »Ich hatte einen phantastischen Eindruck von ihm als Mann, der genau wusste, was zu tun war und was er wollte und was richtig und wichtig für die Partei war.«

Dieser phantastische Eindruck dürfte dazu beigetragen haben, dass sie sich der kommunistischen Jugendbewegung in Zürich anschloss. Sie ging dann nach Genf zurück, um dort zu studieren – und um sich dort als Kommunistin mit voller Kraft zu engagieren. Das geschah 1941, und Onkel Leo war ihr Mentor. Sie erzählte es so:

»Er hatte schon eine gewisse Art, mit Leuten umzugehen. Was mich betrifft: Ich hatte damals ein totales Minderwertigkeitsgefühl. ›Ich kann das nicht, ich bin doch politisch total ungebildet und unerfahren‹. Leo hat mir dann immer Aufträge gegeben, ich musste Artikel schreiben. Er hat bei mir sofort gesehen, was notwendig war, nämlich, dass jemand dastand und den Prügel hoch hielt: ›Du kannst das, Du bist viel intelligenter, als Du glaubst!‹ Mit diesem Insistieren, ›Du kannst alles, was Du willst‹, habe ich das auch alles zustande gebracht. Ohne ihn hätte ich das gar nicht gekonnt. Er hat mir unwahrscheinlich viel beigebracht und erklärt und erklärt.«

Und Onkel Leo muss es Spaß gemacht haben, diesem hübschen, temperamentvollen Mädchen, das mit der Unbefangenheit eines Teenagers für ihn schwärmte, ein Lehrer in Sachen Kommunismus und illegaler Untergrundtätigkeit zu sein. Sie stand ihm auch nach seiner Verhaftung in der Schweiz bei:

> »Als man ihn eines Verbrechens bezichtigte, das er nicht begangen hatte, machten ihm beide Seiten die größten Schwierigkeiten, und ich wurde sein Verbindungsmann, um die Dinge in Ordnung zu bringen. Bei meinen täglichen Besuchen in der Wachstube, wo ich Essen, Zigaretten und Bücher für Leo ablieferte, organisierte ich allmählich das Schmuggeln von Zetteln. Der erste Versuch endete fast in einer Katastrophe. Ich hatte meine Mitteilung sorgfältig um einen Zahnstocher gewickelt, ihn in Silberpapier eingerollt und in ein Brot gesteckt. Leo aß das ganze Ding. Sehr bald hatten wir jedoch ein perfektes Verbindungssystem hergestellt; er schrieb sogar eine meiner Arbeiten für die Universität.«

Erica muss die Vereinnahmung durch Leo in dieser zunächst doch zwangsläufig eher platonischen Beziehung schließlich zu weit gegangen sein. Sie sah, dass sie sich von ihm ein Stück weit emanzipieren musste. Er erwartete, dass sie ihn täglich besuche, dass sie ihn über all ihre Aktivitäten informiere, dass sie genau das täte, wozu er riet. Aber sie baute sich ihr eigenes politisches Tätigkeitsfeld auf, sie ging erst ein klein wenig auf Abstand, als er aus der Haft frei kam. Leicht war das nicht. Es ging so:

»Er kam nach Genf und mischte sich sofort in sämtliche Parteiarbeit ein. Er hatte nun gar keine Position irgendeiner Art mehr, während ich einen richtigen Job bei der Organisation der illegalen Grenzübertritte hatte. Als Leo kam, hat er sofort Kontakt mit der Leitung in Zürich aufgenommen und hat so getan, als wäre er mein Chef in Genf. Das wurde mir auch so mitgeteilt, ich weiß nicht mehr, ob von ihm oder von irgendwelchen anderen Leuten. Ich weiß nur, dass ich in Wut geraten und zur Leitung nach Zürich gefahren bin und gesagt habe: ›Wenn dem so ist, dann arbeite ich nicht mehr. Unter Leo Bauer arbeite ich nicht, aus. Also entweder ihr habt Leo Bauer, und der macht die Arbeit, oder ich mache die Arbeit. Mit ihm zusammen oder unter ihm, kommt nicht in Frage.‹ … Ihm wurde dann mitgeteilt, dass er sich dort nicht einzumischen hatte … Und dann hat er angefangen mit der ›Freien-Deutschland‹-Arbeit. Er hat dann versucht, mich in die Bewegung reinzuziehen. Das lag mir aber nicht und war völlig unabhängig von meiner Arbeit. So hatten wir in Genf dann nichts mehr miteinander zu tun.«

Ganz so radikal war der Bruch in der Beziehung wohl doch nicht. Schon wenige Jahre später in Hessen sollte sich die Beziehung wieder festigen, sollte sie wieder sehr eng mit ihm, ihrem Freund und Mentor, politisch zusammenarbeiten. Ohnehin konnte Onkel Leo nicht verstehen, dass er Erica – oder sonst jemanden in seinem Leben – auf irgendeine Weise eingeschränkt oder gar durch seine Person »erdrückt« haben sollte.

In dieser Phase des Zweiten Weltkriegs bemühten sich die Sowjets auf diplomatischem Wege, die Vereinigten Staaten zur Landung in Europa zu bewegen, auch um selber an ihrer Front gegenüber Deutschland entlastet zu werden. Und für die USA war es im Oktober 1942 – bald ein Jahr nach Pearl Harbor – keine Frage mehr, *ob* sie mit Bodentruppen in Europa eingreifen würden, es war nur noch eine Frage des Wann und Wo. Zur Vorbereitung einer auch psychologischen Kriegsführung gründeten sie bald nach ihrem Kriegseintritt unter Beteiligung linker deutscher Emigranten, wie den berühmten Professoren Franz Neumann und Herbert Marcuse, das »Office of Strategic Services« (OSS). Es sollte öffentlich zugängliche sowie Geheiminformationen systematisch sammeln und auswerten, um diese für militärische und politische Ziele propagandistisch aufzubereiten. Seit dem Mai 1942 arbeiteten Agenten des OSS im Schutz der diplomatischen Immunität der US-Botschaft in Bern daran, ihre Zentrale für Europa aufzubauen.

Allen W. Dulles, der erste OSS-Chef und spätere Leiter der CIA hatte entschieden, von der Hauptstadt der Schweiz, Bern, aus die Aktionen gegen Deutschland und Italien zu führen. In seinem Buch *Verschwörung in Deutschland* erinnerte er sich später: »Meine erste und wichtigste Aufgabe war, herauszubekommen, was in Deutschland vorging. Unter anderem wollte Washington wissen, wer in Deutschland die eigentlichen Gegner Hitlers waren, und ob sie aktiv daran arbeiteten, das Regime zu stürzen. Von außen hatte es den Anschein, als ob es Hitler tatsächlich gelungen wäre, das gesamte deutsche Volk für sich zu gewinnen, zu hypnotisieren und zu terrorisieren.«

Ein früher OSS-Agent, Robert Dexter, der nach außen hin als der offizielle europäische Direktor der Hilfsorganisation *Unitarian Service Committee* von Noel Field auftrat und damit auch Fields Vorgesetzter war, machte sich daran, genau das herauszufinden, wer nämlich die »eigentlichen Gegner Hitlers« waren – und stieß dabei in Genf auf unseren Onkel Leo. Vermittelt hatte den Kontakt Noel Field, der bei den Treffen – es gab mehrere – nicht anwesend war, wohl aber von Leo genügend viel erzählt bekommen hatte, dass er Flora Lewis darüber berichten konnte, was sie aufgrund seiner und anderer Zeitzeugen Angaben notierte. Es war dies:

»… als Leo zum zweiten Mal mit den Amerikanern zusammentraf, diesmal mit Dexter und einem Mann, der sich nur Fred nannte. Fred fragte rundheraus, ob Leo bereit sei, Aufträge von ihm anzunehmen. Der Deutsche antwortete, er könne alles liefern außer ausgesprochen militärischen Informationen, da die deutsche Partei es angesichts ihres Flüchtlingsstatus in der Schweiz für zu riskant hielt, sich auf militärische Spionage einzulassen. Fred legte ihm ein Blatt Papier vor, auf dem ein Dutzend Fragen in Englisch getippt waren. Eine Frage betraf zwei Deutsche in der Schweiz – ob sie insgeheim Nazis seien? Dann gab's Fragen über die Produktion von Fabriken in Süddeutschland, über die Lage von Waffenfabriken im Schwarzwald, über den Schaden, den die Luftangriffe im Reich anrichteten. Und eine Frage, von der Leo sagte, dass er sie nicht beantworten werde, galt den Namen von Offizieren und exakten Details über deutsche Wehrmachteinheiten an der Schweizer Grenze.«

Die genaue Wahrheit über dieses Treffen ist heute nicht mehr zu ermitteln. Fest steht indes, dass es unserem Onkel Leo später bei seiner Verhaftung und Verurteilung in der DDR wegen angeblicher Spionage für die Amerikaner zum Verhängnis werden würde. Und fast hätte es ihm auch eine Verurteilung der Schweizer Militärgerichtsbarkeit wegen »Militärspionage« und damit die sofortige »Ausschaffung« an Nazi-Deutschland mit all ihren Folgen eingebracht. Bizarr bleibt dabei – und dieses musste doch wohl für jeden Schweizer Ermittler sichtbar gewesen sein –, dass Leo Bauer bestenfalls den Nachbarn Deutschland und nicht etwa die neutrale Schweiz ausspionierte. In der Anklageschrift wegen »Militärspionage zu Lasten eines ausländischen Staates« wurde auffälligerweise kein solcher ausländischer Staat konkret benannt. Die Schweizer Bundespolizei konnte nämlich selber nicht verstehen, dass bei einem der kommunistischen Propaganda beschuldigten Angeklagten ein Fragebogen gefunden wurde, der offenkundig nicht vom sowjetischen, sondern von einem westlichen Geheimdienst stammte. Sie hätte aber wissen müssen, dass sich in Genf Zentralstellen der Geheimdienste aller am Krieg beteiligten Staaten befanden (die sich in ihren jeweiligen Botschaften versteckten) – und dass es unter diesen Stellen gute Verbindungen gab. Hätte die Bundespolizei das indes gewusst, wäre es Leo Bauer eben auch zum Verhängnis geworden. Erica Glaser jedenfalls, die bei dem Treffen mit Dexter und »Fred« dabei war, erinnert sich in ihrem Buch *Licht um Mitternacht. Fünf Jahre in der Welt der Verfemten,* dass Onkel Leo von der Schweizer Polizei verhaftet wurde, »aufgrund eines Nachrichten-Fragebogens, den man in seiner Tasche gefunden hatte. Er hatte ihn ein oder zwei Tage zuvor von einem von Allen Dulles' Leuten erhalten ... Der Schreibmaschinenbogen, den Leo erhalten hatte, enthielt Standardfragen über militärische, wirtschaftliche und politische Nachrichten aus Deutschland.«

Vielleicht ist an dieser Stelle noch zu bemerken, dass es einem jeden Kommunisten in der Illegalität eingeschärft worden war, belastende Dokumente bei einer eventuellen Festnahme sofort aufzuessen, sie zu zerkauen und zu verschlucken. Wenn ein leitender, erfahrener Genosse, wie Leo es einer war, dies nicht tat, offensichtlich nicht einmal daran dachte, es zu tun, dann wird er sich wohl kaum etwas dabei gedacht haben, diesen Fragebogen entgegenzunehmen und vielleicht sogar zu beantworten. Leo habe, erinnert sich Erica Glaser, Dulles' Agenten mitgeteilt, »es verstoße gegen die Anweisungen der Kommunistischen Partei, in Spionagegeschichten verwickelt zu werden, er sei aber bereit, die Möglichkeiten einer politischen Zusammenarbeit zu untersuchen«.

Jedenfalls kann er nicht in Genf mit Allen Dulles zusammengekommen sein, wie es seine stalinistischen Feinde bei dem Spionage-Prozess in Moskau behaupten sollten. Er wurde nämlich am 27. Oktober 1942 verhaftet. Und Dulles kam erst am 9. November jenes Jahres in die Schweiz. Überdies tat der OSS nichts, um Leo Bauer bei den Schweizern zu entlasten. Die amerikanische Spionage-Organisation wollte vor allem ihre Existenz in Genf geheim halten, dabei war ihr ein »Bauer-Opfer« nicht wichtig. Allerdings wurde Onkel Leo die »Militärspionage« auch nicht hieb- und stichfest nachgewiesen – außer Freds Fragebogen gab es keine belastenden Dokumente, und Leo war schlau genug, von den vielen anderen Anklagepunkten die unwichtigeren zu »gestehen«, um nicht wegen der großen, ausschlaggebenden Punkte verurteilt zu werden.

So wurde er denn im Sommer 1944 aus dem St.-Antoine-Gefängnis in das Internierungslager »Bassecourt« im Kanton Jura verlegt, nicht allzu weit von den deutschen und französischen Grenzen im Dreiländereck der Nord-Westschweiz entfernt. In dieses Lager hatte man auch im Februar des Jahres 1944 die Internierten des in Gordola im Tessin gelegenen »Sonderlagers für Linksextremisten« verlegt. Unter ihnen befand sich die gesamte Leitung der illegalen KPD in der Schweiz. Als Leo Bauer nach Bassecourt kam, hatte diese Leitung längst die Organisation der politischen Arbeit im Exil und in der Gefangenschaft in die Hand genommen.

Das Wichtigste war ein gewaltiger Schritt weg von der Selbstisolation und der immer noch wabernden »Sozialfaschismus«-Theorie hin zu einer breiten Bündnispolitik gegen die Faschisten in Deutschland. In Gordola hatte die KPD-Führung beschlossen, eine Organisation mit dem programmatischen Namen »Bewegung Freies Deutschland« (FD) ins Leben zu rufen, in Bassecourt machte sie sich bereits daran, Entscheidungen über die Form und Organisation der Nachkriegsarbeit in Deutschland selber zu treffen.

Mit der »Bewegung Freies Deutschland« wollten die Kommunisten alle deutschen Hitlergegner sammeln, von konservativen Generälen bis zu revolutionär gesinnten Arbeitern. Der Grundgedanke war – so entsprach es auch den gegebenen Bedingungen in Deutschland Mitte 1944 –, dass ein Sturz Hitlers und des NS-Regimes nur durch eine Verbindung von zivilem und militärischem Widerstand zu schaffen sei. Genau so müssen auch die Verschwörer des Attentats auf Hitler vom 20. Juli 1944 gedacht haben. Und so waren auch im Sommer 1943 die im »Bund deutscher Offiziere« unter Führung von General Seydlitz zusammengeschlossenen Soldaten (die meisten befanden sich in sowjetischer Kriegsgefangenschaft) in der Nähe von Moskau dem von der KPD geführten »Nationalkomitee Freies Deutschland« beigetreten. Sie alle wollten Deutschland als Nationalstaat retten und wieder zu einer demokratischen Republik, nicht unähnlich der Weimarer Republik, machen.

Allerdings begegneten die Sozialdemokraten und auch viele Linkssozialisten sowie auch die illegalen kommunistischen Widerstandsgruppen im Reich selber dieser neuen Variante kommunistischer »Bündnispolitik« mit Argwohn. Zu oft war es passiert, dass die Kommunisten versucht hatten, solche »Bündnisse« und »Volksfronten« vor ihren eigenen, undemokratischen Karren zu spannen.

Nun aber gaben sich die Kommunisten Mühe, ehrlich zu erscheinen und zu beweisen, dass sie gleichberechtigte Bündnispartner im Kampf gegen Hitler suchten. Das Nationalkomitee Freies Deutschland forderte – neben, natürlich, dem Frieden und der internationalen Zusammenarbeit, der Auflösung aller NS-Organisationen und der Bestrafung der Nazitäter – eine parlamentarische Republik mit *»sozialstaatlichen«* (nicht etwa: *sozialistischen!*) Zügen. Ihr Aufruf war schlicht und direkt zum Punkt:

»Deutschland muß leben, deshalb muß Hitler fallen! Kämpft mit uns für ein unabhängiges freies Deutschland!«

Das konnten in der Tat auch Wehrmachtsoffiziere und bürgerliche deutschnational denkende Konservative mittragen. Für die KPD-Aktivisten schaffte dieser Aufruf jedoch ein Problem: Es sah so aus, als fordere ihre Partei eine Republik, die der Weimarer gleichkam, eine Republik, die man ein Jahrzehnt zuvor doch selber (und leider auch gemeinsam mit den Nazis) bekämpft hatte und umstürzen wollte.

So instruierte die KPD-Leitung in der Emigration die Parteimitglieder:

»1. Die Bewegung ›Freies Deutschland‹ ist nicht die Partei, sie tritt nicht an die Stelle der KPD, sondern muß eine breite Bewegung sein, die alle oppositionellen Kräfte, alle Gegner des Hitlerregimes erfaßt.

> 2. Die Gruppen der Bewegung ›Freies Deutschland‹ sind auch kein Anhängsel der Partei. Die Bewegung ›Freies Deutschland‹ muß sich dadurch auszeichnen, daß in ihr auf demokratische Weise alle Meinungen der Hitlergegner – bei äußerster Wachsamkeit gegenüber feindlichen Infiltrationsversuchen – ernst genommen werden.«

Bei aller Betonung des »Demokratischen« und der »Meinungsvielfalt« hängte man allerdings einen Satz an, der wieder Misstrauen schuf. Offenbar wollten die Kommunisten doch wieder sagen, wo es in der Bewegung »Freies Deutschland« langging:

> »Es ist Pflicht eines jeden Kommunisten, sich durch Initiative und aktive Mitarbeit in der Bewegung zu bewähren, sodaß auf diese Weise *die führende Rolle der KPD* (Hervorhebung von mir, M. S.) allseitig anerkannt wird.«

Ganz konnten sie es nicht lassen, auch nicht in dieser schwierigen Zeit. Im Jahr 1943 konnten die kommunistischen Gruppen in Deutschland noch einiges an Energie aufbringen, um ihr Sendungsbewusstsein und ihren Führungsanspruch hervorzuheben, bis sie dann im Sommer 1944 von SS und Gestapo endgültig zerschlagen wurden.

Auch Leo Bauer musste sich mit dem Verdacht auseinandersetzen, die Bewegung »Freies Deutschland« sei doch wieder nur ein Instrument der Kommunisten, um sich größeren Einfluss zu verschaffen. Er schrieb in einem Brief an die christliche Emigrantin und Oppositionelle, die wie er jüdischer Abstammung war, an Brigitte Freudenberg, die später den Theologen Helmut Gollwitzer heiraten und mit ihm eine Weggefährtin des Achtundsechziger-Rebellen Rudi Dutschke werden sollte, über die Schwierigkeiten beim Miteinander von Christen und Kommunisten in der Opposition zu Hitler: »Ja, ich kenne die Grenzen, die gesetzt sind und von denen Sie sprechen. Jedoch beängstigen sie mich nicht. Und weder habe ich die Absicht, sie zu verwischen oder zu leugnen oder gar als Unmöglichkeit der Zusammenarbeit anzuerkennen.«

Onkel Leo schien zu dieser Zeit tatsächlich ein wenig vom kommunistischen Führungsanspruch abgerückt zu sein und sich auf den demokratisch-pluralistischen Weg begeben zu haben.

Das Ende des »Dritten Reichs« begann sich abzuzeichnen. Nach der Landung in der Normandie waren die Westalliierten bis an die deutsche Grenze zu Frankreich, Belgien und Holland vorgerückt, die Rote Armee hatte ganz Südosteuropa befreit und stand vor der Ostgrenze des eigentlichen Deutschlands.

Auch in der Schweiz begann ein Umdenken. Man besann sich wieder auf die über Jahrhunderte bewährte gute Tradition der Neutralität und ließ die Bewegung »Freies Deutschland« gewähren. Die erste landesweite Konferenz der Bewegung musste im Januar 1945 in Zürich noch im Geheimen abgehalten werden. Doch schon im Februar 1945 konnte die Programmbroschüre der Bewegung mit dem Titel »Um Deutschlands nächste Zukunft« ungehindert erscheinen und vertrieben werden. Eine weitere Landeskonferenz fand dann ganz offen Ende Mai 1945 in Zürich statt, als der Krieg bereits zu Ende war. Die Kommunisten begannen ebenfalls, ihre ganzen Kräfte auf diese Bewegung zu konzentrieren. Viele waren bereits auf dem Weg zurück nach Deutschland und viele hatten wohl eingesehen, dass es keine Streitigkeiten der Opposition zu Hitler untereinander mehr geben dürfe. Jedoch war nach dem Scheitern des versuchten Staatsstreichs vom 20. Juli 1944 auch klar geworden, dass es den Deutschen kaum gelingen würde, sich vom Joch der NS-Diktatur selber zu befreien.

Für die Freiheit Deutschlands würden andere ihr Leben lassen müssen: junge Russen, Briten, Franzosen und Amerikaner. Leo Bauer jedenfalls trat – zumindest nach außen hin – nicht mehr als dogmatischer Kommunist auf, obwohl die Partei ihn mit ihrem immer noch vorhandenen Führungsanspruch zum Leiter der Bewegung »Freies Deutschland« in der Westschweiz gemacht hatte.

Brigitte Gollwitzer gab Zeugnis von einem gewandelten Leo Bauer, mit dem sie als christliche Oppositionelle bei Kriegsende viel zu tun hatte. In der Leo-Bauer-Biografie *Karrieren eines Au-*

ßenseiters wird aus einem Briefwechsel zitiert, wie sie sich an ihn erinnerte:

»Leo Bauer, unter dem Decknamen Rudi bekannt, aus Deutschland geflohener Kommunist, mit harten und abenteuerlichen Erlebnissen im KZ und in Lagern, gesundheitlich schwer ruiniert, ein pausenloser Zigarettenraucher, sammelte, nach dem Vorbild des unter den Generalen Seydlitz und Paulus nach Stalingrad im russischen Lager gegründeten Nationalkomitee, eine Gruppe des FD (Freies Deutschland, M. S.) auch in Genf. An den verschiedensten Orten in der Schweiz entstanden unter Emigranten derartige Gruppen. Diese erste persönliche Begegnung mit einem Kommunisten – und noch dazu mit einem so gescheiten, und, wie mir schien, gar nicht doktrinär festgelegten Kommunisten, wie es Leo Bauer war – wirkte auf mich faszinierend. Mit Emigranten verschiedenster Färbung saßen wir Tage und oft Nächte hindurch, diskutierend und planend über das, was zu tun wäre, wenn endlich die Herrschaft des Nazismus und der Krieg beendet sei.«

VI

Die Verstaatlichung von Großkapital in Hessen

Die »Herrschaft des Nazismus« war nun bald tatsächlich beendet, und die Emigranten kehrten heim. Die ersten Kommunisten waren bereits im August 1944 nach Deutschland zurückgegangen (manche sogar mit Sprengstoff im Gepäck für letzte Sabotageakte). Die Bewegung »Freies Deutschland« hatte alles vorzüglich organisiert. Im November 1945 – ein halbes Jahr nach der bedingungslosen Kapitulation aller deutschen Truppen am 8. Mai – konnte sie in ihrer in der Schweiz erscheinenden Zeitung stolz melden: »Unser Kamerad Dr. Karl Ackermann, einer der Begründer des FD in der Schweiz, ist heute einer der drei ermächtigten Herausgeber der großen Stuttgarter freideutschen Zeitung. Unser früheres Vorstandsmitglied Hans Teubner ist Chefredakteur der ›Deutschen Volkszeitung‹ in Berlin. Unsere Freunde Leo Bauer und Stephan Hermlin sind Redakteure der Außenpolitik und Kulturpolitik an der ›Frankfurter Rundschau‹ …«

Tatsächlich hatte die Zeit im Exil für Onkel Leo bereits am 24. oder 25. Juni 1945 geendet, einige Zeit vor diesem, die eigene Stärke und den Einfluss der Partei wohl etwas zu optimistisch darstellenden Bericht. Man hatte die Parteileitung im schweizerischen Exil in zwei Gruppen aufgeteilt. Die eine Gruppe ging nach München, um den Wiederaufbau der KPD in Bayern zu organisieren.

Die andere Gruppe ging nach Frankfurt, um in Hessen aktiv zu werden. Ihr gehörten Walter Fisch, Ernst Eichelsdörfer und Willi Wildgrube an, sie kehrten an den Ort zurück, den sie 1933 wegen des Naziterrors verlassen mussten. In dieser Gruppe reiste auch die Tänzerin Elfriede Alice Kuhr, besser bekannt unter ihrem Künstlernamen Jo Mihaly. Dieser Name bedeutet »Eine von ihnen« und war ihr von einer Roma-Familie verliehen worden, für die sie sich schon als 10-jähriges Mädchen in ihrem Geburtsort eingesetzt hatte. Sie hatte sich zeit ihres Lebens als Grenzgängerin gefühlt, erst recht im Exil, als jemand, der nicht heimisch ist. 1933 war sie in die Schweiz emigriert, Mitglied des Ensembles im Züricher Schauspielhaus geworden und hatte in der verbotenen deutschen kommunistischen Bewegung gearbeitet. Zur »hessischen Gruppe« gehörte auch Leo Bauer, der in Frankfurt, genau wie Jo Mihaly, erst einmal heimisch werden musste. Beide waren ihr Leben lang herumgetingelt, sie eine Zeit lang freiwillig, er immer unter dem Zwang der bestehenden Verhältnisse. Nun wurden sie am Main sesshaft, für beide etwas Neues.

Für Onkel Leo war der Aufenthalt noch illegal. Er war damals Mitarbeiter der Centrale Sanitaire Suisse, eine Schweizer Ärzteorganisation, die 1937 während des Spanischen Bürgerkriegs gegründet wurde und heute Teil der Hilfsorganisation Medico international ist. Sie war in und nach dem Krieg vor allem in Süddeutschland tätig. Als Mitarbeiter der Centrale Sanitaire durfte Leo in Deutschland zwar einreisen, er hätte aber auch wieder in die Schweiz zurückkehren müssen.

Diese Reise sollte drei Wochen dauern und in viele süddeutsche Orte führen. Leo sah, wie sich in Singen am Hohentwiel bereits eine linke Einheitspartei aus Sozialdemokraten und Kommunisten bildete. Er sah natürlich auch die ungeheuren Zerstörungen durch den Krieg, den er in der Schweiz so nicht miterlebt hatte.

In einem Brief an Brigitte Freudenberg/Gollwitzer, der in *Karrieren eines Außenseiters* abgedruckt ist, schrieb er direkt nach seiner Ankunft in Frankfurt im Juli 1945:

> »Wenn ich dir einen allgemeinen Eindruck wiedergeben soll, so läuft es darauf hinaus, daß unsere Einschätzung der Lage über Deutschland absolut richtig war. Wir haben uns vielleicht in einigen Details geirrt. Manche Dinge zu schwarz gesehen. Aber im großen Ganzen war die Einstellung richtig und erlaubt uns auch hier ohne Unterbrechung sofort an die Arbeit

zu gehen, und alle die bisher Zurückgekehrten stecken auch bis über den Kopf in der Arbeit drin. Es fehlen noch viele Kräfte, das ist sicher. Auch haben Kino und Berichte nicht den grausigen Eindruck wiedergeben können, den man beim Anblick der unvorstellbaren Ruinen in den Städten verspürt. Aber es ist seltsam, man gewöhnt sich daran und ist nicht mehr erstaunt wie am ersten Tage, daß das Leben weitergeht. Sicher ist auch eines …, die Vitalität des deutschen Volkes ist nicht gebrochen und das erlaubt uns, an die Verwirklichung unserer Ziele heranzugehen. Die Nazis sind noch da, das ist kein Zweifel. Sie benehmen sich kläglich, besonders die Frauen. Ein Teil von ihnen verhält sich im Moment ruhig und wartet den Moment ab, in dem er wieder losschlagen kann. Aber das hängt von uns und von der Entwicklung in Deutschland ab, das heißt, im entscheidenden Maße von unsrer eigenen Arbeit. Ich habe mit vielen Menschen sprechen können, ich habe offizielle Leute gesehen, Menschen aus dem Volk, illegale Kämpfer, Menschen, die 12 und 11 Jahre in den Zuchthäusern und den KZ waren, und überall verstärkte sich in mir der Eindruck, daß es sich lohnt, alle Strapazen und Mühen … auf sich zu nehmen und hier zu arbeiten. Unsere Befürchtungen, daß wir den Kontakt nicht finden würden, waren falsch. Im Gegenteil, wir werden überall mit offenen Armen aufgenommen und man sieht in uns jene, die heute die Aufgabe haben, zu wirken und tätig zu sein. Alle Menschen, auf die es ankommt, verstehen, warum wir in der Emigration waren, und sind nur froh, daß wir wieder da sind. Einige sogar sind erstaunt über unseren Mut, jetzt zurückzukehren und dieses gewiß nicht leichte Leben mit dem schönen Leben in der Schweiz zu vertauschen … der Wille und die Sehnsucht nach Einigkeit ist in allen Kreisen da und in vielen Städten arbeiten Menschen, die Dir nahestehen, mit meinen Freunden engstens zusammen … all jene, die in den Zuchthäusern und KZ waren, sind zum größten Teil physisch kaputt, aber geistig gestärkt herausgekommen. Fast keiner von ihnen will in Urlaub, alle arbeiten fest in den verschiedenen Organisationen und versuchen, das Chaos abzumildern und sie tun das mit Erfolg. Du siehst, es gibt sehr viel positive Dinge aus der Heimat zu berichten. Ich hab noch keine Minute meinen Entschluß, zurückzukehren, bereut. Im Gegenteil, wir hätten wahrscheinlich schon eher kommen sollen.«

Da war er wieder, der rote Ritter: bereit sich an die Arbeit zu machen, sich in den Kampf zu stürzen. Vieles wird er durch die rosarote Brille des Heimkehrers gesehen haben, etwa die Bereitschaft zur Überwindung der Spaltung der Arbeiterklasse. Die mag es gegeben haben, auch den Wunsch nach Zusammenarbeit aller demokratischen Kräfte mit den heimkehrenden Kommunisten. Doch es waren anderswo bereits Kräfte am Werk, die dies noch verhindern sollten. Zum einen herrschte unter den im Moskauer Exil nach stalinistischen Methoden geschulten Kadern der KPD der unbedingte Wille nach der Vormachtstellung der Kommunisten. Dazu kamen die Befürchtungen führender Sozialdemokraten, die auch im Exil immer wieder erlebt hatten, wie die KPD »Volksfronten«, gemeinschaftliche Oppositionsgruppen oder auch nur Aktionsbündnisse vor ihren Karren spannen wollte. Zum anderen begann sich bei den alliierten Siegermächten das Ende der Gemeinsamkeiten abzuzeichnen. Die Teilung der Welt in Ost und West – mit einer Grenze, wie sich zeigen würde, mitten durch Deutschland – war auf der Konferenz von Jalta im Februar 1945 eingeleitet worden. Auf diesem Gipfeltreffen der »Großen Drei« – Großbritannien, Sowjetunion und Vereinigte Staaten – wurde das Reich zunächst in drei Besatzungszonen aufgeteilt (später dann in vier: die französische Besatzungszone wurde aus Zonenteilen der Amerikaner und Briten gebildet). Ebenso wurden die Sektorengrenzen in der Hauptstadt Berlin gezogen. Außerdem hatte sich Stalin aus Gründen der »Sicherheit« bereits einen Ring von zukünftigen Satellitenstaaten gesichert. Auf jeden Fall war schon im Februar kurz vor Kriegsende klar, dass die Alliierten Deutschland und die Welt teilen und sie nicht gemeinsam mit den Kommunisten wieder aufbauen wollten.

Ob Onkel Leo, der sich immer bemühte, gut informiert zu

sein, und von Noel Field und Erica Glaser spaßeshalber »unser Informationsminister« genannt wurde, von diesen großen weltpolitischen Verwerfungen bei seiner Rückkehr nach Deutschland im Frühjahr 1945 wusste, ist zu bezweifeln. Er glaubte fest, die Spaltung der Arbeiterbewegung sei überwunden, und berichtete in einem Interview mit Peter Brandt, wie begeistert er über die kleinen Fortschritte an der Basis war:

> »Als ich aus der Schweiz nach Singen am Hohentwiel kam, fanden wir bereits ein Aktionskomitee für die Einheit der Arbeiterbewegung vor. In diesem Büro saßen Sozialdemokraten und Kommunisten zusammen und arbeiteten gemeinsam nicht etwa an großen politischen Theorien, sondern an der Organisation des Lebensnotwendigen ... Wir hatten überhaupt keine Anweisungen ... Wir haben aus eigener Machtvollkommenheit ... gearbeitet, und wir waren zur Schlußfolgerung gekommen, daß wir überall dort, wo wir in den südwestdeutschen Raum kommen, versuchen, sofort die Einheitspartei aufzubauen.«

In Frankfurt am Main, wo er schließlich landete und für einige Jahre ein festes Zuhause fand, hatten sich, wie in vielen anderen Orten, gleich nach Ende des Kriegs Gruppen von Antifaschisten zusammengetan. Man konnte trotz der unterschiedlichsten politischen Ansichten gut miteinander auskommen, solange man kein Anhänger des alten Systems war. Es herrschten Not und Chaos. Es gab kaum etwas zu essen, die Läden waren leer, wenn sie überhaupt noch existierten, die Verkehrsbetriebe waren zusammengebrochen, es fuhren weder Busse noch Bahnen, erst recht keine Privatwagen, denn es gab kein Benzin, niemand räumte den Müll weg, niemand die Trümmer. Abertausende waren ausgebombt und hatten kein Dach über dem Kopf. Die spontan zusammengekommenen Gruppen aus Christen und bürgerlichen Intellektuellen, aus Sozialdemokraten und Kommunisten kümmerten sich um die Verteilung von Lebensmitteln, sie räumten die Trümmerberge fort und schafften den Unrat weg, sie organisierten Wohnraum und brachten die städtischen Betriebe wieder in Gang. Sie setzten aber auch politische Zeichen, indem sie Ämter und Betriebe entnazifizierten und alte Nazis zu Aufräumarbeiten zwangen. Sie bildeten regelrechte Gemeindeverwaltungen, wobei sie darauf bedacht waren, nur ausgewiesene Nazigegner in die Führungspositionen kommen zu lassen. Unabhängig von dieser Arbeit setzten sie sich auch mit ihren ehemaligen Parteifreunden und Genossen zusammen.

So trafen sich auch die Kommunisten, die in den zwölf Jahren der Naziherrschaft unter den politisch verfolgten Parteien die größten Verluste erlitten hatten, nun wieder, Menschen, die sich viele Jahre nicht gesehen hatten. Sie wollten – insbesondere nach der Auflösung ihrer »Antifaschistischen Ausschüsse« durch die US-Besatzungsmacht und trotz des generellen Verbots parteipolitischer Tätigkeit – die KPD reorganisieren. So kam es zu einem »Wiedergründungsaufruf« der KPD bereits Mitte Juni 1945. Dieser Aufruf war entscheidend von Walter Ulbricht, Anton Ackermann und Gustav Sobottka geprägt. Diese drei späteren DDR-Größen hatten einen großen Teil ihrer Exilzeit in Moskau verbracht. Sie waren mit Genehmigung der Komintern nach Deutschland gekommen und hatten in den von der Roten Armee besetzten Gebieten – Ulbricht in Berlin, Ackermann in Dresden und Sobottka in Mecklenburg – »Initiative-Gruppen« zum Wiederaufbau der Kommunistischen Partei gegründet. Nun gehörten sie bereits dem ZK, dem Zentralkomitee der neu zu gründenden Kommunistischen Partei Deutschlands, an, das eine weitreichende Autorität bis in die Westzonen hinein hatte und sogar einen Kurierdienst von Berlin in westdeutsche Großstädte – auch Frankfurt – betrieb.

Der stark von der Komintern in Moskau beeinflusste Gründungsaufruf wurde nur wenige Tage nach seiner Veröffentlichung in Berlin auch in Hessen verteilt. Das Wichtigste an diesem Aufruf war: Man forderte ein antifaschistisches, demokratisches Deutschland in Form einer parlamentarischen Republik, wie wir sie heute haben – und keinesfalls eine sozialistische Räterepublik, gar einen Einparteienstaat, wie er bis zum Jahre 1989 in der DDR existierte.

Einen großen Stellenwert im Gründungsaufruf der KPD nahm

die Aufforderung an das deutsche Volk ein, seine Schuld am Nationalsozialismus einzusehen und dafür zu büßen. Eine solche Annahme von »Kollektivschuld« lag sicher im Interesse der Sowjetunion, die wie kein anderes Land unter dem Kriegs- und Größenwahn der Deutschen gelitten hatte.

Sie traf aber auch die Gefühlslage von Onkel Leo, der so viele Freunde und Verwandte durch den Terror der Nazis verloren hatte. Er war 32 Jahre alt und hatte zwölf davon im Exil verbracht. Die Deutschen waren ihm fremd geworden, er wollte, dass sie zu ihren Untaten standen. Es waren diese Untaten, weshalb er in den verschiedenen Lagern in Frankreich und der Schweiz gelitten hatte, weshalb er seit vielen Jahren nichts außer der Parteiarbeit kannte. Viele seiner älteren Genossen waren unzufrieden mit dem Aufruf, weil nun nicht mehr die Bildung einer Einheitspartei und die Gründung einer Räterepublik auf dem Programm standen. Leo Bauer hingegen sah es offenbar so, dass die Zeit für den Sozialismus noch nicht reif war, er wollte ausschließlich für ein »antifaschistisches, demokratisches Deutschland« kämpfen. »Den Gründungsaufruf fanden wir im Großen und Ganzen gar nicht schlecht«, meinte er.

Die Sozialdemokraten sahen, wie die Kommunisten die Führung mit allen Mitteln an sich zu reißen versuchten und sich in allen wichtigen Fragen sklavisch Moskau unterordneten, und hatten entsprechende Befürchtungen. Die SPD-Landesleitung von Hessen und Hessen-Nassau warnte davor, »im Überschwang der Gefühle von heute auf morgen« eine Einheitspartei zu bilden. Noch seien die Differenzen zwischen den beiden Arbeiterparteien zu groß. In einem Rundschreiben hielt sie zudem fest:

> »Die Sozialdemokratische Partei lehnt eine Kollektivschuld im Gegensatz zu den Genossen von der KPD ab, wissend, daß sie die Verantwortung für den Hitlerschen Wahnsinn mittragen muß, und bekennt sich zur These der geschichtlichen Weltschuld … Wir erklären uns überall zur sachlichen Zusammenarbeit mit den Genossen der KPD bereit, sind aber mit ihnen der Meinung, daß aufgrund der Verhältnisse im Osten die Par-

teien sich getrennt organisieren müssen, noch getrennt marschieren, aber geeint den Gegner von rechts schlagen wollen.«

Die Beziehung zwischen dem »Büro Schumacher« in Hannover und der hessischen SPD festigte sich. Kurt Schumacher sollte zu einem der Gründerväter der Bundesrepublik werden, er galt aber auch – bereits vom Oktober 1945 an – als wichtigster Gegenspieler von Konrad Adenauer, er war der unumstrittene Führer der SPD in den Westzonen. Schumacher lehnte eine Einheitspartei aus SPD und KPD vehement ab und strebte eine unabhängige SPD in den Westzonen an. Die begrenzte Zusammenarbeit mit den Kommunisten befürwortete er nur zu dem Zweck, um zu demonstrieren, dass diese nicht in der Lage seien, eine Politik im Interesse der deutschen Arbeiterklasse und schon gar nicht im Interesse des deutschen Volks zu betreiben. Der Streit unter den Arbeiterparteien ging gleich wieder los.

Aus dem Sekretariat der hessischen KPD kam folgende Erklärung zur »Vergangenheitsbewältigung«:

> »Nur im Interesse der Einheit haben wir Kommunisten die Fehler der Vergangenheit als historische Tatsache festgestellt, ohne aber zu vergessen, wer den Roten Frontkämpferbund verboten hat. Nicht aufgerollt haben wir die Frage, wer für das Blutbad vom 1. Mai 1929 in Berlin verantwortlich war, oder wer Hindenburg, den Protektor Hitlers, gewählt hat. Wir haben nicht die Frage in die Debatte geworfen, wer zusammen mit den Generalen des kaiserlichen Deutschland auf die Arbeiter schießen ließ, noch die Frage, wer für den Panzerkreuzerbau stimmte. Im Interesse der Arbeiterschaft diskutierten wir bisher nicht – aber wir haben es auch nicht vergessen – das ›Ja‹ der sozialdemokratischen Reichstagsfraktion in der Reichstagssitzung vom 17. Mai 1933 zur Außenpolitik Hitlers.«

Es ist nicht bekannt, ob diese alten Vorwürfe von Onkel Leo persönlich stammten. Aber er hat die Erklärung zur »Vergangenheitsbewältigung« im Namen des »Sekretariats« der KPD Groß-Hessen, dem er angehörte, unterzeichnet. Und er hat auch in anderen Fragen die offizielle Linie der SED – und damit die Position Moskaus – verteidigt. Das zeigt ein weiterer Absatz dieser Erklärung:

> »Mit Entrüstung weisen die Kommunisten die Versuche der 144 (SPD-Delegierten) zurück, durch hinterlistige und lügnerische Anspielung auf die Lage der östlichen Zone wiederum wie die Nazis zu versuchen, einen Keil in die Reihen der Vereinten Nationen zu treiben und so den Wunsch aller Reaktionäre nach einem Krieg gegen die Sowjetunion zu unterstützen.«

Auf einer Konferenz im »Admiralspalast« in Berlin wurde am 21. und 22. April 1946 die Sozialistische Einheitspartei Deutschlands, SED, die alleinregierende Staatspartei der späteren DDR, gegründet. Anwesend waren Delegierte von KPD und SPD aus allen Besatzungszonen. Am Ende reichten sich Wilhelm Pieck, Mitglied im ZK der KPD, später Präsident der DDR, und Otto Grotewohl, Vorsitzender des Berliner Zentralausschusses der SPD, die Hand, eine Geste, die sich im Emblem der SED wiederfindet. Die westlichen Besatzungsmächte verboten den beteiligten Parteien, auf ihrem Gebiet diesen Namen zu tragen. KPD blieb KPD, SPD dito. Für die SPD hatte Kurt Schumacher mit aller Macht gegen die von Moskau initiierte und durch sowjetische Repressalien forcierte Zwangsvereinigung gekämpft. Er hatte schon vor dem Krieg die Kommunisten nur für »rotlackierte Nazis« gehalten.

Im Mai und im Oktober 1949 wurden die Bundesrepublik Deutschland und die Deutsche Demokratische Republik gegründet. Bereits 1950 erließ die Bundesregierung unter Kanzler Konrad Adenauer ein erstes Berufsverbot für KPD- und FDJ-Mitglieder (Freie deutsche Jugend, die Nachwuchsorganisation) im Öffentlichen Dienst. Auf dem Parteitag von 1951 übernahm die KPD einen von der SED formulierten Aufruf zum »nationalen Widerstand«. Die Bundesregierung verbot daraufhin die West-FDJ und beantragte beim Bundesverfassungsgericht das Verbot der KPD. Das Verbot wurde dann erst 1956 ausgesprochen, zu einem Zeitpunkt, als Onkel Leo schon von der Bundesregierung freigekauft und aus Sibirien zurückgekehrt war.

Im Januar 1946 – kurz nachdem mein älterer Bruder Christian geboren wurde – hatte Onkel Leo bei den Kommunalwahlen (den ersten nach dem Krieg) bereits eine herbe Enttäuschung mit dem gerade erst entdeckten demokratischen Verfahren erleben müssen.

Die amerikanische Besatzungsmacht hatte – gegen alle Einwände der neuen deutschen Parteipolitiker – auf frühen Wahlen bestanden. Alle Versuche zur Bildung von Einheitslisten aus KPD und SPD waren gescheitert. Auch der Aufruf der hessischen KPD, überall dort, wo sie selber keine Kandidaten aufstellen konnte, die sozialdemokratischen zu wählen, hatte hierbei nicht weitergeführt.

Die Wahlen fanden in zwei Etappen statt: Am 20. Januar wurde in den 17 hessischen Landkreisen mit weniger als 20 000 Einwohnern gewählt, am 27. Januar in den restlichen – größeren – 22 Landkreisen. Die SPD konnte in 1497 Gemeinden Kandidaten aufstellen, die CDU in 967, die KPD nur in 406. Schlechter als die Kommunisten waren nur die Liberalen aufgestellt. Die LDP, die Liberal-Demokratische Partei, eine Vorläuferorganisation der FDP, konnte nur in 101 Gemeinden kandidieren.

Die SPD wurde – ganz klar – zum Wahlsieger. Die KPD musste sich mit dem mageren Ergebnis von 5,7 Prozent der Stimmen begnügen. Aber die Dialektiker um Onkel Leo vermochten selbst dieses desillusionierende Resultat mit einer merkwürdigen Feststellung zu begrüßen: »Mit Freude stellen wir fest, daß die Wähler, die nicht zu uns gefunden haben, in großem Maße für die Sozialdemokratie ihre Stimme in die Waagschale warfen.«

Nach ihrem Wahlerfolg forderte die SPD den Rücktritt des von den Amerikanern eingesetzten hessischen Ministerpräsidenten. Dies war der parteilose, wiewohl dem bürgerlich-christlichen Lager zuzurechnende Professor für Wirtschaftsrecht Karl Geiler, dessen Kabinett – mit ausdrücklicher Billigung der Amerikaner – auch ein Kommunist als Minister für Arbeit und Wohlfahrt angehörte. Als Geiler das ignorierte, zog die SPD ihre vier Minister aus dem zehnköpfigen Kabinett zurück. Erst die amerikanische Militärregierung, die das Verhalten der Sozialdemokraten für ungesetzlich hielt und feststellte, dass es keinerlei rechtliche Grundlage für einen solchen Schritt gäbe, brachte die SPD zum Einlenken.

Nun zeigte sich Leo Bauer als durch und durch staatstragender Politiker, wie es Wolf-Arno Kropat in seinem Buch *Hessen in der Stunde Null 1945/1947* beschreibt. Obwohl die SPD seine KPD vorab von ihrem Schritt informiert hatte, schrieb er an den Ministerpräsidenten, das Vorgehen der SPD war »vielleicht tatsächlich nicht ganz in Ordnung« gewesen, man hätte zumindest auch ihn, den Ministerpräsidenten informieren müssen. Denn: »Wir wissen, daß Ihnen wie uns der Wiederaufbau unserer Heimat Leitsatz für Ihre gesamte Tätigkeit ist, und wie Sie uns in der Aussprache vom … 13. Februar zubilligten, entspringen unsere Politik, unsere Kritik und unsere Vorschläge nicht parteiegoistischen Absichten, sondern dem heißen Wunsch, alles zu verhindern, was das deutsche Volk noch mal ins Unglück stürzen könnte, und dafür zu sorgen, daß der Aufbau beschleunigt durchgeführt werden kann.«

So machte Leo Bauer mit seiner Splitterpartei Karriere in Frankfurt am Main, der Stadt, welche die Westalliierten am liebsten zur neuen deutschen Hauptstadt gemacht hätten. Er hatte ein gewandtes, gepflegtes Auftreten. Sein Bildungshunger und sein großes Interesse an allem Kulturellen sowie am Sport, besonders an Kampfsportarten, bei denen Strategie und Mannschaftsarbeit wichtig waren, verschafften ihm überall Publikum. Er war, wie man heute sagen würde, ein Lokalmatador. Er war der aufsteigende Stern am Himmel des Kommunismus – und wurde zu einem der Spitzenleute seiner Partei in Hessen. Ein Vierteljahr nach seiner Ankunft in Frankfurt gehörte er, obwohl Neuling in Westdeutschland, neben den alten Kadern Walter Fisch, Oskar Müller und Emil Carlebach zu den vier führenden Genossen der KPD in Hessen. Er war ein angesehener Redakteur der *Frankfur-*

ter Rundschau, wo er noch dazu dank eines mit den Kommunisten sympathisierenden amerikanischen Presseoffiziers eine Sonderstellung einnehmen konnte. Zunächst hatte er wohl geglaubt, die Arbeit als Journalist würde seine Haupttätigkeit, sein »Hauptberuf« werden. Doch bald schon konnte und musste er sich auf eine unregelmäßige, freie Mitarbeit bei der Zeitung beschränken, ohne seine Stelle völlig zu verlieren, eine absolute Ausnahme in diesen Zeiten hoher Arbeitslosigkeit.

Wie wohl ihm dieser Presseoffizier und andere amerikanische Militärverwalter gesinnt waren, zeigte sich bei einem Besuch des noch im Exil in der Schweiz lebenden Kommunisten und Literaturwissenschaftlers Hans Mayer. Da es für Mayer noch nicht möglich war, legal nach Deutschland einzureisen, organisierte Onkel Leo, dass zwei amerikanische Soldaten ihn in Basel mit einem Jeep abholten. Sie gaben Mayer eine Uniform der US-Army zur Tarnung und brachten ihn so unentdeckt durch die französische und die amerikanische Besatzungszone nach Wiesbaden. Dort holte ihn Leo zusammen mit Erica Glaser ab. Mayer schaute sich ein paar Tage in Frankfurt um. Onkel Leo schlug ihm vor, bei der gerade gegründeten Deutschen Allgemeinen Nachrichtenagentur DANA zu arbeiten (die später in der wichtigsten deutschen Nachrichtenagentur, der dpa, aufgehen sollte). Und Leo ließ Mayer gegenüber keinen Zweifel, dass er dies ermöglichen könnte. Mayer reiste auf dieselbe Weise zurück in die Schweiz, im Jeep und in amerikanischer Uniform. Nur hatte er diesmal einen weiteren uniformierten Begleiter: Leo Bauer – der eigentlich längst in die Schweiz hätte zurückkehren müssen, es nun aber nicht mehr durfte, und der die dort noch lebenden deutschen Kommunisten über die Lage in der Heimat informieren und sie über ihre Rückkehrmöglichkeiten beraten sollte.

Im »Hauptberuf« wurde er nun Sekretär der KPD – und war wieder da, wo er vor der Naziherrschaft angefangen hatte, war wieder ein bezahlter Funktionär des Roten Ordens. Schon am 4. November 1945 hatte ihn die Delegierten-Konferenz der Frankfurter KPD, die eigentlich schon eine Delegierten-Konferenz der auf Landesebene noch nicht von den Amerikanern zugelassenen hessischen KPD war, in die Leitung gewählt, wo er für »Kultur« und »Volksbildung« zuständig war. Im März 1946 wurde er dann auf der Landeskonferenz der hessischen Partei in das fünfköpfige Sekretariat der Landesleitung gewählt. Er hielt die Hauptrede auf dieser Konferenz. Wie immer ging es um die Frage der Bildung einer Einheitspartei mit den Sozialdemokraten: »Solange eine Vereinigung mit einem großen Teil der sozialistischen Arbeiterbewegung nicht möglich ist, wird die kommunistische Partei in der Westzone bestehen bleiben und ihren Kampf für die Einheit unentwegt fortsetzen … Die Schaffung der Einheitspartei im Osten ist für uns ein leuchtendes Beispiel.« (*Der Hessische Landbote [KPD]*, Jahrgang 1, Nr. 5 vom 10. 3. 1946)

Es war, das Eingeständnis klang zwischen den Zeilen durch, ein »leuchtendes Beispiel«, dem die hessische KP nicht – und auch sonst keine Sektion der Kommunisten in den Westzonen – zu folgen vermochte.

Sehr viel später in seinem Leben – 1971, kurz vor seinem Tode und um einige schreckliche Erfahrungen reicher – ließ sich Onkel Leo in dem Interview mit Peter Brandt über das Hin und Her bei der Bildung einer SED im Westen aus:

> »Wir hielten diesen Zick-Zack-Kurs innerhalb weniger Monate, zuerst Zerschlagung der Einheitsmöglichkeiten, dann plötzlich für die Einheit für eine hirnverbrannte sowjetische Politik. Es gab keine Chance dafür, eine solche Vereinigung nunmehr im Westen durchzuführen, nach den Ereignissen in der sowjetischen Besatzungszone. Ich erinnere mich an Gründonnerstag '46 vor dem Vereinigungsparteitag. Da fand im Büro von Franz Dahlem ein Gespräch statt mit den verantwortlichen Funktionären der KPD aus allen westlichen Besatzungszonen, und bei dieser Gelegenheit fragte Dahlem: ›Wann folgt ihr mit der Vereinigung zwischen SPD und KPD?‹ Max Reimann, der genau wußte, wie man zu antworten hatte, sagte: ›Wir brauchen morgen nur auf den Druckknopf zu drücken, dann haben wir die Vereinigung zwischen SPD und KPD.‹ Da sind Fritz Sperling aus München, Albert Buchmann aus Stutt-

gart und ich aus Hessen auf die Barrikaden gegangen und haben gesagt: ›Diesen Quatsch können wir nicht mitmachen, den Max Reimann erzählt hat. Es gibt für uns nicht die geringste Chance, nach dem, was jetzt passiert ist, zu einer Vereinigung der beiden Parteien zu kommen.‹ Wir haben sehr skeptisch diese ganze Geschichte angeschaut und waren uns klar, daß da höhere Gründe eine Rolle spielten, die aber mit einer echten Verschmelzung der Parteien nichts zu tun hatten. Ich mußte jeden Monat als verantwortlicher Funktionär nach Berlin ins Westbüro zur Berichterstattung und sah natürlich dabei auch die Russen, sah Schukow und alle führenden Leute. Im Hinblick auf die Berliner Wahlen (im Oktober 1946, M. S.) wurde ich von irgendwelchen hohen russischen Stellen gefragt: ›Wie schätzen Sie die Aussichten ein?‹ und meine stereotype Frage war erst: ›Was wollen Sie von mir hören, wie es wirklich ist, oder wollen Sie hören, was Sie berichten?‹ Da lachten die und sagten: ›Wir wollen beides hören.‹ Dann habe ich ihnen also den Bericht geliefert für Moskau: Großer Sieg der SED. Und dann habe ich ihnen gesagt, daß es nicht die geringsten Chancen gibt, die Wahlen zu gewinnen. Das sahen wir im Westen viel klarer als die das sahen, obwohl sie das im Grunde auch hätten wissen müssen … Dahlem glaubte es nicht und Reimann glaubte es nicht, aber das war 'ne Komödie. Das ist doch das Fürchterlichste an dieser Partei gewesen, daß man ahnen mußte, was die Linie ist und sagen, es ist realisierbar, gleichgültig, ob es möglich ist oder nicht.«

1946 wird er genau das getan haben, er versuchte zu ahnen, was »die Linie« der Partei war. Er war in das fünfköpfige Sekretariat der Landesleitung der hessischen KP gewählt worden und wird zu dieser Zeit kaum mit der Parteidisziplin gebrochen haben. Und die Partei dankte es ihrem treuen Genossen. Die SED-Einheitskampagne im Westen scheiterte, die amerikanische Militärregierung forderte in den drei Ländern ihrer Zone – Bayern, Baden-Württemberg und Hessen – die Ministerpräsidenten dazu auf, jeweils einen »Vorbereitenden Verfassungsausschuß« einzuberufen. Der in Hessen von den Amerikanern eingesetzte Ministerpräsident Geiler machte sich selber zum Vorsitzenden dieses Verfassungsausschusses in seinem Land, damals noch Groß-Hessen. Er ernannte zwölf weitere Mitglieder. Für die in seinem Kabinett vertretene KPD war es kein anderer als Leo Bauer.

Er war nun also »Sekretär« der Landesleitung der Kommunistischen Partei von Hessen, er wurde dann bald noch Fraktionsvorsitzender der KPD in der Verfassunggebenden Landesversammlung und deren zweiter stellvertretender Präsident, die Ausarbeitung der hessischen Verfassung war sein Tätigkeitsmittelpunkt. Er wurde im ganzen Land bekannt, auch die anderen politischen Partien erkannten seine Rolle als »Verfassungsexperte« der hessischen KPD an.

Das alles war nicht ohne Widersprüche. Einerseits fanden die Kommunisten, es sei noch zu früh für eine Verfassung, arbeiteten aber trotzdem loyal an deren Ausarbeitung mit. Andererseits gab es in dieser Verfassung einen zentralen Paragrafen mit ganz entschieden sozialistischer Stoßrichtung, und er stammte aus der Feder von Leo Bauer. Noch im Mai 1946 hatten die Kommunisten ihre Bedenken hinsichtlich des Auftrags der Amerikaner in einem Schreiben an den Ministerpräsidenten und Vorsitzenden des Verfassungsausschusses, Karl Geiler, zusammengefasst: »die demokratische Willensbildung des deutschen Volks« stehe noch in den »ersten Anfängen«; wegen der »Anwesenheit einer Besatzungsmacht« könnten die »Grundsätze einer demokratischen Selbstverwaltung noch nicht zur völligen Entfaltung kommen«; »die Schaffung von Länderverfassungen« würde »eine ernste Gefahr für die Reichseinheit heraufbeschwören« und zwar so lange, »als noch keine Reichsverwaltung, keine Reichsregierung und demnach auch keine Reichsverfassung bestehen«.

Im Rückblick kann man erkennen, dass die Kommunisten nicht völlig im Unrecht waren. Zwar muss man ihnen keineswegs in dem Argument folgen, es sei zu früh gewesen, sich eine Verfassung zu geben, weil »die demokratische Willensbildung des deutschen Volks noch in den ersten Anfängen« stand – irgendwann mussten die Deutschen doch schließlich anfangen für sich selbst (und demokratisch) zu denken. Und auch die »Anwesenheit einer Besatzungsmacht« erwies sich, wie wir heute sehen können, als eher segensreich – die alliierten Militärs, voran die amerikanischen Generäle, mussten die deutschen Nachkriegspolitiker regelrecht drängen, ein Grundgesetz für die Bundesrepublik zu schreiben und sich in die Reihe der demokratischen Republiken einzureihen. Ohne diesen Schritt wäre der kurzfristig propagierte Morgenthau-Plan womöglich doch noch Realität geworden.

Dieser »Plan« war zunächst nicht mehr als ein Memorandum des von Henry Morgenthau geleiteten US-Finanzministeriums aus dem August 1944, ein Memorandum, das bereits am 21. September 1944 in den Vereinigten Staaten veröffentlicht wurde. Sein zentraler Inhalt: Deutschland sollte nach dem Sieg der Alliierten in einen Agrarstaat umgewandelt werden, um so zu verhindern, dass es je wieder einen Angriffskrieg führen könne. Präsident Franklin D. Roosevelt hatte aber dieses Memorandum aus dem Finanzministerium nach einigen Wochen bereits wieder verworfen; es kam nie zu einer konkreten Planung, es wurde nie von irgendeinem Amtsträger eine Realisierung dieses »Plans« in Angriff genommen.

Als Morgenthau im Oktober 1945 ein Buch mit dem Titel *Germany Is Our Problem* veröffentlichte, in welchem er seinen Plan erklärte, fand er weltweit viel Gehör. Sein »Plan« war wohl tatsächlich, wie der *Spiegel* später einmal schrieb, ein »Plan der Rache«. Denn für Henry Morgenthau waren die Deutschen das, was die Juden für die Nationalsozialisten waren: die Inkarnation des Bösen in der Politik. Viele teilten Morgenthaus Meinung, dass man dem Kriegstreiber Deutschland durch Gebietsabtretung, staatliche Zerstückelung und Rückverwandlung in einen Agrarstaat auf immer die Mittel zum Kriegführen nehmen müsste, auch wenn das bedeutete, dass für die Deutschen dann nur noch ein Leben auf dem Existenzminimum möglich wäre.

Hätten sich die Deutschen geweigert, sich selber demokratische Grundregeln zu verordnen, wer weiß, vielleicht wäre dann Morgenthaus Memorandum doch wieder aus der politischen Versenkung geholt worden.

Mit dem dritten Punkt, der »ernsten Gefahr für die Reichseinheit«, hatten die Kommunisten natürlich recht. So kam es denn tatsächlich zur Teilung Deutschlands, die, wie wir wissen, erst 1989 wieder aufgehoben wurde – und auch dies nur, weil die sowjetische Siegermacht keine Macht mehr war, sondern ein politischer Scherbenhaufen. Gleichwohl können wir froh sein, dass es nicht zu einer Einigung unter kommunistischen Vorzeichen gekommen ist. Eine »sozialistische Volksrepublik Deutschland«, bestehend aus beiden Landesteilen, Ost- und Westdeutschland, dagegen wäre ein Agrarstaat nach den Plänen von Henry Morgenthau geradezu ein Paradies gewesen.

Leo Bauer war als Kandidat der KPD in Frankfurt im Wahlkreis II, der das Bahnhofsviertel, das Westend und Bockenheim einschloss, in die Landesversammlung gewählt worden. Er hatte den Vorsitz seiner kommunistischen Fraktion übernommen. Und auf der konstituierenden Sitzung des Parlaments am 15. Juli 1946 wurde er einstimmig, also mit den Stimmen der bürgerlichen Abgeordneten zum zweiten Stellvertreter des Landtagspräsidenten gewählt. Leo war ein gemachter Mann, es ging ihm gut. Nach den Jahren der Angst und auf der Flucht konnte er nun ruhig leben und zuversichtlich in die Zukunft schauen. Sicher war er mit den Abgeordneten-Tantiemen gut versorgt, zumindest hatte er seinen Sold als Sekretär der KPD. In einer Zeit, da es allen schlecht ging, da die Trümmer noch nicht weggeräumt waren und der Winter Hungersnöte brachte, war einer wie er mit festem Einkommen und festem Schuhwerk schon sehr privilegiert. Er zeigte sich auch als begabter Redner, doch machte er keine Alleingänge, entfernte sich nicht von der »vermuteten« Parteilinie.

Am 5. August begann im hessischen Parlament in Wiesbaden die Generaldebatte über die Verfassung mit Grundsatzerklärungen der vier Parteien. Leo Bauer stellte die Positionen der KPD vor, gab seine Einschätzung der gesellschaftlichen Kräfteverhältnisse und erläuterte, welche Aufgaben die Kommunisten vor sich sahen. Hier Auszüge aus seinem »kommunistischen Manifest« für Hessen im ersten Jahr nach Kriegsende:

»Wir Kommunisten gehen bei der Betrachtung der Lage als Marxisten an die Arbeit, das heißt, für uns kann es nicht die Frage geben: den Klassenkampf bejahen oder den Klassenkampf verneinen, sondern wir stellen als Menschen, die Geschichte kennen, fest, daß der Klassenkampf da war, seitdem es in der Geschichte der Menschheit Unterdrücker und Unterdrückte gibt, daß das keine Erfindung ist von irgendwelchen böse gesinnten Menschen, sondern daß historische Dinge einfach nicht weggeleugnet werden können … Für uns als Kommunisten ist der Nationalsozialismus kein Phänomen, das irgendwie sich entwickelt hat, der Nationalsozialismus ist für uns nichts anderes als die mörderischste Ausdrucksform einer blutigen Herrschaft des deutschen Imperialismus. Die Reaktionäre schwiegen nach dem Zusammenbruch, aber sie arbeiteten gleichzeitig. Das Resultat dieser Arbeit haben wir heute vor uns als Grundlage einer neuen Verfassung für Groß-Hessen. Wir müssen feststellen, daß in keiner Beziehung auch nur ein einziges Problem unseres gesellschaftlichen Daseins gelöst ist. Es gelang reaktionären Kräften, entscheidende Schlüsselpositionen zu besetzen als ›Demokraten‹, als ›Menschen des 20. Juli‹. Ich erkläre eindeutig, das Andenken eines Leuschner, das Andenken eines Stauffenberg, das Andenken vieler anderer Männer, die als Helden starben, wird beschmutzt von Menschen, die sich heute den Namen zulegen: ›Wir gehören zum 20. Juli‹. Diese Menschen sind da, sie sabotieren die Arbeit, sie entgehen geschickt jeder Säuberung und sie wühlen, sie wühlen genau so wie 1918 … Meine Partei hätte vorgezogen, daß wir statt eine Verfassung ein reines Organisationsstatut nehmen, in dem einfach festgelegt wird: Solange wir eine Besatzungsmacht haben, so lange werden wir uns in dieser und jener Weise regieren … Ich brauche Ihnen wohl nicht zu sagen, daß auch wir die Lösung des Verfassungsproblems im Sozialismus sehen, aber wir haben aus der Vergangenheit, aus der Geschichte und aus der blutigen Zeit des Nazismus gelernt. Wir sind der Meinung, daß man keinem Volk den Sozialismus aufzwingen kann, wenn es ihn nicht haben will, aber wir wissen genau, daß früher oder später die Mehrheit des Volkes den wahren Sozialismus, basierend auf den historischen Grundlagen Karl Marx' und Friedrich Engels', fordern wird.« (*Frankfurter Rundschau*, vom 6.8.1946)

Das haben Grundsatzerklärungen nun einmal an sich: Sie sind grundsätzlich und nicht sehr konkret. Leo Bauer sagte wenig darüber, was genau nach Meinung der Kommunisten in einer Verfassung, wenigstens in dem von ihnen geforderten »Organisationsstatut« stehen sollte. Stattdessen die alte Parole: Der Sozialismus wird siegen. Auf jeden Fall dürfte er sich mit seiner Erklärung nicht sehr weit von der aus Moskau über Ost-Berlin vorgegebenen Linie entfernt haben. Vielleicht wollte man dort nicht so deutlich hören, was man selber wusste, dass man nämlich »keinem Volk den Sozialismus aufzwingen kann, wenn es ihn nicht haben will«, schließlich hatte man genau das in der Sowjetunion und in der sich bildenden DDR getan, hatten die Stalinisten überall in ihrem Einflussgebiet, also in ganz Osteuropa, den Völkern den Sozialismus aufgezwungen, obwohl diese ihn nicht haben wollten – was sich 40, 50 Jahre später mit deren radikaler Abkehr von der Union der Sozialistischen Sowjetrepubliken und deren Zerfall bis hin zu dem aktuellen Konflikt in der Ukraine rächen sollte. Aber Onkel Leo hatte noch dialektisch brav auf Parteilinie das Fazit gezogen, dass »früher oder später die Mehrheit des Volkes den wahren Sozialismus … fordern wird«.

In ihrem Programm für die Wahl zur Verfassunggebenden Versammlung am 30. Juni unter der Parole »Stärkt die sozialistische Mehrheit – Wählt Kommunisten« war die KPD deutlicher gewesen und hatte in weitgehender Übereinstimmung mit der SPD gefordert: »künftiges Recht der deutschen Republik (*müsse*) hessisches Landesrecht brechen«; ein Einkammerparlament – »Kein Staatspräsident, kein Herrenhaus oder Senat, keine irgendwie getarnte zweite Kammer darf noch einmal in der Lage sein, das absolute Selbstbestimmungsrecht des Volkes zu verhindern oder zu verfälschen«; eine »demokratische Bodenreform«; die »Überführung der Großbetriebe in die Hand der Allgemeinheit«;

»Schutz des Privateigentums gegen die Übermacht des Monopolkapitals«; »Mitbestimmung der Betriebsräte«; »Recht auf Arbeit«; »Sicherung und Gleichberechtigung der Frau, Schutz der Frau und Mutter gegen Ausbeutung und Elend«; »Umfassender Jugendschutz«; »Abschaffung des Berufsbeamtentums, Wahl der Richter durch das Volk«; »Trennung von Staat und Kirche, Gemeinschaftsschule und keine ›christliche Simultanschule‹, Religionsunterricht als freies Wahlfach in den Schulen, keine Privatschule, Lernmittelfreiheit«.

Diese Forderungen waren auch nicht Teil eines verbindlichen Verfassungsentwurfs der Kommunisten. Sie waren deren Wahlkampfprogramm, aus taktischen Gründen angelehnt an das der SPD. Es wurde aber ein erster Verfassungsentwurf auf der Grundlage dieser Wahlprogramme am 26. September 1946 erarbeitet, der indes allein von den Fraktionen der beiden Linksparteien getragen wurde. Er hätte der Bevölkerung als Mehrheitsentwurf der Landesversammlung zur Abstimmung vorgelegt werden können, auch wenn CDU und LDP, wie es der Fall war, dagegen votierten. Es kam aber nicht dazu. Die Sozialdemokraten besannen sich nämlich auf ihre ursprüngliche Absicht, eine »Verfassung auf breiter Grundlage«, heißt: eine Verfassung nicht nur der Arbeiterparteien, sondern zusammen mit der großen christlich-bürgerlichen CDU zu verabschieden.

So begannen am 30. September wieder neue Verhandlungen, diesmal zwischen SPD und CDU im kleinen Kreis. Die Sozialdemokraten wollten eine Polarisierung zwischen den Linksparteien auf der einen Seite und den bürgerlichen Parteien auf der anderen Seite vermeiden. Sie fürchteten auch eine Intervention der amerikanischen Besatzungsmacht. So einigten sie sich an jenem 30. September innerhalb von vier Stunden mit den Vertretern der Christlich Demokratischen Union auf einen Kompromissentwurf. In diesem Kompromiss gingen die Sozialdemokraten betreffs der Wirtschafts- und Sozialpolitik, hinsichtlich des Verhältnisses von Staat und Kirche sowie beim Staatsaufbau von allen Zugeständnissen wieder ab, die sie den Kommunisten gemacht hatten, sie entfernten sich auch von den Prinzipien, die sie zuvor als »unverzichtbar sozialdemokratisch« ausgegeben hatten. Am weitesten gingen sie bei der von Leo Bauer aufgestellten Forderung nach der »Überführung der Großbetriebe in die Hand der Allgemeinheit«. In dem Kompromiss wurde die in Hessen besonders wichtige chemische Großindustrie aus dem Verstaatlichungsgebot ausgenommen, wie es die CDU immer verlangt hatte. Der Union und einer »Verfassung auf breiter Grundlage« zuliebe stimmte die SPD auch der Gleichstellung von Kirche und Staat zu und beließ der Kirche ihre traditionellen Vorrechte.

Leo Bauer und die Kommunisten waren empört über das »illoyale Verhalten«. Sie gingen gleichwohl nicht auf einen Konfrontationskurs gegen die »Vernunftehe«, wie der CDU-Fraktionschef Köhler das Bündnis seiner Partei mit der Sozialdemokratie nannte. Vielmehr meinte die KPD: »Wir haben uns zu fragen, ob trotz des Kompromisses doch noch wesentliche Forderungen von uns in der Verfassung verankert bleiben oder nicht.«

Ihr Sekretär und Fraktionsvorsitzender Leo Bauer hielt fest, was immerhin noch erreicht worden sei: »Eine absolute Gleichstellung der Frau mit dem Manne«; »eine Sonderstellung des Ministerpräsidenten, wie vorgesehen war, ist fallengelassen worden«; »das Volksbegehren und der Volksentscheid sind in die Verfassung aufgenommen worden«; »der Landtag kann nur vom Landtag selbst aufgelöst werden, nicht aber vom Ministerpräsidenten oder der Regierung«; »die Verfassung kann mit absoluter Mehrheit im Parlament und mit einfacher Mehrheit des Volkes abgeändert werden«; »die künftige Reichseinheit ist in nichts durch die neue Verfassung gefährdet«; »darüber hinaus wurde trotz des Kompromisses das Mitbestimmungsrecht der Betriebsräte aufrechterhalten. Die Sofort-Überführung in Gemeineigentum ist geblieben, ebenso wie die Forderung einer Bodenreform.«

Nun waren all dies keineswegs nur Errungenschaften der Kommunisten, auch die Sozialdemokraten und Teile der CDU trugen diese fortschrittlichen Grundsätze. Die Gleichstellung der Frau, Volksbegehren und Volksentscheide, das alleinige Recht des Landtags sich selbst aufzulösen, das Mitbestimmungsrecht – all das ist wichtig, all das war ein gigantischer Fortschritt gegenüber dem Kaiserreich, der Weimarer Republik und erst recht dem »Dritten Reich« der Nazis. All das sind Selbstverständlichkeiten heute, die wir erst missen würden, wenn es sie nicht gäbe. An all diesen kleinen Fortschritten, diesen Schritten hin zu »Einigkeit und Recht und Freiheit«, hat Onkel Leo aktiv mitgewirkt.

Nur mit der »Sofort-Überführung der Großindustrie in Gemeineigentum« war das so eine Sache: In einem Schreiben vom 29. Oktober 1946 an den Präsidenten der Landesversammlung stimmte General Lucius D. Clay im Auftrag und im Namen der US-Regierung dem Verfassungsentwurf zwar zu (und gab damit den Weg frei für die dritte und letzte Lesung sowie für die Volksabstimmung). Der Nachfolger von General Dwight D. Eisenhower und spätere Militärgouverneur in der amerikanischen Zone ordnete aber an, dass über den Artikel 41, den »Sozialisierungsartikel« von Onkel Leo, das Volk gesondert befragt werden sollte. Clay, der Sohn eines US-Senators aus dem südlichen Bundesstaat Georgia und Absolvent der Militärakademie »West Point« hatte zwar nichts gegen eine vage Forderung nach Verstaatlichung – solche rein programmatischen Absichtserklärungen nach Überführung der Großindustrie in Gemeineigentum hatte der Amerikaner bereits im christlich-sozialen Bayern wie auch im konservativen Baden-Württemberg widerspruchslos gebilligt. General Clay sperrte sich indes gegen das zur Handlung zwingende Gebot von der »*sofortigen* Überführung«.

Am 29. Oktober 1946 nahm die hessische Landesversammlung den Verfassungsentwurf mit einer überwältigenden Mehrheit von 82 zu 6 Stimmen an. Die von Leo Bauer geführte KPD-Fraktion stimmte trotz allem zu. Die sechs Gegenstimmen stammten von den »Liberalen« der LDP. Damit war der Weg frei für den Volksentscheid. Leo Bauer hielt fest, was die KPD wollte:

Sie werde »trotz großer Bedenken für die Verfassung stimmen und das Volk auffordern ... mit Ja zu stimmen. Wir werden unsere Bedenken gegen bestimmte Artikel dieser Verfassung anmelden. Das wird uns niemand übel nehmen können. Wir werden das auch später im Landtag sagen, und wir werden ganz offen dafür eintreten, daß bestimmte Dinge, die in der Verfassung vorgesehen werden, nicht verwirklicht werden und daß andere Dinge – wie man so schön sagt – aufgebügelt werden …« (wiedergegeben in: *Hessen in der Stunde Null 1945/1947*)

Am 1. Dezember 1946 hatte das hessische Volk das Sagen. Es stimmte über den Verfassungsentwurf und, wie von General Clay gewünscht, gesondert auch über Leos »Sozialisierungsartikel«, den Artikel 41, ab. Und es wählte den neuen ordentlichen Hessischen Landtag. Es honorierte die Ankündigung von Leo Bauer, die Kommunisten seien entschlossen, frühere Fehler nicht zu wiederholen, was eine Anspielung auf den »Fehler« der KPD war, sich an der Verfassung zu Beginn der Weimarer Republik nicht zu beteiligen.

Auch sonst waren diese Wahlen am 1. Dezember ein Erfolg für Leo Bauer und die Kommunisten, wenn auch ein bescheidener. Die auch von ihnen befürwortete Verfassung, speziell ihr gesondert vorgelegter Artikel 41, wurden mit überwältigender Mehrheit angenommen, und die Kommunisten wurden mit einer Erhöhung der Zahl ihrer Sitze im Landtag von 7 auf 10 belohnt. Aber »aufgebügelt« wurden sie trotzdem.

Zwar verfügten Sozialdemokraten und Kommunisten über eine solide absolute Mehrheit im Landtag und hätten leicht eine Regierung stellen können. Zwar machte die SPD selber, die stärkste Partei in Hessen (38 Sitze, ein Verlust von 4 gegenüber der Verfassunggebenden Versammlung; CDU 28 statt 35; LDP 14 statt bisher 6, ein Dank mancher Wähler für das Nein der Liberalen zur »roten Verfassung«), zwar machten diese starken Sozialdemokraten, für die Hessen auf mehrere Jahrzehnte zur Hochburg werden sollte, den Vorschlag, eine Landesregierung zu bilden aus drei Sozialdemokraten, drei Christdemokraten und einem Kommunisten. Doch weigerte sich die CDU, mit Kommunisten in einer Regierung zu sitzen. So wurde in dem Sinne gebügelt, als sich die SPD für eine Fortsetzung der »Großen Koalition« mit der CDU entschied, der gleichen Koalition, mit welcher der Verfassungskompromiss auf die Beine gestellt worden war.

Die SPD konnte am 12. Dezember 1946 Christian Stock als ihren Kandidaten für das Amt des Ministerpräsidenten aufstellen, der auch prompt mit ihren eignen und den Stimmen der CDU ins Amt gehoben wurde – so wurde Stock der erste frei gewählte Ministerpräsident von Hessen nach dem Krieg. Onkel Leo und die von ihm geführte kommunistische Fraktion enthielten sich der Stimme mit der eigenwilligen Begründung, dies sei kein Misstrauen gegen Stock, sondern ein Statement gegen die Politik, unter Ausschluss der Kommunisten zu regieren: »Die Kommunistische Partei, die stets bereit war, mit jeder Partei, die sich zur Durchführung der Verfassung und des Artikels 41 bekennt, zusammenzuarbeiten, um eine möglichst breite Grundlage für den Aufbau zu schaffen, bedauert diese Erklärung des Herrn Ministerpräsidenten (zur Regierungsbildung). Sie stellt fest, daß die Sozialdemokratie als stärkste Partei Hessens sich dem Diktat der CDU gefügt hat, die von vorneherein die Ausschaltung der KPD verlangte, um dadurch eine linke Mehrheit unwirksam zu machen.«

Die Zeichen standen auf dem die folgenden Jahrzehnte alles beherrschenden Ost-West-Konflikt. Zwar kommentierte die *Frankfurter Rundschau* noch beschwichtigend, die Mehrheit von SPD und KPD (zusammen 48 Sitze gegenüber 42 von CDU und LDP) sei zu knapp, um wirksam regieren zu können: »Jede Erkrankung gefährdet eine solche Mehrheit sogar bei der Abstimmung.« Aber knapp drei Wochen zuvor hatte ein Kommentator der *Frankfurter Rundschau* einen gewichtigeren Grund, nämlich das seit Weimar tiefsitzende und durch die Zwangsvereinigung zur SED in der sowjetischen Besatzungszone noch weiter verstärkte Misstrauen der SPD gegen die Kommunisten angeführt: »Als einziger Regierungspartner der Sozialdemokratie hätten sie der Versuchung bestimmt nicht widerstanden, eine billige Agitation fortzusetzen. In der Fraktion und im Landesvorstand hat sich deshalb auch keine Stimme für eine … auf SPD und KPD gestützte Regierungskoalition erhoben.«

Zu Beginn der Nachkriegszeit war Leo Bauer also ein führender Kommunist und überhaupt ein einflussreicher Politiker. Seine Freunde aus der Schweiz sahen ihre Prognosen bestätigt, sie konnten erleben, wie er die ihm so gut wie auf den Leib geschriebene Karriere machte. Manche neideten ihm die Macht, die er nun besaß, andere empfanden ihn als zu sehr von der Macht besessen. So erging es Jo Mihaly. Sie war im November 1945 im Auftrag der Partei legal nach Deutschland zurückgekehrt und wurde von Leo Bauer, den sie in der Schweiz aufrichtig bewundert hatte, wegen ihrer verbindlichen Art und ihres offenen Wesens gezielt für überparteiliche Unternehmungen eingesetzt. Er war schließlich in der KP zuständig für die Kultur, und »Kulturarbeit« wurde von den Kommunisten immer schon als ideales Betätigungsfeld gesehen, auf dem sie unauffällig ihren Einflussbereich zu vergrößern suchten. Es spricht viel dafür, dass Onkel Leo diese Jo Mihaly gezielt damit beauftragte, die »Freie Deutsche Kulturgesellschaft« zu organisieren, was sie mit Geschick und Hingabe tat. Sie wurde auch Mitglied der städtischen Kulturkommission in Frankfurt, die Kulturgesellschaft bezog unter ihrer Ägide alle gesellschaftlichen Gruppen und Parteien ein. Sehr zur Freude von Onkel Leo, der damit den Einfluss der Kommunisten gestärkt sah. Sie selber aber verließ den beratenden Landesausschuss der KPD von Groß-Hessen wieder, legte ihr Mandat bereits am 14. Juli 1946 nieder. 1949 ging sie wieder in die Schweiz zurück und wurde – zum ersten Mal in ihrem erwachsenen Leben – sesshaft: in Ascona am schönen Lago Maggiore. Sie schrieb Romane, Erzählungen, Jugendbücher und Gedichte.

Von Leo Bauer war sie inzwischen enttäuscht. Sie sagte später, ihm sei es weniger um die Sache als um den parteipolitischen Erfolg gegangen, sie habe begonnen, an seinen Motiven zu zweifeln, als sie sah, wie er über die Arbeit und das Leben von Genossen bestimmt habe – womit sie wohl auch sich selber meinte.

Ebenfalls enttäuscht war Brigitte Freudenberg, die spätere Frau Gollwitzer. Sie hatte im schweizerischen Exil noch so sehr seine Intelligenz, seinen Idealismus, seine Phantasie und seine Opferbereitschaft geschätzt. Als sie ihn in Frankfurt im Winter 1945 auf 1946 wiedersah, war sie unangenehm berührt. Die Kluft zwischen der engagierten Christin und dem überzeugten Kommunisten war einfach zu groß. Er kritisierte heftig – und er konnte sehr aufbrausend sein – »die Engstirnigkeit und Bürgerlichkeit der Christen, fehlende Einsatzbereitschaft und falsches Anpacken der praktischen Wiederaufbauarbeit«. Sie hingegen warf ihm ebenso vehement »parteipolitische Einseitigkeit« bei der erst später der Sozialdemokratie zugeneigten *Frankfurter Rundschau* vor. Diese würde Falschmeldungen nicht korrigieren, wenn die Richtigstellung nicht auf der politischen Linie der KP läge. Außerdem warf sie den Kommunisten, wie ich es heute sehe, durchaus zu Recht vor, sich zu den einzigen wahren Gegnern der Nationalsozialisten hochzustilisieren, während sie auf der anderen Seite die Gräuel, die sie im Osten Deutschlands selber verübten, verschwiegen oder gar zu rechtfertigen versuchten. Jedenfalls gab es bald schon keine Verständigung mehr zwischen Brigitte Freudenberg und Leo Bauer, die ein Jahr zuvor im Exil noch so sehr voneinander angetan waren.

VII

»Wer die Partei verlässt, verlässt auch seine Familie«

Auch begann die SPD Onkel Leo aufs Korn zu nehmen. Nicht die hessische, sondern das für alle Westzonen zuständige, die Sozialdemokratie damals leitende »Büro Schumacher« ergriff die Initiative. Fritz Heine, ein enger Vertrauter von Kurt Schumacher, schrieb an den Landesvorsitzenden der hessischen SPD, Willi Knothe, um ihn über die Vergangenheit von Leo Bauer aufzuklären. Darüber wollte die SPD auf Umwegen einiges in Erfahrung gebracht haben. Fritz Heine schien durchaus berufen, er hatte eine Laufbahn von Politik, Verfolgung und Flucht hinter sich, die der von Leo Bauer ähnelte. Auf jeden Fall gibt es keinen Grund an seiner Lauterkeit zu zweifeln. Heine war mit 18 in die SPD eingetreten. Von 1928 an baute er die Propaganda-Abteilung der Partei auf. Nach der Machtergreifung der Nationalsozialisten im Januar 1933 flüchtete er mit einem Großteil des Barvermögens der Partei nach Prag. Von dort aus beteiligte er sich an der Widerstandsarbeit gegen die Nazis und war sogar oftmals mit falschen Papieren als Kurier für die SPD im Nazireich unterwegs.

In der Folge des Anschlusses des Sudetenlandes und des Drucks auf die Resttschechoslowakei flüchtete Heine nach Paris und übernahm dort die Verlagsleitung der Parteizeitung *Neuer Vorwärts*. In dieser Zeit wurde er vom Deutschen Reich ausgebürgert. Nachdem deutsche Truppen Frankreich besetzt hatten, wurde auch er interniert, ihm gelang jedoch bald die Flucht ins damals noch unbesetzte Marseille.

Dort organisierte er im Auftrag des Exil-Parteivorstandes der SPD mit anderen die Rettung mehrerer hundert deutsch-jüdischer Flüchtlinge. Dies brachte ihm den Ehrennamen »Engel von Marseille« und später, im Jahre 1988, die israelische Auszeichnung »Gerechte unter den Völkern« ein. 1941 verlangten die Deutschen von der Vichy-Regierung die Auslieferung Heines, er konnte aber noch nach London flüchten.

Fritz Heine war im Februar 1946 nach Westdeutschland zurückgekehrt und bald zum engen Vertrauten von Kurt Schumacher geworden, später auch der Kontaktmann der SPD zur CIA und zum DGB. Im Zusammenhang mit den Nachforschungen Heines gab es einen Punkt, der womöglich für Onkel Leo verhängnisvoll gewesen sein könnte. In Genf hatten alle zusammengearbeitet, die gegen die Nazis waren, nicht nur die Kommunisten mit den Christen, auch die Amerikaner mit den Kommunisten. Von Leo Bauers Kontakten zu den Leuten des OSS, dem Vorläufer des US-Geheimdienstes CIA, war schon die Rede. Diese Kontakte wurden Onkel Leo von der Stasi und dem sowjetischen Geheimdienst KGB als Beleg für seine vermeintliche Spionagetätigkeit im Auftrag der Amerikaner vorgehalten.

Zunächst ging es aber um etwas ganz anderes. Fritz Heine, der nach wie vor gute Kontakte in Großbritannien unterhielt, hatte Informationen aus London an die hessische SPD weitergeleitet. Der Londoner Korrespondent der bedeutenden und überaus korrekten schweizerischen *Neuen Zürcher Zeitung* hatte bei einem Besuch in Frankfurt in Onkel Leo, dem Mitglied des Hessischen Landesausschusses, den ihm aus Prag bekannten »Leo Katz« wiedererkannt – und das in London herumerzählt. Das war Fritz Heine zu Ohren gekommen. Er nun teilte der hessischen SPD mit, »Leo Katz (*hat*) etwa in der Zeit nach München in der Tschechoslowakei eine sehr fragwürdige Rolle als Vertreter des hohen Kommissars für Flüchtlingsfragen gespielt«.

Er, Katz, also Leo Bauer, sei der »Schuldige an skandalösen Zuständen« gewesen, über die »seinerzeit im Ausland viel Material veröffentlicht worden ist«. Fritz Heine forderte den hessischen SPD-Vorsitzenden Knothe auf, sich genauer mit Leo Bauer und dessen Vergangenheit zu beschäftigen – und die SPD-Führung auf dem Laufenden zu halten.

Viel brachte die hessische SPD aber offenkundig nicht zu Tage. Jedenfalls ging sie nicht offen gegen Leo Bauer vor. Aus einem

Brief von Willi Knothe an Fritz Heine im Sommer 1947 ist indirekt zu entnehmen, dass sie dies gerne und ohne zu zögern getan hätte, wäre sie bei der Durchleuchtung der Vergangenheit von Onkel Leo in Prag fündig geworden. Knothe zufolge gehörte Leo Bauer nämlich zu »den klügsten, schlauesten und aktivsten Kommunisten und (er ist) bestimmt einer der verschworensten Gegner der Sozialdemokratischen Partei. Der Vergangenheit Bauers in absolutestem Sinne auf die Spur zu kommen, ist für uns hier wie für die gesamte Bewegung von großer Bedeutung«. (Nach *Karrieren eines Außenseiters*)

Was aber ist nun die »Vergangenheit in absolutestem Sinne«, gibt es so etwas überhaupt? Gibt es nur eine Wahrheit? Dass der Kommunist Leo Bauer in seinem Amt beim Hohen Kommissar für Flüchtlingsfragen nicht unparteiisch agierte, ist nicht auszuschließen. Dass er aber tatsächlich der »Schuldige an skandalösen Zuständen« war, wohl schon. Er war Zwängen ausgesetzt, auch gerade durch die Kommunistische Internationale, das ist unstrittig. Aber wie zu sehen sein wird, war er nicht der kommunistische Apparatschik, der durch ungerechtfertigte Privilegien und willentlichen Machtmissbrauch zum »Bonzen« wurde. Das waren andere, und sie verfolgten ihn – vielleicht schon damals, 1946. Der enggestrickten, klar dogmatisch indoktrinierten, professionellen Gemeinschaft der Apparatschiks, der sogenannten »Gruppe Ulbricht« mit ihren strikten Hierarchien, die am Ende des Krieges in Moskau im Exil saß, im berühmt-berüchtigten Hotel Lux, und am 30. April 1945 von Moskau aus nach Deutschland, nach Ost-Berlin, gekommen war, gehörte Leo Bauer nicht an.

Er musste allerdings auch als Abgeordneter in Hessen diesen Apparatschiks Bericht erstatten. Sie mochten ihn nicht. Er wurde dagegen von vielen Sozialdemokraten nach wie vor geschätzt, darunter dem Gewerkschafter und zukünftigen DGB-Vorsitzenden Willi Richter sowie dem Verfassungsexperten der Sozialdemokraten, dem aus dem Elsass stammenden Professor Ludwig Bergsträsser, der bald darauf als Mitglied des »Parlamentarischen Rats« das Grundgesetz für die Bundesrepublik Deutschland mit ausarbeitete. Leo Bauer hatte sogar gute Beziehungen zu CDU-Politikern wie dem späteren Bundesaußenminister Heinrich von Brentano.

Onkel Leo passte so gar nicht in das gängige Bild vom kommunistischen Funktionär, das Walter Ulbricht wie kein anderer verkörperte. Leo kleidete sich gut, er gab sich selbstbewusst und weltoffen, trat weltmännisch (und manchmal etwas großspurig) auf, er genoss den Umgang mit Menschen aus anderen Klassen und Schichten, aus anderen Parteien und fernen Ländern. So hob er sich stark von den Kommunisten ab, die im Moskauer Exil gedarbt und sich aus Angst vor den stalinistischen Säuberungen ängstlich weggeduckt hatten und die auch äußerlich verschroben und kleinkariert wirkten. Gleichwohl bedeuteten sein Lebensstil und sein Auftreten keineswegs, dass er in Opposition zur Parteiführung in Berlin stand. Im Gegenteil, er wusste wohl – gerade nach den Jahren der Furcht und des mühseligen Überlebens im Exil –, dass die KPD es ihm ermöglichte, das wohlsituierte Leben zu führen, nach dem er sich immer gesehnt haben muss, inklusive einer politischen Arbeit, die er genoss, die er für sinnvoll und richtig hielt, die ihn glücklich machte. So war die Kommunistische Partei auch in den Jahren 1945 bis 1947 für ihn mehr als nur eine politische Heimat. Sie war ihm nach wie vor der Rote Orden, die große, weltumspannende Glaubensgemeinschaft, in der ein Mensch mit Herz, wie er es einer war, ganz und gar aufging, aus der einer nicht einfach austrat, die keiner aus freien Stücken verließ.

Dabei machten es die Apparatschiks in Ost-Berlin einem wie Leo Bauer nicht einfach. Für sie – wie für die meisten Genossen im Westen – waren die SED in der sowjetischen Besatzungszone und die KPD in den Westzonen vom Selbstverständnis her und auch *de facto* eine einzige gesamtdeutsche Organisation, selbst wenn dies den Vorschriften der (westlichen) Besatzungsmächte widersprach. Die Gründung einer SED in den Westzonen war zwar im Frühjahr 1946 gescheitert, aber die KPD hielt die Forderung nach einer Einheitspartei auch im Westen aufrecht. Diese Forderung trat jedoch hinter die Erfordernisse der aktuellen Tagespolitik zurück. Anfang des Jahres 1947 änderte sich alles wieder. Die amerikanische und die britische Zone wurden zur »Bizone« zusammengeschlossen, die Wirtschaftslage verschlechterte sich, die Versorgungslage war erbärmlich, es drohte eine weitere Hungersnot auf den gerade erst überwundenen Hungerwinter von 1945/1946 zu folgen. So gründete man erneut eine zunächst aus Vertretern von SED und KPD bestehende »Sozialistische Arbeitsgemeinschaft«, und am 1. März 1947 erschien ein Aufruf des Vorstands der SED (Ost-Berlin), eine SED solle nun auch in den Westzonen aufgestellt werden: »Die Kommunistische Partei der westlichen Besatzungszonen konnte allein keine politische Kraft entwickeln ... Der Neuaufbau Deutschlands auf demokratischer Grundlage kann nur gelingen, wenn auch in West- und Süddeutschland die Einigung der Arbeiter erfolgt.«

Am 8. und 9. März 1947 hielt die hessische KPD einen Parteitag in Offenbach ab, um die neue Einheitskampagne in Fahrt zu bringen. In Anwesenheit von zukünftigen DDR-Größen wie Otto Grotewohl, Wilhelm Pieck und Franz Dahlem wurde die Verschmelzung von SED und KPD beschlossen. Man wollte die »Kräfte der KPD in den gewaltigen Strom der SED einfügen und darüber hinaus neue Kräfte mobilisieren, die infolge der Spaltung der deutschen Arbeiterbewegung im Westen politisch heimatlos sind«.

Große Worte, aber doch leere. Einmal abgesehen davon, dass die entscheidenden Kräfte der SPD im Westen alles andere wollten als die Einheit (und die faktische Unterordnung) mit den aus Moskau gesteuerten Kommunisten. Die vorgesehene Einheitspartei scheiterte schlicht am Veto der amerikanischen und der britischen Besatzungsmacht. Diese lehnten eine Änderung des Namens sowie des Status der KPD in ihren Zonen rundheraus ab.

Und es ging stetig weiter abwärts mit der KPD im Westen. Sie hatte die Zusammenlegung der amerikanischen und der britischen Zone zur »Bizone« noch zähneknirschend hingenommen. Jetzt, Anfang 1947, schlug sie laute und deutliche Töne gegen dieses separate Vorgehen der beiden großen westlichen Siegermächte an. Diese ignorierten die KPD genauso wie bei deren Zusammenlegungsplänen mit der SED. Als Nächstes wurde das damals noch wegen des Kohlebergbaus wichtige Saarland faktisch von Deutschland abgetrennt und Frankreich zugeschlagen. Bereits seit Ende 1946 hatte eine Zollgrenze zum restlichen Deutschland existiert. Nun wurde das Saarland – um einiges größer als das heutige Bundesland – zu einem französischen Protektorat mit einer eigenen Regierung und Verfassung. Die Präambel dieser Verfassung sah einen wirtschaftlichen Anschluss an Frankreich vor. Dies hatte für die Bevölkerung zwar positive wirtschaftliche Folgen und löste ein starkes Wachstum aus, doch große Teile der saarländischen Bevölkerung, eine Mehrheit der Deutschen und vor allem die Kommunisten wollten sich mit einem politischen Anschluss an Frankreich nicht abfinden.

Überdies dachten die Westalliierten laut darüber nach, Frankfurt anstelle von Berlin zur künftigen Hauptstadt zu machen. Sie festigten die »Bizone«, die alsbald unter Einschluss der kleinen französischen Besatzungszone im Südwesten Deutschlands zur »Trizone« und damit zum Vorläufer der noch nicht gegründeten Bundesrepublik Deutschland wurde. Da mochten die Kommunisten noch so viel zetern. So wie die Sowjetunion sich die Länder Osteuropas unterjochte und die Gründung einer ihr hörigen (und von ihr ausgebeuteten) DDR betrieb, so setzten die Westmächte alles daran, die Umwandlung der »Trizone« zur Bundesrepublik Deutschland zu beschleunigen und diese in die Familie der westlichen, freiheitlichen Demokratien einzubinden. Walter Fisch, der Landesleiter der KPD in Hessen, wie Onkel Leo seit 1946 Mitglied der Verfassungsberatenden Versammlung und seit 1947 Mitglied des Hessischen Landtags, somit auch der unmittelbare »Vorgesetzte« in der KPD von Leo Bauer, dieser Walter Fisch »warnte« (aus seiner Sicht durchaus zu Recht), die Politik der Westmächte laufe auf die »Aufrechterhaltung längst überholter wirtschaftlicher Vorrechte«, die »Aufspaltung Deutschlands« und dessen »schrittweisen Ausverkauf an die imperialistischen Interessen des Auslands« hinaus.

Fischs »Warnung« widersprach überraschenderweise ausgerechnet Erica Glaser, jene Erica Glaser aus Genf, die seinerzeit von Noel Field adoptiert worden und mit unserem Onkel Leo in der Schweiz so eng liiert war. Sie war im Sommer 1945 ebenfalls nach Frankfurt gekommen. Sie hatte nicht mit Leo gebrochen. Es sind Briefe erhalten, die in *Karrieren eines Außenseiters* zitiert werden. In diesen Briefen, wiewohl unter einem Tarnnamen geschrieben, finden sich Formulierungen wie »In innigster Liebe«, »Mein kleiner Liebling« und »ich sende Dir die innigsten Grüße und Küsse«. Sie ging jedoch ihren eigenen Weg und tat alles Mögliche: Sie arbeitete zunächst weiterhin bei dem entstehenden amerikanischen Geheimdienst OSS (der späteren CIA). Sie studierte Jura in Frankfurt. Und zugleich arbeitete sie als Redakteurin der KPD-Zeitung *Wissen und Tat*. Ausgerechnet in diesem Blatt, in dem Leo Bauer als der für die »Kultur« zuständige führende KPD-Funktionär in Hessen ebenfalls das Sagen hatte, »warnte« sie ihrerseits davor, Deutschlands Zukunft darauf aufzubauen, indem man einen »Keil zwischen die Alliierten« treibe.

Sowohl ihre als auch Walter Fischs »Warnungen« waren im Hinblick auf die für den März 1947 geplante Moskauer Außenministerkonferenz der vier Westmächte – der letzten ihrer Art vor dem endgültigen Ausbruch des Kalten Krieges – ausgesprochen worden. Jedoch: Die Konferenz scheiterte grandios. Auf dieser fünften Außenministerkonferenz der Alliierten stellte der amerikanische Außenminister George C. Marshall den nach ihm benannten »Marshallplan« zur wirtschaftlichen Vereinigung der vier Besatzungszonen vor. Dazu gehörten die zonenübergreifende Währungsreform und eine einheitliche Verwaltung für ganz Deutschland. Noch während der Konferenz verkündete der amerikanische Präsident Harry S. Truman die fortan nach ihm benannte sogenannte »Truman-Doktrin«. Sie definiert es als außenpolitischen Grundsatz der Vereinigten Staaten, den »freien Völkern beizustehen, die sich der angestrebten Unterwerfung durch bewaffnete Minderheiten oder durch äußeren Druck widersetzen«. Die Truman-Doktrin steht für das Ende der amerikanischen Kriegskoalition mit der Sowjetunion und gilt als der

Anfang des »Kalten Krieges«. Durch die vom amerikanischen Kongress bewilligte finanzielle Hilfe für Griechenland und die Türkei, die zusammenzubrechen drohten, wurde dort die Einführung totalitärer kommunistischer Regime verhindert und der Expansion des Kommunismus nach Westeuropa und Kleinasien Einhalt geboten. Diese Moskauer Außenministerkonferenz dauerte sechs Wochen – und war ein völliger Fehlschlag. Die Standpunkte zwischen den USA und Großbritannien auf der einen Seite und der Sowjetunion auf der anderen Seite, in denen es vor allem um Osteuropa, aber auch um den Mittelmeerraum und den Nahen Osten sowie um China ging, blieben unvereinbar.

Es gab noch einen letzten Versuch, die Teilung Deutschlands in Ost und West zu verhindern. Der bayerische Ministerpräsident Hans Ehard lud – mit widerwilliger Billigung der amerikanischen Besatzungsmacht – die Ministerpräsidenten aller Länder, auch die der sowjetisch besetzten Zone, zu einer Konferenz nach München ein. Im Radio sagte er, worum es ihm ging: Er regte an, gemeinsam die wirtschaftliche Not der Deutschen zu erörtern und nach Wegen zu suchen, diese zu lindern. Zwischen den Zeilen war indes herauszuhören, dass es ihm auch um die Einheit Deutschlands ging. So betonte er, dass es bereits jetzt »erhebliche Unterschiede« zwischen den vier Besatzungszonen beim Wirtschaftsaufbau, in der Rechtsprechung, in der Sozialpolitik und der Verwaltung gebe.

Zunächst gab es Widerstände von allen Seiten. Die Franzosen verpflichteten die Ministerpräsidenten aus ihrer Zone, die Konferenz sofort wieder zu verlassen, sollte dort über die zukünftige Gestaltung Deutschlands gesprochen werden. Kurt Schumacher in Hannover erklärte derweil, den sozialdemokratischen Ministerpräsidenten aus dem Westen könne nicht zugemutet werden, sich mit den (in der SED) zwangsvereinigten ostdeutschen Ministerpräsidenten an einen Tisch zu setzen. Auch in der SED selber regte sich Widerstand. So meinten etliche, hinter der Einladung zur Konferenz stecke die Absicht, zu einer gesamtdeutschen Regierung zu kommen, was sich gegen die Interessen der Sowjets und der deutschen Kommunisten auswirken würde. Hier zeigte sich auch ein Riss innerhalb der kommunistischen Bewegung. Walter Ulbricht, der führende Mann der Ablehnungsfront, konnte sich nicht in seinem eigenen Zentralsekretariat durchsetzen. So wollte er die Konferenz überfrachten und Vertreter aller Parteien und auch Gewerkschaftsfunktionäre nach München entsenden. Am Ende setzten sich in Ost-Berlin aber doch jene durch, die in einem Fernbleiben von der Ministerpräsidentenkonferenz die Gefahr einer weiteren Abkoppelung der Sowjetisch Besetzten Zone, SBZ, von den Westzonen sahen. Das Zentralsekretariat der SED beschloss, die Ministerpräsidenten von Sachsen, Mecklenburg, Thüringen, Brandenburg und Sachsen-Anhalt nach München fahren zu lassen.

Da war bereits ohne sie eine Tagesordnung beschlossen worden. Hauptthema sollte die Überwindung der Not in Deutschland sein. Von den Themen wirtschaftliche und politische Einheit war keine Rede mehr. So beantragte der Ministerpräsident von Mecklenburg, Wilhelm Hoecker, im Namen seiner ostdeutschen Kollegen, als Hauptpunkt der Konferenz in die Tagesordnung aufzunehmen: »Bildung einer deutschen Zentralverwaltung durch Verständigung der demokratischen Parteien und Gewerkschaften zur Schaffung des deutschen Einheitsstaats«.

Dieser Antrag zur Tagesordnung wurde von den westdeutschen Ministerpräsidenten prompt zurückgewiesen. Die Konferenz war gescheitert, bevor sie begonnen hatte.

Es gab noch ein wenig Nachgeplänkel. So versuchten einzelne Ministerpräsidenten aus Ost und West, so etwas wie einen Minimalkonsens zu ermitteln. Diese Bemühungen wurden jedoch hintergangen von dem »Zickenbart« Walter Ulbricht, der zwar nicht in München anwesend war, der jedoch seinen Vertrauensmann, den ehemaligen Auslandsspion des sowjetischen Militärgeheimdienstes, Kurt Fischer, als Stellvertreter des erkrankten sächsischen Ministerpräsidenten Kurt Friedrichs zur Konferenz entsandt hatte. Dort untergrub Fischer geschickt alle Bemühungen zu einer Verständigung zwischen Ost und West. Aber auch Sozialdemokraten und Christdemokraten setzten sich nicht wirklich für eine Verständigung ein, sondern hintertrieben ihrerseits leichtfertig diese letzte, wenn auch beinahe aussichtslose Chance zu einer frühen deutschen Einheit. So wurde – nach der gescheiterten Moskauer Außenministerkonferenz vom März 1947 – auch in diesem Juni 1947 in München die faktische Teilung Deutschlands in eine Ostzone und eine Westzone, aus denen alsbald die DDR und die BRD werden sollten, zementiert. Auftrieb bekamen all jene deutschen Politiker wie auch die der Siegermächte, welche ihre jeweilige Zone für sich stabilisieren wollten.

Das bedeutete auch den Anfang vom Ende der KPD. Die Kommunisten in den Westzonen reagierten aufrichtig schockiert auf die Kunde vom Scheitern der Münchner Ministerpräsidentenkonferenz. Sie wussten, die Trennung der Westzonen von der Ostzone stellte für sie die größte Gefahr dar. Sie konnten absehen, dass sie wegen der einheitsunwilligen westdeutschen Sozialdemokraten marginalisiert und wegen des sich verschärfenden Ost-West-Konflikts zudem als Vertreter einer feindlichen Macht (der Sowjetunion) betrachtet werden würden.

Unmittelbar nach der Ministerpräsidentenkonferenz reiste Walter Ulbricht selber nach München. Auf einer Kundgebung schob er die Schuld am Scheitern der Konferenz den Ministerpräsidenten der Westzonen zu. Aber er wollte seine Obstruktionspolitik auch vor den düpierten Funktionären der West-KP verteidigen und erklären. Das sah Onkel Leo leider aber erst viel zu spät. In einem Rückblick auf *Das Jahr 1947. Entscheidung über Deutschlands Zukunft* hielt er 22 Jahre später, also 1969, in einer Sonderausgabe der SPD-Theoriezeitschrift *Die Neue Gesellschaft* fest: »Ulbricht, das hat er in späteren Gesprächen offen zugegeben, wußte, daß die Ministerpräsidenten der anderen Zonen nicht in der Lage waren, den Abänderungsvorschlägen der sowjetzonalen Ministerpräsidenten zuzustimmen, und daß sie sich verpflichtet hatten, auf dieser Konferenz nicht über die Wiedervereinigung zu sprechen. Er wußte es, und genau deshalb verlangte er, daß die SED-Vertreter diese Forderung anmelden sollten. Nur so konnte er erreichen, was er wollte: die Teilnahme der Ministerpräsidenten der SBZ an der Münchener Konferenz verhindern.«

Leo Bauer sah indes auch, dass es Ulbricht damals nicht gelang, die westlichen KPD-Funktionäre von seiner Linie zu überzeugen und sie zur Parteidisziplin zu zwingen. Was allerdings sich wie ein hellseherischer Blick in die eigene, unmittelbare Zukunft liest, ist eine ebenfalls viel zu späte Einsicht, 20 Jahre danach: »Einmütig verteidigten die KP-Funktionäre der amerikanischen Besatzungszone ihren Standpunkt. Ulbricht reiste ergebnislos ab. Wenige Tage später wurden einige der ›meuternden‹ KP-Funktionäre nach Berlin zur ›Selbstkritik‹ bestellt ... 1947 war es noch möglich, sich einer solchen ›bolschewistischen Selbstkritik‹ nicht zu beugen. Walter Ulbricht hat aber niemals die Münchener Tage vergessen. Er nahm wenige Jahre später an den Wortführern Rache. Sie wurden Opfer der Säuberungswelle in der KPD und SED.«

Onkel Leo musste nicht direkt zu einer solchen »bolschewistischen Selbstkritik« in Ost-Berlin antreten, aber er hatte als bezahlter Funktionär der Kommunistischen Partei seit 1946 ohnehin regelmäßig in Berlin zu erscheinen, Bericht zu erstatten und Anweisungen für die KPD-Hessen entgegenzunehmen.

Es war eine dieser Rapport-Reisen, auf der er Tante Gitta, die Schwester meiner Mutter, kennenlernte. Die beiden Schwestern, 30 beziehungsweise 28 Jahre alt, hatten bereits eine bewegte Vergangenheit hinter sich. Sie waren die Ältesten von insgesamt vier Töchtern. Der Vater Walter Dubro, mein Großvater, war ein Drogist, der in der Weltwirtschaftskrise seine Arbeit verloren hatte und sich als Eisenbahner durchschlug. Er war evangelisch und tolerant. Er hatte seine vier Mädchen vor den Gefahren gewarnt, die von den Nazis ausgingen. »Die bringen uns wieder Krieg, und Krieg ist schrecklich.« Seine Frau, meine Großmutter, stammte aus Ostpreußen und war, wie damals üblich, zeitlebens nur Hausfrau und Mutter. Sie war überdies eine strenggläubige Katholikin, die alle mit eiserner Hand in die Kirche trieb, später auch mich, meinen Bruder, meine Schwester und unseren Cousin André, der Jude war, was man ihm aber bis zu seinem zehnten Lebensjahr verheimlichte, sowie unseren angenommenen

Bruder Kai, der auch Jude war, was aber seine Mutter stets zu verbergen versucht hatte. Ihre vier Töchter hatte Oma Dubro in eine katholische Jugendgruppe gegeben. Bereits als Teenager erkannten sie auch selber die Kriegsgefahr, die von den Nazis ausging, und nahmen eine kritische Haltung gegen den Nationalsozialismus ein. Gitta hat dann mit sechs anderen gleichgesinnten Jugendlichen eine Art Zeitung hergestellt, die in Form von Feldpostbriefen verschickt wurde, die zum Frieden aufriefen und an Freunde an der Front versandt wurden. Dafür ist sie von der Gestapo verhaftet und für kurze Zeit – zehn Tage – hinter Gitter gesteckt worden.

In ihrem Freundeskreis fanden sich indes auch Nazis und Juden. Die Familie wohnte in Berlin-Spandau, im Erdgeschoss eines großen Mietshauses, das heute noch steht – Sprengelstraße 3 – und in dem auch ich später meine ersten Lebensjahre verbrachte. In dieser Wohnung versteckten Gitta und meine Mutter vom 21. Juli 1944 bis zum Kriegsende ihre Freundin Ilse Baumgart, die nach den Nürnberger Gesetzen als sogenannte »Halbjüdin« galt, aber mit einem gefälschten Pass als »Arierin« in Berlin gelebt und bei der Flugabwehr als Telefonistin gearbeitet hatte. Von all dem wird noch die Rede sein.

Die vier Mädchen waren hübsch, Gitta war sogar schön, mit markanten Gesichtszügen, schlanken Beinen und einer fabelhaften Figur. Alle vier hatten die hohen Wangenknochen meiner Oma geerbt, wodurch ihre Gesichter etwas Orientalisches an sich hatten. Wir Kinder behaupteten später zum Spaß, vielleicht auch, um anzugeben, wir stammten von den Mongolen des Dschingis Khan ab.

Unter ihren Freunden, das konnte nicht ausbleiben, befanden sich, wie gesagt, auch Nazis. Gitta ist sogar mit einem verheiratet gewesen, einem Herrn Papst. Ich erinnere mich gut an ein Foto von ihr mit diesem Ehemann Nummer eins, der in einer schnieken schwarzen Uniform steckte. Viel geredet wurde über diesen Mann nicht, nur dass sie sich wieder von ihm hatte scheiden lassen. Ich meine mich zu erinnern, dass meine Tante Gitta einmal, als ich das Bild bei ihr betrachtete, etwas kleinlaut und verschämt sagte: »Er sah doch so schick aus, was wussten wir jungen Dinger schon davon, was einer wirklich dachte?« Gitta war jedenfalls eine begehrte Frau. Vor ein paar Jahren bekannte der inzwischen verstorbene Klaus Bölling, der Regierungssprecher von Bundeskanzler Helmut Schmidt, mir gegenüber in einem Interview, in dem es eigentlich nur um den Exkanzler, nicht aber um unsere Familie und schon gar nicht um meine Tante ging, wie stark er an Gitta gehangen hatte: »Wissen Sie denn überhaupt«, sagte Bölling, völlig ohne Anlass, schon recht alt und noch immer sichtlich an den Folgen eines schweren Schlaganfalls leidend, »dass ich Ihre Tante Gitta sehr geliebt habe?« Das sei gleich nach dem Krieg gewesen. Bölling, Jahrgang 1928, dürfte zu dem Zeitpunkt vielleicht also noch nicht einmal volljährig gewesen sein. »Aber sie hatte schon einen anderen«, fügte er bedauernd hinzu, und ich horchte interessiert auf, weil ich sofort an den uniformierten Mann, den Soldaten Papst auf dem Foto, an Onkel Leo und an Gittas späteren Lebensgefährten Jochen Platz dachte. Es war aber von keinem dieser drei die Rede. »Ich hatte keine Chance«, entfuhr es Bölling mit bedauerndem Achselzucken, »sie hatte damals einen amerikanischen General an der Hand – wirklich schade, aber ich hatte nicht den Hauch einer Chance gegen einen amerikanischen General.«

Davon hatte ich noch nie gehört. Ich forschte auch nicht weiter nach dem »amerikanischen General«. Ich wusste ja längst, unsere Tante Gitta war eine selbstbewusste Frau, emanzipiert, stolz, bisweilen sogar hochmütig, die tat, was sie wollte, und dies schon lange, bevor von der »Gleichstellung der Frau« die Rede war, die ihr Mann Leo Bauer in die hessische Verfassung geschrieben hatte. Leo Bauer ist ihr auf einer Rückfahrt von Ost-Berlin nach Frankfurt zum ersten Mal begegnet. Nach Gittas Erinnerung war es ausgerechnet auf einem Bahnhof, wo sie sich kennenlernten, auf dem Bahnhof Berlin-Wannsee. Zu anderer Zeit erklärte sie indes, sie hätte Leo Bauer bei den Nürnberger Kriegsverbrecherprozessen kennengelernt. Das tat sie jedoch nur in Verhören gegenüber der Stasi. Vielleicht wollte sie sich damit einfach nur in ein besseres Licht setzen. Wie auch immer, wo auch immer, es muss im Herbst 1946 geschehen sein, als Gitta Leo kennenlernte.

Mein Bruder Christian war schon geboren, im Januar jenes Jahres. Es war ein Wunder, dass er dieses erste Jahr nach dem Krieg, sein erstes Lebensjahr, überhaupt überstand, ja, dass er überhaupt zur Welt kam. Zu essen gab es nur, wie unsere Mutter zu sagen pflegte, »wenn überhaupt etwas, dann Kohl mit Kartoffeln oder aber Kartoffeln mit Kohl, igitt: Kohl – ich kann ihn nicht mehr riechen, bleibt mir fort mit Kohl.« Es müssen die allerletzten Kriegstage gewesen sein, als meine Mutter schwanger wurde. Ilse Baumgart hatte sich schon aus dem Staub gemacht und die Wohnung in der Sprengelstraße 3 verlassen. Meine Mutter und mein Vater Hans-Joachim Schwelien lebten bereits zusammen, wahrscheinlich in der Nähe. Mein Vater war in letzter Minute, obzwar zuvor schwerstens verwundet, noch zum »Volkssturm« eingezogen worden, als in der Endphase des Krieges alle »waffenfähigen Männer im Alter von 16 bis 60 Jahren« den »Heimatboden des Deutschen Reiches« verteidigen sollten, »bis die Zukunft Deutschlands und seiner Verbündeten und damit Europas sichernder Frieden gewährleistet« sei. Er sei aber von diesem widersinnigen Dienst im »Volkssturm«, hat er später erzählt, »einfach weggelaufen«.

Derweil starteten die Sowjets einen letzten Luftangriff bis weit in den Westen Berlins hinein, obwohl dort schon die Amerikaner anrückten. Meine Mutter saß in der Badewanne. Nach den Flächenbombardements der Briten und Amerikaner nahm offenbar niemand die paar veralteten sowjetischen Kampfbomber ernst, die über Berlin heranschwebten. Es gab keinen Fliegeralarm, niemand rannte zu den Luftschutzbunkern. Eine Bombe traf genau das Haus, in dem meine Eltern wohnten. Ihre Sprengkraft dürfte nicht sonderlich groß gewesen sein. Jedenfalls saß, nachdem der Lärm verebbt und der Rauch abgezogen war, meine seit ein paar Tagen schwangere Mutter immer noch in der Badewanne – allerdings in der Wohnung darunter, eine Etage tiefer und völlig unversehrt. Der Badezimmerboden war schlicht um ein Stockwerk abgesackt – und sie in der Wanne gleich mit. Im Herbst

1946 dürften sie dann wieder bei Oma und Opa in der Spandauer Sprengelstraße 3 untergekommen sein. Warum Tante Gitta sich auf dem Bahnsteig in Wannsee aufhielt, wo sie Leo begegnete, weiß ich nicht. Jedenfalls sah sie ihn und war sofort hingerissen. »Und wie ich ihn das erste Mal sah, auf dem Bahnhof in Wannsee, wo er mit einem Jeep vorfuhr«, sagte sie viele Jahre später, aber immer noch voller Bewunderung, »da war er für deutsche Verhältnisse sehr elegant gekleidet; wir waren alle noch so arm und verrissen angezogen.« Sie konnte sich an die kleinsten Details erinnern, wie das immer so geht, wenn an einem bestimmten Tag ein Ereignis einen starken Eindruck auf einen macht: »Er hatte einen Schweizer Mantel an und zwei dicke Offenbacher Ledertaschen.« Die beiden Ledertaschen hatten ja auch einen bleibenden Eindruck bei Tante Ami hinterlassen. »Die waren natürlich von den Genossen in den Offenbacher Ledermanufakturen hergestellt und dem Landtagsabgeordneten Bauer zur Verfügung gestellt worden.« So dürfte es gewesen sein. »Jedenfalls machte er einen überwältigenden Eindruck! Er war so groß, und dann diese gewisse Arroganz, die er hatte, diese völlige Selbstsicherheit im Auftreten.« Dieser Eindruck von seiner Selbstsicherheit muss sich bei zunehmend besserem Kennen verfestigt haben. »Ich habe ihn eigentlich nie unsicher erlebt, jedenfalls nie in der Öffentlichkeit. Selbst wenn er es war, konnte er es fabelhaft verbergen.«

Ich finde bis heute, dass Onkel Leo ein sehr gut aussehender Mann war. Ich habe schon als Junge seine olivenfarbene Hauttönung gemocht, fand seine vorgeschobene, leicht hängende Unterlippe sinnlich, seine dunklen Augen warm und intelligent. Und wie habe ich ihn um die dichten, schwarzen Locken auf seinem Haupt beneidet!

Gitta, selber eine Schönheit, sah das etwas anders. Sie meinte: »Er war keine Schönheit im klassischen Sinne, aber wenn wir in ein Lokal kamen, dann drehten sich alle nach ihm um, *nicht nach mir, sondern nach ihm!*«

Wir wissen nicht, wer von den beiden wen zuerst angesprochen hat, aber wir können es mit dem alten Spruch halten: Gesucht, gefunden! Auf jeden Fall dürfte es für beide so etwas wie

Liebe auf den ersten Blick gewesen sein. Und es verband die beiden noch mehr als der »Hunger nach Leben«.

Obwohl das allein schon verständlich gewesen wäre, nach den Jahren des Versteckens, der Angst und der Entbehrungen. Wer hätte nach all dem nicht einfach mal nur so mit Fremden reden und vielleicht sogar flirten wollen, wer hätte da nicht einfach nur mal gerne tanzen wollen? Wem war es zu verübeln, einmal eine ganze Mahlzeit für sich haben zu wollen, anstatt die ohnehin kärglichen Rationen auch noch teilen zu müssen? Welche Frau wollte sich nicht endlich mal wieder schick anziehen und frisieren?

Der Höhepunkt von jeglichem Luxus waren zu diesem Zeitpunkt Nylonstrümpfe. Diese Strümpfe waren eine verhältnismäßig junge amerikanische Erfindung. Sie hatten auf der Rückseite Nähte und wurden an Strumpfhaltern befestigt. Strumpfhosen kamen erst in den späten sechziger Jahren auf. Die Frauen auf der ganzen Welt waren begeistert von den »Nylons«. Aber die deutschen Frauen konnten sie sich nicht leisten. Sie waren ebenso unerschwinglich wie die amerikanischen Zigaretten, deren Kippen von den Deutschen aufgeklaubt wurden, um sie später zusammen mit anderen Kippen auszurollen und den nicht gerauchten Tabak mehrerer solcher Fundstücke zu einer neuen »echten Ami-Zigarette« zu rollen. Es gab keine bessere Währung auf dem Schwarzmarkt als Lucky Strikes. Aber echte Nylons erst: Das war der Gegenwert zu einer Woche Essen für eine Großfamilie, solche Nylons kaufte sich keine deutsche Frau unmittelbar nach dem Krieg, die ließ eine Frau sich höchstens von einem netten GI schenken. In dieser Zeit malten sich viele deutsche Frauen Striche auf die Beine, damit es so aussah, als trügen sie Nylons. Ich kann mich noch gut erinnern, wie wir Kinder, sehr zu unserem Leidwesen, vom Spielen nach Hause gerufen wurden und für unsere Mütter Nylonstrümpfe, die Laufmaschen hatten, zur Schneiderei zur Reparatur bringen mussten. Dort wurden einzelne Laufmaschen wieder »aufgenommen«, für 10 Pfennig das Stück – ein Vermögen nach der Währungsreform. So wertvoll waren diese Strümpfe immer noch in den fünfziger Jahren.

Gitta teilte mit Leo auch den Hunger auf die Kultur, welche die Nazis so dümmlich menschenverachtend als »entartet« verboten hatten. Sie fand in ihm einen Menschen, der gerne in die Oper und ins Theater ging, der nicht eine Neuinszenierung von Wolfgang Langhoff am Deutschen Theater in Ost-Berlin verpasste, das dieser von 1946 bis 1963 leitete.

Langhoff war selber während der Nazizeit von der Gestapo verhaftet, gefoltert und für 13 Monate in KZ gesperrt worden, unter anderen in das KZ »Börgermoor« im Emsland. Dort hatte er im August 1933 einen Text von Johann Esser zum einprägsamen »Moorsoldaten-Lied« überarbeitet, die Melodie wurde von dem Mithäftling Rudi Goguel komponiert. (Und später, 1935, von dem Komponisten Hanns Eisler in London und dem Sänger Ernst Busch, der es in den Spanischen Bürgerkrieg brachte, weltberühmt gemacht.)

Leo Bauer befand sich im August 1949 sogar unter den Zuhörern von Thomas Mann in Weimar, als der Schriftsteller bei der Verleihung des Goethe-Preises seine »Goethe-Rede« hielt. Diese Rede, die Thomas Mann zuerst in der Forschungsbibliothek des amerikanischen Kongresses, der gigantischen »Library of Congress« gehalten hatte, diese Rede, die als Broschüre mit dem Titel ›Deutschland und die Deutschen‹ erschienen ist, diese Rede musste Onkel Leo einfach hören. Das war für ihn selbstverständlich. Hatte doch der Redner selber festgehalten, dass es zwar ein »waghalsiges Unternehmen« sei, über Deutschland und die Deutschen zu sprechen, das Thema gleichwohl unvermeidbar sei und sich immer aufdränge, da kaum ein Gespräch denkbar sei, das nicht auf das »deutsche Problem, das Rätsel im Charakter und Schicksal dieses Volkes verfiele, welches der Welt unleugbar so viel Schönes und Großes gegeben hat und ihr dabei immer wieder auf so verhängnisvolle Weise zur Last gefallen ist«. Das Schicksal Deutschlands und die geschichtliche Katastrophe erzwinge ein Interesse, auch wenn dieses sich dem Mitleid verweigere. Es sei für einen deutsch Geborenen unangemessen, Mitleid erregen zu wollen und das Land zu verteidigen. Auf der anderen Seite stehe es ihm ebenfalls schlecht zu Gesicht, aus

»Willfährigkeit gegen den unermesslichen Hass, den sein Volk zu erregen gewusst hat, es zu verfluchen und zu verdammen und sich selbst als das ›gute Deutschland‹ zu empfehlen«. Wenn man als Deutscher geboren sei, habe man mit deutschem Schicksal und deutscher Schuld zu tun. Allerdings seien Wahrheiten, die man über das eigene Volk zu sagen versuche, nur ein »Produkt der Selbstprüfung«. Hier begann auch die öffentliche Diskussion über die »Kollektiv-Schuld« der Deutschen, die Leo Bauer als Kommunist bejahte und über die er mehr von dem deutungsmächtigen Antikommunisten aus Lübeck erfahren wollte.

Und Gitta? Sie war dabei, überall, wo es ihr möglich war. Wie sagte sie selber? »Ich suchte ja unendlich viel zu lernen.«

Dann war da noch die Vergangenheit, der Abscheu vor den Nazis, die sie miteinander verbanden. Auch das Jüdische spielte eine Rolle, selbst wenn Leo, seit er seine orthodoxe Familie, die Emigranten aus dem ostjüdischen Stetl, in jungen Jahren verlassen hatte, nichts mehr davon wissen wollte. Da waren auch Gittas jüdische Freunde. Ob jemand orthodox war, ob jemand aktiv in der jüdischen Gemeinde oder zum »Agnostiker« oder gar zum »Atheisten« geworden war, egal ob sie die jüdische Herkunft verleugneten oder stolz auf sie waren: Der Rassenhass der Nazis hatte sie alle zu Opfern, zu Verfolgten des Naziregimes gemacht. Auch Leo kannte die »Nürnberger Gesetze«. Auch er wusste, spätestens in der Schweiz, was in den KZ vor sich ging. Über ein Jahrzehnt lang musste er befürchten, in einem deutschen KZ zu landen, wäre er von Vichy-Frankreich oder der Schweiz an Deutschland ausgeliefert worden. Und er konnte ahnen, dass er in einer solchen Lage nicht nur als Kommunist verfolgt, sondern auch wegen seiner jüdischen Herkunft dem Tode in den Gaskammern ausgesetzt worden wäre, dass er, so oder so, im Falle einer Auslieferung kaum eine Chance auf Überleben gehabt hätte. Ähnlich wusste Gitta, die wegen ihrer Kritik an den Nazis doch selber für ein paar Tage in Gestapohaft genommen worden war, was ihr gedroht hätte, wäre es aufgeflogen, dass sie ihre jüdische Freundin versteckt hatte. Todesangsterfahrungen verbinden Menschen sehr, selbst wenn sie in der Zeit der akuten

Gefahr nicht ständig an den Tod denken, sondern ihr Leben, so gut es geht, »normal« weiterführen.

Auch Gitta war auf gewisse Weise von den Kommunisten belohnt worden. Sie trat der SED bei, und obwohl sie noch keine Erfahrung hatte sammeln können, erhielt sie eine Stelle bei dem Ost-Berliner Allgemeinen Deutschen Nachrichtendienst, ADN. Diese Agentur war zwar formell unabhängig. Doch ließen sich die Kommunisten, in diesem Fall die SED im sowjetisch besetzten Sektor Berlins, keine Gelegenheit zu Einflussnahme und Kontrolle entgehen. Ähnlich wie die Amerikaner und Briten in »ihren« Sektoren besonders genau darauf achteten, wem sie die Verfügungsgewalt über die für die öffentliche Meinung so wichtigen Medien übertrugen, so achteten die Sowjets darauf, dass dieses für ihre Agitation und Propaganda, Agitprop, wie sie es nannten, entscheidende Instrument in den Händen von aus ihrer Sicht zuverlässigen Leuten lag.

Und um die Fiktion der freiwilligen sozialistischen Einheit von Sozialdemokraten und Kommunisten sowie auch christlichen Demokraten aufrechtzuerhalten – welche die SED, die Sozialistische Einheitspartei Deutschlands, zu verkörpern vorgab –, suchte sie bevorzugt Mitarbeiter, die sich als Antinazis bewiesen hatten, jedoch nicht der Kommunistischen Partei angehörten. So bekam auch mein Vater Hans-Joachim Schwelien, der eher den Sozialdemokraten zuneigte, aber seinerzeit als Mitglied der Oppositionsgruppe »Der Rote Student« von den Nazis wegen »Hochverrats« verurteilt worden war, sehr jung und, wie er selber sagte, »noch völlig unerfahren«, eine wichtige Stelle als einer der Chefredakteure bei ebendiesem Allgemeinen Deutschen Nachrichtendienst und trat der SED bei. Auch Gittas Antinazihaltung und ihre kurzzeitige Inhaftierung wegen ihrer Feldpost an die Frontsoldaten dürfte den im Hintergrund tätigen sowjetischen Medienoffizieren, mindestens jedoch den leitenden Chefredakteuren der DDR-offiziellen Nachrichtenagentur bekannt gewesen sein, was sie, allesamt SED-Funktionäre, nur begrüßten, konnten sie doch sagen: Seht her, wir arbeiten mit allen demokratisch gesinnten Menschen gemeinsam am Aufbau des neuen Deutschlands.

Gitta wurde mit einer ganz besonderen Aufgabe betraut. Sie wurde vom ADN als Sonderkorrespondentin nach Nürnberg entsandt, um von dort aus über die Kriegsverbrecherprozesse zu berichten. So kam es, dass Gitta in Nürnberg beschäftigt war, und Leo musste und wollte weiter in Hessen arbeiten. Die Beziehung der beiden spielte sich – nicht leicht in einer Zeit ohne Handy und Internet, in der selbst Telefonieren oftmals unerschwinglich teuer oder technisch unmöglich war – im ersten Jahr zwischen Nürnberg, dem Ort der Kriegsverbrecherprozesse, Wiesbaden, der hessischen Landeshauptstadt, und Berlin, dem Wohnort Gittas und Sitz ihrer beider, wenn man so will, »Einsatzzentralen«, ab.

Im Oktober 1947, da waren Gitta und er gerade ein Jahr zusammen, verunglückte Leo schwer mit dem Auto, in der Nähe von Eisenach. Mit lebensgefährlichen Verletzungen wurde er in ein Krankenhaus in Eisenach eingeliefert. Nach ein paar Wochen ließ ihn die SED-Leitung in die weltberühmte Charité verlegen, das Krankenhaus in Berlin-Mitte, das die DDR immer besonders päppelte – später auch die Gesundheitsministerin Margot Honecker, die Frau des Staatsratsvorsitzenden Erich Honecker –, um den Mythos zu nähren, die DDR habe ein vorzügliches, dem Westen ebenbürtiges Gesundheitssystem. In der Charité wurde Leo noch einige Monate weiterbehandelt. Man teilte ihm sogar ein Zimmer zu, als er bereits genesen war. Ansonsten kümmerte man sich erst mal nicht viel um ihn. Sein monatliches Funktionärsgehalt von 300 Reichsmark (ein gut situierter Facharbeiter erhielt weitaus weniger, nämlich rund 200 Reichsmark im Monat) wurde einfach gestrichen. So musste Tante Gitta für sich und ihren Freund von ihrem gewiss nicht so hohen ADN-Gehalt den gemeinsamen Lebensunterhalt bestreiten.

Die SED unterrichtete nicht einmal die hessischen Parteigenossen genau über den Zustand und den Verbleib ihres Spitzenmanns Leo Bauer. Die hessischen Kollegen schickten deshalb drei ihrer Leute nach Berlin, um mit Leo Bauer »Rücksprache zu nehmen«. Er behielt sein Mandat im Hessischen Landtag, ohne zu wissen, dass er es nie wieder aktiv wahrnehmen würde. Im Februar 1948 zeichnete bereits ein anderer verantwortlich für *Wissen und Tat*, die Parteizeitung der hessischen Kommunisten.

Gittas Gehalt reichte bei weitem nicht aus, um Leos gewohnten Lebensstil zu finanzieren. So zogen sie, nun mit der erklärten Absicht, ein Ehepaar zu werden, gemeinsam in der großen Parterrewohnung von Opa und Oma Dubro in der Sprengelstraße 3 in Berlin-Spandau, ein. Im Sommer 1948, ein paar Monate vor meiner Geburt, konnte Leo einen Erholungsurlaub in der Hohen Tatra in der Tschechoslowakei antreten, der dann wieder von der SED finanziert wurde. Derweil er sich im sozialistischen »Bruderland« auskurierte, machte sich die Parteileitung in Ost-Berlin Gedanken über seine weitere Verwendung. Schließlich ernannte ihn die Partei zum Chefredakteur des »Deutschlandsenders«.

Ich bin am 20. Oktober 1948 geboren worden, in jener Charité, in der sie Leo nach der Erstbehandlung in Eisenach wieder zusammengeflickt hatten. Aber natürlich ging meine Mutter mit mir bald wieder nach Hause in die Sprengelstraße 3 in Spandau. Dort wurde es nun ein wenig zu eng für alle. Zumal es nach dem aus der Kaiserzeit stammenden, noch gültigen Kuppeleiparagrafen, dem § 180 Strafgesetzbuch, unter Strafe verboten war, einem unverheirateten Paar einen gemeinsamen Wohnraum zur Verfügung zu stellen. Dies war der Wortlaut des Absatzes (1) des § 180 StGB: »Wer gewohnheitsmäßig oder aus Eigennutz durch seine Vermittlung oder durch Gewährung oder Verschaffung von Gelegenheit der Unzucht Vorschub leistet, wird wegen Kuppelei mit Gefängnis nicht unter einem Monat bestraft; auch kann zugleich auf Geldstrafe, auf Verlust der bürgerlichen Ehrenrechte sowie auf Zulässigkeit von Polizeiaufsicht erkannt werden.« Etwas weniger drastisch sollte die Strafe ausfallen, wenn nicht gleich »erwerbsmäßige Unzucht« oder »gewohnheitsmäßige Kuppelei« begangen wurde: »Sind mildernde Umstände vorhanden, so kann die Gefängnisstrafe bis auf einen Tag ermäßigt werden.« Ebenfalls einschränkend wirkte der Absatz (3) des § 180: »Wer einer Person, die das achtzehnte Lebensjahr vollendet hat, Wohnung gewährt, wird aufgrund des Absatzes 1 nur dann bestraft, wenn damit ein Ausbeuten der Person, der die Wohnung gewährt ist, oder ein Anwerben oder ein Anhalten dieser Person zur Unzucht verbunden ist.« Der Paragraph war demnach eher zur Bekämpfung von Zuhälterei und Prostitution gedacht.

Man konnte aber nie wissen in dieser Zeit, in der Wohnraum ein äußerst knappes Gut war, in der versteckte, ehemalige Naziblockwarte alte Rechnungen aufmachten, ob einem da jemand an den Karren fahren wollte und man sich unter Umständen Knast damit einhandelte, indem man seine Tochter mit ihrem Verlobten in einem Zimmer schlafen ließ. Und so heirateten Tante Gitta und Leo Bauer am 28. Januar 1949. Sie nahm – wie damals üblich und ausnahmslos vorgeschrieben – seinen Nachnamen an und machte dann auch später ihre eigene Karriere unter dem Namen Gitta Bauer.

Es war nicht nur die Angst vor dem blöden alten Kuppeleiparagrafen, die sie zum Heiraten brachte. Zunächst war es einfach eine Liebesheirat. Zunächst glaubten die beiden auch, Leo würde die Stelle beim Deutschlandsender nur vorübergehend innehaben und bald wieder nach Hessen zurückkehren müssen. So nahmen sie und genossen, was ihnen gegeben wurde. In der Wahrnehmung der SED war Leo offensichtlich noch auf Linie, und sie wollte ihm etwas Gutes tun. Die Partei stellte dem Ehepaar ein Haus in dem unweit von Spandau gelegenen, aber wesentlich schickeren Villenvorort Groß Glienicke zur Verfügung, sie finanzierte eine Hochzeitsreise an den Titisee im Schwarzwald und sie überließ dem autobegeisterten Leo Bauer einen Wagen mit Chauffeur, und zwar einen »Horch 8«. Das war ein PKW der absoluten Oberklasse mit Achtzylindermotor und Servobremse, der in Zwickau gebaut wurde. Einen eleganteren Wagen als den »Horch 8« gab es damals in ganz Deutschland nicht. Die Villa direkt am südlichen Seeufer wurde von einem von der SED gestellten Hausmädchen in Ordnung gehalten. Nun musste Tante Gitta sich keine Sorgen mehr machen, »arm und verrissen« zu wirken.

Nun schauten die Leute auch ihr nach, nicht nur ihm. Nun hatte sie aber auch Angst, das alles wieder zu verlieren, wenn einer aus der Familie sich absetzte.

Und das war mein Vater, Hans-Joachim Schwelien, in der Familie Jochen genannt. An einem Tag Anfang 1949 ist er von einem Kollegen beim ADN gewarnt worden, es stünden SSD(Staatssicherheitsdienst)-Männer an der Pforte und fragten nach ihm. Dieser Allgemeine Deutsche Nachrichtendienst, ADN, unterstand offiziell dem Ministerrat der DDR, die Büros befanden sich in der Mollstraße in Ost-Berlin (wo 1971 ein neues, großes Gebäude eingeweiht wurde, das heute noch steht). Unser Vater ist nach dieser Warnung in aller Seelenruhe durch einen Hintereingang hinausgeschlüpft und vorbei am Alexanderplatz, über die Museumsinsel zum Brandenburger Tor, wo der sowjetisch besetzte Sektor endete, gegangen – ein Fußmarsch von einer Dreiviertelstunde in die Freiheit.

So ähnlich hätte es unser Onkel Leo anderthalb Jahre später auch machen können.

Es gibt eine recht umfangreiche Akte des sowjetischen Geheimdienstes Комитет государственной безопасности при Совете Министров СССР, verkürzt auf Deutsch: Komitee für Staatssicherheit, KGB, die vom Staatssicherheitsdienst der DDR, der Stasi, 1969 ins Deutsche übersetzt worden ist. Der Grund für diese Übersetzung wurde von der Stasi gleich mitgeliefert: »Von uns wurde er (mein Vater, M. S.) wegen Verdachts der Spionage für die Amerikaner bearbeitet. Die Bearbeitung wurde wegen seiner im Jahre 1949 erfolgten Übersiedlung nach Hamburg eingestellt. Die Suche nach weiterem Material ist festgesetzt.«

Es kann natürlich einige Fehler bei der »Bearbeitung« unseres Vaters gegeben haben. Die sowjetischen Geheimdienstler müssen die für sie schwer verständlichen Akten der Gestapo und die Ermittlungsergebnisse der ostdeutschen Stasi studiert haben, die Stasi wiederum übersetzte sie – 20 Jahre nach den Ereignissen und daher bestimmt desinteressiert – mehr schlecht als recht wieder zurück ins Deutsche. Jedenfalls haben die beiden kommunistischen Geheimdienste richtig gesehen, »daß er (*Joachim Schwelien*) 1934 verhaftet und wegen staatsfeindlicher Tätigkeit zu 3 ½ Jahren Haft verurteilt wurde«. Zutreffend war auch die Erkenntnis des KGB: Er war »1949 Leiter des ADN, wohnhaft in Zehlendorf, Lindentaler Allee 30«. Das liegt im äußersten Westen Berlins, im damaligen amerikanischen Sektor. Ebenso zutreffend war die Erkenntnis: »1949 gab S. seine Tätigkeit beim ADN auf, trat aus der SED aus und hielt über den Rias Hetzreden.«

Darüber hinaus reimten sich die Geheimdienstler allerhand zusammen über seine Kontakte zu Amerikanern. Was davon zutraf oder nicht, lässt sich nicht rekonstruieren. Von Bedeutung wird es nicht gewesen sein. Anders als Leo war mein Vater kein überzeugter Kommunist. Und er wird – zumal als Journalist – durchaus auch mit amerikanischen Offizieren und Besatzungsbeamten gesprochen haben. Und unter diesen dürfte es auch den einen oder anderen Geheimdienstagenten gegeben haben. Solche »Hetzreden« waren vermutlich schlicht Rundfunkkommentare mit kritischem Inhalt über die Politik der SED und der Sowjetunion. Wie es scheint, waren Onkel Leo und Tante Gitta damit gar nicht einverstanden oder machten sich Sorgen um ihren eigenen Status. Jedenfalls habe ich den Durchschlag eines Briefs von Gitta in den Stasiakten gefunden. Er war an ihre Eltern, meine Großeltern, Walter und Maria Dubro, gerichtet, mit der Schreibmaschine geschrieben, engzeilig auf Vorder- und Rückseite. Er ist datiert auf den 15. März 1949 und wurde aus Sülzhayn versandt, einem Kurort in Thüringen, in dem die SED etliche Sanatorien und Erholungsheime unterhielt.

Gitta kam in ihrem Brief gleich zur Sache (»Jochen« ist – wie bereits erwähnt – ihr Schwager, mein Vater, Hans-Joachim Schwelien):

»Meine lieben Eltern,
von Leo höre ich, daß Ihr von den Vorgängen mit Jochen unterrichtet seid, zumal sie ja allgemein bekannt geworden sind. Ihr könnt Euch vielleicht denken, was für ein schwerer Schlag die Angelegenheit für mich ist. Ich habe mir das Hirn zermar-

tert, ob wir, Leo und ich, irgendetwas versäumt hätten, ob wir Jochen nicht hätten zurückhalten können, aber ich kam immer wieder zu dem Schluß, daß wir d a s wirklich nicht ahnen konnten. Es geht mir auch nicht um Jochen – in meinen Augen ist er nichts weiter als ein kleiner Lump, der eines Tages das Schicksal aller Renegaten finden wird – sondern um die Sache, die er verunglimpft. Zu Marias Gunsten möchte ich annehmen, daß sie weder von seinen Absichten wußte, noch damit einverstanden war. Es ist menschlich verständlich, wenn sie sich vom Vater ihrer Kinder nicht trennen möchte, ich kann ihr aber nur sagen, daß es für ihre Kinder besser ist, wenn sie von einem solchen Vater bewahrt werden. Und noch eins: ein Mensch, der in politischer Beziehung zum Verräter wird, kann auch in menschlicher Beziehung nicht astrein sein. Ihr werdet vielleicht noch einmal an Leo und mich denken, wenn wir heute sagen, daß Jochen eines Tages Maria und seine Kinder in Stich lassen wird, wie er die Partei in Stich gelassen hat …«

Die unterstrichenen Worte sind in dem Durchschlag in den Stasiakten ebenfalls unterstrichen und zwar in roter Farbe, anscheinend von dem Stasiagenten, der sie bemerkenswert fand und sie für seine Vorgesetzten hervorheben wollte. Es reichte Gitta nicht, meinen Vater anzuschwärzen und meine Mutter scheinheilig in Schutz zu nehmen. Sie wollte ihren Eltern auch noch richtig Angst einjagen.

»… und darüber müßt Ihr Euch klar sein: Jochen ist zwar nicht so intelligent wie ich annahm, denn kein Mensch mit halbwegs gesunden Verstand geht freiwillig auf ein sinkendes Schiff, aber er ist intelligent genug, um den Gegner zu stärken, und wenn wir eines Tags, Leo oder ich, in Gefängnissen oder Konzentrationslagern enden, so trägt Jochen die Schuld daran.«

Wenn sie das ernst meinte, dann muss sie zu diesem Zeitpunkt – womöglich noch mehr als ihr Mann, das Mitglied des Roten Ordens – glühend an die kommunistische Weltrevolution geglaubt haben. Ihre Worte spiegeln das Freund-Feind-Denken der SED und deren vereinfachte Gleichung wider, nach der ein kapitalistischer Weg des Westens automatisch zum Wiederauferstehen des Nationalsozialismus und zu erneuten Verfolgungen führen musste, bei denen sie selber und ihr jüdischer Mann im KZ enden würden. Das ist besonders makaber, wenn man bedenkt, dass gar nicht so viel später ihre eigenen Genossen sie und ihren Mann völlig grundlos als Renegaten und vermeintliche amerikanische Spione in Gefängnisse steckten, wo Leo auch gestorben wäre, hätte sich nicht der verfemte Westen für ihn starkgemacht.

Aber es reichte ihr nicht, das Menetekel des vermeintlichen Verrats an der Weltrevolution an die Wand zu malen. Sie fand es auch geboten, unsere Großeltern gegen unsere Mutter, ihre Schwester, aufzuhetzen: »... Ich möchte Euch aber noch aus einem anderen Grund warnen, davor nämlich, daß Ihr Euch in Bezug auf Maria zu stark engagiert ...«

Unsere liebe Tante Gitta, Frau eines in jeder Hinsicht von seiner Partei gut versorgten kommunistischen Funktionärs, fürchtete nämlich einen »... Konflikt, wenn Ihr in der engen Wohnung zusammenhaust, 7 Personen in drei Zimmern mit einem so schwierigen Mensch wie Maria dazu. Ratet Ihr [die falsche Schreibweise mit dem großen I stammt von Tante Gitta, M. S.] lieber, sich eine kleine Wohnung zu nehmen, eine Arbeit zu suchen (bei ihren Qualitäten dürfte das nicht schwer sein) und eine vertrauenswürdige Person für die Kinder zu nehmen. Das alles für den Fall, daß Jochen nach dem Westen geht und sie natürlich nicht mehr unterhalten wird ...«

Dann kommt ein Satz, der ganz offensichtlich für die Partei geschrieben wurde: »Mit Jochen haben weder Leo noch ich irgendwelche Beziehungen mehr.«

Tante Gitta endet ihren Brief mit einer indirekten Warnung an ihre Schwester, unsere Mutter, und dem Versuch, auch noch einen Keil zwischen unsere Mutter und die Jüngste der vier Schwestern, Tante Hanni, zu treiben: »... Unser Verhältnis zu Maria wird weitgehend davon abhängen, wie sie sich selbst verhalten wird. Euch aber bitte ich noch einmal inständig, denkt daran, in welche Schwierigkeiten sowohl Leo wie ich bereits durch die ganze Angelegenheit gekommen sind, und helft nicht mit, sie noch zu vergrößern …«

Und fordert dann noch von Maria die Herausgabe von: »mein Pelzmäntel (sic!), das grüne Frottiertuch und die Sportschuhe, die endlich mal die Hanni bekommen soll.«

Der Inhalt des Briefs ist bestürzend und verräterisch. So etwas wurde geschrieben, um sich selber vor den Augen des »großen Bruders« ins rechte Licht zu setzen. Dieser Brief ist eine einzige Hetztirade – gegen den Schwager und die Schwester. Es gibt nur eine Erklärung für solch ein infames Schreiben: Sie wollte sich selber und ihren in hoher Position befindlichen Mann bei der Partei durch eine gezielte Verunglimpfung meines Vaters schützen, nachdem dieser sich von der SED und dem »Arbeiter- und Bauernstaat« abgewandt und dem Westen zugewandt hatte.

Weshalb findet sich der Durchschlag eines solchen persönlichen Briefs eigentlich in den Stasiakten? Es sieht doch sehr danach aus, als habe sie diesen Brief vor allem für die alles kontrollierende Partei geschrieben. Und es ist nicht abwegig zu vermuten, dass sie den Durchschlag des Briefs an ihre Eltern selber an eine Instanz der SED geschickt hat, die ihn irgendwann der Stasi überließ.

VIII

Kommunistisches Radio im britischen Sektor

Ursprünglich hieß der »Deutschlandsender« Berliner Rundfunk. Die Gebäude dieser Rundfunkanstalt befanden sich in Berlin-Charlottenburg, also weit im westlichen Sektor, dort, wo später der Sender Freies Berlin, SFB, residierte. Nach der Wende siedelte sich dort der Rundfunk Berlin-Brandenburg, RBB, an. Der Berliner Rundfunk hatte am 13. Mai 1945 – fünf Tage nach der Kapitulation Deutschlands – seine Sendetätigkeit wieder aufgenommen. Zu diesem Zeitpunkt waren allein die Sowjets als Siegermacht in Berlin präsent. Sie hatten die Kontrolle über die Rundfunkanstalt in der Masurenallee als Erste übernommen, und sie hatten die Kontrolle über diese wichtige Sendeanstalt auch nach der Herstellung der Vier-Mächte-Verwaltung des in vier Sektoren gegliederten Berlins behalten. Trotz der Bemühungen der westlichen Alliierten, wenigstens über die Richtlinien des Senders mitzubestimmen, hielten die Sowjets eisern an ihrer alleinigen Kontrolle fest. Dabei beriefen sie sich auf die Fiktion der parteipolitischen Ausgewogenheit.

In der SBZ gab es 2,2 Millionen Rundfunkgeräte, das heißt, es hörten im Osten vielleicht zehn Millionen Menschen oder mehr Radio, die meisten den Berliner Rundfunk, der nach wie vor die größte Sendekraft in Deutschland hatte und dessen Monopol in und um Berlin erst später durch den Aufbau des neuen »Rundfunks im amerikanischen Sektor«, Rias, und die Ausweitung der Sendefähigkeit des Nordwestdeutschen Rundfunks, NWDR, in den deutschen Osten gebrochen wurde. Zwar klagten viele Hörer, der Berliner Rundfunk, der im Volksmund der »Rote Sender« hieß, sei ihnen zu politisch. Aber die gleiche Klage führten sie auch über die westlich orientierten Funkhäuser Rias und

NWDR. Die Deutschen hatten einfach die Nase voll von Politik im Radio. Sie wollten nach den Jahren der Nazidiktatur, in denen sämtliche Sender unter der Knute des Reichspropaganda-Ministers Joseph Goebbels gestanden hatten, nichts als leichte, seichte Unterhaltung.

Auch der Rundfunk war im sich anbahnenden Kalten Krieg umkämpft. Als Reaktion auf die beharrliche Weigerung der Sowjets, wenigstens die Aufsicht über den Berliner Rundfunk auf alle vier Sieger- und Besatzungsmächte zu verteilen, sprengten französische Pioniere in den Jahren 1947 und 1948 die in Tegel stehenden Sendemasten ebendieses Senders mit der großen Reichweite. Schon davor, nämlich bereits im Jahr 1946, hatte die SED in der Masurenallee eine noch weit stärkere Sendeanlage in Betrieb genommen, der Regionalsender Berliner Rundfunk konnte somit auch in den Westzonen empfangen werden. Die SED war sich der Bedeutung dieses Propagandainstruments sehr bewusst. In ihrem Zentralorgan *Neues Deutschland* druckte sie neben dem Programm auch die Angaben über die Frequenzen ab, auf denen »ihr« Sender auf Mittelwelle und Kurzwelle zu empfangen war. Anfang 1948 wurde dann eine eigene »Westabteilung« eingerichtet. Sie unterstand einem Intendanten namens Heinz Schmidt, der seine Anweisungen direkt vom ZK der SED, letztlich also von Walter Ulbricht persönlich erhielt.

Genau in diese »Westabteilung« platzierte die SED ihren braven Genossen Leo Bauer nach dessen Erholungsurlaub in der Hohen Tatra. So konnte sie seine Talente und Kenntnisse der politischen Verhältnisse in den Westzonen nutzen und hatte ihn zugleich besser unter Kontrolle. Die »Westabteilung« wurde kräftig ausgebaut. Um den Anspruch auf die Wirkung auch außerhalb Berlins und der SBZ zu unterstreichen, wurde sie umbenannt in »Deutschlandsender«. Dies war freilich nur ein leeres Etikett, ein bombastischer, wohlklingender Name. Im Sommer 1948 strahlte dieser Deutschlandsender noch gar kein eigenes Programm aus. Er produzierte lediglich im Rahmen des Berliner Rundfunks eine Sendung mit dem ebenfalls programmatischen Namen »Wir sprechen für Westdeutschland«. Außerdem brachte man auf den

Frequenzen des Berliner Rundfunks eine zu jener Zeit noch sehr nützliche Servicesendung »Suchdienst für Heimkehrer«.

Die SED verfolgte gleichwohl große Pläne mit ihrem strategisch gut platzierten, leistungsstarken Funkhaus in der Masurenallee. Im Juni 1948 kündigte sie an, die Programme für den Berliner Rundfunk würden fortan alle auch im »Deutschlandsender« zu hören sein. Schon am 3. Oktober 1948 – mit dem Beginn des Winterprogramms 1948/1949 – stellte sich indes der Deutschlandsender mit eigenem Programm und eigenem Erkennungszeichen vor. Vier Wochen später gab die SED bekannt: Das Hauptgewicht der Medienarbeit im Bereich Rundfunk liege »im Ausbau des eigenen Programms im Deutschlandsender und in der weiteren Vervollkommnung der Sendungen«.

Der Westen protestierte, auch mit der Stimme der in West-Berlin erscheinenden Zeitung *Tagesspiegel*. Der *Tagesspiegel* brachte einen Artikel mit der Überschrift: »Mißbrauch des Gastrechts – Kommunistisches Radio im britischen Sektor nennt sich ›Deutschlandsender‹«. Der Intendant des Berliner Rundfunks habe verkündet, der neue Sender werde sich vor allem mit der nationalen Politik zu beschäftigen haben.

Onkel Leo wurde mit der »weiteren Vervollkommnung der Sendungen« des Deutschlandsenders beauftragt. Das heißt, er war nun ausdrücklich zuständig für den Auf- und Ausbau des »kommunistischen Radios im britischen Sektor«. Im Juni 1949 nahm er den Posten endgültig ein.

Gitta profitierte davon. Sie führte nun das Leben einer gut gestellten Funktionärsgattin, das ihr nicht nur die materiellen Vorteile einer Villa, eines Autos und eines weit über Durchschnitt liegenden Gehalts – inzwischen 1300 Mark monatlich – verschaffte, sondern darüber hinaus auch noch ein Kindermädchen in Aussicht stellte, denn sie wollte schwanger werden. Sie, die so viel lernen und nachholen wollte, konnte beste Plätze bei allen Premieren ergattern, sie konnte lesen, was sie wollte, wann sie wollte. Leo wurden wegen seines Führungspostens beim Deutschlandsender nicht nur die üblichen SED-Organe zur Verfügung gestellt. Er bekam auch sämtliche in Westdeutschland erscheinenden Zeitungen sowie die wichtigsten ausländischen aus Frankreich, Großbritannien und den USA druckfrisch angeliefert. Davon profitierten nicht nur er und seine Frau, auch die beiden jüngeren Dubro-Mädchen saßen in der Villa in Glienicke und »schmökerten«. Nur Leo selber war nicht richtig glücklich mit seiner neuen gehobenen Stellung. Gitta erzählte uns viele Jahre später, dass er eigentlich viel lieber wieder nach Hessen zurückgegangen wäre. Zwar habe er auch selber eingesehen, dass er auf der Karriereleiter ein großes Stück weiter aufgestiegen war. Aber er erkannte zugleich, dass er an Ansehen und Macht verloren hatte. Er sei, habe er zu ihr gesagt, aus der engeren Parteileitung nun »praktisch raus«. Und er hatte ein schlechtes Gewissen gegenüber seinen hessischen Genossen. Das wollte sie daran erkannt haben, dass ihr Mann seinen alten Weggefährten am Main immer wieder versicherte, er sei nicht von sich aus, sondern auf Anweisung der Parteispitze nach Berlin übergesiedelt. Bezeichnenderweise sei er – als Untermieter einer Parteigenossin in Frankfurt – weiterhin in Hessen polizeilich gemeldet geblieben. Vielleicht wollte er sich selber damit vorgaukeln, er werde schon bald an seine erste Wirkungsstätte im Nachkriegsdeutschland zurückkehren.

Viel lieber hätte er, Gitta zufolge, als Mitglied des kommunistischen Ordens für die »Befreiung« der Menschen in Wiesbaden im Hessischen Landtag gekämpft denn in Berlin-Charlottenburg auf einem großen Chefredakteurssessel zu sitzen und nachts in einer komfortablen Villa in Berlin-Glienicke zu schlafen. Ähnlich wie seine vormalige Freundin Jo Mihaly, die, nachdem sie »in die Ferne gewandert« war, lange nicht mehr richtig sesshaft werden konnte, wollte er lieber aktiv am Klassenkampf teilnehmen, als ihn aus der Ferne zu beobachten und zu kommentieren. Da er zeit seines Lebens niemals die Hoffnung auf »unsere Sache« aufgab und immer für die »Befreiung der Menschen« kämpfte, sah er in seinen eigenen Erinnerungen die Zeit beim Deutschlandsender als vertane Zeit an. Er betonte im Rückblick jedenfalls immer wieder, er sei nur aus einem einzigen Grund zum Deutschlandsender abkommandiert worden: Die SED hätte ihn besser unter Kontrolle haben wollen.

Wir sollten uns an dieser Stelle vergegenwärtigen – einfach ist dies nicht –, dass ihn seine hessischen Genossen eher beneidet haben dürften. Für sie war die Lage in den Westzonen praktisch hoffnungslos. Diese Westzonen gingen den kapitalistischen Weg in die Gründung der Bundesrepublik, in welcher sie, die KPD, zunehmend in die Isolation geriet. Für die Kommunisten im Westen war die sich formierende DDR wirklich das »Paradies der Arbeiter und Bauern«, als das sie sich selbst bezeichnete. Es war ihnen jedoch per Parteibeschluss verboten worden, eigenmächtig in die SBZ umzuziehen. Sie sollten, so verlangte es die Parteiführung in Ost-Berlin von ihnen, in der amerikanisch, der britisch und der französisch besetzten Zone eine Einheitspartei bilden und auch dort den Sozialismus erkämpfen, ein zusehends aussichtsloses Unterfangen. Deshalb sahen sie einen wie unseren Onkel Leo, der in den Osten beordert worden war, entweder als Glückspilz oder als Verräter an.

Gleichwohl machte sich Onkel Leo mit Verve an seine neue Aufgabe. Er lernte das Rundfunkmachen von der Pike auf. Er stellte einige Mitarbeiter ein, denen er vertrauen konnte. Er habe, meinte er, und dies völlig zu Recht, schon zu dieser Zeit im Verdacht gestanden, zu den Kommunisten zu gehören, die sich aufgrund ihrer Zeit als Emigranten im westlichen Ausland eine Unabhängigkeit im Denken bewahrt hätten und sich deshalb am ehesten in Opposition zur offiziellen Parteilinie – formuliert von der »Gruppe Ulbricht« aus dem Moskauer Hotel Lux – hätten stellen können. Vielleicht ist da auch der tiefere Grund für den unglaublichen Brief Gittas an Oma und Opa zu sehen. Vielleicht hatte er ihn ihr diktiert. Er kannte aus seiner Zeit in der Emigration die Gefahren, die einem drohten, wenn man mit den falschen Leuten in Verbindung gebracht wurde.

Tatsächlich wurde er bald sehr gründlich von den Parteispitzeln der SED unter die Lupe genommen.

Diese SED hatte sich im politischen Leben der SBZ durchgesetzt. Die bürgerlichen Parteien waren weitestgehend ausgeschaltet. Die SED formierte sich, nach eigenem Bekunden, zu einer »Partei neuen Typs«, das heißt, sie stieß alle ihr unliebsamen Personen und Gruppen aus und befreite sich von allen bei der Zwangsvereinigung mitgenommenen sozialdemokratischen Relikten. Frank Moraw hat die Entwicklung in seinem Buch *Die Parole der »Einheit« und die Sozialdemokratie* beschrieben. In einer Sprache, die fatal an die Sprache der Nazis erinnerte, hatte der Parteivorstand im Juli 1948 »Anweisungen für die organisatorische Festigung der Partei und für ihre Säuberung von feindlichen und entarteten Elementen« gegeben. Da hieß es nun:

> »Ein beschleunigtes Ausschlußverfahren ist gegen folgende Kategorien von Mitgliedern durchzuführen: Mitglieder, die eine parteifeindliche Haltung vertreten; Mitglieder, die eine sowjetfeindliche Haltung bekunden; Mitglieder, die an Korruptionsaffären, Schiebereien, kriminellen Verbrechen direkt oder indirekt beteiligt sind; Mitglieder, die über ihre politische Vergangenheit in der Nazizeit wahrheitswidrige Angaben gemacht haben; Mitglieder, bei denen begründeter Verdacht besteht, daß sie im Interesse parteifeindlicher Kräfte (Agenten des Ostsekretariats der SPD) oder als Spione und Saboteure fremder Dienste in die Partei wirken.«

Für die SED war die, wie sie es ausdrückte, »Zeit der Halbheiten« jetzt vorbei. Sie ließ auch die Theorie vom »besonderen deutschen Weg zum Sozialismus« nicht mehr gelten, mit welcher sie seinerzeit die Sozialdemokraten, die ein ganz anderes Verständnis von »Sozialismus« hatten als die Kommunisten, in die Einheitspartei zu locken und deren Bedenken hinsichtlich der Gründung eines sozialistischen Staats wegzuwischen versucht hatte.

Die Sowjets hatten sich derweil aus den Vier-Mächte-Gremien in Berlin entfernt. In den Westzonen wurde am 20. Juni 1948 die Währungsreform durchgeführt, mithin die alte Reichsmark durch die D-Mark ersetzt. Die Sowjets hatten als Reaktion darauf vom 24. Juni 1948 bis 12. Mai 1949 die »Blockade« über West-Berlin verhängt und damit die Versorgung West-Berlins über die Land- und Wasserwege verhindert.

Die Teilung Deutschlands war besiegelt.

Nun galt für die SED nur noch eines: engste Anlehnung an die Sowjetunion und ein diesem »großen Bruder« blindes Nacheifern. Der Parteivorstand der SED dekretierte am 16. September 1948: »Der Versuch, einen … besonderen deutschen Weg zum Sozialismus zu gehen, würde dazu führen, das große historische Beispiel der Sowjetunion zu mißachten … Das würde ein Abgleiten in den westdeutschen Scheinsozialismus, das heißt, in den Opportunismus und Nationalismus, sein.« (*Neues Deutschland*, 24. 9. 1948)

Der Genosse Anton Ackermann, der im Auftrag der KPD im Jahre 1946 die Theorie vom »besonderen deutschen Weg zum Sozialismus« formuliert hatte, wurde nun auf stalinistische Manier gezwungen, öffentlich »Selbstkritik« zu leisten. Auch hier war die grauenhafte Sprache unglaublich verräterisch. Sie zeigte, wie schnell sich die SED zur totalitären diktatorischen Unrechtspartei entwickelt hatte. »Im Kampf um die Partei neuen Typus«, schrieb Ackermann, »muß deshalb vor allem diese ernste ›theoretische‹ Entgleisung liquidiert und bis auf den letzten Rest ausgemerzt werden.«

Der vermeintlich reuige, selbstkritische Ackermann rief, wie ihm diktiert worden war, auf zum Kampf gegen »Sozialdemokratismus«, »Trotzkismus« und »Titoismus«.

Der Titoismus stand für ein neues Feindbild. Jugoslawien hatte sich mit eigenen Kräften vom Joch der deutschen und italienischen Faschisten im Zweiten Weltkrieg befreit. Die von Tito angeführten Partisanen hatten dazu nicht die Hilfe der Roten Armee benötigt. Das wirkte einigend auf dem Balkan und führte auch zur Anerkennung der Republik, deren erster Ministerpräsident der Partisanenführer Josip Broz Tito wurde, durch die westlichen Alliierten, insbesondere durch den Realpolitiker Winston Churchill. So konnte Tito für Jugoslawien in Anspruch nehmen, seinen eigenen Weg zum Sozialismus zu gehen, einen Weg, der im Kern ein gewisses Maß an Selbstverwaltung der Betriebe vorsah. Das genau brachte sein Land in Gegensatz zu den sowjetischen

Hegemoniebestrebungen und führte 1948 zum Bruch zwischen Tito und Stalin sowie zu einer mit erbitterter Härte geführten Auseinandersetzung. Stalin versuchte vergeblich, die jugoslawische Partei gegen Tito aufzuhetzen, und drohte ihm in der *Prawda* ominös mit Mord. »Das Schicksal Trotzkis«, stand in der obersten sowjetischen Parteizeitung zu lesen, »ist lehrreich.« In der Folge lehnte Tito die Einladung Stalins, in Moskau die Differenzen »freundschaftlich« zu besprechen, tunlichst ab.

In der Folgezeit, etwa ab Herbst 1948 bis Ende 1950, wurden rund 200 000 SED-Mitglieder aus der Partei ausgeschlossen oder gingen von selber. Onkel Leo musste nun – im Kampf gegen »Sozialdemokratismus«, »Trotzkismus« und »Titoismus« – nicht nur seinen Platz finden, er musste die Parteilinie weit im Voraus erahnen und sie als Chefredakteur des Deutschlandsenders dem Publikum in den Westzonen schmackhaft machen.

Ein Ding der Unmöglichkeit.

Leo Bauer war sehr klar vorgegeben worden, was er zu denken und was er zu senden hatte. Die DDR-Programmzeitschrift *Der Rundfunk* behauptete, im Namen des Antibolschewismus werde im Westen eine Politik betrieben, die »unserem Volk, die Deutschland mehr schadet als der Sowjetunion«. Folglich habe sich der Sender dieses Themas anzunehmen. Das sollte mit einer Sendereihe unter dem Titel ›Ein Sechstel der Erde‹ geschehen, die von Mitte November 1948 an jeden Montag ausgestrahlt und jeweils Monate im Voraus geplant wurde. Die von der SED gesteuerte Programmzeitschrift ließ keinen Zweifel aufkommen, welche Rolle dem Sender und damit seinem Chefredakteur zugedacht war:

»... in der Ostzone und in Berlin helfen Publikationsmöglichkeiten, vor allem aber der sich immer mehr anbahnende Kontakt von Mensch zu Mensch, von Volk zu Volk, langsam die Wahrheit über die Sowjetunion und über den Sowjetmenschen kennenzulernen. Für den Westen dagegen ist der Deutschlandsender für diejenigen, die auf ein selbständiges Urteil nicht verzichten möchten, eine der wenigen Informationsquellen.«

Onkel Leo sollte also die Lügenpropaganda der Sowjetführung und ihrer Ost-Berliner Vasallen verbreiten.

Fürwahr keine leichte Aufgabe.

Aber noch fühlte er sich dem kommunistischen Orden für die Befreiung der Menschen verbunden. Also gab er sich redlich Mühe. Lange konnte das nicht gut gehen. Doch schon bevor es zum großen Bruch kam, geriet er immer mal wieder in Konflikt mit dem Zentralkomitee der SED. So sagte er, er könne die Position des sowjetischen Außenministers Wjatscheslaw Michailowitsch Molotow hinsichtlich der Endgültigkeit der Oder-Neiße-Linie als der neuen deutschen Ostgrenze zwar verstehen, aber nicht teilen. Das brachte ihm nicht nur Ärger mit der SED ein, die alles bejubelte, was Molotow sagte. Das brachte ihm auch eine Vorladung – Ironie des Schicksals – beim zuständigen amerikanischen Besatzungsoffizier und eine Abmahnung wegen einer »Kritik an einem Alliierten« ein.

Sogar im Sommer 1949 wurde der Chefredakteur Leo Bauer schon auf den internen Redaktionssitzungen des Senders kritisiert und zwar von einem Vertrauten Ulbrichts. Dieser Redakteur nahm nicht nur Anstoß an den politischen Auffassungen seines Chefs, er kritisierte auch dessen privaten Lebenswandel als für einen Kommunisten »unangemessen«. Nun bekam der Begriff »Salonkommunist« eine sehr konkrete Bedeutung. Schriller hätten die Warnsignale kaum tönen können. Leo Bauer war kurz davor, aller bösen Ismen bezichtigt zu werden, des »Sozialdemokratismus«, des »Trotzkismus« und des »Titoismus«.

Allein, er hörte die Signale nicht.

Er machte sich zu dieser Zeit keine ernsten Sorgen über seine Stellung im Sender und in der Partei. Er tat die redaktionsinterne Kritik als kleinliche Intrige Ulbrichts ab. Er hatte kein schlechtes Gewissen, und er sah sich nicht auf einem von der Parteilinie abweichenden Kurs. Er glaubte nicht, sich außerhalb der kommunistischen Gemeinschaft gestellt zu haben, er glaubte vielmehr, seine Meinung sei genauso vereinbar mit der Linie von KPD und SED wie die Meinung Ulbrichts und die des zukünftigen DDR-Ministers für Staatssicherheit, Erich Mielke.

Gleichwohl versuchte er – wenn auch nach seinen späteren Erinnerungen nur widerwillig – die SED-Führung zufrieden zu stellen und die Kritik an seiner Politik und seiner Position abzumildern. Dabei ging er wohl so weit, in einzelnen Berichten und Kommentaren die richtige politische Linie (der SED) durchzusetzen und zu propagieren. Eine spöttische Glosse eines westlichen Journalisten, die in *Karrieren eines Außenseiters* aus einem Brief von Leo Bauer an Hans Schönleber zitiert wird, verrät, wie weit Onkel Leo es mit der Durchsetzung der Parteilinie mitunter getrieben haben muss. Die triefende Ironie dieses Kommentars spricht Bände:

> »Hein ten Hoff kämpft gegen Wilson Kohlbrecher und der Sportreporter von Radio Berlin, ein ehemaliger Olympiakämpfer übrigens, berichtet darüber. Er berichtet gut. In der zweiten Runde geht Kohlbrecher K. O. und nun kommt die Überraschung. Statt mit seinem Mikrophon in den Ring zu eilen, muß der Sportsprecher von Radio Berlin dem Chefredakteur des ›Deutschlandsenders‹ das Wort übergeben: ›Was sagen Sie nun zu dieser Veranstaltung, Herr Bauer?‹ Und Bauer sagt, daß diese Sportveranstaltungen eigentlich nur dem Zwecke dienen, die Massen von ihrer Not abzulenken. Er flüstert ins Mikrophon einige Zitate aus der Sonntagsnummer des ›Neuen Deutschland‹ über die geplante Sprengung des Lorelei-Felsens, spricht davon, daß Amerika Korea angegriffen habe, und wenn der Beifall im weiten Rund der Boxarena schwillt, dann wagt er auch laut zu sprechen.«

Er muss immensem Druck ausgesetzt gewesen sein, aber auf keinen Fall hatte Leo zu dieser Zeit schon so viel Abstand zur SED, auf keinen Fall stand er in so starker Opposition zur Parteiführung, dass er offen gegen sie aufbegehrt oder – was ein Leichtes gewesen wäre – sich, wie unser Vater, ganz nach West-Berlin oder gleich in die Bundesrepublik abgesetzt hätte. Er fühlte sich offenbar noch immer dem kommunistischen Orden zugehörig, wobei er zu dieser Zeit womöglich schon nicht mehr die Partei selber, sondern nur noch die Idee als Sammelstelle der großen Gemeinschaft der Kommunisten sah. Er verrichtete, so gut es ging, seine Arbeit in seinem Propagandasender. Auf einer Konferenz der Mitarbeiter und aller Korrespondenten aus den Westzonen am 12. und 13. August 1949 in der Sendezentrale in Berlin tat er zum ersten Mal (und wie sich zeigen sollte, auch zum letzten Mal) im großen Kreise kund, wie er sich die Arbeit im Rundfunk vorstellte.

Die Friedenssehnsucht der Menschen, sagte er, sei der Hebel, um die Hörer zu veranlassen, sich mit »unseren Problemen zu befassen, sich zu äußern und die Sendungen zu hören. Auf der Grundlage dieser breiten Friedenssehnsucht kann jeder bei uns sprechen, es kommt jetzt darauf an, diese Arbeit systematisch durchzuführen. Der Deutschlandsender muss das Sprachrohr für ganz Deutschland sein.«

Die Korrespondenten sollten die »Sprache der westlichen Zonen liefern«, die Berliner Mitarbeiter sollten derweil häufiger »Orientierungsreisen« in die Westzonen unternehmen, um sich über die Verhältnisse dort und die Stimmung in der Bevölkerung aus erster Hand zu informieren.

Das hört sich so an, als hätte er sich auf eine lange Zeit als Chefredakteur des Deutschlandsenders eingerichtet.

Damit war es jedoch bald vorbei. Das Ende kam nicht etwa wegen des gehobenen Lebensstils. Zur Position eines Chefredakteurs gehörten in der SBZ sowie bald darauf in der DDR die Villa in der Funktionärskolonie, der Dienstwagen mit Chauffeur und die Sonderrationen, die nach der russischen Bezeichnung für Marschverpflegung *Pajoks* genannt wurden. Selbst das Dienstmädchen und sogar das Kindermädchen nahm die Partei einem gehobenen Funktionär nicht übel. Im Gegenteil: Erst ein Verzicht auf solche unglaublichen Privilegien, der sich alle »Apparatschiks« erfreuten, hätte die Parteiführung misstrauisch gemacht.

Das Ende kam mit einem Besuch der alten Freundin Erica, die inzwischen den amerikanischen Offizier Robert Wallach geheiratet hatte, aus der KPD ausgetreten und mit ihrem Mann nach England gegangen war.

Im Juni 1948 hatte die größte kommunistische Säuberungswelle nach dem Krieg begonnen. Am 27. Juni 1948 schloss das erwähnte »Kominform« die jugoslawischen Kommunisten aus. Diese ließen sich nicht von Moskau abhängig machen. Das konnten sie durchhalten, weil in Jugoslawien keine sowjetischen Truppen standen. Die Sowjets sahen indes in der Unabhängigkeit eines kommunistischen Landes eine große Gefahr, könnten doch andere Volksdemokratien wie Ungarn, die Tschechoslowakei oder Bulgarien und Rumänien, am ehesten Polen diesem Beispiel folgen und versuchen eigene Wege zu gehen.

Auf der anderen Seite der damals sich entwickelnden »bipolaren Welt« standen die USA. Seit 1947 betrieb die amerikanische Regierung unter Präsident Harry S. Truman gegenüber der Sowjetunion eine *containment policy* oder Eindämmungspolitik, die George F. Kennan als Leiter eines außenpolitischen Planungsstabes der Öffentlichkeit vorgestellt hatte. Ziel dieser Politik war es, den Expansionsbestrebungen der Sowjetunion etwas entgegenzusetzen und die weitere Ausbreitung des Kommunismus zu verhindern. Die Antwort der Sowjets auf das »*Containment*« äußerte sich in den »Säuberungen«. Diese trafen natürlich zuerst die Staaten Osteuropas. Dort wurden rund 2,5 Millionen Menschen »gesäubert«, heißt, aus den Kommunistischen Parteien ausgeschlossen, von ihren Arbeitsstellen entlassen und oft auch zur »Bewährung« auf Stellen mit harter Zwangsarbeit umgesetzt. Von den so »Gesäuberten« wurde etwa jeder Zehnte in Haft genommen. Die so »Gesäuberten« wurden auch noch persönlich verunglimpft. Sie wurden wie Tito und seine Anhänger als »widerliche Achtgroschenjungen« beschimpft.

Natürlich machte auch die besonders moskautreue SED nicht Halt bei dieser Jagd auf alle, die ein wenig eigenständiges Denken wagten. Im Juli 1948 billigte das ZK der SED den Ausschluss Jugoslawiens durch das »Kominform« als »wichtigste Lehre … die SED zu einer Partei neuen Typus zu machen … einen politisch festen, zielklaren Funktionärskörper in der Partei zu schaffen …«

Um einen solchen »politisch festen, zielklaren Funktionärskörper« zu schaffen, mussten die »unsicheren Kantonisten« natürlich erst einmal ordentlich »gesäubert« werden. Im September beschloss der Parteivorstand der SED das notwendige Instrumentarium, mit dem gegen die »faschistische Bande« und die »besoldeten Agenten des Imperialismus« in den eigenen Reihen vorzugehen war: »Um die Sauberkeit der Partei zu sichern, beschließt der Parteivorstand die Bildung einer Zentralen Parteikontrollkommission und von Parteikontrollkommissionen für jedes Land und für jeden Kreis.«

Die Säuberungswelle begann jedoch nicht in der bestens dafür vorbereiteten, folgsamen DDR. Sie begann in der Tschechoslowakei und in Ungarn, wo man zu Recht – wie man an den Aufständen in Budapest und im »Prager Frühling« noch Jahre später sehen konnte – besonders viele Kritiker Moskaus vermutete.

1949 geriet Noel Field ins Visier der kommunistischen Geheimdienste, jener Noel Field, mit dem Onkel Leo in der Schweiz und in Südfrankreich bei der Flüchtlingshilfe so eng zusammengearbeitet hatte. Field wurde – was sonst? – Spionage für die USA vorgeworfen. Zwar galt dieser Vorwurf als äußerst plump konstruiert. Doch war der Erwartungsdruck auf den stalinistischen Diktator Ungarns, Mátyás Rákosi, Säuberungserfolge vorzuweisen, besonders groß und spielte gut zusammen mit dem verstärkten Bedürfnis Stalins, ausländische Kommunisten auszuschalten, die er als »Abweichler« und »Titoisten«, wenn nicht gleich als »Spione« und »besoldete Agenten des Imperialismus« sah.

So wurde die erste todesträchtige Säuberungswelle an Noel Field aufgehängt. Für diese unfreiwillige Rolle schien er besonders geeignet, da er einerseits eine Karriere in den USA hinter sich hatte, andererseits durch sein Hilfswerk mit zahlreichen führenden Personen des kommunistischen Untergrundes zu tun gehabt hatte, von denen nun manche in hohe Stellen gerückt waren, die jedoch durch ihre Einreise aus dem Westen unter Generalverdacht in Moskau standen.

Noel Field wurde also in Prag verhaftet und nach Ungarn verbracht. Als sein Bruder Hermann und seine Gattin Herta nach ihm suchten, wurden auch sie in unterschiedlichen osteuropäischen Ländern verhaftet und gefoltert.

Unter Folter sagten sowohl Noel als auch Hermann Field aus, sie hätten in Osteuropa eine umfangreiche Spionageorganisation aufgebaut.

Im Zuge der Säuberung wurden alle, die mit ihm Kontakt hatten, mit dem Vorwurf amerikanischer Spionage konfrontiert und in vielen Fällen nach Schauprozessen hingerichtet.

Hierbei wurden erpresste Aussagen Fields als »Beweise« verwendet. Unter den Opfern der Kampagne befanden sich auffällig viele Juden. Einige wenige der Verdächtigten überlebten die Kampagne. Eine Ironie des Schicksals brachte der Sonderfall des Ministers für Staatssicherheit Erich Mielke, der als Lügner über seine Biografie enttarnt wurde und in der Folge beinahe von der Seite der Ankläger auf die der Angeklagten gewechselt wäre.

Der Generaldirektor der DDR-Reichsbahn, Willi Kreikemeyer, der im Hilfswerk als enger Mitarbeiter Fields tätig war, hatte eher zufällig Mielkes Aufenthalt im westlichen Exil und dessen Kontakte zum Hilfswerk enthüllt und auch Mielkes Geheimnis gekannt, nämlich, dass dieser versucht hatte, sich unter dem Naziregime nach Mexiko abzusetzen. Kreikemeyer beging laut Stasi im Jahr 1950 in der Stasihaft Selbstmord, was auf Anordnung Mielkes ebenfalls als Staatsgeheimnis jahrelang verschwiegen wurde.

Es konnte jeden treffen, hohe Funktionäre und kleine, völlig unpolitische Leute. Die Geschichte dieser Säuberungen ist noch längst nicht restlos erforscht, und es sieht auch nicht so aus, als würde sie es im gegenwärtigen undemokratischen, wieder nach Expansion lüsternen Russland werden.

Auf jeden Fall standen die Kommunisten unter den Auswüchsen des Stalinismus den Nazis in nichts nach, wenn es darum ging unliebsame Menschen in Lagern zu quälen, zur Zwangsarbeit zu treiben und sie systematisch umzubringen.

Umso erstaunlicher ist es, dass unser Onkel Leo, der doch selber Opfer sowohl der Nazis wie auch der Kommunisten war, nie ganz mit der Idee des Kommunismus brach, dass er auch nach den furchtbaren Erlebnissen in der DDR, dem Land des, wie es später hieß, »real existierenden Sozialismus«, und in der Sowjetunion, wo dieser Sozialismus noch viel realer war, dass er nach dem Schrecken und Grauen in Stasigefängnissen und KGB-Zellen sowie in sibirischen Gulags weiterhin an das grundsätzlich Gute der sozialistischen Idee glaubte und auf eine gerechte kommunistische Welt hoffte.

Seine spätere dritte Ehefrau Gertrud war ihm doch ein Beispiel dafür, wie leicht auch ein völlig unpolitischer Mensch zum Opfer der stalinistischen Säuberungen werden konnte.

Gertrud war Inhaberin eines Friseursalons in Eberswalde bei Berlin. Eine ihrer Kundinnen war eine russische Offiziersgattin namens Galina. Galina hatte allerlei Sonderwünsche. Sie ließ Gertrud zu jeder Tages- und Nachtzeit in ihre Villa kommen oder sie von einem Chauffeur abholen. Gertrud wollte es sich mit dieser in Eberswalde mächtigen russischen Besatzer-Frau nicht verderben und kam ihren Wünschen nach. Galina gab sich mitunter nett und nahm Gertrud mit nach Berlin zum Einkaufen. Nicht ganz ohne Eigennutz, denn bei solchen Einkäufen ging Gertrud direkt zu der Kosmetikfirma Schwarzkopf, um dort Pflegemittel und Farben (das »Shampoo mit dem schwarzen Kopf«) zu besorgen, an denen die Russin großen Bedarf hatte. Gertrud wusste nicht, dass sie in Wirklichkeit auch aus Gründen der Tarnung nach Berlin mitgenommen wurde. Denn Galina und ihr Offiziersgatte wollten sich in den Westen absetzen. Sie planten ihre Flucht über Berlin, das damals noch von keiner Mauer geteilt war. Die Flucht wurde vereitelt, und Galina wurde als »amerikanische Agentin« festgesetzt. Gertrud kam ebenfalls in Haft, einfach weil sie als Friseuse Kontakt zu der vermeintlichen Agentin Galina hatte. Der kommunistische Geheimdienst hatte die Fahrten nach Berlin als getarnte Spionage- und Kurierfahrten angesehen. Gertrud wurde von einem Moskauer Gericht des sowjetischen Geheimdienstes per Fernurteil wegen Beihilfe zu dieser angeblichen Spionage verurteilt und nach Sibirien verschleppt. Dort lernte sie dann später Leo Bauer kennen.

Die immer weiter ausufernden Geheimdienste schufen sich ihre Daseinsberechtigung selber, indem sie einen großen Aufwand betrieben, um zu beweisen, dass irgendwelche vermeintlichen Abweichler tatsächlich von »feindlichen imperialistischen Geheimdiensten« persönlich und einzeln angeworben worden seien und auch Aufträge direkt erhalten hätten und für die Ausführung solcher Aufträge bezahlt worden seien.

Im Fall von Noel Field, mit dem der Stein ins Rollen gebracht worden war und der zu so etwas wie einem Superagenten gemacht wurde, sowie der von ihm adoptierten Erica Glaser hieß es in einer gegen andere vermeintliche Spione fabrizierten Anklageschrift: »Angeblich hatte Field das hilflose Mädchen in Spanien aus großer Notlage gerettet und in die Schweiz gebracht. In Wirklichkeit stand sie im Solde der Amerikaner und war sowohl seine als auch seiner Frau Herta Geliebte.«

Noel Field, dessen Name immer wieder in offiziellen Protokollen der Gerichtsverhandlungen in Ungarn auftauchte – welche die SED veröffentlichte und aus denen sie ihre »Lehren« zog –, dieser Noel Field wurde weder in Ungarn noch sonst wo vor ein öffentliches Gericht gestellt. Er ist einfach Mitte Mai 1949 in Prag spurlos verschwunden. Sein Bruder Hermann Field, der nach ihm suchte, wurde zum letzten Mal am 22. August 1949 gesehen, als er sich von Warschau aus auf den Weg nach Prag machte. Und vier Tage später, am 26. August 1949, verschwand ebenso geheimnisvoll Herta Field, die in Prag ihren Mann Noel suchen wollte.

Bei der Zentralen Parteikontrollkommission der SED ist derweil ein Untersuchungsausschuss eingesetzt worden, der sich mit den Verbindungen Fields zu deutschen Kommunisten zu befassen hatte. Vom Oktober 1949 an mussten alle Genossen, die sich in der Emigration in Südfrankreich oder der Schweiz befunden oder irgendeinen Kontakt zu Field gehabt hatten, Berichte verfassen und vor diesem Untersuchungsausschuss aussagen. Onkel Leo wurde da schon mehrmals intensiv verhört. Auch er konnte sich nicht erklären, was mit Noel Field geschehen war. Er wusste indes, dass sein Freund aus Genf keineswegs ein amerikanischer Superagent gewesen sein konnte.

Leo Bauer war nun definitiv gewarnt.

Was passieren konnte, wenn man mit Noel Field in Verbindung gebracht wurde, zeigte ein anderer Fall, der Fall des Genossen Lex Ende. Dessen Witwe hat später davon berichtet. Als der Name Field in einem Bericht über den Prozess gegen den vormaligen ungarischen Außenminister László Rajk fiel, soll Lex Ende, so seine Witwe, erleichtert ausgerufen haben: »Gott sei Dank hatte ich praktisch nichts mit Field zu tun.« Er hatte Noel Field während seiner Zeit im Exil nur ein einziges Mal für eine halbe Stunde in Marseille getroffen. Dieses kurze Treffen reichte indes der Parteikontrollkommission der SED. Lex Ende wurde aus der Partei ausgeschlossen. Er verlor seinen Posten als Chefredakteur der Wochenzeitschrift für deutsch-sowjetische Freundschaft, der *Friedenspost*. Er musste sich im Uranbergbau »bewähren«. Er verstarb ein Jahr später.

Leo war aber auf noch ganz andere, viel eindringlichere Weise gewarnt worden. Ihm ist bereits 1949 der zutreffende Hinweis gegeben worden, dass sogar Walter Ulbricht persönlich auf einer Sitzung der Führungsgruppe der SED ihn, Leo Bauer, als »Agent« bezeichnet hatte.

Er konnte also ahnen, was passieren würde, als seine alte Freundin Erica Glaser, jetzt Erica Wallach und Mutter zweier Kinder, die nun selber auch nach ihrem Adoptivvater Noel Field suchte, ihn eines Tages – es war im Juni 1950 – aus Frankfurt anrief. Erica Glaser hatte wohl Hinweise bekommen, dass auch ihr Mentor und Liebhaber aus Genf in Schwierigkeiten steckte. Sie wusste nicht genau, ob Leo Bauer nicht vielleicht auch bereits verhaftet oder verschwunden war.

Sie musste jedoch, als sie ihn anrief, ihren Namen gar nicht sagen. Er erkannte sie sogleich an ihrer Stimme, der vertrauten Stimme aus Genf. Und sie glaubte zu erkennen, dass er sich noch nicht in Schwierigkeiten befand. Seit ihrer gemeinsamen illegalen Tätigkeit in Genf und ihren Besuchen bei ihm in der Haftanstalt in der Schweiz beherrschten sie beide so etwas wie eine verdeckte Sprache, eine Codesprache zur Tarnung.

Sie sagte ihm, ohne Namen zu nennen, dass sie sich Sorgen um ihre Freunde mache und ihn, Leo, zwecks Suche nach diesen Freunden gerne treffen wollte. Seine Antworten erschienen ihr als vorsichtig, aber normal. Er sagte, er müsse erst nachschauen, ob er Zeit für ein Treffen habe. In Wirklichkeit versetzte ihn dieser Anruf aus Frankfurt in Panik.

Als er auflegte, stand ihm der Angstschweiß auf der Stirn. Und siehe da, seine Sorgen waren keineswegs unbegründet. Er wusste, dass Telefongespräche selbst führender Kommunisten in den Westen regelmäßig abgehört wurden. Fünf Minuten nach dem Ende des Telefonats mit Erica Glaser rief tatsächlich der russische Offizier des Deutschlandsenders an und verlangte zu wissen, worum sich das Telefonat gedreht hatte. Leo versuchte noch, den Verdacht wegzuwischen, und behauptete, er habe einfach nur lange nichts von der alten Genossin gehört, wisse aber gar nicht so recht, warum diese ihn angerufen hatte. Auf keinen Fall, so versicherte er dem russischen Offizier und eigentlichen Chef des »Deutschlandsenders«, werde er sie in Frankfurt besuchen.

Als er nach Hause in die Villa in Groß Glienicke kam, berichtete er Gitta sogleich von dem abgehörten Gespräch. Sie erinnerte sich noch viele Jahre später, wie er bedauernd die dramatische Ankündigung machte: »Ich muss sie ausliefern!«

Wir wissen nicht, ob er das wirklich tun wollte, ob er seine alte Freundin Erica tatsächlich den kommunistischen Geheimdiensten »ausliefern« wollte.

Er hatte viele Möglichkeiten. Da war noch die alte Codesprache. Er hätte eine Formulierung ihr gegenüber verwenden können, mit der er ihr, ohne es direkt zu sagen, geraten hätte, jeglichen Kontakt zu vermeiden. Er hätte einen Satz von sich geben können, der ihr signalisiert hätte, dass alles, was folgte, erfunden, nur zur Tarnung gesagt oder geschrieben sei. Er hätte sich einfach absetzen oder untertauchen können, es gab noch keine Mauer, und Spandau und Teile von Glienicke lagen ohnehin im britischen Sektor. Ein Schritt vor die Tür und er wäre für die Agenten der östlichen Besatzungsmacht unerreichbar gewesen.

Womöglich hat er der Partei, der er seit Jahrzehnten angehörte und für die er auch die junge Erica Glaser angeworben hatte, so weit vertraut, dass er glaubte, er könne gemeinsam mit Erica alle

Vorwürfe gegen sie und sich selbst, womöglich sogar gegen ihren Adoptivvater Noel Field ausräumen. Auf jeden Fall muss er hin und her gerissen gewesen sein zwischen persönlicher Loyalität zu seiner alten Freundin und der Loyalität zur großen Idee des Kommunismus und der Partei, welche diese Idee im Guten wie im Schlechten verkörperte.

Drei Tage später wurde er von der Zentralen Parteikontrollkommission vorgeladen. Er konnte gar nicht so schnell entscheiden, was er zu tun gedachte, da wurde er schon verhört, von dem Chef der Parteikontrollkommission, Hermann Matern, einem Hardliner, der sich stets hundertprozentig gab und von dem Sätze wie diese stammen: »Die Staatsmacht in den Händen zu haben, das ist eine große Sache ... Wir denken nie daran, die Arbeiter- und Bauernmacht wieder aufzugeben. Bei uns lassen wir nicht zu, dass jemand bei den Wahlen kandidiert, der den Kapitalismus wieder aufbauen will ... Deshalb gibt es auch keine Opposition nach bürgerlichen Vorstellungen.« Gemeinsam mit diesem verbohrten Stalinisten verhörten die russischen Oberkontrolleure Leo drei Tage nach dem Telefonat. Sie wollten von ihm wissen, was er zu tun gedenke, wie er sich Erica Glaser gegenüber verhalten werde.

Er sagte, er werde ihr einen Brief schreiben, in dem er ihr mitteilen wollte, er könne nicht nach Frankfurt kommen, sie müsse ihn in Berlin besuchen, sollte sie ihn sprechen wollen. Ob er wusste, dass er sie damit an die Russen ausliefern würde? Viele Jahre später, als ich sie auf ihrer Farm in Virginia besuchte, zeigte sie keinerlei Groll gegen Onkel Leo. Entweder hat sie sich gut verstellt, was sie ja mit ihm gemeinsam in Genf gelernt hatte. Oder sie hat ihm verziehen. Oder sie wusste immer schon, dass er letztlich doch unter Zwang handelte, und trug ihm nichts nach.

Er schrieb den fatalen Brief.

Die Agenten der Parteikontrollkommission mussten sich nicht einmal die Mühe machen und ihn aufbrechen und heimlich lesen. Sie hatten den Delinquenten angewiesen, den Brief über die Kontrollkommission zu verschicken. Onkel Leo tat wie geheißen, ohne ein einziges geheimes Schlüsselwort einzufügen, ohne einen zweiten Brief hinterherzuschicken, in dem er alles hätte erklären können. Er gab den Brief Matern, dem Chef der Parteikontrollkommission. Dieser lobte Leo und sagte ihm, er habe damit der Partei bewiesen, dass er nichts vor ihr zu verbergen wünsche.

Es vergingen etliche Tage, ohne dass irgendetwas geschah. Leos Brief erreichte Erica wohl erst im August, mehr als vier Wochen nach dem Telefonat.

Zwischenzeitlich – vom 20. Juli bis zum 24. Juli 1950 – fand der dritte Parteitag der SED statt. Was dort gesagt wurde, hätte nicht alarmierender sein können. Wilhelm Pieck, von 1949 bis zu seinem Tode 1960 Präsident der DDR, wiewohl nie so mächtig wie Walter Ulbricht, gab den Rechenschaftsbericht für die Parteileitung ab – und er drohte: »Der Rajk-Prozeß erbrachte den einwandfreien Beweis, daß die von Field geworbenen Agenten von Allen Dulles und seinen Mithelfern mit politischen Aufträgen betraut wurden … Im Rajk-Prozeß wurde auch festgestellt, daß Field eine solche Tätigkeit auch unter den deutschen Emigrantengruppen ausgeübt hat … Die Aufgabe besteht darin, die Wachsamkeit der Partei in dieser Hinsicht zu erhöhen und die trotzkistische Agentur aus unseren Reihen auszumerzen.«

Hätte Leo das gehört, wäre er wohl endlich ausreichend gewarnt gewesen. Aber ihm war die Teilnahme an dem Parteitag der SED ausdrücklich untersagt worden, an sich schon ein ausreichend schrilles Warnsignal. Auch mieden seine Freunde den privaten Umgang mit ihm. Sie wollten plötzlich nichts mehr mit ihm zu tun haben und schlugen Einladungen zu Abendessen aus, was ihn unglücklich machte und Gitta misstrauisch werden ließ.

Sie hat sehr viel später gesagt, sie habe an eine Theorie – man muss wohl sagen: eine Verschwörungstheorie – geglaubt, die aber erst etliche Jahre danach aufgestellt und nie restlos – wie auch? – bewiesen wurde.

Der amerikanische Journalist Stewart Stevens hat 1974, also ein Vierteljahrhundert nach diesen Ereignissen im Zusammenhang mit Enthüllungen über gewisse Machenschaften der CIA die These aufgestellt, bei der Säuberungswelle habe der amerikanische

Geheimdienst seine Hände im Spiel gehabt. Dieser habe in einer »Operation Sprengsatz« einen hohen, später übergelaufenen polnischen Geheimdienstoffizier eingesetzt, um die ohnehin geplanten Säuberungen in einem Maße zu verschärfen, dass sie damit gleich das ganze Sowjetsystem in Osteuropa destabilisierten. Dabei sei Noel Field – in den Augen der Sowjets sowieso nur ein naiver *Fellow traveller* – sozusagen als »Zündnadel« für den »Sprengsatz« benutzt worden. Tatsächlich gab es ein Vorbild für solch eine verdeckte Großoperation. Die Nazis hatten 1936 versucht, auf ähnliche Weise schwere Differenzen und Zwistigkeiten in dem sowjetischen Offizierskorps auszulösen. Auf jeden Fall hielten Hermann Field, Erica Glaser wie auch Tante Gitta solch eine Vorgehensweise in den Zeiten der Spionage, Agenten und Doppelagenten aufgrund ihrer eigenen Erfahrungen durchaus für möglich.

Kurz nach dem 3. Parteitag der SED, auf dem Pieck die Jagd auf »die trotzkistische Agentur« eröffnet hatte, trafen Gitta und Leo bei einer Veranstaltung auf einen alten Freund, einen Professor Rompe und dessen Ehefrau. Sie luden das befreundete Ehepaar zum Abendessen in ein Restaurant ein. Doch Rompe lehnte ab. Er wollte auch nicht zu den Bauers in das Haus am See in Groß Glienicke kommen.

Leo erklärte Gitta das merkwürdige Verhalten seines Freundes so: dieser Rompe sei über ihn, Leo Bauer, verhört worden. Deshalb habe er sich jetzt von ihm abgewendet. Leo wusste auch zu berichten, dass es bei ihm im Deutschlandsender einen Kollegen gab, dessen Aufgabe es war, ihn, den Chefredakteur, auf Schritt und Tritt zu überwachen und alles Verdächtige zu melden.

Unser Onkel Leo hatte nun keine Freunde mehr, und es gab keine Kollegen, denen er hätte vertrauen können.

Er war völlig isoliert.

Es kam auch noch eine Ehekrise hinzu. Gitta, der sich Leo zunehmend verschlossen zeigte, wollte sich von ihm scheiden lassen. Er beschwor sie, ihn in dieser widrigen Lage nicht im Stich zu lassen. Aber der durch die Untersuchungen eingeimpfte Keim war nun schon nicht mehr zu kontrollieren. Die Ehe war zerrissen, das Misstrauen beider gegeneinander zu groß.

Sie kamen nie wieder richtig zusammen.

Ein bisschen Kitt in die Ehe hatte noch Gittas Schwangerschaft gebracht. Im Mai 1950 war ein Sohn geboren worden, mein Cousin. Sie nannten ihn André, nach Otto Katz, einem Freund von Leo und einem engen Mitarbeiter des kommunistischen Verlegers Willi Münzenberg. Otto Katz, ein Schriftsteller, hatte sich 1933 im Exil das Pseudonym André Simone zugelegt, das er bis zu seinem Lebensende behalten sollte.

Vielleicht war auch diese Namenswahl schon ein Fehler, der zu Zwist unter den Eheleuten führte. Denn André Simone, ebenfalls jüdischer Abstammung, wurde 1952 in einem Prager Schauprozess, dem sogenannten »Slansky-Prozess«, gemeinsam mit mehreren anderen Juden zum Tode verurteilt und kurz darauf hingerichtet. Alles geschah irgendwie im Zusammenhang mit Noel Field, mit dem André Simone bei der Flüchtlingshilfe eng zusammengearbeitet hatte. So mag es gut sein, dass die »Parteikontrollkommission« in der Wahl des Namens unseres Cousins eine Art Bekenntnis zu der »auszumerzenden trotzkistischen Agentur« oder womöglich eine »prozionistische Haltung« sah, was ebenso gefährlich war.

André Simone hatte sich im Exil bewusst und ausdrücklich für den Zionismus stark gemacht und mit der prozionistischen Organisation »Logia Spinoza No. 1176 de Bené Berith« eng zusammengearbeitet. Auch Leos Freund Paul Merker, mit dem er zusammen über die »grüne Grenze« in die Schweiz gegangen war, hatte sich noch 1944 für die Idee des Zionismus mehr als empfänglich gezeigt. Merker wurde später in seinem Säuberungsverfahren vorgeworfen, er habe mit seiner Forderung, auch in der DDR die Juden für das Leid im »Dritten Reich« zu entschädigen, das »Volksvermögen der DDR verschleudern« wollen. Erschreckend ähnlich dem antisemitischen Jargon der Nazis war die Kategorisierung der Opfer als »die reichen Juden«.

So mag Onkel Leo, der sich doch bereits als junger Mann vollständig von seiner orthodox jüdischen Familie gelöst hatte, befürchtet haben, nun auch noch als Jude verfolgt zu werden, und zwar womöglich von alten Antisemiten, die es geschafft hätten, ihre Nazivergangenheit zu vertuschen und in führende Rollen bei den Kommunisten geschlüpft wären.

Jedenfalls vermied er, auch als er aus Sibirien zurückgekehrt war, alles, was André auf seine jüdische Herkunft aufmerksam gemacht hätte. Leo wollte nie wahrhaben, dass er als Jude verfolgt wurde, er sah sich als Atheisten und meinte, allein seine Zugehörigkeit zum »Roten Orden« der Kommunisten hätte die Nazis dazu gebracht, ihn zu hetzen. Nun, da die Indizien aufkamen, dass auch seine Genossen durchaus antisemitische Verfolgung betrieben, muss sein letzter Glaube an die gute Idee der weltumspannenden Bruderschaft eigentlich zerstoben sein. Indes blieb er ein loyaler Parteisoldat und tat, was von ihm erwartet wurde.

Gittas Niederkunft mit André war schwer und kompliziert gewesen. Nach Andrés Geburt musste Gitta noch lange Zeit im Krankenhaus bleiben. Auch danach war sie nicht wieder völlig hergestellt. So sollte sie einen Erholungsurlaub anschließen. Es hätte nahegelegen, sie mit dem Neugeborenen in den Schwarzwald zu schicken, wo es viele Mutter-und-Kind-Kliniken gab (und heute noch gibt) und wo sie mit Leo die Flitterwochen verbracht hatte. Aber der Schwarzwald liegt bekanntlich im Westen. Und der Kalte Krieg nahm an Schärfe zu. Da wollte Leo seiner Partei nicht den geringsten Anlass zu weiterem Misstrauen geben.

So wählte er für Frau und Kind eine Pension im thüringischen Luftkurort Friedrichroda, wie es sich für privilegierte DDR-Bürger geziemte, denn Friedrichroda war damals der zweitgrößte Erholungsort des Arbeiter- und Bauernstaates, in dem das 1945 zerstörte Kurhaus als FDGB-Ferienheim »Walter Ulbricht« 1954 wieder in Betrieb genommen wurde.

Er schrieb ihr täglich liebevolle, wiewohl verzweifelte Briefe, die zwischen Resignation und Optimismus schwankten. Der letzte stammt vom Vorabend seiner Verhaftung. Er wirkt, als hätte Leo immer noch nicht damit gerechnet, als Mitglied der »trotzkistischen Agentur« verfolgt zu werden:

»Die letzte Woche Deines Urlaubs ist angebrochen. Und ich denke, Du zählst schon die Stunden … Oft denke ich, ich werde wahnsinnig. Dann meine ich, ich träume und komme mir vor wie ein Nachtwandler. Und endlich, immer wieder und wieder verlangt eine Stimme kategorisch von mir, Du darfst Gitta und André nicht mit dir und deinem Morgen (sic!) belasten. Lange habe ich mich gefragt, ob ich Dir sagen soll, was ich damit meine: ich denke, daß Du jetzt so gesund und kräftig bist, daß ich es Dir nach Deiner Rückkehr offen sagen werde. Und dann werden wir alle Für und Wider besprechen, als Freunde, als Mann und Frau. Aber nun genug davon. Verflucht, warum fange ich immer wieder davon an … Laß mich Dir sagen, daß ich Deine Freundschaft gerade jetzt unendlich schätze, Deine freundschaftliche Zuneigung, die so reif und diskret ist, die weiß, wann zu reden und wann zu schweigen. Ja, wer weiß, was die Zukunft bringt. Irgendwann wird es langsam, sehr langsam besser werden. Hier nur der Unterschied. Der Tiefpunkt ist ja noch gar nicht da. Und dann erst, dann erst wird die Zukunft zu entscheiden sein. Genug für heute. Il faut attendre.«

Den Brief hat er am Abend des 22. August 1950 um 20 Uhr geschrieben. Was wusste er zu diesem Zeitpunkt? Seinem Fahrer hatte Leo Bauer gesagt, er würde abgelöst werden und seinen Posten als Chefredakteur des Deutschlandsenders wohl bald verlieren. Vielleicht rechnete er auch mit dem Parteiausschluss, aber offensichtlich nicht mit seiner unmittelbar bevorstehenden Verhaftung.

Warum sonst hätte er geschrieben, der »Tiefpunkt« sei noch nicht erreicht?

Oma Dubro, seine Schwiegermutter, hat ihn an diesem letzten Tag vor seiner Verhaftung, der er durch Abtauchen immer noch hätte entgehen können, noch einmal gesehen und in einem Brief geschrieben, was er so in diesen letzten Momenten in Freiheit noch alles getan hat.

»Am Dienstag den 22. 8. kam Leo abends mit seiner Sekretärin (Frl. Schulz) nach Glienicke und hat dort zusammen mit ihr einen Kommentar ausgearbeitet. Gegen 4 Uhr morgens ist er nochmal zum Funk gefahren, während Frl. Schulz in Glienicke blieb. Etwa um 9 Uhr früh am Mittwoch den 23. kam er wieder und fuhr dann nach dem Frühstück und nach der üblichen Verabschiedung (ohne irgendwelche Merkmale zu zeigen) mit Frl. Schulz, nachdem er sich von Vera (sie war das Hausmädchen) einen Koffer mit dunklem Anzug und weißem Hemd (worauf er besonders bestand) hatte packen lassen. Fertig gepackt hat er sich den Koffer allerdings dann selbst. Er sagte nur, es ist ganz unbestimmt, wann ich zurückkomme. Und seitdem haben wir nichts mehr von Leo gehört. Er hat uns oder den dreien in Glienicke keinerlei Warnung oder Andeutung gegeben.«

Er fuhr, was Oma Duro aber anscheinend nicht wusste, zunächst in sein Büro im Funkhaus. Dort erhielt er einen Anruf, mit dem er für 15 Uhr zu einer Besprechung mit der Zentralen Parteikontrollkommission bestellt wurde. Auch dahin fuhr er.

Im Büro von Hertha Geffke, eine der Hauptverantwortlichen für die stalinistischen »Säuberungen« in der SED, wurde ihm der Beschluss über seinen Parteiausschluss verlesen. Ihm wurde das Recht zugestanden, eine Erklärung zu seinem Parteiausschluss bis zum nächsten Morgen zu Händen des Zentralkomitees der SED abzugeben.

Das war nur noch Augenwischerei.

Beim Verlassen des Parteigebäudes, in dem auch die Kontrollkommission saß, wurde Onkel Leo auf der Straße verhaftet und in das Gefängnis in der Schumannstraße verschleppt.

Dieser Knast war der ehemalige »Reichsbahnbunker Friedrichstraße«. Der symmetrische und quadratische Bau mit einer Höhe von 18 Metern auf 1000 Quadratmetern Grundfläche und bis zu drei Meter dicken Wänden aus Stahlbeton umfasste damals noch etwa 120 Räume auf fünf Etagen, er war im »Dritten Reich« für die Aufnahme von 2000 Menschen konzipiert. Der sowjetische Geheimdienst nutzte den Bunker bis zum Dezember 1949 als Untersuchungsgefängnis. 1950, als unser Onkel Leo dort eingeliefert wurde, hatte ihn schon die Stasi übernommen, er war aber immer noch nicht als Gefängnis eingerichtet. Es gab nur die weiten Räume für den Luftschutz, in deren Wänden sich noch große Schusslöcher aus der sowjetischen Erstürmung in den letzten Kriegstagen befanden.

Noch einmal stellt sich die Frage: Warum hat er sich nicht der Verhaftung entzogen?

Er hätte noch nicht einmal richtig flüchten müssen. Er hätte nach dem Anruf im Sender einfach nur das Gebäude diskret verlassen müssen und er wäre im britischen Sektor in relativer Sicherheit gewesen.

Ralph Giordano, jüdischer Schriftsteller und Publizist (›Die Bertinis‹), hat in seinem kritischen Buch ›Die Partei hat immer recht‹ über seine eigene kommunistische Vergangenheit einige sehr treffende Bemerkungen über solche falsch verstandene Loyalität bei den Kommunisten geschrieben: »Aber die innere Abhängigkeit ist keine Frage der Geographie. Es ist gleichgültig, wo der gläubig Liebende wohnt, ob in Moskau oder Paris, Warschau oder Hamburg. Sein Zustand der Wehrlosigkeit, der Preisgabe, der Lähmung und der Bereitschaft zu Selbstverleugnung und Unterwerfung, dieser ganze Zusammenbruch der Persönlichkeit wird bestimmt durch eine Furcht, die immer besessenere Formen anzunehmen beginnt: die Zugehörigkeit zur Partei einzubüßen. Diese inbrünstige und anonyme Magie, genannt Liebe zur Partei, ist der Schlüssel für das gesamte Verhalten, in ihr laufen alle Fäden zusammen: ›Es gibt keine Alternative zur Partei!‹ Das bewirkt innere Ausweglosigkeit, die bedingungslose Selbstauslieferung und macht die Unterwerfung logisch.«

Drei Tage später, am 26. August, kam Erica Wallach mit dem Flugzeug aus Frankfurt in Berlin an. Sie wusste nichts von Leos Verhaftung. Es hatte zwar einige Meldungen in der West-Berliner Presse gegeben, dass er verschwunden sei. Diese konnte sie aber in Frankfurt noch nicht gesehen haben. Sie sagte später, dass sie Angst gehabt hätte, dass sie jedoch überzeugt gewesen sei, ihr könne nichts passieren. Der 26. August war ein Sonnabend. Im Haus des Rundfunks erreichte sie niemanden, der ihr hätte sagen können, wo Leo sich befand. Sie rief Esther Goldhammer an, deren Mann zusammen mit Onkel Leo verhaftet worden war. Frau Goldhammer gab Erica keinerlei Hinweis auf das, was geschehen war, sondern verwies sie an das Parteihaus. Also machte sich Erica auf den Weg dorthin und fuhr nach Ost-Berlin. In dem Moment, da sie den sowjetischen Sektor betrat, wurde sie verhaftet.

Am selben Tag erschienen zwei Männer des Staatssicherheitsdienstes der DDR, der Stasi, in der Pension in Friedrichroda, in der Gitta sich aufhielt. Sie verhafteten sie.

Auch die dritte der Dubro-Schwestern, Tante Hilde, hatte sich in Friedrichroda aufgehalten, einfach so, zu Besuch bei Gitta. Hilde war Modejournalistin in Berlin. Sie war völlig unpolitisch. Sie hatte sich mit Hardy Grumer, einem Amerikaner deutscher Herkunft, verlobt, sie wollte ihn heiraten und ihm in die Vereinigten Staaten folgen. Daraus wurde nun nichts. Sie wurde mit Gitta von den SSD-Männern verhaftet.

Auch die Ermittlungen gegen Marias Mann, unseren Vater, Hans-Joachim Schwelien, wurden wieder aufgenommen.

Papa ist seinerzeit, nach seinem Abgang von der ADN-Zentrale, nach Spandau hinübergefahren. Einige Zeit später hat er dann tatsächlich seine Sachen gepackt, hat vorübergehend Abschied genommen, ist von Tempelhof aus nach Hamburg geflogen. Anders als Gitta in ihrem infamen Brief prophezeit hatte, hat er aber uns alle, Mama, Christian und mich, nachgeholt. In Hamburg hat er eine Stelle bei der Deutschen Presse-Agentur, dpa, bekommen (»Ich musste wieder ganz von unten anfangen und man war sehr misstrauisch, ob ich nicht doch ein Doppelagent der DDR war«). War er nicht.

Er wurde indes von einem CIA-Agenten vernommen. Dieser nannte sich Ralph Hattry, seine Frau nannte sich Douggy Hattry. Es entwickelte sich eine Art Freundschaft zu dem Agenten und dessen Frau. Wir Kinder lernten sie später kennen. Wir hörten sie gerne Deutsch mit ihrem breiten amerikanischen Akzent sprechen. Und wir verschlangen die »Hershey's Chocolate

Bars«, die sie uns immer mitbrachten. Merkwürdigerweise änderten sich häufig ihre Namen, unsere Mutter hat uns eines späteren Tages darüber aufgeklärt, dass aber die Initialen stets gleich blieben: R.H. und D.H.

Ein paar Tage nach der Verhaftung von Onkel Leo brachte die dpa einen Bericht über sein Verschwinden. Ich vermag nicht zu sagen, ob in diesen Bericht schon Aussagen meines Vaters und seines neuen amerikanischen Agentenfreundes eingeflossen waren. Jedenfalls gibt der Bericht das allgemeine Rätselraten recht gut wieder:

> »In unterrichteten Kreisen hat die angebliche Flucht des Chefredakteurs des sowjetisch kontrollierten Deutschlandsenders, Leo Bauer, in die Bundesrepublik großes Erstaunen ausgelöst. Leo Bauer, der bis Anfang 1948 hessischer Landtagsabgeordneter der KPD und Generalsekretär dieser Partei in Hessen war, war als einer der konsequentesten Kommunisten bekannt. Er galt als einer der geistigen Führer der Westzonen-KPD und man zweifelt in Frankfurt sehr, daß er wegen politischer Unzuverlässigkeit entlassen worden sei. Man glaubt viel eher, daß er mit irgendeinem besonderen Auftrag in die Bundesrepublik kommt und die Bekanntmachung seiner Entlassung nur konstruktive Arbeitsmöglichkeiten vorbereiten sollte. Er war nach der Neugründung der Kommunistischen Partei in der amerikanischen Zone (1945) der erste tonangebende Kommunist. Er galt als ausgesprochen klug und geistreich, war ein geschickter politischer Redner.«

Das Ministerium für Staatssicherheit ist offiziell erst im Februar 1950 eingerichtet worden. Aber bereits unmittelbar nach der Gründung der DDR im Oktober 1949 – das zeigt das Ausmaß der schizophrenen Angst der Stalinisten – wurde ein eigenständiger Staatssicherheitsdienst aufgebaut. An dessen Spitze stellte sich Erich Mielke. Mielke hatte schon in der Weimarer Republik zum »Kippenberger-Apparat« der KPD gehört.

Hans Kippenberger hatte beim Aufbau »Roter Hundertschaften« im Hamburger Stadtteil Barmbek bei der Infiltration von Polizei und Reichswehr durch KPD-Mitglieder und bei der Organisierung des Hamburger Aufstands 1923 eine leitende Rolle eingenommen. Mielke war nicht der klügste, wohl aber der brutalste von Kippenbergers Schülern. Eine von Mielkes ersten Aufgaben war die Einrichtung der Haftanstalt im ehemaligen Reichsbahn-Bunker in der Schumannstraße.

Die Arbeiten waren noch gar nicht abgeschlossen – viele der riesigen Räume hatten noch keine Türen, weiterhin klafften die großen Löcher in den Wänden –, da wurde schon der erste Häftling eingeliefert. Dies war ein gewisser Kurt Müller, der jahrelang im KZ gesessen hatte und nach dem Krieg der zweithöchste Funktionär der westdeutschen Kommunistischen Partei geworden war. An diesem Müller übte Mielke seine berüchtigten Verhörmethoden. Praktiziert wurden sie von einem getreuen Schergen namens Alfred Schürz, den Mielke aus der Kriminalpolizei rekrutiert hatte.

Bis zu Leos Verhaftung im August 1950 war Kurt Müller monatelang der einzige Insasse in Mielkes Spezialgefängnis. Müller hatte unter den Nazis viel durchgemacht und war als stellvertretender Chef der westdeutschen KP ein verdienter Genosse. Trotzdem sprang Mielke äußerst brutal mit ihm um. Der Scherge Schürz und dessen Wachleute durften kein Wort mit ihm wechseln. Müller durfte sich nicht waschen oder rasieren. Er sollte nicht wissen, wo er sich befand. Und er wurde nur äußerst unregelmäßig und sehr selten mit spärlichen Essensrationen versorgt. Das Schlimmste waren die eigentlichen Verhöre. Sie wurden nur des Nachts durchgeführt und immer wieder unterbrochen. Der Gefangene sollte glauben, nach einer Stunde sei Schluss für diese Nacht. Wenn er sich dann hinlegte und eingeschlafen war, wurde er brutal aus dem Schlaf gerissen und wieder für eine Stunde verhört, wobei er in einen grellen Lichtstrahl blicken musste und die Verhörenden nicht sehen konnte. Müller wurde nach drei Jahren in dieser »Untersuchungshaft« per Fernurteil aus Moskau zu 25 Jahren Zwangsarbeit in der Sowjetunion verurteilt und in ein Lager in Sibirien verschleppt.

Als Onkel Leo in diesen beinahe leeren Schreckensbau eingeliefert wurde, kam er in eine Eckzelle neben dem Raum für die Wachleute des Schergen Schürz. Ihnen war befohlen worden, ihn nie aus den Augen zu lassen, besonders darauf zu achten, dass er tagsüber nicht schlafe und dass er keinen Kontakt zu anderen Häftlingen aufnahm – die es, außer Müller, zunächst ja gar nicht gab. Zwei Tage nach seiner Verhaftung wurde Leo Bauer dem SSD-Chef Erich Mielke persönlich vorgeführt. Darüber schrieb er später:

> »Am 25. August 1950, gegen 22 Uhr, erhielt ich im Gefängnis den Besuch des Mitglieds des Zentralkomitees der SED, des Staatssekretärs im Staatssicherheitsministerium der DDR, Mielke. Unumwunden teilte er mir in Gegenwart eines anderen Beamten mit, daß es die Absicht der Partei sei, spätestens im Februar 1951 gegen Merker, Ende, Kreikemeyer, Goldhammer und mich einen Schauprozeß analog zu den Prozessen gegen Rajk und Kostoff (Bulgarien) durchzuführen und daß er von mir erwarte, daß ich der Partei keine Schwierigkeiten dabei machen würde. Der Begleiter Mielkes unterstrich einige Wochen später in einer neuen Vernehmung, die sehr ›freundlich‹ verlief, die persönliche Rolle von Ulbricht in der ganzen Angelegenheit, indem er feststellte, es würde im entscheidenden Maße von Walter Ulbricht persönlich abhängen, welchen Verlauf die Untersuchung nähme.«

Es war also ein großer Schauprozess geplant. Dazu kam es aber nicht. Weshalb nicht? Wir wissen es nicht genau.

Onkel Leo vertrat später die Ansicht, dass Erich Mielke und sein Staatssicherheitsdienst einfach zu dumm gewesen seien, um einen solchen Schauprozess im großen Stil zu inszenieren. Leo meinte ferner, dass Walter Ulbricht es vor allem auf die KPD-Funktionäre abgesehen hätte, die ihm in den Jahren 1945 bis 1948 Schwierigkeiten gemacht hatten. Tatsächlich war Ulbricht zu jener Zeit schon auf eine völlige Unterordnung der westdeutschen KPD unter die SED aus gewesen. Aber dieses Ziel war 1950 bei Leos Verhaftung bereits erreicht. So brauchte man eigentlich keinen großen Schauprozess mehr. Die wenigen verbliebenen unabhängigen Köpfe aus der westdeutschen KPD wurden, wie Kurt Müller und andere, einfach nach Ost-Berlin einbestellt, wo man sie verschwinden ließ.

Ulbricht war ein schlauer Taktiker, ein gerissener Politiker, der sich nicht aus persönlichen Rachegelüsten zu irgendwelchen Aktionen hinreißen ließ. Und Mielke? Nun, er wird nach dem Ablauf des Rajk-Prozesses in Ungarn gewusst haben, dass solch ein Schuss auch schnell nach hinten losgehen kann, dass ein Field (oder vielleicht auch ein Bauer?) auch ihn selber, Mielke, belasten könnte.

Auf jeden Fall müssen sie die Eloquenz und das elegante, selbstsichere Auftreten unseres Onkels gefürchtet haben. Es fiel auf, dass sie allein Leo Bauer als »Agenten« bezeichneten, während alle anderen »Gesäuberten« weiterhin »Genossen« blieben, nur ihrer Parteiämter enthoben, nicht aber – bis auf Bruno Goldhammer, der, nebenbei bemerkt, auch jüdischer Abstammung war, und Willi Kreikemeyer, der leicht Mielke hätte entlarven können – anschließend verhaftet wurden. Bei einem Schauprozess hätte da doch wohl so nebenbei einiges zu Tage gefördert werden können, was Ulbricht und Mielke lieber im Dunkeln lassen wollten.

Überdies fürchtete die »Gruppe Ulbricht« immer noch den sowjetischen Geheimdienst, dessen Machenschaften sie in dem Moskauer Hotel Lux kennengelernt hatten. Es hatte nun schon über ein Jahr gedauert, bis die SED und ihr Staatssicherheitsdienst wenigstens einige »Agenten der ›trotzkistischen Agentur‹ Fields« in ihrem Machtbereich identifizieren konnten. Da es sich in diesen Irr- und Scheinwelten doch mindestens um einige Dutzend solcher »Titoisten« und »Trotzkisten« handeln musste, diese aber noch lange nicht dingfest gemacht worden waren, hätte die stalinistische Führung leicht auf den Verdacht kommen können, die SED-Spitzen hätten wohl etwas zu verbergen. Dann hätte es geheißen, die obersten »Agenten« seien wohl in der »Gruppe Ulbricht« zu suchen. So dürfte die SED-Spitze unter Druck seitens der Sowjetunion gestanden und ihren Kopf aus dieser Schlinge gezogen haben, indem sie ein paar Bauernopfer brachte.

Das zeigte sich auch bei den »Ermittlungen« gegen Onkel Leo und Erica Glaser, die nun auch noch mit einem amerikanischen Offizier verheiratet war, Erica Glaser, jetzt Erica Wallach wurde allem Anschein nach von den Sowjets für die wichtigere Agentin gehalten. Bereits bei ihrem ersten Verhör saß ein sowjetischer Offizier dabei. Er war in Zivil gekleidet und verkehrte mit dem SSD-Ermittler nur schriftlich, indem er mit ihm Zettel austauschte. So versuchten sie gegenüber Erica Wallach zu verheimlichen, dass die Sowjets die leitenden Ermittler gegen sie waren, so wollten sie wohl den Anschein erwecken, allein die deutschen Kommunisten befragten sie. Vielleicht hofften sie, ihr auf diese Weise eine Falle stellen zu können oder sie zu einer unbedachten Äußerung hinzureißen.

Onkel Leo wurde indes bis zum April 1951 nur von Deutschen verhört. Er war den Sowjets allem Anschein nach nicht so wichtig.

Erica brach am 21. Januar 1951, nach fünf Monaten pausenloser Verhöre, zusammen. Sie unterzeichnete ein ihr vorgelegtes Protokoll. Dieses widerrief sie aber gleich wieder bei der nächsten Vernehmung. Danach blieb sie bis zu ihrer Verurteilung standhaft.

Worauf die Sowjets schnell die Geduld verloren.

Sie verlegten sie nach Karlshorst, das zu großen Teilen sowjetisches Sperrgebiet war, wo sich das Hauptquartier der 5. Stoßarmee der Roten Armee befunden hatte und zu jener Zeit das Hauptquartier der Sowjetischen Militäradministration in Deutschland und – bis zum vollständigen Truppenabzug 1994 – auch die weltweit größte Zentrale des Geheimdienstes KGB außerhalb der Sowjetunion befanden.

In Karlshorst wurde versucht, Erica Wallach auf allerlei Art – auch Folter – gefügig zu machen. Die Ermittler wechselten zwischen Zuckerbrot und Peitsche, sprachen mal freundlich mit ihr, wurden dann wieder brutal. Zuletzt vernahm der Deutschland-Chef des sowjetischen Geheimdienstes sie persönlich.

Erica Glaser erinnerte sich so an ihn: »Er hielt mich allen Ernstes für eine Art Super-Mata-Hari.« Er habe sie indes wie eine Kollegin behandelt, habe zu ihr wie von Spion zu Spion gesprochen. Er sei »felsenfest überzeugt« gewesen, ihr Adoptivvater Noel Field sei ein »imperialistischer Agent« und sie die wichtigste Agentin für den deutschen Teilbereich. Er habe zu ihr gesagt, es ginge ihm gar nicht so sehr um die bereits Verhafteten, er suche die Topagenten in den obersten Reihen.

Da Erica keine Namen nannte – es gab ja auch keine –, übergab dieser »nette« Geheimdienstchef sie wieder seinen Subalternen, die aufs Neue härtere Methoden gegen sie anwendeten.

Im Juni 1951 wurde sie wieder verlegt. Sie hatte befürchtet, man würde sie nach Moskau verfrachten oder – für sie noch schlimmer – nach Ungarn, wo bereits Noel und Hertha Field eingesessen hatten. Zu ihrer Überraschung und Erleichterung wurde sie aber nur nach Hohenschönhausen bei Berlin, in die »ordentliche« zentrale Untersuchungshaftanstalt der Staatssicherheit, gebracht. Dort ließ auch der Druck auf sie merklich nach. Den Grund dafür erfuhr sie später. Er war denkbar einfach. Onkel Leo hatte »gestanden«. Er war in dem Bunker in der Schumannstraße weiter verhört, dann selber auch nach Hohenschönhausen verlegt worden, wo die gemeinsamen Ermittlungen von sowjetischen und ostdeutschen Sicherheitsleuten schließlich zum »Erfolg«, das heißt zu seinem fabrizierten Geständnis führten. Wie das geschah, wissen wir nur zu genau. Er hat es selber detailliert aufgeschrieben. Dies ist sein Bericht:

> »Das Fenster wurde wieder geöffnet. Ich bekam einen Schüttelfrost. Niemand sprach. Der Chef ging im Zimmer auf und ab. Ich saß, wie stets bei solchen Gelegenheiten, nicht in der Ecke, sondern mitten im Zimmer. Ich wartete auf das, was kommen sollte. Und das war fürchterlicher als alles Vorhergehende. Ich fühlte plötzlich, wie eine Hand mein Haar zart streichelte, fast so zart wie eine Frauenhand. Es war die gleiche Hand, die

mich kurz vorher schlimmer als einen Hund geprügelt hatte. Mit seinen schönen Augen, aus denen plötzlich alle Härte, alles Gemeine verschwunden schien, schaute er mich lange und menschlich an. Die Unterhaltung begann: ›Leo, wissen Sie, was vor 8 Tagen war?‹ Ich wußte nicht, worauf er hinauswollte, und schwieg. ›Wissen Sie es wirklich nicht? Haben Sie vergessen, daß vor 8 Tagen Ihr Sohn André 1 Jahr alt wurde? Ich weiß, wie Sie sich auf diesen Sohn gefreut haben. Im Moment Ihrer Verhaftung war er 3 Monate alt. Es geht ihm gut. Wollen Sie ihn nicht wiedersehen? Wollen Sie weiter sinnlos den Helden spielen? Leo, ich spreche zu Ihnen wie ein Vater zu seinem Sohn. Ich beschwöre Sie, geben Sie den unnützen Widerstand auf. Sie wissen wie ich, daß jeder Kampf Opfer kostet. Ich kenne Sie genug, um jetzt zu wissen, daß Sie wahrscheinlich unschuldig sind. Aber Sie waren zu bekannt in der Öffentlichkeit. Sie waren ein führender Mann der Partei und in diesen Fällen kann die Partei nie zugeben, daß sie nicht recht hatte. Ich kann Ihnen noch etwas anderes sagen. Das Material, das gegen Sie vorliegt, ist nicht sehr viel wert. Wahrscheinlich wird kein öffentlicher Prozeß stattfinden. Wir betrachten Sie trotzdem als einen amerikanischen Agenten, und Sie müssen es gestehen, ob es wahr ist oder nicht. Ich verspreche Ihnen als Chef der Untersuchungsabteilung, daß Sie keine allzu hohe Strafe erhalten werden und daß Sie dann zu Ihrer Familie zurückkehren können. Denken Sie an Ihren Sohn!‹ So ging es weiter bis zum frühen Morgen. Ich fühlte, wie sich in mir die Verkrampfung löste, wie mich langsam mein Ich verließ und ich ein Anderer wurde. Ich sprach kaum. Es war so angenehm, dieser tiefen, echt russischen Stimme zu lauschen und selbst das Deutsch des Übersetzers klang plötzlich angenehm. Nur ein Bedürfnis hatte ich: Ruhe, Ruhe, Ruhe! Der deutsche Posten kam, mich zu holen. Zum ersten Mal erhielt er den Befehl, mir nicht die Hände zu fesseln (nur bei den Deutschen wurde man in Fesseln geführt). Zum Abschied gab mir der Chef die Hand, seine letzten Worte waren: ›Denken Sie an Ihren Sohn, dann wird alles gut.‹ Er hatte recht. Schon einige Stunden später verlangte ich den

Gefängnisleiter und ersuchte ihn, die russischen Stellen zu verständigen, daß ich um eine sofortige Vernehmung bitte. Sie hatten es plötzlich nicht eilig. Erst zwei Tage später kamen sie: der Chef, der andere und diesmal eine Dolmetscherin (in ihrer Gegenwart wurde gewöhnlich nicht geschlagen). Er wußte also, daß er gewonnen hatte.
›Genosse Bauer, Sie haben den Wunsch geäußert, uns zu sprechen. Wir stehen zu Ihrer Verfügung und hören Ihnen zu. Sprechen Sie, solange Sie es wünschen.‹«

IX

Im Reich der 34 000 Schritte

Onkel Leo hat dann gesprochen – zwei Monate lang. Er musste nun ja ein eigenhändiges Geständnis fabrizieren. Aber wie? Er war doch wirklich kein amerikanischer Spion. Und auch wenn es nicht zu einem öffentlichen Prozess kommen sollte, so mussten doch seine Angaben einigermaßen stimmig sein. Er schrieb ein »Geständnis« von 150 Seiten. Das geschah regelrecht in Teamarbeit. Es wurde der Anschein erweckt, dass er weiterhin verhört wurde. Bei diesen Befragungen – von deutschen wie auch von sowjetischen Vernehmern – wurde ihm auf subtile Weise mitgeteilt, was er zu gestehen hatte und wie das zu formulieren war. Im Herbst 1952, mehr als zwei Jahre nach seiner Verhaftung, wurde er nach Karlshorst gebracht, wo die Sowjets ihr Hauptquartier hatten. Dies geschah zur Vorbereitung des Geheimprozesses, der ihm nun gemacht werden sollte. Bemerkenswert war, dass er in Karlshorst von den sowjetischen Agenten speziell über die Führungsgruppe der SED vernommen wurde, und dass dabei, wie er sich erinnerte,

> »über jeden einzelnen dieser heiligen Führer der internationalen Arbeiterklasse ausführliche Protokolle mit mir gemacht wurden, wobei allergrößter Wert darauf gelegt wurde, auch in diesen Protokollen die allgemeingültige sowjetische Methode für Protokolle anzuwenden: In ihnen darf kein günstiges Wort über die Person, die im Protokoll behandelt wird, stehen. Besonders eingehend und ausführlich wurde ich über Walter Ulbricht vernommen.«

Der Prozess begann im Dezember 1952. Es mag noch einen anderen Grund als die anfängliche Renitenz von Leo Bauer für diese

Verzögerung gegeben haben. Denn es dürfte bereits im Winter von 1951 auf 1952 allen Beteiligten klar gewesen sein, dass längst genügend von dem »Material« vorlag, das ohnehin »nicht sehr viel wert« war.

Im Frühjahr 1952 hatte indessen Stalin den Vorschlag gemacht, ein neutrales, wiedervereinigtes Deutschland zu schaffen. Am 10. März 1952 bot der Kremlchef den Westmächten Frankreich, Großbritannien und USA in einer Note Verhandlungen über die Wiedervereinigung und Neutralisierung Deutschlands an. Die Historiker sprechen von den »Stalin-Noten«, wenn von dieser Note, den Antworten der Westmächte und den Erwiderungen Stalins auf diese Antworten, die Rede ist. Der deutsche Bundeskanzler, Konrad Adenauer, die westdeutschen Medien und die Westmächte lehnten die Stalin-Noten als taktisches »Störmanöver« ab, mit dem die Sowjets doch nur die Westintegration der Bundesrepublik behindern oder ganz und gar verhindern wollten.

So sehen es auch bis heute die meisten Historiker. Einige jedoch meinten, Stalin habe seinen Vorschlag durchaus ernst gemeint. Nach der Öffnung von Archiven in den Vereinigten Staaten in den vergangenen Jahren wurde deutlich, dass es auch innerhalb der westlichen Siegermächte Überlegungen gab, Stalins Note anzunehmen und ein neutrales, wiedervereinigtes Deutschland zuzulassen. Stalin wäre demnach auch bereit gewesen, die DDR fallen zu lassen.

Wieso dann noch einen aufwendigen Prozess gegen Leo Bauer und Erica Wallach wegen »imperialistischer Spionage« führen? Auf jeden Fall wäre es inopportun gewesen – ob Stalin es nun ernst gemeint hatte oder nicht –, zu dieser Zeit einen großen Schauprozess wegen Verbindungen zum amerikanischen Geheimdienst zu führen. Zumindest Erica Wallach wurde zwischen dem Frühjahr und dem Sommer 1952 überhaupt nicht mehr verhört.

Im September 1952 kam dann doch alles wieder ganz anders. Beiden, Leo Bauer und Erica Wallach, wurden offizielle Haftbefehle vorgelegt. Ihnen wurde eröffnet, dass es einen Prozess vor einem sowjetischen Militärtribunal gegen sie geben werde, und dass dieser nun zielgerichtet vorbereitet werde. Im November 1952 – nach dem obigen »Geständnis« von Leo Bauer – gab es das Schauspiel einer Gegenüberstellung, bei der Onkel Leo sich, wie vorgesehen, vor seiner alten Freundin selber bezichtigte, ein »Agent« zu sein.

Der eigentliche Prozess fand an Weihnachten 1952 statt. Er währte genau drei Tage. Erica Wallach sagte später, er sei in »streng legaler Form« geführt worden, »abgesehen von der Tatsache, dass es weder Zeugen noch einen Verteidiger für uns gab.«

Sie waren angeklagt nach Artikel 58 des sowjetischen Gesetzbuchs wegen »konterrevolutionärer Tätigkeit«. Sie wurden verurteilt für »Verbrechen« nach folgenden Anklagepunkten:

- Unterstützung der internationalen Bourgeoisie zum Schaden der Sowjetunion;
- Spionage, das heißt Sammlung und Weitergabe von Nachrichten, die sich ihrem Inhalt nach als ein besonders schutzwürdiges Staatsgeheimnis darstellen, zugunsten ausländischer Staaten, konterrevolutionärer Organisationen oder Privatpersonen;
- Propaganda oder Agitation, die zu Sturz, Unterhöhlung oder Schwächung der Sowjetherrschaft oder zu Begehung einzelner gegenrevolutionärer Verbrechen auffordert;
- Organisatorische Tätigkeit jeglicher Art im Sinne der oben aufgeführten gegenrevolutionären Umtriebe.

Dies kann alles oder nichts heißen. Aber wie hieß es in dem alten Arbeiterlied aus Berlin? Und wie sagte der sowjetische Vernehmer mit den mal zarten, aber meist brutalen Händen und den schönen Augen? Die Partei, die Partei, die hat immer recht.

Unserem Onkel Leo muss bei der Urteilsverkündung die Bedeutung seines so sorgfältig fabrizierten »Geständnisses« erst richtig klar geworden sein. Er brach zusammen. Sein Leben im Roten Orden war nun beendet. Dieser hatte ihn verbannt.

Erica Wallach erzählte später, was dann geschah:

»Er beruhigte sich in wenigen Minuten, und die Soldaten, die uns bewachten, waren anscheinend so gerührt, dass sie uns gestatteten, miteinander zu reden. Wir sprachen französisch, um sicherzugehen, dass wir nicht verstanden wurden. ›Was wird deiner Ansicht nach geschehen? Wie viele Jahre werden wir bekommen?‹ fragte ich.
›Ich schätze, etwa zehn‹, antwortete Leo.
›Zehn Jahre! Das bedeutet Russland‹, sagte ich entsetzt. ›Alles unter zehn bleibt in Deutschland, von zehn an geht's nach Sibirien. Nachbarn haben mir das gesagt.‹
›Nun, selbst wenn wir zehn bekommen sollten, werden ja die zweieinhalb Jahre abgezogen, und es ist doch klar, dass wir vorher rausgelassen werden. Das ist doch nur eine Farce; sie wissen das genauso gut wie wir. Wir werden auf kurze Zeit verschwinden, bis der innerparteiliche Streit zwischen Titoisten und Stalinisten vorbei ist, dann werden sie uns wieder freilassen. Warte es nur ab. Wir werden höchstens zwei oder drei Jahre sitzen.‹
›Solange es unter zehn Jahren ist und wir nicht nach Sibirien brauchen. Du weißt, dass wir von dort nicht lebendig zurückkommen. Vielleicht bekommen wir nur fünf Jahre, dann bleiben zweieinhalb. Oder vielleicht nur drei? Dann hätten wir fast nichts mehr abzusitzen. Aber der Fall sieht schlecht aus; ich wette, wir kriegen zehn.‹«

Sie hofften bis zuletzt. Aber sie irrten sich. Es kam noch schlimmer, viel schlimmer, als sie es in ihren übelsten Befürchtungen erwartet hatten. Das Strafmaß, das nach dem Schuldurteil in allen Punkten verkündet wurde, lautete:

Tod durch Erschießen!

Nun durften, nun konnten sie nicht mehr reden. Erica fragte ihren Freund und Mentor mit Blicken: Was hat das zu bedeuten? Was sagst du nun?

Onkel Leo habe darauf nur langsam den Kopf geschüttelt. In seinen Augen las Erica, die bereits so viele Male in ihrem kurzen Leben konspirativ mit ihm gesprochen hatte, was er dachte:

Ich verstehe überhaupt nichts mehr. Aber eins ist sicher: wir sind so gut wie tot!

Leo war schockiert und völlig verwirrt.

Nun wurden die beiden nach Moskau transportiert. Leos Schockstarre hielt die ganze Zeit über an. Sie wurden in das Butyrka-Gefängnis gesperrt. Das heute noch benutzte Gebäude entstand 1782 an der Stelle des Gefängnisses als Festung. Das Gefängnis war schon immer für seine brutalen Haftbedingungen bekannt. Während der Februarrevolution 1917 hatten Moskauer Arbeiter alle politischen Gefangenen aus der Butyrka befreit. Nach der Oktoberrevolution blieb sie ein politisches Gefängnis und wurde zum Transitlager für viele zum Gulag Verurteilte. In der schlimmsten Zeit des stalinistischen Terrors wurden in der Butyrka, ausgelegt für 1000 Gefangene, bis zu 30000 Inhaftierte, mithin 275 Personen pro 25-Betten-Zelle eingekerkert. Zwischen dem Ende des Zweiten Weltkriegs 1945 und Stalins Tod im Jahre 1953 wurden ungefähr 7000 Menschen in der Butyrka erschossen, unter ihnen an die 1000 Deutsche.

Die beiden Todeskandidaten Leo Bauer und Erica Wallach wurden in nebeneinanderliegende Einzelzellen gesperrt. Dort blieben sie für die ersten zwei Tage ihrer Haft. Erica gab Klopfzeichen, Leo antwortete, aber sie konnte seine Signale nicht in Worte übersetzen. Schließlich erkannte sie, dass er immer noch verwirrt gewesen sein muss und vergessen hatte, einen Buchstaben bei ihrem Code-Alphabet mitzuzählen. Als sie sich dann doch noch verständigen konnten, klopfte er so heftig, dass die Wachen es hörten und sie für das nächste halbe Jahr in weit auseinanderliegende Zellen sperrten. Unser Onkel Leo sagte später: »Wenn man sechs Monate in der Todeszelle gesessen hat und jede Minute darauf wartet, erschossen zu werden, da gibt es wenige Dinge, die einen noch erschüttern können.«

Es gab nichts zu tun, als auf den Tod zu warten. Bekanntlich führten die Wärter der Butyrka diese finale Strafe aus, indem sie den Häftling aus der Zelle führten oder ihn in diese zurückführten und ohne weitere Warnung von hinten mit einem Genickschuss umbrachten. Tagsüber ging unser Onkel in seiner Todeszelle auf und ab – und zählte seine Schritte. Des Nachts war alles noch viel schlimmer für ihn:

»Die Nacht ist, wenn man nicht schlafen kann, die eigentliche Hölle des Häftlings. Man muss liegen, man darf nicht in das Reich der vierunddreißigtausend Schritte fliehen. Unendliche Stille – noch stiller und unheimlicher als am Tage – ruht über dem Gefängnis. Plötzlich aber fängt irgendwo in einer Zelle ein Mensch in seiner Verzweiflung an zu schreien. Weiß man, was los ist? Wurde er geschlagen? Wurde er gefoltert? Schrie er im Traum, in seiner Verzweiflung, in seiner Angst? Wurde er wahnsinnig? Man weiß es nicht. Man erlebt im Bett liegend alle nur erdenklichen Szenen. Vielleicht wird gerade ein Leidensgenosse zur Erschießung geführt. Plötzlich hört man das stets neuen Schrecken einjagende Geräusch des Schließens einer Zellentür. Der Riegel wird zurückgerissen, irgendwo wird eine Zellentür geöffnet. Ein Mensch soll zur Vernehmung geführt werden oder vielleicht zum Tode. Er wehrt sich, er will nicht, er schreit, er brüllt – die Posten bemühen sich, ihn zu beruhigen, schimpfen und fluchen – nichts hilft. Die Tür wird wieder zugeschlagen, der Posten entfernt sich, um einige Minuten später mit Verstärkung wiederzukommen. Man hört auf seinem Bett, in Schweiß gebadet und zitternd, die gleichen Geräusche und man erlebt die Szene, als wäre man selbst das Opfer. Wieder wird die Zellentür aufgerissen, wieder wehrt sich der Mensch. Diesmal besteht die Antwort nicht in Beruhigungsworten und nicht in Flüchen. Der Mensch wird gepackt, zu Boden gezerrt und man hört, wie ein Mensch schreiend, sich wehrend und um sich schlagend den Korridor entlanggeschleift wird. Immer entfernter erklingen die Schritte, immer leiser wird das flehende Gejammer des Menschen, der da leidet. Und plötzlich ist man wieder von absoluter Stille umgeben, die Angst einjagt, die den Menschen in seinem Bett bedrückt und der er nicht entfliehen kann. Furchtbar sind die Nächte des Häftlings, die er schlaflos verbringen muss. Und kommt dann der Schlaf, dann ist er von Träumen erfüllt, die noch furchtbarer sind als die Schlaflosigkeit. Der zum Tode Verurteilte erlebt im gleichen Moment, wie er im Schoße einer Frau das höchste Glück empfindet und dabei seiner eigenen Hinrichtung beiwohnt. Er erlebt in vielfacher Form seinen Tod. Er rast ins Unendliche, möchte sich wehren, schreit und wacht erschöpft auf. Dann erst merkt er, dass die Nacht vorbei ist, der Posten hat gerade an die Zellentür geschlagen und sein ›Podjem‹, ›Aufstehen‹ gerufen.«

Und das Nacht für Nacht, sechs Monate lang, ein halbes Jahr, 180 Tage mit jeweils 34 000 Schritten und 180 Nächte ohne die geringste Ablenkung.

Am 5. März 1953 starb Stalin. Josef Wissarionowitsch Dschughaschwili, der Georgier, der sich seit 1912 »Stalin«, der Stählerne, genannt hatte, war tot. Leo Bauer wog nur noch 88 Pfund. Er hatte eine offene Tuberkulose, er litt an einer offenen Dystrophie, degenerativen Erscheinungen infolge von Mangelernährung, sein Körper war voller Wasser. Die Angstträume spukten in seinem Hirn.

Er lebte.

Bereits am 27. März jenes Jahres wurde in der Sowjetunion eine erste große Amnestie erlassen. Weitere folgten. Im Juli 1953 wurden unser Onkel Leo zu 25 Jahren und seine liebe Freundin Erica zu 15 Jahren Zwangsarbeit »begnadigt«. Sie kam in ein Lager des Strafbezirks Workuta südlich der Insel Nowaja Semlja im nördlichen Polarkreis. Er kam in das Arbeitslager Taischet in Ostsibirien.

Sie nannten es »auf Etappe schicken«. Und so erinnerte sich Onkel Leo im Jahre 1970 an seine Verfrachtung nach Ostsibirien:

»In diesem Zustand wurde ich ›auf Etappe‹ geschickt; in Güterwagen wurde ich von Moskau nach Sibirien etappenweise gebracht. Unterwegs blieben wir, abhängig von weiteren Verbindungsmöglichkeiten, einmal zwei Wochen, das andere Mal ein paar Tage und das nächste Mal einen Monat in sogenannten

Durchgangsgefängnissen, die ihm wahrsten Sinne des Wortes dem letzten Jahrhundert entstammten. Ich wurde dabei mehrmals an die Schilderungen in ›Aus einem Totenhaus‹ erinnert. Im Gefängnis von Kuibyschew an der Wolga brach ich als Folge der Dystrophie endgültig zusammen. Daß ich noch lebe, verdanke ich der aufopfernden Hilfe einer jungen schönen sowjetischen Ärztin, die Mitglied der Komsomol war. Ich hatte ihr meine Vergangenheit und Geschichte erzählt. Sie versuchte rührend, ihre Partei zu verteidigen (ihren Vater und Bruder hatte sie im Krieg mit den Nazis verloren). Sie machte die dollsten Sachen. Sie brachte mir aus der Stadt Medikamente, Weißbrot und päppelte mich wieder auf. Dazu gehörte einer der schönsten platonischen Flirts. Gegen den Willen der Geheimpolizei hielt sie mich einige Wochen im Gefängniskrankenhaus zurück. Dann kam der Tag des Abschieds. Sie verriet mir, wo ich hinkommen würde: in ein politisches Regime-Lager schlimmster Art, Tajschet.«

X

Kreuzwendedich

Ungefähr zu der Zeit, als Leo nach Taischet überführt wurde, ist unser Vater nach Frankfurt zur *Frankfurter Allgemeinen Zeitung* berufen worden. Er hatte, nachdem er in den Westen gegangen war, unsere Mutter und uns nicht verlassen. Er hatte uns nach Hamburg nachkommen lassen, wo er seine erste Stelle bei der westlichen Nachrichtenagentur dpa bekam und wo er, wie geschildert, erst einmal misstrauisch beäugt wurde. Wer von der ADN in Ost-Berlin kam, so muss man bei der dpa und wohl auch bei der CIA räsoniert haben, der muss doch wohl ein östlicher Agent sein.

In Hamburg wohnten wir in einer großen Altbauwohnung im Stadtteil Sankt Georg. Diese Wohnung teilten wir uns mit zwei anderen Mitparteien, an die ich keine Erinnerung habe. Wir hatten zwei der fünf Zimmer, nämlich die ineinander übergehenden Wohn- und Esszimmer, die mit einer großen doppelflügligen Schiebetür verbunden waren. In einer Wohnung wie unserer – in der Straße Koppel, näher zur Außenalster als der Hansaplatz und die Lange Reihe – wohnt heute wahrscheinlich ein wohlsituiertes Pärchen, die beiden großen Zimmer zur Straße hin, die wir als inzwischen fünfköpfige Familie hatten, dürften heute wieder als Esszimmer und Wohnzimmer dienen, so wie es in der Gründerzeit von den Bauherren gedacht war. Der Prozess der »Gentrifizierung« ist überall in deutschen Großstädten zu sehen und hat in Hamburg auch die Viertel Altona, Ottensen und Eimsbüttel erfasst.

Zu unserer Zeit – Anfang der fünfziger Jahre des vergangenen Jahrhunderts – herrschte noch extremer Wohnungsmangel. Eine große Fünfzimmerwohnung wurde von mehreren Familien bewohnt. Wir hatten, wie gesagt, zwei Zimmer. Die Monatsmiete dafür betrug 250 D-Mark, ein stolzer Betrag. Alle benutzten die eine Küche, alle teilten sich das eine Bad, in dem das warme Wasser aus einem großen – »Boiler« genannten – Heizofen kam, der über der Badewanne hing und dessen Wasser gerade ausreichte, um eine Wanne zu füllen. Unsere Mutter hatte 1951 noch ein Kind geboren, ein Mädchen, unsere Schwester Tina. Mit ihr saßen wir oft zu dritt in der Wanne zum abendlichen Bade. Das eine der beiden großen Zimmer war unser gemeinsames Kinderzimmer, mit einem Etagenbett und einem daran befestigten Einzelbett. Unsere Eltern schliefen in dem anderen Zimmer, das zugleich auch als Wohnzimmer und Esszimmer diente. Wir waren das gewohnt aus Berlin.

In der Dreizimmerwohnung in der Spandauer Sprengelstraße hatten wir tatsächlich zu siebt, nein, zu acht gewohnt, denn Opa Dubro war vom Jugendamt zum Vormund von unserem Cousin André bestellt worden und hatte ihn aufgenommen, nachdem die Eltern Gitta und Leo Bauer von der Stasi in Haft genommen worden waren (wobei lange Zeit keiner wusste, ob und wo sie einsaßen beziehungsweise ob sie überhaupt noch am Leben waren).

Halt! Was sage ich da? Zähle ich richtig? In der Wohnung Sprengelstraße 3, Parterre links in Berlin-Spandau hatten zu Beginn der fünfziger Jahre, bevor wir unserem Vater nach Hamburg folgen konnten, gewohnt: Opa Dubro, Oma Dubro, Tante Hanni, die Jüngste der vier Schwestern, dann auch Tante Hilde, die dritte der vier Schwestern, die nach 19 Monaten aus der Haft freikam, meine Mutter mit meinem Bruder Christian und mir, unser Cousin André, dessen Mutter noch lange in Stasihaft saß und dessen Vater in Sibirien in Lagerhaft war. Dazu kam noch zeitweilig Kai Moslé, Sohn von Ilse Baumgart, die einen Mann namens Hüter Moslé geheiratet hatte, der wie sie »Halbjude« war, also einen jüdischen Elternteil hatte. Es waren acht, dann neun, zeitweilig zehn Menschen, die hier wohnten.

Opa saß in der Küche und schnitzte Spielzeug für uns aus Holz. Einmal schenkte er mir eine aus Holz geschnitzte Pistole, ein

Spielzeug, das uns allen eigentlich streng verboten war. Ich wusste das und versteckte sie in der ersten Nacht unter meinem Kopfkissen – und bekam darauf einen schrecklichen Albtraum, worauf ich beichtete und das verbotene Spielzeug reuig meiner Mutter übergab, die es in den Kohleofen warf.

Wir vier Jungs schliefen oft, daran erinnere ich mich gut, in einer anderen Wohnung weiter oben. Dort wohnte zunächst auch unsere aus Holland zurückgekehrte Großtante, Tante Ami, zusammen mit zwei anderen älteren Damen, den »Tanten Teichert«. Über sie weiß ich nicht mehr viel. Nur, dass unsere vier Betten nebeneinander in einer Art Wohnzimmer standen und die »Tanten Teichert« nach dem Gute-Nacht-Sagen uns stets ermahnten: »Aber die Händchen bleiben schön *über* der Bettdecke!«

Wir spielten auf dem Trümmergrundstück gegenüber. Das war ebenfalls strengstens verboten. Dort gab es Bombenkrater, die mit Wasser vollgelaufen waren. Wir bastelten so etwas wie Harpunen aus kleinen Holzstücken, an denen wir vorne einen Nagel mit Draht befestigten. Mit diesen Harpunen fingen wir in den Kratern imaginäre Walfische. Kai war immer der Mutigste, der Ungehorsamste. Kein Wunder, er war ja nur zu Besuch, von seinen Eltern war keiner in der Nähe. Sie wohnten woanders in Berlin. Allenfalls saß seine Großmutter Margot Baumgart bei ihrer guten Freundin Anna-Elisabeth Liedig (Tante Ami) im Zimmer und trank den guten, aus Holland von den Baruchs geschickten Tee mit ihr. Die Jüdin Margot Baumgart bildete zusammen mit unserer katholischen Tante Ami, ihrer besten Freundin, die Keimzelle der so eng verbundenen Doppelfamilie. Wir wissen bis heute nicht genau, wie sie die Nazizeit überstanden hat. Nur so viel: Ihr Mann, Kurt Baumgart, war Christ und ein Beamter, er fälschte viele Papiere, um seine Frau und Tochter vor der Gestapo zu schützen. Margot Baumgart war vielleicht schon als Kind nervös gewesen. Vielleicht hat sie aber erst die Furcht im »Dritten Reich« nervös gemacht. Jedenfalls zuckte sie immer mit den Mundwinkeln und kniff beständig die Augen zu, was wir Kinder staunend beobachteten und nachzuahmen versuchten.

In manchen der Bombenkrater befanden sich noch Blindgänger. Natürlich suchten alle Jungs nach solchen nicht explodierten Bomben. Einer beschwerte sogar seine »Harpunen« mit mehr Draht, damit sie im Wasser weiter nach unten sanken, vorbei an den imaginären Walfischen hin zu den echten Bomben. Zwei Jungs bezahlten für die Suche nach Blindgängern mit dem Verlust ihrer Beine. Sie hatten gefunden, was wir alle suchten, Granaten, die nicht explodiert waren, die dann aber doch noch zündeten.

In Hamburg war das nicht viel anders. Einmal fanden mein Bruder Christian und ich eine deutsche Stielhandgranate (»Der Ami hatte doch nur ›Eierhandgranaten‹«, das wussten wir aus den Verbotsbegründungen ziemlich genau). Wir stellten uns in geringer Entfernung voneinander auf dem Gehweg an einem der vielen Kanäle auf, nahmen diese Granate mit dem langen hölzernen Wurfstiel und warfen sie abwechselnd vor uns auf den Boden, in der Hoffnung, sie würde explodieren. Zu unserem Glück sah das ein zufällig vorbeikommender ehemaliger Soldat, der noch Uniformteile trug. Er griff sich die Granate und warf sie in den Kanal.

In Hamburg war aber das Spielen längst nicht so schön wie mit André und Kai auf dem Trümmergrundstück gegenüber der Spandauer Wohnung der Großeltern. Das größere der beiden Zimmer in Hamburg, das Wohn-, Ess- und Elternschlafzimmer, hatte ein Erkerfenster, welches leicht hervorstand. Von diesem Fenster warfen wir Holzklötze in das ebenfalls geöffnete Fenster in unserem Kinderzimmer nebenan. Das fanden wir sehr lustig. Bis unsere Mutter es unserer kleinen Schwester Tina erlaubte mitzuspielen. Aber sie konnte die Holzklötze nicht weit genug werfen. Sie fielen aus dem Erkerfenster nur gerade hinunter auf die Straße. Was bedeutete, dass wir die drei oder vier Treppen hinunterlaufen mussten, um die Klötze wieder hochzuholen. Zu unserem Leidwesen erlaubte Mama es Tina auch danach, weiter mitzuspielen. So mussten wir jedes Mal, wenn sie »dran« war, die Treppen runter- und raufsteigen, um unsere Wurfklötze wiederzubekommen.

Unser Vater hatte uns zwar nicht sitzen lassen, wie es Tante

Gitta prophezeit hatte. Allerdings – und insofern lag sie nicht ganz falsch – nahm er es mit der ehelichen Treue nicht sonderlich genau. Im Mai 1949 war er nach Hamburg gegangen. Er wollte vorab eine Wohnung für uns suchen, was, wie ich einem alten Schreiben von ihm entnehmen konnte, »trotz ›Zuzugsgenehmigung‹ nicht leicht, ja, beinahe unmöglich ist«. So wohnte er seit Mai 1949 »zusätzlich« – zusätzlich zu der Wohnung in Berlin – in Hamburg. Und in dieser »zusätzlichen« Wohnung lebte und amüsierte er sich allem Anschein nach mit anderen Frauen. Alles war sorgsam getarnt, unserer Mutter wegen, aber auch wegen des erwähnten Kuppeleiparagrafen, der in jenen Zeiten des äußerst knappen Wohnraums oft zum Einsatz kam. Wir kamen regelmäßig zu Besuch, bis wir dann alle – Mutter, Christian, Tina und ich – Ende 1951 oder Anfang 1952 ganz und gar nach Hamburg umzogen und der Anschein der heilen Familie wiederhergestellt war.

Zwei Ereignisse aus dieser Zeit habe ich noch genau in Erinnerung. Zum einen war da eine hübsche »Tante«, die ich doch gar nicht kannte, die mich aber beim Besuch bei unserem Vater in Hamburg in einem fort herzte und entzückt ausrief: »Wie süß, wie süß, das kleine Herzebubele!« Das klang nun gar nicht berlinerisch, meine echten Tanten – und es gab ja einige – waren waschechte Berlinerinnen, die niemals ein Wort wie »Herzebubele« in den Mund genommen hätten. Zum anderen gab es einen Anruf, nach dem unsere Mutter herzzerreißend weinte: »Opa ist tot, Opa ist tot!« Da müssen wir schon alle fest in Hamburg gewohnt haben, sonst hätte es in jener Zeit, da Telefonate noch unerschwinglich teuer waren, bestimmt nicht solch einen »Fernruf« gegeben.

Unser Vater hat im Jahr 1953 eine Teilzahlung in Höhe von 6855 D-Mark auf seine Haftentschädigung bekommen. Er hatte beim Entschädigungsamt Berlin-Wilmersdorf am 23. Januar 1952 erstmals eine »einmalige Zahlung als Vorschuß gemäß § 40, Klasse I, Ziffer 6 des Entschädigungsgesetzes in Höhe von mindestens 1500 DM auf (seinen) Entschädigungsanspruch … für Schaden an Freiheit« gewährt bekommen. 1500 Deutsche Mark! Das wären sechs Monatsmieten gewesen. Bei der Währungsreform von 1948, der bedeutendsten wirtschaftspolitischen Maßnahme der deutschen Nachkriegsgeschichte, wurden jeder »natürlichen Person« in zwei Schritten – unmittelbar am 20. Juni 1948 – ein »Kopfgeld« von 40 D-Mark und einen Monat später weitere 20 D-Mark in bar ausgezahlt. Bei der späteren Umwandlung der Reichsmark wurden diese 60 D-Mark angerechnet. Für unsere Eltern mit damals nur einem Kind waren das zusammen 180 D-Mark. Und nun, nur dreieinhalb Jahre später die Aussicht auf das mehr als Achtfache, auf sage und schreibe 1500 D-Mark auf einen Schlag. Aber die Sache verzögerte sich. Und dann dies im August 1953: »Dem Antragsteller wird eine Geldentschädigung für 1371 Tage Freiheitsentziehung in Höhe von 6855 DM … gewährt.«

6855 DM – eine unvorstellbare Summe!

Unser Vater behielt dieses Geld nicht für sich. Er gab es für uns alle aus. Diese erste Zahlung von 6855 D-Mark – wie auch alle weiteren von insgesamt 15 000 D-Mark – verwendete er für nur einen Zweck, für: Ferien in der Schweiz.

Die erste Reise muss noch im selben Jahr 1953, spätestens im Sommer 1954 stattgefunden haben. Bis heute kann ich mich an sehr viele Details erinnern. Wir kamen aus den beengten Verhältnissen in der geteilten Altbauwohnung. Wir aßen kärglich belegte Stullen zum Abend. Der größte Luxus waren die »Hershey's Chocolate Bars«, die uns das nette CIA-Agentenpaar Ralph und Douggy Hattry bei ihren seltenen Besuchen mitbrachte. Hamburg – schwerstens zerbombt im Krieg – lag noch zu großen Teilen in Schutt und Asche.

Nun aber fuhren wir in die Schweiz. Mit dem D-Zug erst mal bis nach Basel. Nach dem Wechsel auf die Schweizerischen Bundesbahnen (SBB) am deutschen »Badischen Bahnhof« – wo so viele Flüchtlingsschicksale bitter endeten, weil die Schweiz die Grenzen dichtgemacht hatte, wovon wir Kinder zu diesem Zeitpunkt natürlich nichts wussten – kamen wir aus dem Staunen nicht mehr heraus. Keine Trümmer! Nirgendwo Ruinen! Am nächsten Bahnhof, dem Bahnhof der Schweizer in Basel, stiegen wir gleich wieder aus. Unser Vater war, sicher aus guten Gründen, auch auf diesen Reisen immer vorausgefahren und wartete am Zielort auf uns. Also ging Mama mit uns dreien (circa sieben, fünf und zwei Jahre alt) im Schlepptau erst einmal in einen Tea Room. Für sich bestellte sie Kaffee, für uns »Ovomaltine« oder »Orangina« in den kleinen bauchigen Flaschen. Ein ungeheurer Luxus. Für jeden von uns ein eigenes Glas. Und dann noch eine ganze Tafel Schokolade. Einfach so. Nicht von einem Besucher. Einfach so im Laden nebenan gekauft. Von unserer immer etwas verschwitzten Mutter.

Mit einem schweizerischen Zug ging es weiter bis nach Sion, Sitten, im oberen Rhonetal. Dort noch einmal in einen »Tea Room«. Und dann in den Postbus. Das waren gelbe Ungetüme von Sig-Sauer mit langen Kühlerhauben, deren Verdeck über die ganze Länge des Busses aufgerollt wurde. Auch hier keine Trümmer. Und wieder Schokolade, obzwar immer nur zwei Stückchen auf einmal. Wir durften sogar die konzentrierte Milch aus der Tube haben, die wir nicht kannten. Mama bekam sie zu ihrem Kaffee serviert, fand sie aber »zu süß«.

Der Postbus fuhr das Val d'Hérens hinauf bis zur Endstation, der Post in Les Haudères, hinter Evolène. Dort mussten wir wieder umsteigen, in einen Landrover, in dem wir Kinder hinten auf den Querbänken saßen. Der Landrover mit Vierradantrieb brachte uns hinauf zu dem Dorf Villa d'en Haut. Dort hieß es ein letztes Mal umsteigen, genauer: aussteigen und laufen. Das Gepäck wurde auf die Holzsättel von Mulis geladen, und diese geduldigen Lasttiere trugen es hinauf zum Ziel: einem Chalet auf der Alm, wo unser Vater schon mit einem Glas Fendant in der Hand wartete. Weil wir Kinder von der langen Fahrt ganz müde waren, durften wir uns bei diesem letzten Stück des Weges am Schweif des Mulis festhalten und nach oben ziehen lassen.

Das ging so Jahr für Jahr bis etwa 1961, als wir ein letztes Mal – und da schon mit dem Auto – in die Schweizer Berge fuhren. Und immer von dem Entschädigungsgeld, das unser Vater ausschließlich für diese Reisen verwendete.

Dieses Geld hatte sogar ausgereicht, um Chalets zu mieten, die so groß waren, dass alle zu Besuch kommen konnten. Und sie kamen alle und entkamen so für ein paar Ferienwochen der Tristesse des Nachkriegsdeutschlands: Tante Hanni, Tante Hilde, sogar Tante Gitta nach ihrer Freilassung, André sowieso, er war – elternlos aufgewachsen – ein stiller Junge mit großen traurigen Augen; es kamen zu uns in den Ferien auch Ilse Moslé und ihr Sohn Kai. Kai war, so Tante Ami, die selber nie zu uns in die Schweiz kam, ein »missratener Bengel«, der ideale Anführer für Dumme-Jungen-Streiche. Einer endete für ihn im Jauchetrog. Kai hatte mit einem roten Pullover seiner Mutter einen Bullen gereizt, der im Stall angekettet war, obwohl uns der Bauer, der sehr nett war, ausdrücklich gesagt hatte, wir sollten den Bullen in Ruhe lassen. Kai wedelte mit dem Pullover und versetzte das Tier in höchste Aufregung. Wir bewunderten ihn, das hätten wir uns nicht getraut. Kai selber war ganz begeistert von der Wirkung seines Tuns und drehte sich im Kreis, immer den Pullover schwenkend. Nach einer solchen Pirouette landete er in den Armen des Bauern, der ihn hochhob und in einen Jauchetrog plumpsen ließ. Kai, das muss man sagen, heulte nicht und schrie nicht. Er gab keinen Ton von sich.

Der große Traum meines Vaters war es, die 4357 Meter hohe »Dent Blanche« im Oberwallis zu besteigen. Die Ferienwohnungen in diesem Gebiet waren unweigerlich so – über der Baumgrenze – gelegen, dass dieser mächtige »Weiße Zahn« mit seiner meist eisfreien schwarzen Nordwand von ihnen aus zu sehen war. Das war ihm wichtiger als der buckelige »Arolla« oberhalb eines stets verschneiten und deshalb strahlend weißen Gletschers, dessen Anblick wir Kinder liebten. Nach ein paar Jahren des Übens und mehreren vergeblichen Aufstiegen schaffte Papa es tatsächlich. Für den Aufstieg in die »Dent Blanche«, die zu den vergleichsweise leicht zu besteigenden Viertausendern zählte, waren nur wenige Kletterpartien nötig. So konnte er – angeseilt – im Zweierteam mit seinem Bergführer in der Frühe loslaufen, in einer Berghütte übernachten, am nächsten Morgen beim ersten Licht über den Arolla-Gletscher zum Einstieg kommen, auf den

Gipfel steigen und nach einem Erinnerungsfoto mit seiner alten »Agfa« schnurstracks wieder absteigen.

Nach dieser, wie auch nach abgebrochenen und nach einfacheren Bergbesteigungen dürstete es ihn nach einem Tee. Sein Führer – es war immer derselbe Mann, ein kräftiger Bergbauer – rauchte nur schnell eine Zigarette und machte sich dann zu unserem Erstaunen an seine eigentliche Arbeit. Wir sahen ihm zu, wie er mit der Sense das Gras auf seinen Almwiesen schnitt und das getrocknete Heu in einem Tuch hinunter zu seinem Haus trug, das, wie alle dort oben, auf Stelzen stand, unten einen Stall, darüber die Wohnung und unter dem Dach den Heuschober hatte.

Dann wollte Vater vom Tee auf den trockenen Weißwein aus dem Rhonetal, den herben »Fendant« umsteigen, und wir begleiteten ihn hinunter ins Dorf Villa oder nach La Forclaz oder La Sage. Dort fanden sich verräucherte Gaststuben, in denen hübsche junge Frauen in Trachtenkleidern und mit am Kinn festgebundenen Strohhüten bedienten. Der Rauch kam von den stets brennenden, offenen Holzfeuern. Dort wurde auch das Raclette zubereitet. Unser größtes Glück! Man hielt einfach ein halbes Käserad an das Feuer, wartete einen Moment, bis der äußere Rand des Käses an der angeschnittenen Seite geschmolzen war, und schabte dann diesen geschmolzenen Käse auf eine dicke Scheibe Bauernbrot. Die kleinen Rußstückchen, die aus dem Feuer geflogen waren, gaben diesem Raclette die Würze. Das war etwas anderes als die dünn belegten Schnittchen daheim. Und zu trinken immer »Orangina« in den kleinen bauchigen Flaschen!

Christian und ich durften bis zur Höhe von 3500 Metern mitgehen. Tina war das nicht erlaubt. Einmal hatten wir es mit ihr versucht, aber sie versteifte sich darauf, dort oben Stöcke und Zweige aufzusammeln, was nicht leicht war, denn wir befanden uns schon am Rand der Baumgrenze. So ging es mit ihr einfach nicht weiter. Überdies wollte sie das Bündel, das sie gesammelt hatte, nicht ablegen, sodass unser Vater, der auch keine Lust hatte, ein Bündel trockener Äste den Berg hinaufzuschleppen, sie »Fräulein Stöckermann« nannte und nach Hause brachte.

Fortan konnten wir Jungs ungestört mit ihm auf Bergtour gehen. Wir konnten mit ihm reden, und so erfuhren wir auch, wie es dazu gekommen war, dass wir uns diesen großen Luxus leisten konnten. Er bestand nicht nur in der Reise an sich und dem hübschen Chalet, schon damals exorbitant teuer zu mieten, was wir aber noch nicht einschätzen konnten. Es gab – als Luxus auch für uns sichtbar – Hühner im Haus, und wir durften im Heu nach ihren frischen Eiern suchen. Es gab reichlich Butter, die in den vier Wochen in den Schweizer Bergen nicht aus den Poren des Brots geschlagen wurde. Es gab Kirschen, und unser Vater veranstaltete Weitspuck-Wettbewerbe mit uns vom Balkon, der mit Blumenkästen behängt war. Was die Hühner unten zu unserer großen Freude aufgeregt schaben und picken ließ. Sie glaubten, es sei Futter, was da von oben herabfiel. Auf den Wanderungen boten die großen Jungs, die auf den Almen die Kühe hüteten, uns immer frische Milch, direkt aus den Eutern ihrer Kühe an. Diese warme, nichtpasteurisierte, nichthomogenisierte Milch trank aber nur Vater. Uns war sie zu frisch, zu warm und zu fett. Wir waren so etwas nicht gewohnt aus dem Nachkriegsdeutschland. Bei der nächsten Pause gab es dann die würzigen luftgetrockneten »Gendarmen«, die Würstchen, die, wie ich viele Jahre später herausfand, bei uns »Landjäger« genannt wurden, die aber, wenn sie im »Konsum« oder bei »Edeka« gekauft wurden, längst nicht so schmeckten, wie wenn sie aus der kleinen Épicerie in Les Haudères kamen.

Im Normalfall sollten wir bei unseren Wanderungen nicht reden. Wir sollten die Luft zum langsamen Atmen benutzen, um bei Kräften zu bleiben. Und außerdem wollte Vater »die Stille der Bergwelt genießen«. Das hielten wir für Macken. Genauso wie sein Verbot zu rennen, das bei den abschüssigen Wegen sicher sinnvoll war. Aber mit zunehmendem Alter wurden wir schneller als er. Wir konnten klettern, was ihm wegen seines lahm von der verletzten Schulter herabhängenden linken Arms verwehrt war. So waren wir ihm oft voraus, nahmen Abkürzungen. Und am Ende des Tages bat er uns sogar audrücklich vorauszulaufen – zum Gasthof im nächsten Dorf: »Sagt Jacqueline, sie möchte mir doch bitte einen Tee kochen« – er verstand es, Spannung zu erzeugen – »und den Fendant kalt stellen … und das Feuer schon mal für das Raclette anfachen … Ihr dürft euch schon jeder eine Orangina bestellen.«

Aber manchmal auf flachen, einfachen Wegen ließ er auch mit sich reden. Wir fragten ihn dann, wie er es ausdrückte, »ein Loch in den Bauch«.

Wie ist er zu dem Geld für diese schönen Reisen gekommen?

War er im Krieg gewesen?

Und warum gab es keinen Krieg hier in der Schweiz?

Weshalb haben neulich diese großen Jungs im Dorf mit Steinen nach uns geworfen und »*Allez les boches!*« gerufen?

Über den Krieg und seinen Einsatz in dem Strafbataillon sprach er noch zögerlicher als über seine Tätigkeit im Widerstand. Immer wenn wir insistierten, brummte er etwas von »die Stille der Bergwelt genießen«.

»Hast du selber auch auf Menschen geschossen, Papa?«

»Wenn man im Schützengraben liegt, und einer von gegenüber auf dich schießt, dann schießt du zurück. Aber du siehst den, auf den du schießt, gar nicht.«

»Wie bist du verwundet worden?«

»Es hat einer eine Handgranate in unseren Schützengraben geworfen, die ist explodiert und hat mir das große Loch in die linke Schulter gerissen.«

»Was ist dann passiert?«

Wir hatten schon gesehen, dass er vorne und hinten unterhalb der linken Schulter zwei tiefe, vernarbte Löcher hatte. Sie waren so tief, das man beinahe durch sie hindurchschauen konnte. Es war nur gerade ein Stück Haut über dem linken Lungenflügel zusammengewachsen. Die Muskeln fehlten ihm dort völlig. So hing sein linker Arm, im Bizeps kraftlos, an einem schmalen Steg des verbliebenen Rests seiner linken Schulter. Wäre der Einschlag ein paar Zentimeter tiefer erfolgt, dann hätten ihn die Granatsplitter direkt ins Herz getroffen. Das hätte er nicht überlebt. Zeit seines Lebens sprach er ungern über diese Kriegsverletzung. Er tarnte sie gut. Er trug weite Hemden. Seine Jacketts waren an der linken Schulter besonders dick ausgepolstert.

Beim Essen schnitt er das Fleisch mit dem Messer, wie es sich gehört, mit der rechten Hand. Dann stach er mit der Gabel in der linken Hand hinein und führte die linke Hand mit seiner rechten zum Mund.

Beim Tennis, das er leidenschaftlich gerne spielte, warf er beim Aufschlag den Ball stets aus dem Handgelenk des nutzlos herabhängenden linken Arms in die Höhe.

Später, als die Metalldetektoren auf den Flughäfen eingeführt wurden, ließ sich die alte Kriegsverletzung nicht mehr verbergen. Jedes Mal, wenn er durch das Portal schritt, schrillte die Alarmglocke. Es befanden sich noch viele Metallsplitter in seiner Brust.

»Sag doch bitte, Papa, was ist dann passiert?«

»Nun gut, ich kam schwer verwundet in ein französisches Spital. Der Arzt sagte mir, er könne nichts für mich tun. Er sagte, ich solle aufstehen, dann hätte ich eine Chance zu überleben. Wenn ich aber einfach liegen bliebe, würde ich sicher bald sterben. So stand ich einfach auf – und überlebte …«

»Und dann?«

»… kam ich in französische Gefangenschaft. Wunderbar! Der Krieg war aus für mich.«

»Und dann?«

»Nun fragt mir doch kein Loch in den Bauch. Ich habe von euren Fragen schon so viele Löcher im Bauch, dass ich aussehe wie ein Schweizer Käse.«

»Bitte, bitte, nur noch, was dann passiert ist.«

»Kinder, lasst uns die Stille der Bergwelt genießen. Und – *keuch* – außerdem müssen wir gleich den Katzenpfad hochkraxeln. Da brauchen wir unsere Luft. Seht mal lieber nach da drüben hin. Zu der Geröllhalde. Da steht ein Murmeltier. Hört ihr es auch?«

Kurz bevor wir vorausgeschickt wurden, um den Tee und den Wein zu bestellen, kamen noch ein paar kärgliche Informationen:

»Leider wurde ich dann kurz vor Kriegsende noch ausgetauscht. Dann bin ich auch noch zum ›Volkssturm‹ eingezogen worden. Aber das Gewehr, das sie mir gaben, habe ich einfach weggeschmissen und bin nach Hause zu eurer Mutter gegangen.«

Es dauerte ungefähr dreißig Jahre, bis er wieder etwas über den Krieg erzählte, während einer Reise nach Verona. Meine Eltern hatten sich längst getrennt, meine Mutter war gestorben, und mein Vater war inzwischen mit einer anderen Maria, genannt Ria, einer Kunsthistorikerin, verheiratet. Wir waren zu viert unterwegs. Mein Vater, seine Frau, meine Schwester Tina und ich. Ria war allerdings nicht dabei, als wir einen Ausflug an den Gardasee machten, wo er unbedingt in eine bestimmte Trattoria gehen wollte.

Er orderte eine große Schüssel Tortellini alla panna, war völlig entspannt und plauderte plötzlich munter drauflos. Vielleicht lockerte ihm der Restalkohol vom Vortag, an dem wir an einer Weinprobe teilgenommen hatten, die Zunge:

»Genau das habe ich hier auch gegessen, im Krieg, als ich hier durchkam, Tortellini alla panna. Ich wurde nach dem Zuchthaus von einer Ausbildungsstätte zur anderen geschickt. Ich sollte mich in Neapel auf einer italienischen Fregatte einschiffen, die mich nach Nordafrika bringen würde. Und da habe ich hier am See Halt gemacht. Ich war doch völlig ausgehungert von der Zeit im Gefängnis. Aber das hier war noch gar nichts. Auf dem Kriegsschiff hab ich mich mit den italienischen Matrosen angefreundet. Sie haben mich dann direkt aus der Offiziersmesse heimlich mit dem besten Essen versorgt. Ich durfte auf Deck schlafen und auch dort essen: hmm, ich sage euch, köstlich, Spaghetti alla carbonara, Penne all'arrabbiata, Orecchiette alla pugliese und dazu immer einen schönen Schluck Rotwein. Danach habe ich mich auf Deck in die Sonne gelegt. Ich hatte ja immer einen vollen Magen, habe ihn mir immer richtig vollgeschlagen.«

Er greift noch einmal zu der großen Schüssel, bedient sich mit einem ordentlichen Schlag Nudeln und einem großen Schluck Weißwein, fragt verwundert und ein bisschen enttäuscht: »Warum nehmt ihr so wenig, schmeckt es euch nicht?«

Viel mehr habe ich nicht von ihm erfahren. Auch Tante Ami, die sonst in stetiger Wiederholung so vieles zu berichten wusste, hatte zu unserem Vater nicht viel zu sagen, erst recht nicht mehr nach der Trennung unserer Eltern. So musste ich seine Geschichte aus alten Unterlagen rekonstruieren. Dies waren: der Ariernachweis seiner Schwester Erna (er hatte zwei Schwestern, Erna und Eva). Ferner waren es die Akten der Entschädigungsbehörde, die beim Berliner Landesamt für Bürger- und Ordnungsangelegenheiten angesiedelt ist. In einem Keller am Fehrbelliner Platz hatten sie 50 Jahre lang Staub angesammelt. Dann gab es die Broschüren der Gedenkstätte »Deutscher Widerstand«, und zwar den Band ›Widerstand 1933–1945 – Berlin – Widerstand in Mitte und Tiergarten‹. Was dieser Dokumentation und den Akten der Entschädigungsbehörde zu entnehmen war, wurde, zumindest indirekt, auch von den russischen Dokumenten bei der Gauck-Behörde, welche die Stasi übersetzt hatte, bestätigt.

Mein Vater hatte noch einen dritten Vornamen, von einer sehr ungewöhnlichen Art: Kreuzwendedich. Wie ist er zu diesem merkwürdigen Namen gekommen? Die Antwort auf diese Frage hat er selber gegeben. Er fand sie lustig. Kurz bevor er am 26. Dezember 1913 in Gardelegen, Kreis Stendal, geboren wurde, kurz vor diesem letzten Weihnachten vor dem Ersten Weltkrieg lag sein Großvater, mein Urgroßvater, im Sterben. Die gläubige evangelische Familie wünschte sich, dass dieses Kreuz sich abwende. Um diesem Wunsch Nachdruck zu verleihen, gaben sie dem am zweiten Weihnachtstag geborenen Sohn Hans Joachim noch einen dritten Vornamen. Das Kreuz wendete sich aber nicht. Der Großvater starb noch im selben Jahr, kurz vor Silvester.

So musste sich mein armer Vater zeit seines Lebens mit diesem Wunschgedanken-Namen herumschlagen, musste sich von seinen Schulkameraden hänseln lassen und bei Behörden mühselig buchstabieren: K-r-e-u-z-w-e-n-d-e-d-i-c-h, ja, wirklich Kreuzwendedich!

Gottlob war die Sache mit dem Nachnamen da längst ausgestanden. Sonst wäre aus ihm wohl nie etwas geworden. Aus dem erwähnten Ariernachweis seiner Schwester, der Tante

Erna – ihr Mann war wohl ein überzeugter Nazi, deshalb wurde er in unserem Teil der Familie nie erwähnt –, aus diesem Ariernachweis ist zu entnehmen, dass die Vorfahren väterlicherseits Förster, Revierförster und sogar fürstliche Forstwarte waren, in Großkuchen bei Kleinkuchen, wie es merkwürdigerweise und vielleicht auch irrtümlich in einem der Dokumente heißt, im Landkreis Ehingen auf der Schwäbischen Alb. Deren Vorfahren müssen auch Schweine gehabt haben, jedenfalls eine kleine Herde, denn die männlichen Forstwarte trugen allesamt den Nachnamen »Schweinle«.

Einer dieser Forstwarte soll seine Frau öffentlich ausgepeitscht haben und deswegen vom Fürsten des Hofes verwiesen worden sein. Aber das mit dem Auspeitschen dürfte auch Familienlegende gewesen sein, um zu beweisen – nachdem unser Vater unsere Mutter und uns Kinder hat »sitzenlassen« –, dass der »Apfel nicht weit vom Stamm fällt«.

Sicher ist aber, dass es einen Redakteur namens Karl Josef Eugen Schweinle, gerufen Eugen Schweinle, in Rosenberg, Oberschlesien gab. Der Apfel fällt also wirklich nicht weit vom Stamm. Mein Vater war Redakteur, ich war es für viele Jahre ebenfalls. Dieser Eugen Schweinle soll für die *Vossische Zeitung* gearbeitet haben. Die *Vossische Zeitung* war eine in ganz Deutschland angesehene Berliner Zeitung, die bis 1934 erscheinen konnte.

Der Familienlegende zufolge soll Eugen Schweinle von Hofs wegen bedeutet worden sein, dass seine Artikel zwar »lesbar« seien, der Name jedoch »degoutant« sei. So können wir einem Schreiben des Württ. Justizministeriums auf dem Alten Schloßplatz in Stuttgart an das K. Amtsgericht Neresheim mit der Dokumentennummer 18197 unter dem Datum des 4. November 1908 entnehmen: »Dem Redakteur Karl Josef Eugen Schweinle in Rosenberg, Oberschlesien, wird die erbetene Ermächtigung zur Änderung seines Familiennamens in den Namen Schwelien« erteilt. Der Gebührenfestsetzung in Höhe von »9 M 60 Pfg« können wir ferner entnehmen, dass dieser Redakteur Eugen Schweinle trotz des Lebens und Arbeitens im fernen Preußen ein sparsamer Schwabe geblieben ist. Er hat nämlich die Buchstaben von Schweinle einfach zu Schwelien umarrangiert. Hätte er neue Buchstaben gewählt, dann hätte das Amtsgericht Neresheim weit mehr als die »9 M 60 Pfg« eingezogen, nämlich weitere 9 M pro neuen Buchstaben.

Dessen Nachkomme nun, der spätere Redakteur Hans Joachim Schwelien, der sich nur noch mit dem »Kreuzwendedich«, nicht aber mit dem »Schweinle« herumzuschlagen hatte, ging nach Berlin, studierte dort, wie es damals hieß »Nationalökonomie«, was heute schlicht Volkswirtschaftslehre, VWL, genannt wird. Sein Herz schlug links, jedenfalls linksliberal. Er verabscheute sogleich die Nazis. Und er war wohl ein bisschen ein unvorsichtiger Hitzkopf.

In einem Schreiben an das Entschädigungsamt erklärte seine Schwester Erna Kupke, geb. Schwelien, unsere Tante Erna Kupke, die mit nur etwas mehr als 40 Jahren auf einer Fahrt mit der Eisenbahn an Herzversagen starb, am 22. September 1953 Folgendes:

> »Mein Bruder, der Redakteur Joachim Schwelien, z. Zt. Hamburg 24, Lessingstrasse 7, hat sich von frühester Jugend an gegen den Nationalsozialismus aktiv betätigt. Ich war selbst zugegen, wie er im Jahre 1932 in einer Wahlversammlung der NSDAP in den »Lichterfelder Festsälen«, Berlin-Lichterfelde-West, als Diskussionsredner in schärfster Form gegen den Nationalsozialismus Stellung nahm. Ich erinnere mich genau, daß er nur durch das Eingreifen des Versammlungsleiters und durch die Anwesenheit der Polizei davor bewahrt wurde, von dem nationalsozialistischen Saalschutz verprügelt zu werden. Damals war mein Bruder 18 Jahre alt.«

Was unser Vater uns nie so erzählt hat, was aber den Akten des Entschädigungsamtes zu entnehmen ist, ist dies: Er muss schon als 18-jähriger Schüler im Jahre 1931 an der Deutschen Hochschule für Politik in Berlin, dem heutigen Otto-Suhr-Institut, Vorlesungen besucht haben. Seine andere Schwester Eva Schwelien war von 1928 bis 1933 Sekretärin des Direktors dieser Hochschule, eines Professor Arnold Wolfers. Wolfers verließ Anfang

1933 die Deutsche Hochschule für Politik, emigrierte in die Vereinigten Staaten und wurde dort zu einem anerkannten Politikwissenschaftler im Bereich der Außen- und Sicherheitspolitik.

Sein reguläres Studium begann mein Vater an der Universität zu Berlin, der heutigen Humboldt-Universität. Er schloss sich der »Roten Studentengruppe« und der »Sozialistischen Studentenschaft« an. Beide wurden bereits am 30. Januar 1933 aufgelöst. Etliche dieser linken Studenten schlossen sich darauf Untergrundorganisationen außerhalb der Universität an. Die kleine Gruppe der »Roten Studenten«, zu der unser Vater zählte, blieb jedoch an beiden Berliner Hochschulen in Charlottenburg wie auch in Mitte illegal aktiv. Sie war, wie allgemein üblich in jener frühen Zeit des kommunistischen Widerstands, an die ebenfalls illegale Bezirksleitung der Berliner KPD angeschlossen. Unser Vater hatte mit den Kommunisten nicht viel am Hut. Er hat irgendwann einmal auf einer Wanderung in der Schweiz etwas von USPD und SAP gemurmelt, wobei unklar blieb, ob er nun mehr der Unabhängigen Sozialdemokratischen Partei Deutschlands, USPD, die sich 1920 noch der »Komintern« anschließen wollte, oder der Sozialistischen Arbeiterpartei Deutschlands, auch SAPD, zugeneigt war. Ich nehme an, es war die SAPD. Sie war eine linke Abspaltung der SPD, die im Herbst 1931 entstand. Die SAPD setzte sich vehement für eine »Einheitsfront« von SPD, KPD, Gewerkschaften und anderen Massenorganisationen der Arbeiterbewegung gegen die Faschisten ein; was aber von ihrer eigenen leitenden Bürokratie abgelehnt wurde und daher wenig erfolgreich war. Bei den linken Studenten in Berlin funktionierte diese »Einheitsfront« jedoch. Es war in der Gruppe der »Roten Studenten« anscheinend kein Problem, ob einer sozialdemokratisch oder kommunistisch dachte. Und es war anerkannt, dass es einer professionellen Führung bedurfte. Vater hatte ja einmal gesagt, sie seien von der »Roten Kapelle« angeleitet worden, und diese seien »richtige Widerständler« gewesen, die »wussten, wie man im Untergrund arbeiten musste«.

Über kaum eine Gruppe im deutschen Widerstand wurde so heftig gestritten, um keine andere Gruppe rankten sich so viel

Legenden wie um die »Rote Kapelle«. Ursprünglich stammte die Bezeichnung »Rote Kapelle« aus dem Jargon der Verfolgungsbehörden. »Kapelle« war das Symbolwort für eine feindliche Spionageorganisation. Später wurde dieser diffamierende Kriegsname zu einer Art Ehrentitel. Man sprach auch von der »Gruppe Schulze-Boysen«, und Harro Schulze-Boysen, ein Dozent an der Berliner Hochschule für Politik, stand wohl tatsächlich im Kontakt mit sowjetischen Spionageorganisationen. Aber das Besondere an der »Roten Kapelle« war, dass sie in Berlin ein breites soziales Spektrum umfasste. Ihr gehörten an: Adelige, gebildete Bürger, Arbeiterfunktionäre, einfache Proletarier wie große Intellektuelle, Jugendliche, Schüler, Studenten und viele Künstler. In ihr arbeiteten nationalrevolutionäre Sozialisten, Christen und Humanisten zusammen, die Nichtkommunisten neigten gefühlsmäßig am ehesten zum Sozialismus sozialdemokratischer Prägung. Alle lehnten den Antibolschewismus, den extremen Nationalismus und den Antisemitismus der Nazis entschieden ab. Sie zeigten sich bewusst auch selber national. So hieß ein von Harro Schulze-Boysen entworfenes Flugblatt von 1941: »Die Sorge um Deutschlands Zukunft geht durch das Volk!« Darin forderten sie ein von den Nazis befreites Groß-Deutschland in den Grenzen von 1939, das heißt unter Einschluss der aus der zerschlagenen Tschechoslowakei gewonnenen Gebiete.

In der erwähnten, von Hans-Rainer Sandvoß besorgten Dokumentation ›Widerstand in Mitte und Tiergarten‹ heißt es denn auch: »Aufgrund der vielschichtigen Zusammensetzung könnte – aus heutiger Sicht – die Berliner Gruppe daher als *einziges* erfolgreiches Beispiel kommunistischer ›Volksfront‹-Strategie bezeichnet werden.«

Der Widerstand bestand vor allem im Erstellen und Verbreiten kritischer Flugblätter und Untergrundschriften gegen das Naziregime. Insofern mag unser Vater doch recht gehabt haben, wenn er sagte, sie hätten »eigentlich nicht viel getan«. Aber das Wenige reichte schon für den Vorwurf und die Anklage wegen Hochverrats.

Die Staatspolizei hielt in ihrem Abschlussbericht im Juni 1935 fest, was die Verräter so alles mit ihren Schriften »Antifaschistische Korrespondenz«, »Der Sozialist«, »Informationsdienst« oder »Der Rote Student« taten:

»Am 1.8.1934 fanden in der Universitätsbibliothek, am 26.8.1934 in der Funkhalle, am 7. und 8.11.1934 in der Staatsbibliothek der Hochschule für Politik sowie in der Halle der Universität Bölleranschläge statt.
Am 1.8.1934, gegen 12 Uhr, wurde im Lesesaal der Universitäts-Bücherei Dorotheenstraße ein Papierböller mit kommunistischen Streuzetteln zur Explosion gebracht. Der Explosionskörper war auf der Galerie der Bücherei aufgebaut und durch schwarzes Papier bekleidet, daß er nicht auffiel.
Am 26.8.1934 explodierte auf der Galerie der Halle VI der Funkausstellung ein Sprengkörper. In der Blechbüchse befanden sich kleine rote Sowjetsterne mit KPD-Schlagzeile.
Am 7.11.1934 erfolgten im großen Lesesaal der Staatsbibliothek und im Treppenhaus der Deutschen Hochschule für Politik kommunistische Demonstrationen durch Explosionen von Sprengkörpern, die Zettel kommunistischen Inhalts verteilten. Die Sprengladungen waren in Buchattrappen untergebracht. Eine dritte völlig gleiche Sprengladung ist am 8.11.1934 in der Halle der Universität niedergelegt worden, ohne daß es zu einer Explosion kam.«

Ganz schön pfiffig, was? Sie packten ihre Flugblätter in ausgehöhlte Bücher und ließen diese mit Böllern explodieren, sodass sie von den Galerien der Bibliotheken herunterregneten.

Und welche Rolle spielte unser Vater dabei? Lassen wir ihn doch selber reden, lassen wir ihn das tun, was er zu Lebzeiten verweigerte, lassen wir ihn selber Auskunft geben – indem wir aus seiner Eidesstattlichen Erklärung zum Antrag beim Entschädigungsamt zitieren:

»Besonders gute Beziehungen hatte ich zur »Roten Studentengruppe« und zur Sozialistischen Studentenschaft. Nach der

Auflösung dieser Organisationen nach dem 30. Januar 1933 setzte ich meine Beziehungen zu diesen Organisationen fort und trat hierbei in besonders enge Verbindung zu dem Studenten Erich Kirchgatter und der Studentin Fuchs und zahlreichen anderen, mir namentlich nicht mehr vollständig bekannten Personen, die illegal aktiv gegen den Nationalsozialismus tätig waren, unter ihnen der Arbeiter Walter Franz und der Bibliothekar Dr. Philipp Schäffer, alle Berlin.
Mit der Gruppe Kirchgatter-Fuchs betätigte ich mich für die illegal weiterbestehende ›Rote Studentengruppe‹, mit der Gruppe Franz-Dr. Schäffer für eine Organisation, die insbesondere in der SA antinazistische Propaganda entfaltete. Meine Tätigkeit bestand u. a. in der Beschaffung von Material, das publizistisch bei der Herstellung illegaler Flugschriften, so ›Die Rote Standarte‹, verwendet wurde, in dem Transport und der Verbreitung von Flugblättern, dem Werben neuer Mitarbeiter für die illegalen Gruppen, in Kurierdiensten und schließlich in der illegalen Unterbringung eines gegen den Nationalsozialismus in Berlin arbeitenden Widerständlers, den ich auch mit Geld und Lebensmitteln versorgen half.
Diese gegen den Nationalsozialismus gerichtete Tätigkeit erstreckte sich vor allem auf die Zeit vom Spätsommer 1933 bis zu meiner Verhaftung am 4. Dezember 1934, die bei einem sogenannten »Treff« in der Nähe von der Potsdamer Brücke erfolgte. Bei diesem Treff hatte ich den Schüler Gottfried Lehmann mit Walter Franz zusammengeführt, da Lehmann einer illegal tätigen Gruppe beitreten wollte. Tatsächlich aber war er schon einige Wochen vorher einmal verhaftet worden und hatte unter dem Zwang irgendwelcher Umstände sich der GESTAPO verpflichtet, diesen ›Treff‹ mit mir und Franz herbeizuführen. Lehmann, der in dem späteren Prozess gegen mich und Franz als Zeuge auftreten sollte, hat sich vor dem Termin der Hauptverhandlung im August 1935 erschossen. – Seine Verpflichtung, die er gegenüber der GESTAPO eingegangen war, wurde erst später bekannt. – In der Hauptverhandlung vor dem 5. Senat des Kammergerichts Berlin wurde mir demge-

mäß zur Last gelegt: die Fortführung und Neubildung verbotener Organisationen, deren Tätigkeit angeblich auf den gewaltsamen Sturz der Verfassung gerichtet war (Vorbereitung zum Hochverrat). In der Verhandlung selbst kam nur ein kleiner Bruchteil meiner illegalen Tätigkeit zur Sprache, da ich und die Beteiligten in den Vernehmungen alles Wesentliche verschleiert und verschwiegen hatten. Dennoch wurde ich zu dreieinhalb Jahren Zuchthaus mit Anrechnung der neunmonatigen Untersuchungshaft verurteilt, die ich auch im Zuchthaus Luckau verbüßt habe. – Nach Ablauf der Strafzeit wurde ich noch bis zum 14. Juli 1938 im Polizeigefängnis Finsterwalde, also vier Wochen über die eigentliche Strafe hinaus, festgesetzt.«

Das alles war belegt, unter anderem durch seinen damaligen Verteidiger, einen Herrn Kramer, der inzwischen Oberstaatsanwalt beim Landgericht Hamburg war und der sogar den Entlassungsschein meines Vaters aus dem Zuchthaus Luckau vorlegen konnte. Diesem Entlassungspapier ist auch zu entnehmen, dass Vater vor seiner Verhaftung als Volontär beim Aufbau-Verlag in Berlin gearbeitet hatte. Ferner erklärte Oberstaatsanwalt Kramer: »Die wesentliche Belastung des Herrn Schwelien im Sinne der Anklage bestand darin, dass er einem politisch Verfolgten längere Zeit Asyl gewährt hatte.«

Weshalb wurde dann die Zahlung der Entschädigung von – so gesehen: lächerlichen – 5 D-Mark pro Tag in Haft so lange verzögert?

Sollte er doch irgendwie mit den Nazis kollaboriert haben und Mitglied einer ihrer Kampforganisationen gewesen sein? War das der Grund für seine Zurückhaltung bei unseren kindlichen Fragen? Das wäre auch ein Grund gewesen, die beantragte Entschädigung zu verweigern.

Aber nein! Er machte geltend, er sei nur zur Tarnung der SA beigetreten:

»Meine Zugehörigkeit zum SA-Sturm 14/9 erklärt sich wie folgt: Zu Beginn des Wintersemesters 1933 wurden die Berliner Studenten in einem Aufruf der NS-Studentenschaft kategorisch aufgefordert, der SA oder der SS beizutreten. Ich glaube mich recht daran zu erinnern, daß in diesem Aufruf die Rede von einer ›letzten Gelegenheit für jeden deutschbewußten Studenten‹ war. Ich beriet mich daher mit anderen mir bekannten nazifeindlichen Studenten, wie wir uns verhalten sollten. Um an der Universität nicht aufzufallen und um andererseits gerade in einer Naziorganisation hitlerfeindliche Propaganda treiben zu können, sind wir damals, d.h. im November 1933 in die SA eingetreten. Ich bin aus der SA mit Wirkung vom Tage meiner Verhaftung am 4. 12. 1934 ausgeschlossen worden und habe seitdem keiner einzigen nationalsozialistischen Organisation angehört. In Hamburg bin ich dann auch im Januar 1950 in einem schriftlichen Verfahren ›entnazifiziert‹ worden.«

Auch das konnte er glaubhaft belegen. Denn das Entschädigungsamt, das äußerst pingelig alle Anträge auf das Genaueste prüfte und auch die kleinsten Zahlungen nur widerwillig gewährte, war schließlich überzeugt, dass die kurzzeitige Zugehörigkeit unseres Vaters zur SA tatsächlich zur Tarnung der antinationalsozialistischen Arbeit diente. Da muss also noch etwas anderes gewesen sein.

Wir lesen weiter in dem notariell beglaubigten Antragsschreiben des Redakteurs Hans Joachim Kreuzwendedich Schwelien:

»Mit der Verurteilung wegen Vorbereitung zum Hochverrat wurde ich wehrunwürdig. Daher wurde ich am 20. Oktober 1942 zur ›Afrikadivision 999‹ eingezogen, deren Mannschaften sich ausschließlich aus Wehrunwürdigen zusammensetzten. Die Ausbildung dauerte etwa bis zum 3. März 1943. Sie erfolgte auf dem Truppenübungsplatz Heuberg in Württemberg (bis Ende 1942), anschließend in Tournhout (Belgien), Fontvielle (Südfrankreich) und Neapel (Italien). Die Ausbildung war gekennzeichnet durch die Zusammensetzung der ›Afrikadivision 999‹. Ich kann hierbei nur auf die über die Division bekannten Erlebnisschilderungen verweisen, da mir Vergleiche zu normalen Wehrmachtseinheiten fehlen.«

Aha. Afrikadivision 999! Da fällt einem doch gleich etwas ein. Gab es da nicht ein »Strafbataillon 999«? Das berüchtigte Strafbataillon 999?

Das gab es nicht wirklich. Es wurde wohl nur in einem Roman und einem auf diesem Roman basierenden Film so genannt. Weil »Strafbataillon 999« griffiger klingt als »Afrikadivision 999«.

Es gab in Wirklichkeit die Strafdivision 999, ein im Oktober 1942 aufgestellter Sonderverband des Heeres in der deutschen Wehrmacht. Er gehörte zu einem System von »Bewährungseinheiten«, das den Militärstrafvollzug in den Dienst der Kriegsführung stellte. Die bisher vom Dienst in der Wehrmacht ausgeschlossenen »bedingt Wehrunwürdigen« sollten zum Dienst mit der Waffe herangezogen werden. »Wehrunwürdig« – welch ein Wort in diesem Zusammenhang: nicht würdig, in den verbrecherischen Krieg der Nazis zu ziehen? Darauf hätte man eigentlich stolz sein dürfen – »wehr*un*würdig« also war mithin jeder, der zu einer Zuchthausstrafe verurteilt worden war und dem dadurch die bürgerlichen Ehrenrechte oder dem durch ein Urteil eines Militärgerichts die »Wehrwürdigkeit« entzogen worden war.

Im Oktober 1942 verfügte jedoch das Oberkommando der Wehrmacht, OKW, die »Wehrunwürdigkeit« für die Dauer des Krieges aufzuheben. Der Bedarf an »Menschenmaterial« für den Krieg war einfach zu groß, um die »Wehrunwürdigen« nicht einzusetzen. Zudem gab es – jedenfalls laut NS-Propaganda – Unmut darüber, dass die »Wehrunwürdigen« zu Hause bleiben durften, während die anderen in den Krieg ziehen mussten. Tatsächlich konnten bis 1942 »wehrunwürdige« Personen relativ unbehelligt in der Heimat leben, solange sie nicht mehr in einer Strafanstalt oder in einem KZ inhaftiert waren. Ein gesonderter Paragraf, der Paragraf 13e des Wehrgesetzes, regelte den Verlust der »Wehrwürdigkeit« für diejenigen, die, wie mein Vater, wegen »staatsfeindlicher Betätigung« verurteilt worden waren. Er gehörte zu den etwa 30 Prozent, die angeblich oder tatsächlich Opposition zum nationalsozialistischen Regime betrieben hatten und deshalb verfolgt worden sind. Mein Vater war sehr früh in der Nazizeit verurteilt worden und konnte nach Absitzen seiner

Strafe noch mitten im Krieg zu Hause bleiben, bei seiner ersten Frau Carola Linke, einer, wie ich glaube, Physikerin. Diese Frau, das habe ich erst im Jahre 2015 von einer entfernten Verwandten erfahren, die mich über »Facebook« gefunden hat, ist in den dreißiger Jahren schwanger geworden und daran wohl gestorben. Das berichtete die entfernte Verwandte, eine Großnichte von Carola Linke. Mein Vater selber hat uns Kindern gegenüber nie über seine erste Frau gesprochen.

Nun war es aber erst einmal vorbei mit dem Zuhausebleiben im Krieg. Von der Änderung über den Einsatz der »Wehrunwürdigen« waren mehrere zehntausend Männer in Nazi-Deutschland betroffen. Auch für meinen Vater wollte sich das »Kreuz« der Strafe wegen Hochverrats einfach nicht abwenden. Der erste Aufstellungsort des Verbands war der heute noch von der Bundeswehr betriebene Truppenübungsplatz Heuberg in der Nähe von Stetten am kalten Markt, an dem auch mein Vater seine Grundausbildung beginnen musste. Der erste kriegerische Einsatz der Truppe war in Nordafrika, daher der Name »Afrika-Brigade 999«. Allerdings wurde sie am 1. Januar 1943 zunächst als Besatzungstruppe nach Belgien geschickt, wie es auch unser Vater angegeben hatte. Von dort wurde sie am 12. Februar 1943 nach Südfrankreich in die Nähe von Monaco verlegt. Vom 9. März 1943 an begann man damit, die 999er über Italien nach Tunis zu überführen. Dort wurden sie Teil des »Afrika-Korps«. Dieser Großverband der Wehrmacht wütete mit seinen gepanzerten Verbänden von 1941 bis 1943 auf dem nordafrikanischen Kriegsschauplatz, vom Februar 1941 bis zur Kapitulation vor den Briten im Mai 1943 unter dem Befehlshaber der deutschen Truppen in Libyen, dem Generalleutnant Erwin Rommel. Die Afrika-Brigade 999 wurde Anfang Mai 1943 von alliierten Truppen in der Wüste des heutigen Libyens vernichtend geschlagen. In einer der Schlachten, wohl bereits Ende März, dürfte mein Vater schwer verwundet worden sein.

Die Bewährungsbataillone 999 waren in Teilen den regulären Einheiten gleichgestellt. Das Stammpersonal war dazu aufgefordert, den Soldaten militärisch korrekt gegenüberzutreten, da von ihrem »ehrlichen Bewährungswillen« ausgegangen werden sollte. Beschimpfungen, Misshandlungen und Quälereien sollten eigentlich unterlassen werden. Einige Zeitzeugen berichten jedoch, dass diese Bestimmungen ignoriert wurden. Es ist anzunehmen, dass der Dienst in dieser Straftruppe noch wesentlich härter war als der Dienst in regulären Einheiten. Bei »straffem Dienst« wurden überdies Urlaub und Ausgang stark eingeschränkt. Die Briefe wurden strenger zensiert als bei regulären Einheiten. Auch waren bekanntlich die Verpflegung wie auch die Kleidung und Ausrüstung der Rekruten mangelhaft. Der Dienst in dieser Einheit war: eine Strafe.

Dies alles wusste das Berliner Entschädigungsamt anscheinend nicht.

Unserem Vater wurden der Polizeigewahrsam nach der Festnahme, die Untersuchungshaft, die eigentliche Strafhaft im Zuchthaus und eine Art Sicherungsverwahrung nach der Strafhaft im Polizeigefängnis Finsterwalde angerechnet, insgesamt 1371 Tage. Für den sehr viel schlimmeren Dienst im »Strafbataillon 999«, der für ihn beinahe zur Todesstrafe geworden wäre, wollte man ihn nicht entschädigen. Hierzu befand das Berliner Entschädigungsamt, ganz im Sinne der Nazis, die doch den Dienst in einer *Straf*einheit als Chance zur Bewährung und Wiedererlangung der »Wehrwürdigkeit« ansahen,

> »der weiter erhobene Anspruch des Antragstellers auf Geldentschädigung für Freiheitsentziehung für die Zeit vom 20. 10. 1942 bis 27. 10. 1942 (und) vom 21. 12. 1942 bis 29. 3. 1943 kann nicht anerkannt werden, weil a) der Antragsteller nach den amtl. Unterlagen ab 28. 10. 1942 Angehöriger der Div. 999 war und b) die Ausbildung unter haftähnlichen Bedingungen im Ausbildungslager der Div. 999 nach den Angaben des Antragstellers Ende 1942 beendet war. Der Fronteinsatz des Batl. 999 unterschied sich nicht wesentlich vom Dienst der Angehörigen regulärer Wehrmachtseinheiten. Es hat somit für die im Fronteinsatz befindlichen Angehörigen des Batl. 999 keine politische Haft im Sinne des § 17 EG bestanden.«

Als mein Vater gegen diese absurde Verdrehung des Geistes des Entschädigungsgesetzes klagte, versteifte sich das Amt auf die schon längst widerlegte Ausrede, er sei doch auch Mitglied der SA gewesen. Zuvor hatte es eingesehen, dass er nur zur Tarnung und um direkt oppositionell auf sie einwirken zu können, dieser »Sturmabteilung« der Nazis beigetreten und sofort nach seiner Verhaftung von ihr auch wieder ausgeschlossen worden war. Jetzt aber, da das Amt die Zeit in der 999-Einheit nicht als Haft entschädigen wollte, kramte es die Regelung wieder hervor, wonach Mitglieder der NSDAP oder ihrer Unterorganisationen grundsätzlich nicht zu entschädigen seien. Dies tat das Amt ohne Prüfung der besonderen Umstände. Es schrieb dem zunächst zuständigen Berliner Landgericht:

> »Der Kläger ist von 1933 bis zu seinem nach der Verhaftung erfolgten Ausschluß Mitglied der SA gewesen. Er hat den SA-Dienst verrichtet und Schulungsabende besucht, sowie die üblichen Beiträge geleistet. Durch die Zugehörigkeit zur SA, seine Betätigung in dieser NS-Gliederung und die Beitragsleistungen hat er den Nationalsozialismus in seinem Willen, seiner Zuversicht und seiner Kraftentfaltung zur Verwirklichung seines Gewaltsystems bestärkt. Nach der westdeutschen Rechtsprechung ist damit der Begriff der ›Vorschubleistung‹ erfüllt. Hierbei kommt es nicht darauf an, aus welchen Beweggründen der Kläger Mitglied der SA geworden ist. Es ist andererseits aber nicht einmal erwiesen, daß der Kläger innerhalb der SA Widerstandshandlungen geleistet hat. Seine Bestrafung ist offenbar nicht im Zusammenhang mit solchen Handlungen erfolgt.«

Dies kam, wie gesagt, *nachdem* dasselbe Berliner Entschädigungsamt bereits die erste große Zahlung bewilligt hatte. Nun diese ablehnenden Argumente!

Vater ist bei seinem Umzug nach Hamburg nicht nur hinsichtlich einer möglichen Verstrickung in die Spionageapparate der SBZ respektive DDR durchleuchtet worden. Er wurde auch, wie er selber geschildert hat, als angehender Redakteur bei der westdeutschen Nachrichtenagentur dpa von den britischen Besatzungsbehörden »entnazifiziert«, das heißt, er musste nachweisen, dass er kein Nazi oder Sympathisant war. Es gab »Entnazifizierungsausschüsse«, die aus Mitgliedern verfolgter Parteien wie zum Beispiel der SPD gebildet wurden. Die Briten arbeiteten dabei mit einem Skalensystem von 1 bis 5; die Kategorien 3 bis 5 (leichtere Fälle) wurden von solchen mit Deutschen besetzten Entnazifizierungsausschüssen entschieden. Die Entscheidungen dieser Ausschüsse wurden im Großen und Ganzen akzeptiert. Die Kategorien 1 bis 2 (schwere Fälle) wurden ohnehin nicht in den mit Deutschen besetzten Gremien behandelt. Mehr als 1200 deutsche Richter, Staatsanwälte und Hilfskräfte führten in der britischen Zone insgesamt 24 200 solcher Verfahren in den Kategorien 3 bis 5 (leichtere Fälle) durch.

Einem davon musste sich Vater unterziehen. Und hier wurde ihm geglaubt. Dass er sich nämlich – als die Hochschulen gleichgeschaltet wurden – mit seinen Kommilitonen bei den »Roten Studenten« beraten hatte. Und dass diese der Meinung waren, es sei besser, sich bei der SA zu melden, um nicht aufzufallen und um direkt in diese hineinwirken zu können.

Überdies war er doch ohne Zweifel von den Nazirichtern wegen »Hochverrats« (nicht allein wegen der Flugblätter, sondern im Wesentlichen, weil er einem untergetauchten Kommunisten aus der »Roten Kapelle« Unterschlupf gewährt hatte) verurteilt worden. Auch gab es keinen Zweifel, dass er mehrere Jahre in einem Zuchthaus für dieses »Verbrechen« eingesperrt worden war, und keinen Zweifel, dass er im »*Straf*bataillon« sich »bewähren« musste und dabei beinahe zu Tode gekommen wäre.

Für das Entschädigungsamt zählte dies alles nicht mehr, als er geltend machte, dass er nicht nur durch die »Haftstrafe«, sondern auch durch die »Bewährungsstrafe« bei den 999ern an der Ausübung seiner geplanten Tätigkeit als Journalist behindert worden war.

Wie sich in einem Vermerk zeigte, war das Berliner Amt nicht einmal zu einem Vergleich bereit. Und so zog mein Vater denn bis vor den Bundesgerichtshof, BGH, in Karlsruhe. Als dieses oberste Gericht der Bundesrepublik Deutschland auf dem Gebiet der ordentlichen Gerichtsbarkeit, der höchsten Instanz für alle Zivil- und Strafverfahren, sich ungehalten mit dem Berliner Amt zeigte, kam der zuständige Berliner Senator in Kenntnis des Vorgangs. Er wies die ihm unterstellten Beamten an, unverzüglich dem Antrag stattzugeben und einen Vergleich hinsichtlich der Prozesskosten anzustreben.

Zu diesem Zeitpunkt wohnten wir aber schon in den Vereinigten Staaten. Unser Vater war Washington-Korrespondent für die *Stuttgarter Zeitung* und den ARD-Hörfunk geworden, eine bemerkenswerte Karriere. Von der dpa war er zunächst nach Frankfurt in die Redaktion der *Frankfurter Allgemeinen Zeitung* gegangen. Die *FAZ* schickte ihn als Korrespondent nach Bonn. Wir können wohl annehmen, dass er sich zu diesem Zeitpunkt sicher auch im Sinne der freiheitlich-demokratischen Grundordnung der Bundesrepublik und der eher konservativen Ausrichtung der *FAZ* bewährt hatte und die Liebäugelei mit dem Sozialismus eine Sache der Vergangenheit war. Gleichwohl behielt er seinen Sinn für Gerechtigkeit und sozialen Ausgleich. Die *FAZ* hat er zwei Jahre nach dem »Sethe-Skandal« verlassen.

Paul Sethe, einer der damaligen Herausgeber der *FAZ*, war eine schillernde Figur. Er hat Kunstgeschichte, Geschichte und Germanistik studiert. 1932 wurde er an der Universität Bonn mit einer militärwissenschaftlichen Dissertation über »Die ausgebliebene Seeschlacht – Eine Betrachtung der englischen Flottenführung 1911–1915« promoviert. 1933 – nach der Machtergreifung – schrieb er anlässlich Hitlers Geburtstag eine Hymne, in der er Hitler als denjenigen bezeichnete, »auf den die Besten unter uns lange gewartet haben«. Von 1934 bis zu deren Verbot 1943 war er Redakteur der *Frankfurter Zeitung*, für die er seit 1940 vor allem als Kriegsberichterstatter arbeitete. Zu der Zeit, da Vater im Strafbataillon diente, gehörte Paul Sethe einer Propagandakompanie der Waffen-SS an. Dadurch schaffte er es zum Chefredakteur beim *Frankfurter Anzeiger* und im Frühjahr 1944 auch noch zum festen Mitarbeiter der wichtigsten Nazipostille, dem von Hitler persönlich herausgegebenen Parteiorgan der NSDAP, dem *Völkischen Beobachter*. Sethe war also unzweideutig vorbelastet.

Nach dem Kriege konnte er gleichwohl bald Redakteur der *Badischen Zeitung* in Freiburg werden. 1949 wurde Sethe dann zu einem der fünf Gründungsherausgeber der *Frankfurter Allgemeinen Zeitung*. Bei der *FAZ* sind die Herausgeber traditionell auch Chefredakteure einzelner Ressorts. Sethe war für deutsche Politik und Geschichte zuständig und ein journalistisches Vorbild für meinen Vater. 1955 erklärte Sethe seinen Rücktritt, da seine Mitherausgeber seine Opposition gegen die Außenpolitik von Konrad Adenauer nicht teilten. Das war der sogenannte »Sethe-Skandal«. Und Vater war in dieser Sache der gleichen Meinung wie Paul Sethe. Auch er befürwortete eine politische Öffnung und Annäherung zum Osten. Sethe ging zu der Zeitung *Die Welt* und schrieb später auch für *Die Zeit* und den *Stern*. Er blieb ein Kritiker von Bundeskanzler Adenauer und befürwortete später, wie Willy Brandt, eine Annäherung an den Osten. So ähnlich dachte auch mein Vater. Auch er glaubte an einen »Wandel durch Annäherung«.

Ich erinnere mich gut an eine kleine Episode, welche die Politik jener Zeit illustriert. Es war am Sonntag der Bundestagswahl 1957. Wir wohnten in Beuel, einem Dorf auf der rechten Rheinseite gegenüber von Bonn (das später von der Bundeshauptstadt eingemeindet wurde). Zur Freude unserer strenggläubigen Oma war in Beuel alles katholisch. So mussten wir jeden Sonntag in die Kirche gehen, wurden Messdiener, gingen zur 1. Heiligen Kommunion und wurden auch gefirmt. Der Pfarrer hatte eine Absprache mit dem einzigen Kino des Ortes, das sich direkt gegenüber der Kirche befand. Die Nachmittagsvorstellungen sollten nicht anfangen, bevor der Kommunionunterricht beendet war. Es stand in seiner Macht, so etwas durchzusetzen. Sonst hätte er uns einfach verboten das Kino zu besuchen, und das hätte für das Kino die Pleite gebracht.

An jenem Wahlsonntag 1957 stand der Pfarrer – ein großer, kräftiger Mann namens Bodewig, der bedrohlich mit seinem riesigen Zeigefinger wackeln konnte –, da stand also Pfarrer Bodewig auf dem Balkon des Pfarrhauses und nahm Einfluss auf die Bundestagswahl. Vater, der evangelisch aufgewachsen war, sich längst als Atheist bezeichnete und zu jener Zeit sicher SPD wählte, erschrak nicht schlecht, als wir am Pfarrhaus vorbeikamen. Pfarrer Bodewig drohte mit seinem Zeigefinger und beschwor laut und vernehmlich mit seinem rheinischen Dialekt: »Immer schön de Alte wählen!«

»De Alte«, das war natürlich Konrad Adenauer. Und der Wahlausgang von 1957 war ganz im Sinne unseres Pfarrers. Solch ein Ergebnis gab es nie wieder, es blieb einmalig in der bundesdeutschen Geschichte: Die CDU/CSU erzielte als einzige Fraktion jemals die absolute Mehrheit der Stimmen und der Sitze des Bundestages; sie hätte ohne Koalitionspartner regieren können.

1956 noch hatte der Bundesgerichtshof das Berliner Entschädigungsamt um eine »größtmögliche Beschleunigung« bei der Behandlung des Antrags unseres Vaters gebeten. Aber das Amt wollte sich Zeit lassen. Gleichwohl bot im September 1956 der Berliner Innensenator einen Vergleich an: Dem Antrag unseres Vaters solle stattgegeben werden, wenn er denn die Gerichtskosten der ersten Instanz selber trüge. So muss es denn auch gekommen sein, denn der Senator zeigte »dem BGH die Erledigung der Hauptsache« an.

Es flossen wohl bald noch einige Tausend Mark. Der letzte Rest kam dann aber erst, als wir bereits nach Amerika umgezogen waren. Zuvor hatten wir in Paris gelebt, von wo aus wir das letzte Mal in die Schweiz gefahren sind. Dies nun aber in einem Auto, einer schwarzen Renault Dauphine, in der wir drei Kinder auf dem Gepäck auf dem Rücksitz saßen.

Im Sommer 1961 zogen wir nach Washington. Unser Vater war wieder einmal vorausgereist und hatte ein Haus in dem schönen Vorort Arlington gemietet, in Virginia, wo auch der berühmte Heldenfriedhof liegt. Das Haus war für uns ein Palast. So etwas gab es im Nachkriegsdeutschland für einen einfachen Redakteur nicht: für jedes Kind ein eigenes Zimmer, sogar mit Bad, meines im Basement hatte einen eigenen Eingang, Air Condition, ein offener Kamin, eine Küche mit Geschirrspülmaschine, eine Waschküche im Basement mit Waschmaschine und Trockner – so etwas hatten wir noch nicht gesehen.

Triumphierend schrieb Mutter ihrer Schwester Gitta einen Brief: »*Wir* haben es geschafft!« Dabei hatte sie sicher Gittas Prophezeiung im Hinblick auf meinen Vater im Kopf: »Wer die Partei verlässt, verlässt auch seine Familie.«

Die Prophezeiung wurde allerdings wenige Jahre später doch wahr. Aber in einem anderen Sinn. Unsere Eltern einigten sich nach langem Auseinanderdriften und viel Streit auf eine Trennung. Mutter ging mit uns drei Kindern nach Deutschland zurück und unser Vater kam bei seinem guten Gehalt und einem für ihn äußerst vorteilhaften Dollarkurs, anders als Gitta vorausgesagt hatte, großzügig für uns auf. Das geschah im Jahre 1964. Zunächst kamen wir unter bei Ilse Moslé in Berlin-Charlottenburg, jener jüdischen Freundin, die von Mama und Tante Gitta im letzten Kriegsjahr von den Nazis versteckt worden und inzwischen auch von ihrem Mann geschieden war. Bei ihr lebte auch ihr Sohn Kai, sodass wir wieder wie Brüder zusammenkamen.

Das Zusammenleben unserer verbitterten Mütter erwies sich für keine von ihnen als gut. Also zog unsere Mutter um nach Frankfurt, Tina und ich kamen in ein Internat (zusammen mit Cousin André, dem Sohn von Gitta und Leo Bauer) im Odenwald. Weil mir das nicht behagte, ging ich zurück zu Vater nach Washington und absolvierte dort die High School. Mein älterer Bruder Christian, kein guter Schüler, wurde in der Nähe von Tübingen auf einem Hof zwecks einer landwirtschaftlichen Lehre untergebracht. Er blühte auf, er wurde gut in der Schule, streckte sich, bekam ordentlich Muskeln, und er wurde leichtsinnig. Eines Tages veranstaltete er mit seinen Kumpeln ein Traktorenrennen. Sein Traktor überschlug sich und zerquetschte Christie. Er war auf der Stelle tot.

Unserer Mutter, ohnehin hoch labil, schwer depressiv und dem Alkohol zu sehr zugeneigt, gab das den Rest. Sie verlor sich im falschen Trost des Wodkas und folgte ihrem ältesten Kind binnen eines Jahres ins Grab.

Unser Vater heiratete ein drittes Mal, eine Frau, die ebenfalls Maria hieß und wie alle aus Berlin stammte. Gemeinsam hatten sie noch eine Tochter, sie nannten sie Carola – vielleicht in Erinnnerung an meines Vaters erste, jung verstorbene Frau – und adoptierten für diese eine Schwester, Cecilia, ein Waisenmädchen aus Mexiko.

Maria, die Ria genannt wurde, hat ein apologetisches Büchlein verfasst, das so gar nicht zu der Vergangenheit unseres Vaters passte. Sie nannte es: *Verführte Jugend im Dritten Reich – Eine Berliner Kindheit im Arbeiterbezirk Spandau* und widmete es ihren Töchtern Carola und Cecilia. Im Vorwort schrieb sie: »In ›Verführte Jugend im Dritten Reich‹ habe ich das aufgeschrieben, was mich in meiner Jugend prägte. 1924 geboren, gehörte ich zur Generation der Hitlerjugend, die im nationalsozialistischen Sinne erzogen und während des Krieges erwachsen wurde. Der Grund meiner Aufzeichnungen war, festzuhalten, wie dies geschah, führen Unterhaltungen über die Zeit des Nationalsozialismus doch oft nur zu einer Sprachlosigkeit, besonders zwischen Jung und Alt.«

Ganz wohl kann ihr angesichts eines Ehemannes, der sich nicht hatte »verführen« lassen und dafür ins Gefängnis gesteckt wurde und beinahe im Strafbataillon 999 sein Leben gelassen hätte, mit ihren Aufzeichnungen nicht gewesen sein. So lesen wir auch gleich auf der ersten Seite des schmalen Bändchens: »Vorab dies: Wäre ich nach 1933 eine gebildete Frau gewesen, hätte ich wahrscheinlich versucht, ins Ausland zu emigrieren, um mich dem Hitlerregime zu entziehen.«

War sie aber nicht und hat sie auch nicht.

Ob diese »verführte Jugend« auch zu Spannungen in der späteren Ehe mit meinem Vater führte, vermag ich nicht zu sagen. Ich ging bald nach meiner Rückkehr nach Arlington meine eigenen Wege, wurde Student an der University of Virginia in Charlottesville und dann – 1969 – an der Johann-Wolfgang-Goethe-Universität in Frankfurt. Ich verdiente dort – neben dem Studium –

schon bald mein eigenes Geld. So hatten wir wenig Kontakt. Mein Vater zog, als er sich zur Ruhe setzte, mit Ria und den Mädchen in die Nähe von Tübingen, in die schwäbische Heimat seiner Vorfahren. Irgendein Kreuz, das sich nicht abwenden wollte, muss es auch in seinen letzten Lebensjahren noch gegeben haben.

Wir hatten uns zu einer gemeinsamen Reise verabredet; er besaß ein Ferienhaus in der Nähe von Almeria in Andalusien, der heutigen europäischen Hauptstadt für Treibhaustomaten. Er wollte vorausfliegen, ich sollte mit dem Auto nachkommen. Am 22. April 1988 erhielt ich in meinem Büro in dem kleinen »Verlag 2000« in Offenbach einen Anruf aus Tokio. Er kam von dem dortigen ARD-Korrespondenten, einem Freund und Kollegen meines Vaters. »Wissen Sie eigentlich«, fragte die ferne Stimme, »dass Ihr Vater gestern Nacht in einem Hotel in Palma de Mallorca verstorben ist?«

Ich wusste es nicht. Ich wusste auch nicht, weshalb er nach Mallorca geflogen war, wo wir uns doch in Almeria treffen wollten.

Niemand wusste es.

Später habe ich herausgefunden, dass damals für einen Flug nach Malaga, dem großen andalusischen Airport, auch kein Umweg oder Zwischenstopp auf Mallorca nötig gewesen wäre.

XI

Gerechte unter den Völkern

Irgendwie hatte es die junge Ilse Baumgart geschafft, sich mit gefälschten Papieren eine Stelle bei der Luftwaffe zu besorgen. Sie war im perversen Denken der Nazis eine »Halbjüdin«, ihre Mutter war Jüdin, ihr Vater Katholik, zudem ein deutscher Beamter. Nach den Nürnberger Gesetzen der Nazis hätte der Vater sich eigentlich von seiner Frau scheiden lassen müssen. Das tat er aber nicht. Und seine Tochter, die Halbjüdin, stand ohnehin unter besonderer Beobachtung. Die Nazis glaubten doch wirklich, dass sich eines Tages das »schlechte jüdische Blut« durchsetzen würde, deswegen hielten sie alle Menschen, die nicht zu hundert Prozent ihre »arische« Abstammung nachweisen konnten, für suspekt.

Nun aber arbeitete die drahtige Ilse, die sich die Haare mit H_2O_2 blondiert hatte, bei der Luftwaffe als Sekretärin. Sie hatte Nachtschicht. Es war die Nacht des 20. Juli 1944. Ilse war eingenickt. Ihre Vorgesetzte weckte sie mit der Frage: »Haben Sie mitbekommen, dass ein Anschlag auf unseren geliebten Führer verübt worden ist?«

Noch im Halbschlaf entfuhr es Ilse: »Gott sei Dank! Das Schwein ist tot!«

Das Attentat vom 20. Juli 1944 war der bedeutendste Umsturzversuch des militärischen Widerstands in der Nazizeit. Als Voraussetzung für den geplanten Machtwechsel wurde die Tötung Hitlers angesehen, auch wegen des »Eides auf den Führer«, den alle Soldaten der Wehrmacht ablegen mussten. Die von Claus Schenk Graf von Stauffenberg bei einer Besprechung im Führerhauptquartier, der sogenannten »Wolfsschanze« in der Nähe von Rastenburg im heutigen Polen deponierte und scharf gemachte Sprengladung verletzte den Diktator jedoch nur leicht. Dieser

Fehlschlag sowie Lücken bei der Vorbereitung und das Zögern beim Auslösen der »Operation Walküre«, wie sie den Plan zum Staatsstreich nannten, ließen den Umsturzversuch scheitern.

Das alles wusste Ilses Schichtleiterin nicht. Sie drehte sich auf dem Absatz um, ging zum wachhabenden Offizier, einem Kapitän, und machte Meldung über Ilses Kommentar. Der Offizier rief Ilse zu sich. Er sagte: »Sie haben 15 Minuten, um zu gehen.« Er meinte: um unterzutauchen. Das sagte er aber vorsichtshalber nicht so direkt.

Wir wissen es nicht genau, aber wir glauben, Ilse ist zum Toilettenfenster hinausgeklettert. Sie konnte nicht zu ihren Eltern, Kurt und Margot Baumgart, gehen. Denn das war klar: Die Gestapo, die sicher bereits von dem Offizier informiert worden war, würde dort zuerst nach ihr suchen. Sie ging also in die Sprengelstraße 3 in Berlin-Spandau, wo Oma und Opa Dubro mit ihren vier Töchtern im Parterre links wohnten. Auch wissen wir nicht, ob es irgendeine Kommunikation gegeben hat und, falls ja, auf welchem Wege. Tante Gitta sagte viele Jahre später, Tante Ami, ihre Tante, meine Großtante, hätte gesagt, es sei ihre Pflicht, etwas für Ilse zu tun. Aber Tante Ami war zu dieser Zeit doch in den von den Deutschen besetzten Niederlanden, Post wurde zensiert, Telefonate wurden abgehört. Ferner erzählte Gitta, Ilses Mutter, Margot Baumgart, sei sogleich zu ihnen gekommen und hätte sie gebeten, Ilse zu verstecken. Aber wie hat sie, Margot Baumgart, von dem Dilemma ihrer Tochter erfahren? Auch das wissen wir nicht.

Jedenfalls waren Tante Gitta und meine Mutter zu der Zeit alleine zu Haus. Oma und die beiden jüngeren Schwestern Hilde und Hanni waren wegen der Bombenangriffe aufs Land geschickt worden. Opa hatte Arbeit »auf dem Bau« gefunden und war mit seinem Trupp für irgendwelche Bauarbeiten unterwegs.

Ilse kam, und meine Mutter und ihre jüngere Schwester, meine Tante Gitta, nahmen sie bereitwillig auf. In der Dreizimmerwohnung war ja genug Platz. Viel dachten sie sich nicht dabei. Sie hatten auch keine große Angst. Hier muss ich mich auf die Erinnerung von Tante Gitta stützen. Meine Mutter war ja längst verstorben. Kai hat einen Stapel alter Tagebücher von seiner Mutter gefunden. Es sind Notizbücher, Kalender mit Raum für Eintragungen, wie man sie früher hatte. Die Seiten sind zerfleddert. Siebzig Jahre haben ihre Spuren auf dem billigen Papier hinterlassen. Die Schrift ist schwer lesbar, oft verblichen, mit Tinte geschrieben, die zerlaufen und verschmiert ist.

Wir sehen etwas von den Empfindungen und Erlebnissen eines jungen, hübschen, zu dieser Zeit auch noch sehr resoluten Mädchens von 21 Jahren. Auf der ersten Seite eines Kalenders, von dem der vordere Einbanddeckel fehlt, steht:

Arbeitsnummer 40/a – 150/998 25 b

Homo sum, nil humani a me alienum ✡ puto Ilse Baumgart *22.III.23 (in kyrillischer, russischer Schrift und in deutscher Schrift mit lateinischen Buchstaben)

Berlin-Charlottenburg 5
Suarezstr. 15 am 16. Dez. ausgebombt
z. Zt. Tempelhof
Kaiser Wilhelmstr. 61a
Tel. 755121
Seit 24. Juli im Exil!

Der Text beginnt mit einer Liste von 24 Filmtiteln unter der selbstverfassten, handschriftlichen Rubrik »Kino« sowie einer Liste von 13 Theaterstücken unter der ebenfalls selbstverfassten Rubrik »Theater«. Das Notizbuch umfasst das Jahr 1944 und zwar vom 1. Januar bis zum 31. Dezember. Auf dem inneren, hinteren Umschlagdeckel ist etwas zu sehen, das Aufschluss über Ilses Arbeit bei der Luftwaffe gibt. Dort steht: »Flukogeheimnummern«, dann folgt eine Reihe von Telefonnummern für »Vermittlung«, für »Zelle 2« und »Zelle 4« sowie für »Zimmer 3«.

Wir schauen auf die beiden Seiten vom 16. Juli bis 21. Juli 1944. Ich will diese kurzen Einträge nicht kommentieren, sie sprechen weitgehend für sich.

16. Sonntag: »212 Alarm 1.15–1.45–… 8 Uhr Dienst … abelager(unlesbar) … backen. Waschen … zu Lilo 13–21.30 Uhr«;

17. Montag: »Post von Eltern … einholen … Mittagsruhe! … ins Kino: der Majoratsherr … kochen, schreiben, etc.«;

18. Dienstag: »3 x Post v. Eltern … 214. Alarm 1.30–2.10 Uhr … 8 h – 17 h Dienst … Flirt mit Offizieren … kochen, schreiben, telefonieren«;

19. Mittwoch: »215 Alarm 1.40–2.30 … Karte v. Eltern. 8–17 h Dienst … zu Tante Hertha, zur Massage 17–19 h … schreiben«;

20. Donnerstag: »Post v. Eltern, Grit in Abela(unlesbar) … einholen, Besorgungen, Mittagessen gehen … allerlei erledigen … Frühverständich!(unlesbar) … 17 – Attentat auf Hitler!«;

21. Freitag: »Lilo Geb. Ich stand Qualen aus! … 8 h Dienst … allerlei erledigt … zu Lilo 16 h tanzen etc … mit Höllenangst dort bleiben … nicht im Dienst!«

Auf der folgenden Doppelseite finden sich erste Hinweise auf ihre Flucht und ihr Untertauchen bei Maria und Gitta Dubro. Wenn diese Eintragungen zutreffend sind – und es gibt keinen Grund daran zu zweifeln –, muss einige Zeit zwischen ihrer Bemerkung, »Das Schwein ist tot!«, und dem Gespräch mit dem Offizier, der ihr 15 Minuten gab, vergangen sein. Oder die Meldung kam erst einige Tage nach dem gescheiterten Attentatsversuch auf Hitler, und Ilse hat ihren Eintrag darüber nachträglich gemacht. Oder aber: Ihre Vorgesetzte hat sie erst einige Tage später auf das Ereignis angesprochen (dann würde indes ihre eigene spätere Erzählung an ihren Sohn, Kai, über die Bemerkung in der Nachtschicht nicht ganz zutreffen, was auch verständlich wäre, denn sie hat Todesängste ausgestanden, wodurch es zu Verwechslungen bei der Erinnerung gekommen sein mag).

Wir lesen also unter dem *24. Juli 1944,* einem *Montag*: »219. Alarm 1–2h … 8–17 h Dienst das letzte Mal! Unter furchtbarer Aufregung getürmt! … Höllenqualen erlitten! … Zu Lilo bis 24 h dann nach Hause.«

Und am *25. Juli, Dienstag*, wird sie noch deutlicher: »Post v. Mutti … 220. Alarm 1.30–2.30 … an Eltern telegrafieren … zu Lilo 10–12 h … ich bin vogelfrei u. muß mich herumtreiben, von allen Bekannten Abschied genommen … an Hptm. Viol schr. u. Abela!«

Dann am *Mittwoch, 26. Juli 1944*: »221. Alarm 1.15–2.15 … mit Schuffi telefonieren«, darauf in dicker Schrift und rot und blau unterstrichen: »in mein Exil fahren!«

Für den nächsten Tag lesen wir, was sie immer wieder schreiben würde, ebenfalls doppelt unterstrichen und in großer klarer Tintenschrift: »im Exil!!!«

An jedem einzelnen Tag der folgenden Wochen, bis Ende August, danach, im September, nur noch vereinzelt, steht da das eine, dick unterstrichene Wort, versehen mit einer fortlaufenden Nummer von 1 bis 162:

»Exil!«

Sie muss also die Tage, die sie versteckt in der Wohnung unserer Großeltern in der Sprengelstraße 3, Berlin-Spandau, verbracht hat, genau gezählt haben.

Der 162. Tag ist ein *Sonntag, der 31. Dezember*, Silvester. Hier schreibt Ilse Baumgart: »162 … bis 14 h geschlafen … 266 Alarm 18.45–19.15 … Sylvesterfeier!!!!«

Gitta, die kein Tagebuch führte, erinnerte sich weniger an Details denn an herausragende Ereignisse. Die größte Gefahr habe immer dann gedroht, so erzählte sie, wenn es Luftangriffe gab. Dies nicht so sehr wegen der Fliegerbomben. Daran hätten sie sich einigermaßen gewöhnt. Kein Wunder: Ilse notierte in ihrer Kladde am letzten Tag des Jahres 1944 »266 Alarm«. Sie hatten also bis dato 266 Mal Fliegeralarm miterlebt, Fliegeralarm, der die Luftangriffe mit den Bombenteppichen auf die Stadt ankündigten. Nein, die größere Gefahr hätte laut Gitta einen anderen Grund gehabt. Bei Fliegeralarm mussten sie nämlich in den Luftschutzbunker gehen. Entweder in den Keller im Haus oder in den großen Bunker am Ende der Straße. Zu jener Zeit in der letzten Phase des Nazireichs mussten indes alle Frauen unter 65 arbeiten, es sei denn, sie hatten Kinder oder waren schwer krank.

Und wenn sie im Bunker eine Frau sahen wie Ilse – 21 Jahre jung, kinderlos, gesund –, die offensichtlich nicht zur Arbeit ging, dann wurde diese unbarmherzig denunziert.

Dazu muss man wissen, dass in der Folge des 20. Juli die Gestapo überall Verschwörer oder Anhänger des Grafen von Stauffenberg witterte und verschärft Verhaftungen vornahm. Ilses Tagebuch ist zu entnehmen, dass die Gestapo sogar noch Wochen nach dem Gang ins »Exil« bei ihren Eltern Kurt und Margot Baumgart vorstellig wurde, demnach noch lange weiter nach ihr fahndete. Eine Meldung einer missmutigen Frau im Schutzbunker, sie hätte eine junge Frau gesehen, die offensichtlich keiner regelmäßigen Arbeit nachgehe, hätte für Ilse nicht nur zwangsweisen Arbeitsdienst, sie hätte die Verschleppung in ein KZ und den sicheren Tod nach sich gezogen. Deshalb achteten die jungen Frauen darauf, immer wieder in anderen Bunkern Unterschlupf zu suchen, um nicht aufzufallen.

Es kamen auch Freunde und Bekannte zu Besuch. So kam einmal ein alter Schulfreund, der sich als schlimmer Nazi entpuppte. Das Gespräch habe sich darum gedreht, erzählte Gitta viele Jahre später, ob man denn einen Juden oder eine Jüdin heiraten könnte. Der Besucher sagte barsch, er hätte es nicht gekonnt, so sehr seien ihm die Juden zuwider: »Ich kann sie riechen«, behauptete er, »ich rieche einen Juden sofort.« Während er das dümmlich wiederholte, versuchte er mit Ilse zu flirten, die auf dem Sofa neben ihm saß.

Er bemerkte nichts und ging alsbald, da seine Annäherungsversuche unerwidert blieben, ja, er das eisige Schweigen der drei jungen Frauen nicht lange ertrug.

Offener gingen die drei mit anderen um. So mit einem ehemaligen Freund aus der Gruppe in der Katholischen Jugend, der Offizier geworden ist und sie während eines Urlaubs in der Sprengelstraße besuchte, bevor er wieder zurück zur Front musste. Gitta erinnerte sich – kurz vor ihrem Tode – an ihn nur noch als »Hans«. Dieser Hans hatte bei seinem Besuch im Januar 1945 noch großmäulig prophezeit: »Wir werden den Krieg gewinnen!« Im Januar 1945, als schon alles verloren war! Die Mädchen wussten es besser. Sie hörten die verbotenen »Feindsender« BBC und Radio Moskau. Ilse zeichnete auf einer Karte den Frontverlauf nach, der von beiden Seiten immer näher an das Kernland rückte. So hielt Gitta diesem Hans entgegen: »Wenn ihr gewinnt, wird dieses Mädchen neben dir sterben.«

Und was passierte später? Hans war wieder an die Ostfront ausgerückt. Er hat sie überlebt. Und sich über die Jahre eingedenk des Geheimnisses von Ilse Baumgart und ihren beiden sie schützenden Freundinnen gewandelt. Es war so etwas wie späte Einsicht in die Wirklichkeit. Er hat sich 1984, nachdem er von der »Gedenkstätte der Märtyrer und Helden des Staates Israel im Holocaust« gehört hatte, mit einem Brief an die israelische Botschaft in Bonn gewandt. Dabei hat er von Ilse und ihrem Versteck in der Parterrewohnung in der Sprengelstraße 3, Berlin-Spandau, berichtet.

Die Yad-Vashem-Behörde hat darauf ihrerseits bei Ilse angefragt und aufgrund ihres Zeugnisses noch im selben Jahr Gitta Bauer, geb. Dubro, und meine Mutter Maria Schwelien, geb. Dubro, (posthum) als »Gerechte unter den Völkern« für ihre Rettung von Ilse Moslé, geb. Baumgart, geehrt. In dem Garten von Yad Vashem wurde eine Pinie für unsere Mutter und unsere Tante gepflanzt. Sie wurde von einem Sturm im Januar 2014 gefällt. Kai-Alexander Moslé, Ilses Sohn, pflanzte an ihrer Stelle im April 2014 einen Olivenbaum zur Erinnerung an die beiden Frauen, die seine Mutter vor den Nazischlächtern bewahrt hatten.

Wie ist es eigentlich dazu gekommen, dass die beiden jungen Frauen so selbstverständlich ihre Freundin aufnahmen? Was hat sie von den vielen Millionen deutschen Frauen unterschieden, die nach dem Krieg behaupteten, sie hätten von allem nichts gewusst, die Mitläuferinnen waren, die – schlimmer noch – sich zum aktiven Dienst in den NS-Organisationen meldeten und somit zu »Hitlers willigen Vollstreckerinnen« wurden, die sich, wie meine Stiefmutter Ria, in ihrer Jugend »verführen« ließen?

Unsere Mutter sprach noch weniger als unser Vater über ihren Widerstand im »Dritten Reich«. Sie sah sich nicht in einer besonderen Rolle als »Gerechte unter den Völkern«. Ich war noch sehr jung, als sie starb, und hatte sie vor ihrem Tod nicht dazu befragt. Aber sie muss – wie ihre Freundin Ilse – später noch lange unter den Folgen des Versteckens gelitten haben.

Sie wurde schwer depressiv. Und während andere Frauen eine Trennung vom Ehemann oder dessen eheliche Untreue wegstecken oder irgendwie verkraften, ging es mit ihr, nachdem »*wir* es geschafft« hatten, rapide bergab. Auf den Cocktailpartys und den Abendessen, zu denen unser Vater amerikanische und deutsche Politiker, darunter auch hohe Offiziere zwecks Kontaktaufnahme und journalistischer Informationssammlung einlud und für die unsere Mutter fabelhafte europäische Gerichte zubereitete, rastete sie oftmals unvermutet aus und lallte nach ihrem dritten oder vierten Drink laut und vernehmlich, »alle Soldaten sind Schweine«. In den Jahren 1961 bis 1964 rief sie mich regelmäßig abends zu sich, nahm ihren Ehering ab und gab ihn mir mit der Aufforderung: »Nimm du ihn, ich bringe mich heute Nacht um.« Mehrmals schaffte sie das beinahe und wir mussten sie im Krankenhaus auf der Intensivstation besuchen. Ich will nicht sagen, dass es einen unmittelbaren Zusammenhang zwischen dem Verstecken und ihren Suizidversuchen gab. Aber die Zeit der Angst vom 26. Juli 1944 bis Kriegsende, dieses Dreivierteljahr der Angst muss eine Labilität in Gang gesetzt haben, die – gepaart mit dem Wunsch unseres Vaters, seine »verlorene Jugend« nachzuholen – in der schweren Depression mündete, an der sie zugrunde ging.

In ihrer Jugend indes muss sie ein freundliches, aufgeschlossenes Mädchen gewesen sein. Gitta berichtete später, dass es in der Klasse unserer Mutter drei jüdische Mädchen gab – und mit allen dreien war Maria Dubro bestens befreundet. Eines dieser Mädchen war die Tochter des Rabbiners, der in der Schule den Thora-Unterricht gab. Er war ein sephardischer Jude.

Sepharden sind Juden, die bis zu den Vertreibungen der Jahre 1492 (Reconquista) und 1531 (Inquisition) auf der Iberischen Halbinsel lebten. Nach ihrer Flucht ließen sich die meisten Sepharden in Siedlungsgebieten des Osmanischen Reichs und in Nordwestafrika nieder. Einige siedelten sich auch in Nordeuropa an, insbesondere in den Seehandelsstädten der Niederlande (zuerst in Amsterdam) und in Norddeutschland, besonders in Hamburg, aber auch in Frankreich und in Italien. Ihre Kultur beruhte weiterhin auf der iberischen Kultur. Darin unterschieden sich die Sephardim von den mittel- und osteuropäisch geprägten Aschkenasim, von denen auch Onkel Leo, Gittas späterer Mann, abstammte.

Das heißt, der Rabbiner an der Schule meiner Mutter war ein eher angepasster, voll integrierter Mann. Aber er hatte einen schwarzen Bart, und er versuchte seine Synagoge in Spandau vor den Verwüstungen der SA zu retten. Er wurde auf der Straße schlimm verprügelt. Die SA-Schergen wollten ihm den Bart abschneiden. Die gesamte Familie flüchtete alsbald nach England. Meine Mutter und ihre Freundin blieben in Briefkontakt, bis es, wie Gitta sagte, »zu gefährlich wurde«.

Dies war der erste bleibende Eindruck von der Bosheit der Nazis. Unser Opa hatte seinen Töchtern gesagt, als sie ihn fragten, »Juden sind Menschen wie wir, sie haben nur eine andere Religion«. Nun aber waren sie die entrechteten »Feinde der arischen Rasse«, Deklassierte, Vertriebene, Deportierte, Ermordete und, in einigen wenigen Fällen, Versteckte.

Was das alles bedeutete, erfuhr Gitta nach ihrem Abitur. Sie war eine exzellente Schülerin und hatte ein Jahr der Mittelstufe – damals: Sekunda – auf dem Gymnasium überspringen können. Tante Ami lud sie nach dem bestandenen Abitur nach Holland ein. Von Tante Ami erfuhr Gitta, was in ihrer Heimat wirklich passierte. Von Ami hörte sie, wie die Deutschen die Juden verfolgten. Ami gab ihr englische und niederländische Bücher über die tatsächlichen Aktivitäten der Nazis. Wahrscheinlich ist auch unsere Mutter einmal von Tante Ami nach Holland eingeladen worden, aber das wissen wir nicht genau. So waren die Dubro-Mädchen gegen die Nazipropaganda einigermaßen gefeit.

Jedenfalls wussten sie, was sie taten, als sie Ilse Baumgart am 26. Juli 1944 ein »Exil« gaben. Sie erzählten Oma und Opa nie etwas davon. Auch ohne die Anleitung einer »Roten Kapelle« verstanden sie sich schnell auf ein halbwegs vernünftiges konspiratives Verhalten. Sie hatten keine Angst, dass ihre Eltern, unsere Großeltern, sie verraten oder Ilse zum Verlassen der Wohnung zwingen würden. Sie wollten lediglich ihre Eltern damit verschonen. Aber es muss ihnen klar gewesen sein, dass es besser war, so wenig Mitwisser wie möglich zu haben. Es gab bereits einige Freunde, die selber oder aber durch ihr Mitwissen gefährdet waren.

Blättern wir weiter in dem Tagebuch, das Ilse Baumgart in ihrem »Exil« in der Sprengelstaße 3 in Berlin-Spandau führte. Bereits am vierten Tag dort beschäftigte sie sich intensiv mit dem Geschehen an den Kriegsfronten. Dazu hörte sie »Feindsender«. Das allein wurde von den braunen Machthabern schwer geahndet. Mit Kriegsbeginn 1939 hatte das Regime zahlreiche neue Gesetze und Verbote eingeführt, darunter die »Verordnung über außerordentliche Rundfunkmaßnahmen« vom 1. September 1939. Sie drohte für das Hören ausländischer Rundfunksender hohe Strafen an. Hörer satirischer Beiträge oder Musiksendungen wie Jazz oder Swing kamen zwar oft mit nur einer Verwarnung durch die Gestapo davon, mussten aber auch mit dem Einzug des Rundfunkgerätes oder gar einer Gefängnisstrafe rechnen. Verbreitung von abgehörten Nachrichten der »Feindsender« wurde hingegen mit Zuchthaus oder sogar mit dem Tode bestraft. Und diese verbrecherischen Paragraphen wurden im Laufe des Krieges immer weiter ausgelegt. Nun schrieb man das Jahr 1944, es war nach dem Stauffenberg-Attentat, auf welches eine neue, ungeheuerliche Verhaftungswelle folgte.

31. Juli 1944, Montag: »Im Exil … lesen … Meine Dauerwellen sind vor Aufregung aufgegangen! … Der Rückmarsch an allen Fronten geht weiter! Um Warschau wird gekämpft. Ostpreußische Grenze e. t. c.«

Es muss ein sehr warmer Sommer gewesen sein, in jenem Kriegsjahr 1944. Vom 6. August bis zum 28. August hat Ilse an jedem Tag ausdrücklich am Rande vermerkt: »Hitze!« Die Fenster im Parterre konnten sie zum Lüften bestimmt nicht aufreißen, Vorbeigehende hätten die Nachrichten der »Feindsender« hören können.

Sonntag, 5. August: »Mutti bei mir 15–19.30«. Dann am

Montag, 6. August: »netter Besuch«. Und sie wagten wohl einiges. Neben dem »lange schlafen«, »kochen« und »lesen«, die an beinahe jedem Tag eingetragen sind, entdecken wir am

Mittwoch, 9. August, das Wort: »Abendspaziergang«. Am

Sonntag, 13. August: »Zu einer Freundin von Ds. Dort einen netten Tag verlebt!« Auch an den drei folgenden Tagen gab es jeweils wieder einen: »Abendspaziergang«. Am

Dienstag, 15. August waren überdies »Eberhard u. Lilo bei mir«. Es wurden Erinnerungen an schönere Zeiten wach. So am

Freitag, 25. August: »Vor einem Jahr nach Tirol!« Der Kontakt zur Außenwelt ging wohl auch über unsere Mutter und unsere Tante.

Donnerstag, 31. August: »Mutti trifft sich mit Maria!« Unter demselben Datum ist zu erkennen, dass der Krieg für das »Dritte Reich« verloren geht: »Der Rückzug unserer Truppen in Frankreich geht rasend schnell weiter. 100 km vor Metz, Straßburg etc. Auch in Rumänien stehen die Russen schon bei Bukarest. 50 km vor der belgischen Grenze. Das Kriegsende kann nicht mehr lange auf sich warten lassen. Amiens u. Verdun gefallen!! Finnland kapituliert.« Tags darauf, am

Freitag, 1. September, erinnerte sie sich, was fünf Jahre zuvor passiert war: »1939 Kriegsbeginn!« Eine knappe Woche später kam eine äußerst bedrohliche Nachricht, am

Donnerstag, 7. September: »Gestapo zu Haus angerufen«. Es dauert zehn Tage, bis sie wieder schreibt, am

Sonntag, 17. September: »netter Besuch ... Radio hören«.

Und nun kommt etwas, wovon auch Gitta später berichtete, was ein Licht auf das ganze Wagnis dieses Versteckens wirft. Tante Gitta hat erzählt, dass sie Ilse bei anderen Freundinnen – aus der katholischen Jugendgruppe – unterbrachten, wann immer Opa von einer Baureise nach Hause kam, damit er nichts mitbekam. Unter

Samstag, 23. September, lesen wir also: »im neuen Exil! ... stricken ... viel mit Lilo unterhalten«. Auch im »neuen Exil« bekam sie Besuch, auch dort verzeichnete sie den Frontverlauf, so am

Montag, 25. September: »Mutti mich besucht 12–16 h … Radio hören«. Große Wagnisse und danach große Ängste gab es wieder Anfang Oktober. Am

Mittwoch, 4. Oktober: »kochen … im Keller arbeiten … ins Kino: die Degenhart«. Dann aber, zwei Tage später,

Freitag, 6. Oktober: »schreiben, lesen, etc … allein zu Hause … 246. Alarm 11.40–12.50 … Ich war allein u. zitterte!« Auch in diesem anderen Versteck kümmerte sich unsere Mutter um die Freundin. Am

Sonntag, 8. Oktober: »Maria u. ein netter Mann bei uns 16.30 bis 21.30«. Jetzt, im Herbst 1944 rückte die Rote Armee unaufhaltsam vor, machten die Befreiungsbewegungen große Fortschritte gegen die Wehrmacht.

Freitag, 13. Oktober: »Riga u. Belgrad gef!«

Samstag, 14. Oktober: »Athen gefallen!« Da konnte man schon einiges mehr wagen, etwa am

Sonntag, 15. Oktober: »mit Mike u. Michael zu deren Eltern nach Döberitz. Doll hingefallen! Dort ganz nett mich unterhalten u. übernachten«. Am

Montag, 16. Oktober, ist sie: »gegen 11 h wieder in Falkensee … Eberhard bei mir 15–17 h«. Tags darauf, am

17. Oktober: »Ungarn kapituliert! … ins Kino: Die schwarze Robe«. Die Front rückt näher und damit die Hoffnung auf ein Ende des Exils.

Freitag, 20. Oktober: »Belgrad und Aachen gef! … kochen … lesen … auf interessanten Besuch gewartet kann aber nicht Radio hören!«

Zwei Mal geht sie in der Folgewoche ins Kino. Zum ersten Mal notiert sie ausführlich das Kriegsgeschehen: »Die Russen stehen in Ostpreußen. Die Alliierten bei Aachen (gef.) u. in Holland. Die Russen stehen kurz vor Budapest. Doch wann ist der Krieg aus?? Stimmt es daß H. auf dem Obersalzberg gefangen gesetzt ist???« Am

29. Oktober fragt sie noch einmal: »(Hitler gefangen?)«

Das stimmte nicht. Der wollte, dass das deutsche Volk weiterkämpfte, bis »zum letzten Mann, bis zum letzten Atemzug«. Hitler lebte – inzwischen völlig geistig umnachtet – in seinem Führerbunker und wollte seinen Generälen nicht glauben, dass sie der Roten Armee ebenso wenig entgegenzusetzen hatten wie der US Army, mit der sie am liebsten einen Separatfrieden geschlossen hätten. Derweil gab es mal wieder etwas Abwechslung im Exil von Ilse Baumgart. Denn am

Freitag, 17. November, notierte sie: »Gitta und 7 andere Mädchen von Mike zum Singen da 20–22h«. Auch am nächsten Tag ging es etwas freier zu, am

Samstag, 18. November: »Willy mich abgeholt, gemeinsam ins Kino: Maske in Blau … toll geflirtet!« Nur zwei Tage später zerstoben die Hoffnungen wieder, am

Montag, 20. November: »Mike u. Michael vorm. Gef … kochen … lesen u. stricken … ziemlich triste Stimmung wegen des Radios u. Willy«. Am nächsten Tag, dem

Dienstag, 21. November, wurde es wieder heikel: »Übersiedlung ins neue Exil«, dafür aber hat sie sich an dem Tag auch: »sehr nett unterhalten«. Der erwähnte Besuch von dem Nazi, der die »Juden riechen« konnte, könnte am

Samstag, 25. November stattgefunden haben: »ein blöder Mann von Maria da, trotzdem gefiel ich ihm«. Es liegt nahe, dass sie sich auch von solchen Leuten nicht völlig abschotten konnten, so wie unser Vater zur Tarnung in die SA eingetreten war. Trotz aller Widrigkeiten ging das »normale« Leben ja weiter, was man auch sieht am

Mittwoch, 29. November: »Gitta Geb. 25 J! … kleine Morgenfeier entre nous … Mutti bei mir 11.15–15.30 … Geburtstagsfeier entre nous« Und es blieb nicht bei den Feiern »unter uns«. Am

Samstag, 2. Dezember hatte Ilse »sehr viel zu tun!«, vermutlich doch weil: »Geburtstagsfeier mit den Mädels 16–24 h … bis 2.30 geruddelt! … netter Tag!« Es ging weiter am

Sonntag, 3. Dezember: »viel zu tun! … Frühstücksbesuch von einer erfreuliche(n) Frau! Dr … Mutter und H. Ba. zur Geburtstagsfeier 16.30–23.30 … ein wenig geflirtet«.

Auch Weihnachten feierte das jüdische Mädchen mit ihren katholischen Freundinnen in ihrem »Exil«, aber nicht weil diese sie versteckten und auch nicht zur Tarnung. Das hatten sie früher auch so getan, und das machten sie nach dem Krieg weiter so, wenn sie gegenüber uns Kindern so taten, als sei das jüdische Hanukkah oder Lichterfest, das acht Tage dauert und jährlich jeweils am 25. Tag des jüdischen Monats *Kislew* (November/Dezember) beginnt, so eine Art Weihnachten.

Es begann am

Dienstag, 5. November mit: »zum Niklas backen ... Haushalt führen ... an Hildchen schreiben u. ein Päckchen zurecht machen ... allerlei nähen ... Niklas feiern mit vielem Singen ... sehr nett«. Und dann hat sie festgehalten am

Sonntag, 6. Dezember: »St. Niklastag!« Nach richtigem, ausgelassenen Feiern war ihnen dann aber wohl doch nicht zumute. Am

Heiligabend, 24. Dezember 1944, schrieb sie: »Frühstücksbesuch von Frau Dr. u. Mann ... Michael bei uns in the church ... Bescherung ... Eine traurige Weihnacht«.

Vier Monate und eine Woche später gab es Grund zum Feiern: Adolf Hitler nahm sich am 30. April das Leben. Das »Schwein« war nun wirklich tot. Eine Woche danach unterzeichnete Generaloberst Jodl – in den Morgenstunden des 7. Mai 1945 – die bedingungslose Kapitulation aller deutschen Truppen. Sie trat am 8. Mai, um genau 23.01 Uhr in Kraft.

Ilse Baumgart hatte schon ein paar Tage vorher das Versteck bei unserer Mutter und Tante verlassen. Wie Gitta sich erinnerte, war der Grund dafür, dass es nur zwei Brücken zwischen Spandau und Berlin gab. Sie rechneten damit, dass diese Brücken beim Vorrücken der Roten Armee zerstört werden könnten (was später wohl auch geschah) und Ilse dann nicht aus dem »Exil« in Spandau in die Stadt hätte zurückkehren können. Dort lernte sie alsbald ihren zukünftigen Mann kennen, wenn sie ihn nicht bereits gekannt hatte. Dies war Hüter Moslé, »Halbjude« wie sie. Unsere Mutter muss unseren Vater schon gekannt haben. Vielleicht war er der »nette Mann«, den Ilse in ihrem Tagebucheintrag vom 8. Oktober erwähnte. Sie wohnten bei Kriegsende bereits woanders, vielleicht in seiner alten Wohnung in der Sven-Hedin-Str. 18 in Berlin-Zehlendorf.

Gitta schrieb sich nach dem Krieg als Studentin an der Humboldt-Universität ein, trat der neu gegründeten SED bei, wurde von der ostdeutschen Nachrichtenagentur ADN als Sonderkorrespondentin nach Nürnberg im amerikanisch besetzten Gebiet geschickt und lernte schließlich Onkel Leo kennen.

Und bald nach Onkel Leos Verhaftung im Juni 1950 wurde sie schließlich ebenfalls verhaftet. Später sagte sie dazu: »Es war genauso wie bei den Nazis. Ich wurde nie angeklagt, es gab keinen Prozess. Ich wurde nur verhaftet, weil ich seine (*Leo Bauers*) Frau war.« Mit ihr wurde ihre Schwester Hilde verhaftet, ebenfalls ohne Anklage, ohne Prozess, ohne auch nur einmal verhört zu werden. Gittas Baby, gerade ein paar Wochen alt, wurde ihr entrissen und – immerhin – unseren Großeltern zur Pflege übergeben. So verbrachte Cousin André die erste Zeit seines Lebens in der Parterrewohnung Sprengelstraße 3 in Berlin-Spandau, wo seine Mutter ihre jüdische Freundin versteckt hatte und wo wir trotz des bösartigen Briefs von Gitta an Oma und Opa mit unserer Mutter weiterhin wohnen durften. Das Haus hatte den Krieg wie durch ein Wunder ohne sichtbare Schäden überlebt. Es steht noch heute. Wie nahe die Einschläge gekommen waren, zeigte sich auf der gegenüberliegenden Straßenseite. Dort, wo heute Nachkriegswohnhäuser stehen, befand sich unser »Spielplatz«, das verbotene Trümmergrundstück, auf dem kein Stein mehr über dem anderen lag.

Aus den Archiven der sogenannten Gauck-Behörde, dem Amt des »Bundesbeauftragten für die Unterlagen des Staatssicherheitsdienstes der ehemaligen Deutschen Demokratischen Republik«, wissen wir recht genau, was mit Tante Gitta und Tante Hilde nach ihrer Verhaftung in der Pension in Friedrichroda geschah. Auch dahingehend ähnelten sich Nazis und Kommunisten in Deutschland: Sie führten akribisch Buch über ihre Untaten.

Aus den Akten geht hervor, dass Gitta zum Zeitpunkt ihrer Verhaftung außer ein paar Kleidungsstücken kaum etwas dabeihatte, keine Bücher, keinen Schmuck, kein Geld, lediglich: »2 lange Hosen, 2 warme Jacken, 1 Paar Kniestrümpfe, 1 Paar neue Socken, 1 Paar neue Sportschuhe, 1 Kamm«. Sie hielt sich schließlich zur Kur in Friedrichroda auf und hatte wohl kaum damit gerechnet, dass sie mehr als drei Jahre von zu Hause fort bleiben würde. Immerhin bestätigten ihr zwei Anstaltsärzte »Unterleibsleiden«.

Tante Hilde, ihre Schwester, geboren 1926 und zum Zeitpunkt der Verhaftung durch die Stasi gerade erst 24 Jahre alt, hatte laut der »Effektenaufstellung« doch etwas mehr an Anziehsachen bei sich. Sie war ja nur zu Besuch in Friedrichroda und wurde nicht im Sanatorium gepflegt. Über unseren Cousin André steht in den Haftakten seiner Mutter so gut wie nichts, außer dass ein Walter Dubro, Sprengelstr. 3, Berlin-Spandau zum Vormund bestellt worden war. Also: unser Opa.

Das wurde ihr, Gitta, aber nicht mitgeteilt. Sie wurde über alles im Ungewissen gelassen, um sie gefügig zu machen. Es gab nach der perversen Logik der Stasi einen triftigen Grund für diese besonders grausame Behandlung. Onkel Leo hatte sie angewiesen, sie solle, im Falle, dass sie von der Zentralen Parteikontrollkommission oder irgendwem anderen verhört werde, nichts davon sagen, dass zwischen ihm, ihrem Mann Leo, und Erica Glaser nach 1948 noch brieflicher Kontakt bestanden hatte. Er selber vermochte sich unter dem Druck der pausenlosen Verhöre nicht an seine eigene Verhaltensregelung zu halten. Gitta aber sagte nichts über die Briefe zwischen Leo und Erica Glaser. Sie hielt sich an die Anweisung, sie wurde ja auch nicht systematisch bei Anwesenheit sowjetischer KGB-Experten verhört. So war es den Stasiermittlern von vorneherein klar, dass sie ihnen nicht die Wahrheit sagte. Deshalb ordneten sie diese Haftbedingungen an, deshalb behielten sie Tante Gitta viel länger in Haft als Tante Hilde. So erfuhr sie auch nicht, dass sich ihre Schwester Maria um ihren kleinen Sohn André kümmerte.

Aus ihren Haftakten geht schließlich auch hervor, warum sie

anderthalb Jahre, bevor sie selber in Ungnade gefallen war, jenen üblen Brief an die »lieben Eltern« geschrieben hatte. Wie war der Originaldurchschlag dieses Briefes in ihre Stasiakte gekommen? Oma und Opa Dubro werden ihn wohl nicht an die Schinder ihrer Töchter gegeben haben. Ich habe bereits die Vermutung geäußert, dass Gitta diesen Durchschlag mit Kohlepapier von vorneherein für die Kontrolleure der SED angefertigt hat. So glaubten sie und Leo, der sie doch vermutlich zu diesem Brief mit Kopie veranlasst hatte, sich elegant von unserem Vater distanzieren zu können.

In den Stasiakten steht bei allen sonstigen Details nicht, wie genau das Gefängnis hieß, in dem die beiden Frauen eingesperrt waren. Sie selbst sprachen später immer nur allgemein von »Bautzen«. Das zwischen 1900 und 1904 gebaute Zuchthaus Bautzen, später Bautzen I – im Volksmund wegen der gelben Fassade *Gelbes Elend* genannt –, ist heute Justizvollzugsanstalt des Landes Sachsen. Anfang des 20. Jahrhunderts wurde in Bautzen in der Nähe des Amts- und Landgerichts auch ein Untersuchungsgefängnis gebaut, das später Bautzen II genannt wurde. Dieser Bau beherbergt heute eine Gedenkstätte für beide Gefängnisse, da sowohl in der Nazizeit als auch unter der sowjetischen Besatzungsmacht sowie in der DDR an beiden Orten politische Häftlinge gefangen gehalten wurden. Die Sowjets nannten sie »Speziallager Nr. 4«. In diesem »Lager« wurden von der Besatzungsmacht zunächst Nationalsozialisten, Unternehmer, Führungskräfte, Adelige sowie alle möglichen willkürlich Festgenommenen inhaftiert. Dies spricht dafür, dass Gitta und Hilde tatsächlich in Bautzen II einsaßen.

Von 1946 an wurden auch sozialdemokratische und bürgerliche Gegner der SED im »Speziallager Nr. 4« festgehalten. Rund 7000 waren in den Sälen und Zellentrakten der Haftanstalt untergebracht. In einem als Einzelzelle geplanten Raum lagen normalerweise fünf, mitunter sogar sechs Menschen. Ein provisorisch errichtetes Barackenlager wurde mit weiteren 5000 bis 7000 Häftlingen belegt. Die Haftbedingungen waren unmenschlich.

In den Stasiakten findet sich eine mit Bleistift geschriebene

Haftbeschwerde von Gitta unter dem Datum des 9.10.51. Darin beklagt sie, sie habe zwar am 10.10.1950 ein »Vernehmungsprotokoll unterzeichnet«, seitdem (ein Jahr) sei aber »keine Anklageerhebung erfolgt«. Bei ihrer Schwester Hilde, für die sie ebenfalls Beschwerde einlegte, sei auf ein »Vernehmungsprotokoll sogar verzichtet« worden. Hildes Stasiakte ist so gut wie leer – ein deutlicher Beweis dafür, dass sie schlicht in Sippenhaft genommen worden ist. Es gibt lediglich eine »Effektenaufstellung«, also ein Verzeichnis der persönlichen Dinge, die zur Habe genommen wurden. Eigenartigerweise datiert diese vom 6. April 1951, wurde also erst acht Monate nach ihrer Verhaftung aufgestellt.

Es dauerte dann noch ein weiteres Jahr, bis sich die Stasi dazu durchringen konnte, wenigstens Hilde gehen zu lassen. Ihr »Entlassungsbeschluss« vom 6. März 1952 ist knapp gehalten:

> »Dubro, Hilde wurde wegen Verdacht der Spionagetätigkeit im Vorgang Leo Bauer verhaftet. Die geführten Untersuchungen erbrachten keine Beweise für eine von ihr begangene strafbare Handlung.«

Der Beschluss enthält drei Unterschriften, eine davon stammt von Erich Mielke persönlich. Bei der Gründung des Ministeriums für Staatssicherheit, MfS, oder kurz: Stasi, im Februar 1950 wurde Mielke als einer der Stellvertreter des Leiters der Stasi im Range eines Staatssekretärs eingesetzt. Im selben Jahr wurde er Mitglied des Zentralkomitees der SED. Das war er auch noch, als er Hildes Entlassungsbeschluss unterschrieb. Er war also zu dieser Zeit der zweithöchste Stasibeamte. Erst 1957 wurde er der Minister für Staatssicherheit und somit einer der Hauptverantwortlichen für den Ausbau des flächendeckenden Überwachungssystems in der DDR. Mit dem Rang »Generalleutnant« unterzeichnete er anderthalb Jahre nach der Entlassung von Hilde auch das Entlassungspapier unserer Tante Gitta. Darin lesen wir:

> »Der Häftling Bauer, Margarete wurde am 23.8.1950 wegen Verdacht der Agententätigkeit festgenommen.

Es bestand der Verdacht, daß sie an der verbrecherischen Tätigkeit ihres Ehemannes Leopold Bauer (inzwischen verurteilt) teilgenommen hat beziehungsweise Mitwisserin ist.
Die bisherige Untersuchung konnte keine Beweise für eine verbrecherische Tätigkeit erbringen.
Auf Anweisung der Leitung des ehemaligen Ministeriums für Staatssicherheit wurde die Registrierung dieses Vorgangs unterlassen, ebenso die Beibringung eines richterlichen Haftbefehls.
Die Entlassung ist am 3.10.1953 um 10 Uhr in der Haftanstalt II des Staatssekretariats durchzuführen.
Bestätigt: Mielke, Generalleutnant«

So kam Tante Gitta nach nunmehr beinahe vier Jahren in Bautzen frei. Wir wissen nichts darüber, was sie dort erlitt. Sie hat nie darüber gesprochen, außer dass es »genau so war wie bei den Nazis«. Hilde sprach darüber, dass sie sich in der DDR-Haftanstalt die Tuberkulose zugezogen hatte, die es ihr später unmöglich machte, ihrem Mann, dem deutschstämmigen amerikanischen Arzt Hardy Grumer, in dessen Heimat, die Vereinigten Staaten, zu folgen. Auch Gitta muss in der Haft schwer erkrankt sein, zumindest hatten sich bei ihr nach der schweren Geburt von André weitere Komplikationen ergeben. Auch sie hatte sich mit einer Tuberkulose infiziert. Nun war sie 33, fast 34 Jahre alt und wusste nicht, wo ihr Mann, Onkel Leo, geblieben und was mit ihm geschehen war.

Die Kommunisten versuchten immer noch, Beweise für Leos und Erica Wallachs Spionagetätigkeit zu finden. Wie hieß es so auffällig in Gittas Entlassungsschreiben? »Die *bisherige* Untersuchung«! Es wurde also weiter untersucht. Schließlich hielt man Erica Wallach für eine »Super-Mata-Hari«. Jedenfalls in der DDR, die von den sowjetischen Agenten allenfalls lückenhaft auf dem Laufenden gehalten wurde. In dem Bericht eines Stasiagenten lesen wir: »... von einem Amerikaner aufgesucht, der sich als Professor Hoechster (?) vorstellte und sie nach dem Verbleib von Noel Field und Erika Glaser fragte. In diesem Gespräch sagte er, dass Erika Glaser die beste Spionin gewesen sei, die die ›Russen‹ gehabt hätten, sie habe aus allen Männern etwas herausbekommen, indem sie mit ihnen geschlafen hätte …«

Wenn Gitta ihren Brief an die »lieben Eltern« tatsächlich – und in Absprache mit Leo – geschrieben hat, um sich und ihren Mann zu schützen, nachdem mein Vater in den Westen gegangen war, wenn sie dafür gesorgt hat, dass der Originaldurchschlag in den Stasiakten landete, dann zeigt das schon, dass sie bereit war, sich auf ein heikles und gefährliches Spiel einzulassen. Wie es scheint, hat die Stasi mit Erfolg versucht, Gitta als Agentin anzuwerben, vermutlich, um mehr über ihren Mann und seine frühere Freundin zu erfahren.

Gitta hat sich darauf eingelassen. Warum? Auch darauf gibt es keine eindeutige Antwort. Wir können aber zu ihren Gunsten annehmen, dass sie den Spieß umdrehen und die Stasi für ihre Zwecke einspannen wollte. Vielleicht dachte sie, sie könne den Lohn für ihre Agententätigkeit gut verwenden und als eine Art von Wiedergutmachung betrachten. In den Stasiakten ist eine Notiz von ihr zu finden unter dem Datum 3. 11. 1953 – genau ein Monat nach ihrer Entlassung. Die Notiz ist im Stil eines Agentenberichts abgefasst:

> »Etwa 10 Tage nach meiner Entlassung kam ein Amerikaner namens Fehler (?) zu meinen Eltern, der bereits 1950 bei ihnen war und nach Erika Glaser geforscht hatte.«

Bemerkenswert ist auch, dass ihr für die Zeit seit dem Beginn des Monats ihrer Verhaftung eine Invalidenrente in Höhe von 55 Mark gewährt wurde. Sie stellte einen Antrag auf ein Heilverfahren, und darin ist ihre Adresse wieder mit Seeblick 2 in Groß Glienicke (die Villa, in der sie mit Leo wohnte, als er noch Chefredakteur war) angegeben. Wurde ihr die schmucke Funktionärsvilla samt Inventar (ziemlich luxuriös und in den Stasiakten ebenfalls detailliert festgehalten) wieder zur Verfügung gestellt? Auf jeden Fall wurde ihr das Heilverfahren in einem volkseigenen Sanatorium gewährt, und zwar ausgerechnet in jenem Ort Sülzhayn, jenem Kurort in Thüringen, von dem aus sie den bösen Brief über unseren Vater an Oma und Opa mit Durchschlag für die SED geschrieben hatte. Seitdem war ihr Mann verhaftet worden und sie war im Gefängnis gelandet. Doch sie arbeitete offensichtlich weiter mit ihren Peinigern von der SED zusammen.

Ein Hauptmann Jehle von der Stasi hat sie nach Sülzhayn gefahren und für sie Zigaretten und Medikamente gekauft, dafür hat er 18,55 Mark »verauslagt«, die ihm vom Staatssicherheitsdienst SSD der DDR gegen Quittung wie selbstverständlich erstattet wurden. Derselbe Hauptmann Jehle hat auch einen Beleg »Für Auslagen zur Begleichung des Aufenthalts der Frau Bauer im Sanatorium Peters – Sülzhayn 1000 erhalten 4. 11. 1953« quittiert. Der Aufenthalt im Sanatorium Peters scheint nicht gerade billig gewesen zu sein. Denn Gitta selber hat am 4. 11. 53 ebenfalls 1000 Mark zur Deckung ihrer Kosten dort erhalten.

An einen »Sehr geehrten Herrn Simon« von der Stasi (wahrscheinlich der Deckname ihres »Führungsoffiziers«) schrieb sie am 2. 12. 1953 einen handschriftlichen Bettelbrief. Darin bedankt sie sich für »Blumen und Zigaretten zum Geburtstag« und möchte sich nun noch etwas mehr Geld »borgen«. Denn:

> »Wie Sie wissen, habe ich im Laufe der letzten Jahre einige Zähne eingebüßt, die ich mir gerne machen lassen würde. Nun habe ich doch noch ein paar Moneten auf der Bank, an die ich im Moment nicht herankomme …«

Man scheint ihr das Geld großzügig »geborgt« zu haben. Und die Zahnärzte für DDR-Funktionäre und ihnen Gleichgestellte in den Thüringer Sanatorien werden exzellente Arbeit geleistet haben. Tante Gitta war zeitlebens nie anzusehen, dass sie falsche Zähne im Gebiss trug. Sie zeigte gern ihr makelloses weißes, strahlendes Lächeln.

In anderen Briefen hat sie diesen Simon als »lieber Genosse« und »bester Genosse« angeredet. Bei ihm beschwerte sie sich auch, dass man sie nicht in einem Einzelzimmer untergebracht hatte, so sei sie »nie allein«. Sie beklagte sich, dass es »keinen Weihnachtsurlaub« vom Sanatorium gebe. Sie hätte doch die Weihnachtstage so gerne mit ihrem Sohn André verbracht. Um das doch noch irgendwie zu bewerkstelligen, wolle sie ihren »persönlichen Charme« einsetzen (und den hatte sie ohne Zweifel), aber der »liebe Genosse Simon« sollte doch bitte auch »irgendwo auf den Tisch schlagen«. Bei Simon beschwerte sie sich auch, dass ihre »Sachen durchsucht« worden waren, das sei doch nur üblich bei Gästen, die aus dem »Ausland« oder dem »Westen« nach Sülzhayn kämen.

Der »liebe Genosse Simon« und seine Stasispitzel müssen sich einiges von der »GI« (Geheimen Informantin) Bauer versprochen haben. Sie investierten kräftig in sie. Das »Staatssekretariat für Staatssicherheit« beglich die Rechnungen von dem »Gästehaus der Regierung VEB« für Ärzte sowie für Übernachtungen, Frühstück, Telefon und »Schneiderarbeiten« (!). Jede Rechnung wurde fein säuberlich zu den Akten genommen, alle Quittungen wurden fein säuberlich mit dem Kürzel »Mi« (Mielke?) versehen. Es wurden ihr mehrere Tausend Mark in bar zugesteckt, dabei einiges sogar auch in »DM-West«. Sie hat jede Zahlung quittiert und »Mi« hat sie gegengezeichnet. Am 6.2.54 konnte sie berichten, dass ihre »Gesundheit so weit fortgeschritten« sei, »daß die Entlassung für März in Aussicht gestellt« worden war. Zugleich mit diesem für die Stasi beruhigenden Bericht fragte sie nach einer »Rente« und den »Möbeln« im Haus in Groß Glienicke. Die Sache Bauer/Glaser war anscheinend immer noch von großer Bedeutung für die DDR, und sie war offenkundig weiterhin eine geheime Chefsache.

Dahinter steckte niemand Geringeres als Walter Ulbricht. Er, der von Anfang an mächtigste Mann in der DDR, hatte die ganze Zeit seine Hände im Spiel, genau wie Onkel Leo es befürchtet hatte. Es findet sich in den Stasiakten ein Bericht von Erich Mielke an Walter Ulbricht über die Verhaftung der Erica Wallach, geb. Glaser:

> »Am 26.8.50 ohne gültige Ausweispapiere in Halle und beim Verlassen derselben festgehalten. Auf Befragen gab sie an, LB suchen zu wollen.«

Der Bericht wurde von Ulbricht an Mielke zurückgesandt, versehen mit Ulbrichts handschriftlicher Anweisung:

> »unbedingt festhalten, gründlich vernehmen«

Die Versuche, Tante Gitta auszuhorchen, gingen nach ihrer Entlassung aus dem Sanatorium munter weiter. Der »liebe Genosse Simon« schrieb ihr reizende, gefühlvolle Briefe, in denen er sie fragte, ob sie weiter zur »Zusammenarbeit« bereit sei. Man suchte nach ihr, wenn sie nicht antwortete. Man vermutete sie eher in Spandau in der Sprengelstraße 3 als im »Westen«, wo es keine direkte Zugriffsmöglichkeit gab. Aber als man das tat, war sie offensichtlich schon in Frankfurt a.M., wo es noch weniger Zugriffsmöglichkeiten für die Stasi gab. Am 23.11.1954 hat ein Stasiagent mit dem Decknamen Prinz laut eigenem Bericht

> »als Zeitschriftenvertreter in der Spengelstr. 3 bei Dubro nach der Bauer gefragt. Eine junge Frau – Schwester – öffnete, sagte, Gitta sei jetzt wohnhaft in Frankfurt a.M., Rabenhofstr. 4 und arbeite beim ›Ost-West-Kurier‹.«

Die Stasi selber erfuhr im Detail anscheinend erst im August 1956 und eher per Zufall, was sie so alles getrieben hat. Am 13.8.1956 fand sie eine »Akte im Panzerschrank des Gen. Keßler, der nach Gera versetzt wurde«. Ein »zusammenfassender Bericht« sei »nicht vorhanden«. Wohl aber dies:

> »Gen. Hpt. Jehle teilte auf Anfrage mit, daß die B. nach Beendigung ihres Kuraufenthalts nicht mehr zum Treff erschienen ist. Gen. Jehle vermutet, daß der Grund des Abbruchs der Verbindung darin zu suchen ist, daß sie inzwischen erfahren

hat, das (sic!) ihr Ehemann Leo Bauer hingerichtet worden ist.«

War er aber nicht. Nur hatten die Genossen vom KGB es nicht für nötig erachtet, ihre Helfershelfer von der Stasi darüber zu unterrichten.

In einem weiteren im Panzerschrank des nach Gera versetzten Gen. Keßler gefundenen »Ermittlungsbericht« der Stasi vom 6.9.56 heißt es:

> »Bauer, gesch. Pabst, geb. Dubro, Margarete hat Stellung in Redaktion des Ost-West-Kurier ›wesentlich verbessert‹, wohnt zusammen mit ihrer Mutter in Frankfurt a.M., Eschenheimer Landstr. 306.«

»Eschenheimer Landstr. 306« – das sollte die Adresse der kleinen Sozialbauwohnung sein, in der Onkel Leo André und mich zum Sechstagerennen abholte. Es ist die Adresse der Wohnung, in der Tante Gitta mit ihrem neuen Freund Jochen Platz und unserer Oma Dubro tatsächlich wohnte. Ich kann mich noch genau an diese Wohnung erinnern. Allerdings hieß die Straße Eschersheimer Landstraße (und heißt heute noch so).

Aber solche kleinen Fehler sind der Stasi häufig unterlaufen. So lautet die Adresse der Villa in Groß Glienicke abwechselnd »Zum Seeblick«, »Am Seeblick« oder einfach nur »Seeblick«; so heißt Gittas erster Mann bei der Stasi mal Pabst und dann wieder Papst. So steht auch in dem »Plan zu Kontaktaufnahme« mit ihr, sie sei »verwitwet«, weil man von der Umwandlung des Urteils über unseren Onkel Leo offenkundig nichts wusste.

Dies aber wird richtig sein und stimmen:

> »Das MfS wollte sie anwerben und einsetzen.«

Vom Oktober 1953 bis zum März 1954 hat ihr das MfS dafür 6600 Mark Ost und 58 Mark West gezahlt. Aber es hat nichts genutzt. Tante Gitta hat sich nicht von der Stasi anwerben lassen.

Sie hat das gefährliche Spiel gewonnen!

Und die Stasi war zu doof, das zu merken.

Noch bis in das Jahr 1962 gab es Briefe von dem designierten Führungsoffizier mit dem Decknamen »Simon«, doppelt getarnt mit der Unterschrift »Ihre Simone«. Geschlossen wurde die Akte »des GI Bauer« erst im März 1965, zwölf Jahre, nachdem »der Häftling Bauer« entlassen worden ist.

Der andere »Häftling Bauer«, Onkel Leo, war nicht, wie die Stasi meinte, verstorben, das Urteil war nicht »vollstreckt« worden. Er wurde nicht hingerichtet, wie er es selber Nacht für Nacht ein halbes Jahr lang befürchtet hatte. Aber was dann kam, »erschütterte« ihn auch: Taischet. Lager wie Taischet wurden nicht nur benötigt, um die vielen Häftlinge unterzubringen. Es gab für sie auch wirtschaftspolitische Gründe. »Die Fünfjahrespläne ab 1928 hatten letztlich zur Schaffung der ›GULAG‹ als einer der Hauptabteilungen innerhalb des NKWD geführt.« (Kurt Bährens)

Noch in den zwanziger Jahren des vergangenen Jahrhunderts war Taischet ein unbedeutendes Dorf, bestenfalls ein Ausgangspunkt für Pioniere, die Ostsibirien entdecken und erschließen wollten. In den dreißiger Jahren war der Bau einer neuen Eisenbahnstrecke beschlossen worden, der Baikal-Amur-Magistrale. Diese neue Bahnstrecke sollte bei Taischet von der vorhandenen Transsibirischen Trasse abzweigen und über Ust-Kut 5000 Kilometer weit nach Sowjetskaja Gawan, dem neuen Hafen am Pazifischen Ozean, führen. Die neue Strecke war notwendig geworden, weil die sowjetische Führung nach dem Überfall der Japaner auf die Mandschurei die nordmandschurische Bahn als wertlos und die alte Transsibirische Eisenbahn wegen des Verlaufs der Linie in der Nähe der Grenze zum von Japan besetzten China als äußerst gefährdet ansah. Sie sollte auch der Erschließung des rohstoffreichen, aber praktisch menschenleeren Ostsibiriens dienen, von der Russland heute noch profitiert. In einem amtlichen Dokument hieß es dazu: »Die weiten Strecken durch Gebirge und den sibirischen Urwald lassen sich betrieblich nur halten, wenn sie gesichert sind und sich auf eine zumindest schwache menschliche Besiedlung stützen können.« Der Bau der neuen Eisenbahnstrecke wurde indes immer wieder verzögert. Der erste größere Abschnitt von Taischet nach Ust-Kut wurde erst – vermutlich mit Hilfe von Onkel Leo – in den fünfziger Jahren fertiggestellt.

Das sowjetische Strafsystem bediente sich bei aller Grausamkeit einer modernen, verharmlosenden Sprache. Natürlich gab es »Schuld« und »Strafe« in diesem »revolutionären« Strafrecht in äußerst scharfer Form. Aber man bediente sich einer anderen Ausdrucksweise. So wurde anstatt von Schuld von der »Sozialgefährlichkeit« des Täters gesprochen. Eine »Strafe« galt in diesem »revolutionären Strafrecht« als eine »notwendige Folgeerscheinung des kapitalistischen Tausch- und Vergeltungsgrundsatzes«. Deswegen wurde sie abgelehnt. An ihre Stelle traten nun »Maßnahmen des sozialen Schutzes«. Zum harmlosen »Schutz« der sowjetischen Gesellschaft benötigte man selbstverständlich kein »Zuchthaus«, keine »Zwangsarbeit« und auch keine »Arbeitslager«. In dieser verdrehten Ideologie hatte die Arbeit eine positive erzieherische Wirkung. Darin ähnelte sie durchaus dem Denken der Nazis, die doch über dem Eingang des Vernichtungslagers Auschwitz die höhnische Parole »Arbeit macht frei« angebracht hatten. Es befanden sich nach westlichen Schätzungen in den zwanziger Jahren bereits gut eine halbe Million Menschen in sowjetischen Straflagern. 1939 waren es bereits knapp zehn Millionen, für 1946 rechnete man mit 17 bis 18 Millionen.

Es gab in der Sowjetunion sechs Klassen von Lagern. Die russischen Wortverdreher benutzten das französische Wort »Regime« (von *régime* = Regierungsform; Staatsform). Gewöhnliche Kriminelle (aber auch hier muss man, wie bei den Nazis, festhalten, dass politische Opposition auch unter die Kategorien von gewöhnlicher Kriminalität fallen konnte), gewöhnliche Kriminelle kamen also in Lager mit »gelockertem Regime« und mit »normalem Regime«. Bei dieser Denkart wog ein Mord oder ein Raub nämlich weniger schwer als ein politisches Vergehen gegen die »sozialistische Staatsordnung«.

Taischet war mehr als ein Lager, es war ein ganzer, riesiger Straflagerbezirk, in dem sechzig Einzellager der verschiedenen »Regime« zusammengefasst waren. Sie befanden sich links und rechts der neuen Eisenbahntrasse von Taischet nach Sajarsk auf einer Fläche von der Größe des Bundeslandes Baden-Württemberg. In dieser Region der sibirischen Taiga herrscht an 250 Tagen des Jahres strenger Frost. Weniger als hundert Tage sind frostfrei. Wenn der kurze, gleichwohl sehr heiße Sommer ausbricht, leben die Stechmücken auf. Sie sind eine furchtbare Plage, gegen die es zu der Zeit, als Onkel Leo im Lager war, keinen wirksamen Schutz gab. Zu seiner Haftzeit wurden noch im Wesentlichen vorbereitende Arbeiten im Wald ausgeführt. Dies waren die Rodung und der Holzeinschlag für die Trassen und die Schienenschwellen; die Anlage von Straßen, Ortschaften und Industriekombinaten; die Glimmerverarbeitung, bei welcher der Glimmer – das sind gesteinsbildende, blättrige Mineralien von auffälligem Glanz und vollkommener Spaltbarkeit, chemisch: Aluminiumsilicate – in dünne transparente Scheiben aufgespalten und in Öfen zu Glasersatz geschmolzen wird. (Genau solche Glimmerverarbeitung mussten auch die Insassen des »Ghetto Theresienstadt« leisten.) Die sechzig Einzellager von Taischet waren mit jeweils 250 bis 2000 Häftlingen besetzt. Insgesamt waren in diesem Bezirk zur Zeit der Gefangenschaft von Leo Bauer Anfang der fünfziger Jahre bis zu 35 000 Menschen interniert. 10 000 waren Frauen. Auch über die Zahl der Deutschen gibt es einen Anhaltspunkt: Von der Bundesregierung wurden genau 1257 Häftlinge als »Heimkehrer aus Taischet« registriert.

Wegen seines miserablen Gesundheitszustands wurde Leo vom Lager 048 in ein Lazarett verlegt. Von 1954 an musste er dann im Lager 013 bei der aufstrebenden Stadt Bratsk arbeiten. Dort gab es ein Sägewerk und mehrere Tischlereien sowie eine Großwerkstatt für die Motoren von Automobilen und Lokomotiven. Im November jenes Jahres 1954 verschlimmerte sich seine infektiöse Leberentzündung so weit, dass er in eine *Bolniza*, ein Krankenhaus, genauer: ein Krankenlager, das Krankenlager 052 bei Vichorevka, 40 Kilometer westlich von Bratsk, eingeliefert werden musste. Die meisten der Ärzte dort, wie auch die Pfleger, waren ebenfalls Gefangene. Die oberste Verantwortung trug aber in jedem Fall ein russischer Zivilarzt, meistens waren es Ärztinnen. Onkel Leo erinnerte sich ziemlich gut an das Krankenlager 052:

»Die Atmosphäre eines solchen Krankenhauses hat etwas Gespenstisches an sich. Es ist nicht nur die Sammlung von Elend, Krankheit, Verzweiflung und auch Hoffnung, die das Klima der Bolniza bestimmt. Es ist nicht nur die Tatsache des besseren Essens, die die Menschen dort anders als im normalen Arbeitslager sein läßt. Der Mensch als Lebewesen möchte jede Krankheit möglichst schnell überwinden. Hier wird sie aus Angst vor dem Zurück in den grauen dunklen Alltag mit allen Mitteln kultiviert. In vielen Fällen wird es ein Kampf auf Leben und Tod, wobei sehr oft der Kranke in seiner Verzweiflung zu seinem eigenen schlimmsten Feinde wird.«

Der Chefarzt der *Bolniza* 052 habe ihm, so sagte Leo, erklärt, er sei »in erster Linie Tschekist«, außerdem ein »Feind der Häftlinge« und »dann erst Arzt«. Der Chefarzt war also einer von der »Tscheka«, welche Kommunisten selbst als »den bewaffneten Arm der Diktatur des Proletariats« bezeichneten. Sie wurde hauptsächlich zur Bekämpfung der Opposition eingesetzt sowie der ausländischen Geheimdienstaktivitäten. »Tscheka« ist die Abkürzung für die »Außerordentliche Allrussische Kommission zur Bekämpfung von Konterrevolution, Spekulation und Sabotage«. »Tschekisten« wurden alle Mitarbeiter der Geheimdienste der Staaten des Ostblocks genannt. Auch wenn sie als Ärzte nicht heilen, sondern »erziehen« wollten. Was das bedeutete, daran erinnerte sich Leo ebenfalls:

»Solchen Männern ist der Häftling als Kranker ausgeliefert und als Häftling findet er natürlich Mittel und Wege, um diese Ärzte zu betrügen und zu bekämpfen, wobei wie gesagt der Häftling zwar den Arzt betrügt, oft aber sich allein für immer ruiniert.«

Leo erinnerte sich auch, dass nicht alle so waren wie der Chefarzt, dass nicht alle »in erster Linie Tschekisten« waren. In einem unveröffentlichten Manuskript mit dem Titel *Häftlingsgespräch*, in dem auch das Alter Ego »Bergmann« aus dem unveröffentlichten Roman unseres Onkels wieder auftaucht, spricht er über diese anderen:

»Viele Kameraden, die als SS-Leute in sowjetische Gefangenschaft geraten waren, erzählten Bergmann, wie erstaunt sie waren über die Aufopferung hauptsächlichst russischer Ärztinnen, um auch die SS-Leute wieder gesund zu machen. Unter ihnen waren Frauen jüdischer Herkunft, die gegen die Deutschen haßerfüllt waren, weil sie im Kriege durch die Nazis alles verloren hatten, besonders aber ihre Angehörigen ermordet worden waren. Unzählige Mal geschah es, daß sie in den ersten Begegnungen ihren Haß so äußerten, daß der betreffende SS-Mann sein sicheres Ende voraussah. Dann aber überwanden die Frauen in vielen Fällen die Gefühle des Hasses und ersetzten sie durch das Gefühl der menschlichen Pflicht.«

In dieser *Bolniza* 052 lernte Leo noch einen ganz anderen Menschen kennen. Es war eine höchst bizarre Begegnung. Es gab da wohl eine Gruppe von drei Freunden in dem Krankenhaus, die unseren Onkel als vierten in ihrem Bunde aufnahmen. Einer der drei war der Zahnarzt Dr. Helmut Kunz. Dieser Kunz war SS-Sturmbannführer und Assistent des Leibarztes von Adolf Hitler gewesen. Er hatte noch bis zum Zusammenbruch des »Dritten Reichs« Nazigrößen in der Reichskanzlei behandelt. Es trafen zwei Lebenswege aufeinander, die unterschiedlicher nicht hätten sein können. Es kam zu einer Art von Freundschaft zwischen Leo und Kunz, die höchst merkwürdig erschien. Lassen wir Onkel Leo auch hierüber selber sprechen:

»Diese Freundschaft konnte nur in der einzigartigen Welt der Lager entstehen, in der die Vergangenheit des Einzelnen, der Glaube von gestern und die sich daraus ergebenden Handlungen keine Rolle mehr spielen und der Mensch als Mensch mit seinen Stärken und Schwächen in den Vordergrund tritt … Während K. (der Zahnarzt Dr. Helmut Kunz) die Freuden des Studenten erlebte, studieren und seine Examina ablegen konnte, wurde ich von der Universität relegiert. Die Zeiten, in denen K. persönlich den Aufstieg erlebte und sicher war, die Verwirklichung seines Ideals zu erleben, bedeuteten für mich Haft, Illegalität, Emigration, Haft, Verurteilung in der Emigration und sie bedeuteten vor allem Teilnahme an einem Kampf gegen eine scheinbar unbesiegbare Macht, der K. diente. Als er in Gefangenschaft geriet – am Ende des »Tausendjährigen Reichs«, meinte ich den Beginn der Verwirklichung dessen zu erleben, wofür ich bisher gekämpft, gelitten und viel geopfert hatte. Das Ende – Beide trafen wir uns als Häftlinge im Lager der Macht, die er als Diener seiner Führer mit Haß bekämpft hatte und von der er besiegt worden war. Ich wiederum war ein Anhänger der Macht gewesen, die uns jetzt beide als Sklaven behandelte.«

Onkel Leo schätzte an diesem ehemaligen Zahnarzt des »Führers«, dass er sich gewandelt und seine alten Vorurteile gegen Menschen und Rassen abgelegt hatte, dass er ohne Hass auf die Sieger seine Strafe abbüßte:

»Er (der Zahnarzt Dr. Helmut Kunz), der sein Leben lang gewöhnt war, nicht nach Zusammenhängen zu suchen, dies seinen Führern überließ und nur glaubte und gehorchte – er hatte im Laufe der Leidenszeit gelernt, die inneren Zusammenhänge zu suchen und zu erkennen. So gestand er, daß er natürlich die Begründung für sein Urteil lächerlich fand, daß er aber nicht in der Lage sei, sich als unschuldiges Opfer zu erklären. Schließlich und endlich habe er auf der Seite einer MACHT gekämpft, die als obersten Grundsatz das Recht des Siegers über den Besiegten, das Recht der Beherrschung des Schwachen durch den Starken, anerkannt und proklamiert hatte.«

Die beiden anderen in dieser Dreiergruppe, die mit Leo zur Vierergruppe wurde, hatten ebenfalls Lebenswege hinter sich, die einen staunend fragen ließen, was sie wohl miteinander verband. Die vier Häftlinge führten lange nächtliche Gespräche – und dies in einem abgelegenen Raum in einer Sonderbaracke für Geisteskranke. Onkel Leo hat kein Wort über den Inhalt dieser Palaver verloren, auch nicht in seinen Aufzeichnungen und diversen Memoiren. Sie müssen ihn aber mit zum Umdenken über seine Haltung zum Orden der Kommunisten gebracht haben. Die Sonderbaracke für Geisteskranke wurde von einem der vier Freunde geleitet, einem Ilja. Er war ein Litauer, Arzt und Jude, und führte die Abteilung als Häftling, weil für sie kein ziviler Arzt gefunden werden konnte, nicht einmal bei der Tscheka. Ilja, den Leo als außergewöhnlich intelligent, kulturell hoch bewandert und sehr temperamentvoll geschildert hat, nutzte seine Stellung als Lagerarzt, um sich mit »medizinischem Alkohol die Gesellschaft weniger Gefangener zu erkaufen«. Dieser Arzt Ilja war Mitglied der Kommunistischen Partei der Sowjetunion und leitender Funktionär im Gesundheitswesen der Litauischen Sozialistischen Sowjetrepublik gewesen. Er ist im Jahre 1950 verhaftet worden als litauischer »Nationalist« und »Zionist«, was die weit verbreitete kommunistische Spielart des Antisemitismus war.

Der Vierte im Bunde hatte sehr viel mehr mit unserem Onkel gemein als die anderen beiden. Er hieß Mischa, war ein Russe, war der Älteste und hatte länger als sie im Lager gesessen. Mischa hatte sich – nicht unähnlich dem jungen Leo Bauer – bereits im Alter von 22 Jahren den Bolschewiken angeschlossen. Er hatte 1917 für die Revolution in Russland gekämpft, war Sekretär von Lenin persönlich und später Funktionär im Volkskommissariat für Außenhandel geworden. Er ist in der Zeit der großen Schauprozesse nach einer Dienstreise in die Vereinigten Staaten im Jahre 1937 verhaftet worden. Warum ist er überhaupt zurückgekehrt, wo er doch hätte wissen können, dass er zu Hause selber auch Opfer der stalinistischen Säuberungen werden würde?

Diese Frage muss Onkel Leo, der sich doch selber auch seiner zu erwartenden Verhaftung leicht hätte entziehen können, brennend interessiert haben. Die Antwort auf diese Frage ist die einzige Erinnerung an die nächtlichen Gespräche in der Baracke für Geisteskranke, die er uns hinterlassen hat:

> »Schauen Sie, Genosse Bergmann, warum bin ich zurückgefahren? Ich mußte. Kann man die Welt, zu der man zugehört, so einfach verlassen? Eine Sache ist, wenn im eigenen Lande eine andere Macht die Herrschaft übernimmt. Aber das war ja nicht der Fall. Ich weiß, daß meine Antwort für viele Menschen unverständlich bleiben muß, denn sie kennen nicht das Gefühl der Zugehörigkeit zu einer Bewegung, der man sich restlos verschrieben hat und zu der man sich bekennt.«

Dieser alte Bolschewik Mischa ist, trotz allem, trotz Stalin und der stalinistischen Säuberungen, deren Opfer er war, im Herzen Kommunist geblieben. Wie unser Onkel Leo.

Im April 1955 kam Leo wieder in ein Arbeitslager, das Lager 011. Im Spätsommer jenes Jahres wurde er erneut verlegt, dieses Mal in das Lager 013. Es war eine Glückszahl für ihn. Bundeskanzler Konrad Adenauer hatte auf seiner Moskaureise im September 1955 mit der neuen sowjetischen Führung unter Nikita Chruschtschow die Freilassung deutscher Kriegsgefangener ausgehandelt. Es war ein Freikauf, den Adenauer mit Geld und der Aufnahme von politischen Beziehungen zur Sowjetunion bezahlte. Er stellte dies als Ergebnis einer Politik der Stärke und der Westbindung der Bundesrepublik dar. Tausende von Angehörigen verschollener deutscher Soldaten begannen zu hoffen, vielleicht befände sich ja ihr Liebster, ihr Vater, ihr Sohn unter den aus Sibirien Freigekauften …

Am 4. Oktober 1955 wurde ein Häftlingstransport nach Deutschland zusammengestellt. Etliche der Freigekauften kamen aus dem Lager 013. Einer von ihnen war Onkel Leo, der nun wirklich kein Kriegsgefangener war. Irgendwie hatte es die Bundesregierung geschafft, auf dem Papier einen Soldaten der Wehrmacht aus ihm zu machen, ich meine mich sogar zu erinnern, Tante Gitta, seine Frau, habe erzählt, dass man ihn als SS-Offizier deklarierte.

Er selber hatte, nachdem er von der Freilassung der Fields in Polen beziehungsweise Ungarn erfahren hatte, nach Moskau geschrieben und um eine Wiederaufnahme seines Verfahrens gebeten. Nach seinen Angaben erhielt er »überraschend schnell« eine Bestätigung über den Eingang seines Gesuchs. Es war ihm angekündigt worden, dass er nach Moskau gebracht werde. Er wurde jedoch wieder krank und lag mit einer schweren Gelbsucht erneut im Krankenhaus. Dort und anschließend im Lager wurde er mehrmals vernommen. Es wurde ihm zugesagt, dass er bald nach Hause fahren dürfe. Als die Verhandlungen zwischen der Bundesregierung und der Regierung der Sowjetunion abgeschlossen waren, erhielt er prompt einen definitiven Bescheid: Über Moskau nach Deutschland. So wurde unser Onkel Leo zunächst ins Stammlager 048 zurückgebracht, wo die Vorbereitungen für seine Abreise getroffen wurden.

Es kam dann aber doch wieder ganz anders.

Es gab einen Gegenbefehl.

Nun war keine Rede mehr von einem Wiederaufnahmeverfahren in Moskau und anschließender Überführung nach Deutschland. Nun hieß es: Am 4. Oktober 1955 geht es zusammen mit anderen »Kameraden« direkt in die Bundesrepublik. Wieso und weshalb? Leo selber erfuhr es nie. Später, als er ein führender SPD-Politiker und Berater von Willy Brandt war, wurde ihm mit höhnischem Unterton von politischen Gegnern und rechtslastigen Journalisten in Westdeutschland vorgehalten, er habe seine Freilassung aus dem GULAG allein Konrad Adenauer zu verdanken gehabt. Die Stasiakten geben auch keinen Hinweis auf die Umstände seiner Freilassung. Anscheinend hatten die russischen Tschekisten wieder einmal etwas »vergessen«, nämlich ihre Genossen in der DDR über den Rücktransport einiger aus Taischet freigelassener Deutscher zu informieren.

Hätte es nicht den Gegenbefehl gegeben, dann wäre es Leo so ergangen wie seiner Freundin und Mitangeklagten Erica Glaser.

Sie wurde, wie es zunächst auch für ihn angeordnet worden war, nach Moskau überstellt und dort in das berüchtigte Lubjanka-Gefängnis gesperrt. In diesem Gefängnis fand eine neue – kurze – Untersuchung statt. Diese endete mit der Feststellung, die Verurteilung habe auf einem »Irrtum« beruht: »Die Genossin Wallach ist hiermit rehabilitiert.«

Sie erkundigte sich nun mehrmals nach dem Schicksal ihres Freundes. Ihr wurde gesagt, dass er sich bereits auf dem Wege nach Moskau befände, wo es ihm ähnlich ergehen werde wie ihr. Kaum hatte sie Hoffnung gefasst und daran zu glauben begonnen, da teilten ihr dieselben Beamten mit, Leo Bauer käme gar nicht mehr nach Moskau, er befände sich bereits auf der Fahrt nach Deutschland.

Diese führte durch die DDR.

Dort warteten Walter Ulbricht und die SED-Spitze auf eine Gelegenheit, des unbotmäßigen Widersachers doch noch Herr zu werden.

Eine solche Gelegenheit bot sich am 3. Oktober 1955 in Frankfurt an der Oder, wo der Zug auf DDR-Gebiet kam. Wie unser Onkel Leo sich erinnerte, hatten dort

> »Beauftragte Ulbrichts einen Versuch unternommen, meinen Übergang nach dem Westen zu verhindern. In diesem Fall ›verdanke‹ ich es dem sowjetischen Begleitoffizier unseres Transportes, der einen Skandal verhindern wollte, daß ich doch weiterfahren konnte. Er griff ein, weil ich mich laut und energisch gegen das ›Angebot‹ wehrte und meine Kameraden eine drohende Haltung gegen die SED-Funktionäre einnahmen.«

Auch der »normale« Weg über Moskau hätte für unseren Onkel erneute Haft in der DDR bedeuten können. Wie wir aus den Stasiakten wissen, versuchte ihm zu dieser Zeit die DDR-Führung immer noch etwas anzuhängen, wofür sie seine Frau, Tante Gitta, einspannen wollten.

So aber traf Leo Bauer am 4. Oktober 1955 mit dem Kriegsgefangenentransport im Lager Friedland ein.

Dieses »Grenzdurchgangslager« war 1945 auf Anordnung der britischen Besatzungsmacht als erste Anlaufstelle für Flüchtlinge, Vertriebene und Heimkehrer eingerichtet worden. Die letzte große Gruppe von Menschen, die hier ankam, war 1989 die Gruppe der DDR-Flüchtlinge aus der westdeutschen Botschaft in Prag.

Am 20. Oktober 1955 läuteten in den Gemeinden der »Heimkehrer« die Kirchenglocken. Tausende warteten am Bahnhof und vor dem Lager auf sie. In Frankfurt wartete der Oberbürgermeister, der einen großen Empfang geben sollte. Es warteten Dutzende von Journalisten, die auf rührende Wiedersehensgeschichten aus waren. Dieser 20. Oktober 1955 war mein siebter Geburtstag. Leos Sohn, mein Cousin André, war gerade fünf Jahre alt geworden. Gitta befand sich seit zwei Jahren in Freiheit und lebte in Frankfurt.

Aber niemand wartete auf Onkel Leo in Friedland.

Außer der CIA.

Und einigen gut informierten Journalisten, welche die Absonderlichkeit der Rückführung eines ehemaligen kommunistischen Spitzenpolitikers mit »Adenauers Heimkehrern« als interessante Story sahen. Mit diesen Journalisten sprach Leo jedoch nicht, denn es war ihm auferlegt worden, zunächst keine Stellungnahmen abzugeben.

Er ging auf den Empfang in Frankfurt. Er nahm die Ehrungen hin, wissend, dass sie nicht ihm galten.

Auch die bundesrepublikanischen Geheimdienste hatten auf ihn gewartet. Für sie war es Routine, politische Häftlinge aus den Ländern des Ostblocks nach ihrer Ankunft im Lager Friedland zu vernehmen. Das größte Interesse an Onkel Leo hatte indes die amerikanische CIA, ganz ähnlich wie bei meinem Vater, als dieser nach Hamburg kam. Zum Entsetzen der Agenten, von denen einige Noel Field noch aus Genf kannten, hatte sich Field nämlich entschieden, nach seiner Freilassung weiter in Ungarn zu leben. So waren Erica Glaser, inzwischen längst Wallach, die Ende Oktober 1955 von Moskau über Ost-Berlin in die Bundesrepublik gekommen war, und Leo Bauer die einzigen Menschen, die aufgrund persönlicher Erfahrungen und Kenntnisse etwas Licht auf die »Affäre Field« werfen konnten. Bei Onkel Leo waren die westlichen Geheimdienste überdies an seinen Kenntnissen über die KPD und die SED interessiert.

Deshalb musste er in seinen ersten Monaten in der Freiheit beinahe täglich bei der CIA erscheinen. Wieder einmal sah er sich gezwungen, sich an kleinste Details zu erinnern, wieder einmal musste er Aussagen anderer Menschen bestätigen oder korrigieren, wieder musste er sein eigenes Verhalten rechtfertigen. Dass er sich vom Kommunismus abgewendet habe, mochten die Amerikaner ihm wohl nicht richtig abnehmen. Einige Jahre später, als er längst für die SPD und den Bundeskanzler Brandt arbeitete, wurde ihm nämlich das Einreisevisum in die USA verweigert (was Willy Brandt, den er begleiten sollte, dadurch umging, dass er ihm einen roten Diplomatenpass ausstellen ließ).

Die täglichen »Verhöre« zerrten schwer an seinen Nerven. Seine Krankheit, die nie auskurierte Gelbsucht, meldete sich wieder. Er hatte keine Ahnung, wovon er in Zukunft leben sollte, es gab keine Aussicht auf eine Stelle in der Politik oder in der Presse.

Dazu kam, dass Gitta ihn mit der Nachricht begrüßt hatte, sie wünsche die Scheidung. Zwar freue sie sich über seine Freilassung. Zwar wolle sie weiterhin im »freundschaftlichen Kontakt« mit ihm bleiben. Aber die »Distanz, die durch die lange Trennung« entstanden war, wollte sie nicht überwinden. Die »Zweifel«, die sie an ihrer Beziehung schon vor der Haft gehabt hätte, seien, so ihr Vorwurf, durch sein »egozentrisches Verhalten« und seine »Rücksichtslosigkeit gegenüber der Familie« an den Tagen der Verhaftungen bestätigt worden. Während ihrer Haft und in den beiden Jahren in Freiheit habe sich ihr Entschluss zur Beendigung der Ehe dann noch weiter verfestigt.

Sie war inzwischen, bestärkt durch ihre Hafterlebnisse, zur glühenden Antikommunistin geworden. Sie zog nun sogar über die russischen Soldaten bei der Eroberung Berlins am Ende des Zweiten Weltkriegs her, sagte – einprägsam, aber frei erfunden –, diese hätten »bei uns in die Badewanne geschissen und das Wasser aus dem Klo getrunken«. Die Gedankenwelten der beiden waren unvereinbar. Da hätte eine Fortführung der Ehe keine Chance auf Erfolg gehabt. Und immerhin: André hatte Leo sofort dankbar als Vater angenommen und nicht erst distanziert als fremden Onkel empfangen. So hatte Onkel Leo, für den die erste Zeit in der Freiheit nun zu einer der schwierigsten Phasen seines Lebens geworden war, Freude an seinem Sohn. Aber auch das Verhältnis zu Jochen Platz war gut.

Mit dem »freundschaftlichen Kontakt« war es allerdings so eine Sache. Gitta meinte, es sei an der Zeit, den gemeinsamen Sohn André über seine jüdische Herkunft aufzuklären. Leo, der meinte, mit dem »Jude-sein« völlig gebrochen zu haben, wollte dies auf keinen Fall zulassen.

Gitta wurde bestärkt von ihrem neuen Lebensgefährten. Jochen war nämlich ein Napola-Schüler gewesen. Die Nationalpolitischen Erziehungsanstalten (amtlich: NPEA, aber eben auch: Napola = Nationalpolitische Lehranstalt) sind nach der nationalsozialistischen Machtübernahme als »Gemeinschaftserziehungsstätten« gegründet worden. Hauptaufgabe der Napola war die »Erziehung zu Nationalsozialisten, tüchtig an Leib und Seele für den Dienst an Volk und Staat«. Die Schüler sollten die kommende Führungsschicht des »Tausendjährigen Reiches« stellen.

Jochen Platz konnte nichts dafür, dass er als Jugendlicher in ein Napola-Internat gesteckt wurde. Er war einfach nur blond, blauäugig, groß und kräftig, sodass die Rassenlehrer ihn für einen geeigneten Nachwuchs für die Nazis hielten. Wir Jungen bewunderten ihn, seine sportliche Art. Er spendierte uns irgendwann das erste Bier. Er fuhr mit uns in den Sommerferien nach Frankreich zum Zelten. Er veranstaltete Box- und Ringkämpfe mit uns und schmeichelte uns mit der Bemerkung, an Kraft und Geschicklichkeit könnten wir es durchaus mit ihm aufnehmen, es fehle uns allenfalls an Erfahrung.

Jochen Platz war überhaupt nicht religiös. Er weigerte sich, eine Kirche auch nur zu betreten. Da unsere streng katholische Oma in dieser Hinsicht immer noch das Regiment führte, kam es zu merkwürdigen Situationen: Oma bestand darauf, dass wir jeden Sonntag zur Kirche gingen, Jochen Platz brachte uns hin und holte uns auch wieder ab. Aber er wartete draußen im Wagen. Selbst bei Beerdigungen blieb er vor der Tür stehen und rauchte eine Zigarette, was ihm die Ermahnung seiner Freundin Gitta einbrachte: »Auf Friedhöfen wird nicht geraucht!«

Aber er hatte aus seinen Erfahrungen gelernt und sie in das Gegenteil verkehrt. Er war zu einem eifrigen Philosemiten geworden, der alles Jüdische und insbesondere den Staat Israel liebte. So hätte er gerne André erzählt, dass dessen Vater ein jüdischer, nicht ein kommunistischer Verfolgter des Naziregimes war. Zu gerne hätte Jochen Platz indes Leo Bauer vor dessen Sohn zu einem jüdischen (!) Helden gemacht.

Aber Leo wollte das nicht. Leo kam auch nicht zu den Partys, die im Kreise der großen Patchworkfamilie gefeiert wurden. Alle kamen – entweder in das Chalet oder zu uns nach Hause, besonders, als wir in Paris wohnten. Das war doch ein angenehmer Nebeneffekt von Verwandschaftsbesuchen: umsonst in den Bergen oder in der Glitzerstadt Ferien machen. Einmal, in Paris, gingen alle Tanten zusammen zum Einkaufen in die Rue de la Lingerie und deckten sich mit frivolen Dessous ein, die damals im prüden Nachkriegsdeutschland, wo weißer Baumwollripp vorherrschte, wohl noch nicht zu haben waren. So führten sie sich nachher gegenseitig bei uns in der Küche der Mietwohnung nahe der Porte d'Orléans ihre neuen rosafarbenen Spitzen-BHs und grünen Nylons vor, was wir Kinder sehr aufmerksam beobachteten. Den größten Erfolg hatte Tante Gitta: Sie hatte sich ein schwarzes Strapsmieder zugelegt und bei der Vorführung lachend bemerkt: »Jetzt sehe ich aus wie eine der Nutten auf der Place Pigalle!«

Dieses schwarze Mieder trug sie fortan auf allen Partys, ob nun der Anlass der rheinische Karneval war oder nicht. Und Jochen kam dazu in den Sandalen und im Röckchen eines »römischen Gladiators«. Das »leichte Mädchen von der Place Pigalle« und der »römische Gladiator« waren die Hits aller Feiern. Wir Kinder, die auf diesen Feiern immer als »Kellner« dabei sein durften, waren ebenfalls hingerissen von dem aufregend schönen Paar.

Aber wie das in Patchworkfamilien nun einmal so ist: Es lässt sich nicht sagen, wer nun, Leo Bauer oder Jochen Platz, den größeren Einfluss auf den kleinen André hatte. In der Frage der Religion muss er sie beide ernst genommen haben. Er ist Arzt geworden, war verheiratet und hat Kinder. Als ich ihm schrieb, dass ich mit diesem Buch auch seiner Mutter und seinem Vater wegen ihres Widerstands gegen die Nazis ein Denkmal setzen wolle, reagierte er schroff ablehnend. Er meinte, es interessiere ihn nicht, ob einer jüdisch sei oder nicht. André wollte eine Erinnerung an seinen Vater nicht im Zusammenhang einer Glaubenszugehörigkeit sehen. Sein Vater sei das Gegenteil eines Juden gewesen, schließlich hatte er sich von der Familie und der Religion losgesagt, und das sei zu respektieren. Sein Vater selber wollte nie als Jude gesehen werden, André wollte diese Abkehr von Religion und Glauben wohl in seines Vaters Andenken fortsetzen.

In der Frage, wie sage ich es meinem Kinde?, hat sich dann Gitta auf ihre schlaue Art doch noch durchgesetzt. Eines Tages ging sie mit André und mir ins Kino. Wir sahen den Film ›Exodus‹ (1960). Wir Jungs waren begeistert von den edlen Helden, fragten, wer sie gewesen seien. »Sie sind Juden, wie dein Vater«, sagte Gitta zu André. »Dann bin ich wohl auch Jude«, antwortete dieser darauf, damals zehn Jahre alt, »ist ja komisch!« Danach fragten wir sie über Hitler und die Nazis aus. Gitta war sehr zufrieden.

»›Komisch‹«, sagte sie später in einem Interview nach der Verleihung der Yad-Vashem-Medaille, »›komisch‹, das war alles, was André dazu zu sagen hatte – und davor hatte sein Vater solche Angst, nicht zu fassen.«

XII

»Persönliche Abrechnung mit Walter« – und andere Träume

Im November 1955 hat Leo zufällig seine spätere dritte Frau Gertrud, die mit »ihrer« russischen Offiziersfrau verhaftet worden war und die er auf dem Rücktransport aus Sibirien kennengelernt hatte, bei einem ehemaligen Mithäftling in West-Berlin wiedergesehen. Sie war eine bedächtige, liebevolle, großherzige Frau. Er, der nach emotionaler Zuwendung und nach Verständnis dürstete, muss sich sofort zu ihr hingezogen gefühlt haben. Und sie muss ihn spontan gemocht haben. In Frankfurt an der Oder – kurz vor dem erwähnten Zwischenfall mit den SED-Funktionären, die Leo das »Angebot« gemacht hatten, doch in der DDR schon aus dem Zug zu steigen – hatten sich die beiden, die sich so schnell gefunden hatten, voneinander verabschiedet, wie sie meinten, »für immer«. Gertrud war in der DDR ausgestiegen und zu ihrem Mann zurückgekehrt. Aber sie verließ ihn sofort wieder und floh in den Westen. Gertrud war selber gesundheitlich schwer angeschlagen und hatte ebenfalls große Existenzängste, sie pflegte Leo, sie hörte ihm zu, wenn er über seine politischen Träume sprach. Sie ging auf seine Depressionen, seine Krisen und Ängste ein. Sie heirateten bald, es kam eine Tochter, Marlies, zur Welt. In der Nähe von Frankfurt, in einem Vorort auf dem Weg zum Taunus, bezogen sie eine hübsche kleine Wohnung. Auch André war oft dort. Sein Vater spielte gerne mit ihm und der kleinen Marlies. Oder es ging zum Fußball. Oft durfte ich mitkommen. Ich hatte noch nie eine so liebevolle, freundliche und selbstlose »Tante« gehabt wie diese stille Tante Gertrud. Leider ist der Kontakt nach Leos Tod abgerissen und ich habe nie wieder etwas von ihr gehört.

Doch Gertrud blieb nicht die letzte Frau in seinem Leben. Er lernte Ilse Beck kennen, mit der ihn sein Durst nach Kultur und Politik verband. Ilse Beck war für mich ebenfalls eine sehr nette »Tante«. Sie stammte aus einer musischen Familie, hatte eine Ehe mit einem schwerkranken Musiker hinter sich, sie arbeitete bei kulturellen und politischen Einrichtungen in Berlin, zuletzt beim Bundespresseamt. Sie hatte viele Künstler und Intellektuelle als Freunde, zumindest als Bekannte. Bei dieser eleganten, weltgewandten Frau fand unser Onkel Leo das rasante Leben in Politik und Kultur wieder, das er jeweils für kurze Zeit in Genf, Frankfurt und Ost-Berlin genossen hatte.

Tante Gitta hatte es zunächst finanziell nicht leicht gehabt mit einem Sohn und einem verschollenen Mann. Ich erinnere mich gut, wie sie nachts zusammen mit ihrem Freund Jochen Platz Krimis aus dem Englischen ins Deutsche übersetzte. Offensichtlich musste sie noch etwas hinzuverdienen. Sie tippte die Nacht hindurch für ein paar Pfennige pro Seite die deutsche Version von Groschenromanen ab. Es focht sie nicht an. Ich kann mich nicht erinnern, sie einmal klagen gehört zu haben. Sie lebte mit dem »Platz«, wie Tante Ami ihn verächtlich nannte, ein unbekümmertes Leben, sie genoss es in vollen Zügen. Die beiden reisten viel umher. Sie arbeiteten beide für das »Kuratorium Unteilbares Deutschland«, wo sie auch Tante Hilde in der Buchhaltung unterbrachten. »Krematorium Unheilbares Deutschland« nannten sie es in Alkohollaune.

Dieses »Kuratorium Unteilbares Deutschland – Ausschuss für Fragen der Wiedervereinigung« war ein eingetragener Verein. Er ist 1954 mit dem Ziel gegründet worden, den Gedanken der deutschen Einheit wachzuhalten und eine Wiedervereinigung »in Freiheit« anzustreben – einschließlich der seit 1945 von nichtdeutschen Staaten verwalteten ehemaligen deutschen Ostgebiete. Zu den Unterzeichnern des Gründungsaufrufs gehörten der erwähnte ehemalige *FAZ*-Herausgeber Paul Sethe wie auch der SPD-Politiker und ehemalige Kommunist Herbert Wehner. Den Namen der Organisation hatte Bundespräsident Theodor Heuss vorgeschlagen. Bundeskanzler Konrad Adenauer war der Gründung des Kuratoriums ablehnend gegenübergestanden, weil er sie – zu Unrecht – als Kritik an seiner Politik der Westbindung auffasste.

Das Kuratorium organisierte jahrelang Gedenkveranstaltungen zum 17. Juni 1953. Von ihm stammte der sehr populäre Aufruf, zu Weihnachten Kerzen ins Fenster zu stellen, um an die Einheit zu mahnen. Es wurden Plakate gedruckt und der Versand von Päckchen in die DDR organisiert. Weit verbreitet war eine Anstecknadel mit dem Brandenburger Tor als Symbol für die Forderung »Macht das Tor auf!«. Gitta und Jochen tingelten für dieses Kuratorium durch die Bundesrepublik und West-Berlin, sprachen in den Ortsverbänden, verkauften Plakate, Anstecknadeln und Aschenbecher. Infolge der Studentenbewegung und der neuen Ostpolitik geriet das Kuratorium immer stärker in die Kritik – auch von uns Kindern, die wir längst Teenager waren. Es löste sich zwar erst 1992, lange nach der Wiedervereinigung, auf, aber es spielte schon 1980 keine nennenswerte Rolle mehr.

Und auch damals schon – 1980 – hatten sich Gitta und »der Platz« längst von ihrem »Krematorium« gelöst. Nicht weil sie nicht mehr mit seinen Zielen einverstanden waren. Und schon gar nicht, weil sie unsere doch sehr plumpe Kritik am Antikommunismus des Kuratoriums teilten. Nein, sie hatten einfach bessere Stellen gefunden.

Jochen Platz bekam eine feste Stelle beim ZDF. Er wurde von seinem Sender bald als Korrespondent in sein geliebtes Israel geschickt, wo er, übler familieninterner Nachrede zufolge (Tante Ami, die »nie in ihrem Leben auch nur einen Tropfen Alkohol« zu sich genommen hat), »im Suff den Sechs-Tage-Krieg verpasst hat«. Er schwärmte von den »heldenmütigen« jüdischen Soldaten, insbesondere von den »schicken Soldatinnen«. Eine von ihnen heiratete er. Sie bekamen ein Kind. Endlich konnte er seine qualvolle Erziehung zum Elitedeutschen in der Napola vergessen, was er mit Hilfe von reichlich koscherem Wein tat.

Tante Gitta hatte sich mehr noch als bei dem »Kuratorium Unteilbares Deutschland« bei der »Vereinigung der Opfer des Stalinismus« einen Namen als antikommunistische Rednerin und scharfe Kritikerin des DDR-Regimes (»Ich kenne sie, diese Kommunisten – sie sind wie die Nazis«) gemacht. Dadurch wurde der »Springer-Auslandsdienst«, SAD, auf sie aufmerksam, der verlagseigene Nachrichtendienst für das Ausland, der alle Zeitungen des Springer-Pressekonzerns bedient, also vor allem *Die Welt, Bild, Bild am Sonntag* und *Welt am Sonntag*, aber auch unzählige kleinere Springer-Blätter, wie zum Beispiel das marktbeherrschende *Hamburger Abendblatt*. Politisch weiter entfernen von ihrer ersten Stelle als Sonderkorrespondentin der DDR-Nachrichtenagentur ADN hätte sie sich nicht können. Der Springer-Auslandsdienst stand gegen alles, was die Zeitungen *Die Welt* und *Bild* aufs Korn nahmen: die Sozialdemokratie, die Brandt'sche Ostpolitik, die Anerkennung der DDR, aber auch die Studentenbewegung der Achtundsechziger. Beim »Springer-Auslandsdienst« musste Gitta Bauer zunächst in Hamburg die großen amerikanischen Tageszeitungen auswerten. Doch dann, im Jahre 1967, wurde sie vom SAD als UN-Korrespondentin nach New York geschickt. Nun hatte auch sie es »geschafft«.

Auch für ihren Exmann, Onkel Leo, war der Neustart in Westdeutschland nicht leicht. Er blieb Sozialist und meinte, die Idee des Sozialismus sei weder durch die Deformation der Kommunistischen Partei noch durch seine eigenen Fehler und Irrtümer zerstört worden. Ganz einfach: »Ich war immer Sozialist, nur habe ich an eine falsche Macht geglaubt.« Nach seiner Rückkehr sah er in der SPD seine »neue politische Heimat«. Im Frühjahr 1956 wurde er in einem Bezirk in Frankfurt, wo er einst führender KPD-Funktionär war, einfaches Mitglied der SPD. Er veröffentlichte noch im Juli 1956 unter dem Titel *Die Partei hat immer recht* in einer Beilage zu der Wochenzeitung *Das Parlament* (Nr. 27/56) eine detaillierte Schilderung seiner Verhaftung und Haftzeit, auch um sich vor Angriffen zu schützen. Doch in einem Brief des »Ostbüros« seiner neuen Partei wurde vor ihm gewarnt. Seine Schilderungen seien ein »durch und durch verlogenes Agentenprodukt«.

Er wusste immer noch nicht, wie er seine kleine Familie und sich selber ernähren und versorgen sollte. Seine Freundin im Bundespresseamt, Ilse Beck, vermittelte ihm 1958 eine Stelle als freier Mitarbeiter bei der Illustrierten *Quick*. Dort war damals noch Johannes Mario Simmel beschäftigt, ein Emigrant wie Onkel Leo. Nach seinem ersten großen Erfolg mit dem Fortsetzungsroman *Es muss nicht immer Kaviar sein* widmete Simmel sich vor allem dem Schreiben von Unterhaltungsromanen, die sich aber jeweils mit aktuellen gesellschaftspolitisch relevanten Themen auseinandersetzten. Er veröffentlichte 35 Romane, die eine Gesamtauflage von etwa 73 Millionen erreichten. Von der *Quick* hatte sich Simmel jedoch schlecht behandelt gefühlt und das Blatt alsbald verlassen.

Auch Onkel Leo fand dort seinen Platz nicht. Die *Quick* nahm vor allem Einblicke in die Dekolletés damaliger Stars wie Gina Lollobrigida, Jayne Mansfield und Sophia Loren. Leo Bauer hingegen wollte Einblicke in gesellschaftliche und politische Vorgänge nehmen, er wollte von linker Warte aus die Auswüchse des Kapitalismus und der konservativen, sittenstrengen Adenauer-Republik kritisieren. Aber er hatte nicht die erzählerische Gabe eines Johannes Mario Simmel. Er war kein Schriftsteller, er war ein politisch engagierter Kommentator. Für ihn war die kurze Zeit bei der *Quick* in München nur ein peinliches »Gastspiel«.

Er kam 1959 zum *Stern*, der anderen großen deutschen Illustrierten, einem Wochenmagazin, 1948 gegründet. Der Gründer des *Stern*, der legendäre Henri Nannen, hatte gehört, dass sich Leo Bauer bei der Konkurrenz in München nicht wohlfühlte, und ihm die Stelle in Hamburg angeboten. Man wusste in der Redaktion zwar nicht genau, wie man unseren Onkel einsetzen sollte, aber man glaubte wohl, dass man einen Menschen mit seinen Kenntnissen und Kontakten gut gebrauchen könnte.

Er selber war begeistert: endlich wieder feste Arbeit als Journalist, endlich wieder ein respektables Einkommen, endlich wieder so etwas wie Macht und Einfluss. »Als Journalist beim *Stern*«, glaubte er, »bin ich wieder ›wer‹«. Später hat er gegenüber dem im August 2015 verstorbenen Egon Bahr, dem Vordenker und führenden Gestalter der von der Regierung Brandt 1969/70 eingeleiteten Ost- und Deutschlandpolitik, die Entscheidung, Nannens Angebot anzunehmen, so begründet … »daß einem Mann mit seiner Vergangenheit in einer Gesellschaft wie der Bundesrepublik dies die größten Wirkungsmöglichkeiten bieten würde, um unpolitischen, antikommunistischen, antisowjetischen Tendenzen entgegenzuwirken.« Darüber hat Egon Bahr dem Autor Peter Brandt für das Buch *Karrieren eines Außenseiters* berichtet.

So sahen es auch seine Gesinnungsgenossen, Menschen, die zwar mit der DDR, nicht aber mit der Idee des Kommunismus gebrochen hatten. Carola Stern etwa, die deutsche Publizistin, die bis zu ihrer Flucht im Jahre 1951 Dozentin an der Parteihochschule der SED gewesen war und in der Bundesrepublik Kontakt zu ihren früheren Genossen hielt, erinnerte sich gegenüber Peter Brandt folgendermaßen: »Als Leo beim ›Stern‹ den Job fand, wurde er von allen sehr beneidet, denn das war ja nun auch ein besonderer Job. Andererseits sagten wir uns: da haben wir nun auch einen beim ›Stern‹, an den wir uns wenden können.«

Es war zu dieser Zeit, dass Henri Nannen den Wandel des *Stern* vom konservativen Bilderblatt zu einer politischen Illustrierten mit einem modernen, liberalen, teils sehr fortschrittlichen Image einleitete. Und Nannen hat Onkel Leo nicht einfach in die politische Redaktion des Blattes geholt. Er hatte ihn zum Berater der Chefredaktion gemacht. Ebenfalls in dieser Zeit begann so etwas wie ein Gezeitenwandel in der Bundesrepublik. Zunehmend größere Kreise der Bevölkerung fanden, der CDU-Staat leide unter Modernisierungs-, Liberalitäts- und Demokratiedefiziten. Nannen wollte sich mit dem *Stern* an die Spitze von Aufsteigern der neuen Mittelschicht setzen, die aus Kultur und Wissenschaft kamen, die der progressiveren evangelischen Kirche und der Sozialdemokratie nahestanden. Es gab endlose nächtliche Debatten über die Veränderungen in der Konzeption des *Stern* im Kreise der Chefredaktion, der nun auch Onkel Leo angehörte. Und er fühlte sich wohl dabei.

Man muss etwas über Henri Nannen wissen, um ihn und die Entscheidungen auf dem »Affenfelsen«, wie der modernistische Bürobau an der Außenalster genannt wurde, richtig einordnen und verstehen zu können. Wir lesen es in der Wochenzeitung *Die Zeit* vom 20. Mai 1983, der ich zu diesem Zeitpunkt bereits als Redakteur angehörte: »Nannen verkörperte alles, was den ›Stern‹ groß gemacht und erfolgreich auf dem Markt gehalten hat. Als es die Zeit gebot, war er ein glühender Antikommunist, aber als der Wind sich drehte, trat er für den Ausgleich mit dem Osten ein … Er war ein Vertreter der Marktwirtschaft, wie Ludwig Erhard sich ihn entschiedener nicht wünschen konnte, aber als es opportun wurde, ans Umverteilen zu denken und sozial zu werden, marschierte Henri Nannen an der Spitze … Mit Gesinnungslosigkeit hat das nichts zu tun, dafür umso mehr mit den Geheimnissen einer erfolgreichen Illustrierten.«

Und in diesem, Nannens, Sinne passte unser prinzipientreuer Onkel eigentlich nicht ins Blatt. Er war, wie gesagt, kein geborener Schreiber. Er war ein politischer Analytiker, fest überzeugt von der Idee eines Sozialismus mit menschlichem Antlitz. Gerhard Gründler, der als innenpolitischer Ressortleiter viel mit Onkel Leo herumstreiten musste, der ihm gleichwohl wohlgesinnt war, erinnerte sich in einem Brief an Peter Brandt: »Von seinem journalistischen Zuschnitt her war er nicht gerade der geborene ›Stern‹-Redakteur. Er war ja kein Schreiber, wie der ›Stern‹ ihn sich erträumte. Aber als Mann mit ungeheuer vielen und guten Kontakten war er in dieser Phase, in der der ›Stern‹ sich immer mehr politisierte, für die Chefredaktion und das politische Ressort von großem Wert. Wäre der ›Stern‹ damals nicht in der Politisierungsphase gewesen, hätte er einen Mitarbeiter wie Leo gar nicht gebrauchen, aber auch gar nicht ertragen können.«

Leos wichtigstes Vorhaben war es damals, eine große Serie über seinen alten Feind Walter Ulbricht zu veröffentlichen. Er ließ sich von den Archiv-Mitarbeitern jede Äußerung von und über den mächtigsten Mann der DDR zusammenstellen. Er hatte große Listen mit den Namen aller Personen, die etwas über Ulbrichts privates und politisches Leben wussten. Er reiste viel herum, um mit seinen alten Genossen über die Artikelserie zu sprechen, um sie für eine Mitarbeit zu gewinnen oder sie als Zeitzeugen zu interviewen.

Onkel Leo hasste den Stalinisten an der Spitze des anderen Deutschlands so sehr, dass er ihn in beinahe jedem Artikel erwähnte, ob das nun passte oder nicht. Leo war eigentlich kein Mensch, der andere hasste. Er konnte jeden verstehen, sich in die Lage des anderen hineinversetzen, verzeihen. Nur für den »Zickenbart« galt das nicht. Bei diesem persönlichen Hass steigerte sich Onkel Leo geradezu in fixe Ideen und phantastische Vorstellungen hinein. Dabei überschätzte er die Macht des Mediums und unterschätzte das Beharrungsvermögen des Altstalinisten, der persönlich für das Leid in der Haft und bei der Verbannung von ihm, dem Mann der Schwester meiner Mutter, der Schwester meiner Mutter und der anderen Schwester meiner Mutter verantwortlich war.

Offener als in der Chefredaktion sprach Leo zu Carola Stern über seine persönlichen Motive bei dem Ulbricht-Projekt. Auch davon erzählte sie Peter Brandt: »Als erstes kam er mit einer Ulbricht-Serie zu mir. Als ich ihn fragte, warum er diese Serie ausgerechnet mache, sagte er zu mir: ›Das wird meine persönliche Abrechnung mit Walter.‹ Und ich glaube, er hat noch zu mir gesagt: ›Und ich sage dir, vielleicht kriegen wir den auf diese Weise geschaßt.‹ Ich sagte: ›Du hast doch nicht alle Tassen im Schrank. Glaubst du wirklich, daß Walter über eine ›Stern‹-Serie fällt?‹ – Aber das war seine Abrechnung mit Walter Ulbricht … Die träumten doch alle, und Leo Bauer träumte jede Nacht davon, von dieser großen Enthüllung – der Walter-Ulbricht-Story. Und die Enthüllungen blieben aus, es ist ja wirklich eigentlich nichts rausgekommen.«

Die Serie erschien tatsächlich nicht in der geplanten großen Aufmachung. Und Walter Ulbricht konnte sie auch nichts anhaben.

Andererseits hatte Leo nun Arbeit und glaubte an eine Mission. Er wurde Anfang 1961 sogar fest angestellt und wechselte in das politische Ressort, wo er schon immer am liebsten sein wollte. An seiner Tätigkeit änderte das nicht viel. Er schrieb weiterhin wenig. Aber er diskutierte unentwegt politisch-konzeptionelle Fragen, er regte Artikel an, von denen er meinte, sie müssten unbedingt geschrieben werden, er stellte Kontakte zu Prominenten und wichtigen Politikern her. Er war immer noch rastlos und flog, wie er gerne sagte, »im Auftrag des *Stern*« in seine Lieblingsstädte: London, Paris, Rom – und überhaupt in alle europäischen Hauptstädte.

Diese vermutlich nicht notwendigen »Recherche«-Reisen verband er gerne mit privaten Treffen, Theater- und Opernbesuchen wie auch Kurzurlauben. Peter Brandt hat auch Ilse Beck interviewt. Wie sie sich erinnerte, hat Leo sie gerne »irgendwo hinbeordert, um für einen oder zwei Tage in stundenlangen halsbrecherischen Autofahrten durch die Gegend zu rasen«.

So konnte er auf diese Weise und mit seinem bevorzugten Lebensstil »nachholen«, was er verpasst hatte. Er kam einfach nicht mehr zur Ruhe. In jener Zeit erschienen vereinzelte Artikel von ihm selber, mehrere mit anderen Kollegen geschriebene, wobei die Koautoren offenkundig die meiste Schreibarbeit leisteten. Seinen autobiografischen Roman begann er in diesen frühen sechziger Jahren. Es blieb bei dem Fragment, das kein Verlag drucken wollte.

Er blieb bis zum Jahre 1968 bei der Illustrierten *Stern*, die sich immer stärker für eine liberale und »fortschrittliche« Wende in der Bundesrepublik – weg von der CDU, hin zur Großen Koalition und dann zu der sozial-liberalen Koalition Brandt-Scheel – einzusetzen begann. Der besagte Ressortleiter Innenpolitik Gerhard Gründler hielt in seinem Nachruf auf unseren Onkel Leo sieben Jahre später fest: »Wenn es Politik in dieser Zeitschrift (*Stern*) gibt, so ist das zu einem nicht geringen Teil auch sein (*Leo Bauers*) Werk.«

Er war ja Mitglied der SPD in seinem Frankfurter Ortsverein geworden. Aber die für den Aufstieg in dieser Partei übliche

»Ochsentour« war genauso wenig seine Sache wie das geduldige Recherchieren und sorgfältige Schreiben. So war er auf einen kleinen Kreis von Sozialdemokraten mit und ohne Parteibuch gestoßen, die Willy Brandt als Kanzlerkandidaten in der Bundestagswahl von 1961 berieten. In diesem sogenannten »Severin-Kreis« wurde ähnlich wie in der Chefredaktion des *Stern* diskutiert: Wie können bürgerliche Wählerschichten für die »fortschrittliche« Politik der SPD gewonnen werden?

In diesem Kreis lernte unser Onkel Leo auch Willy Brandt persönlich kennen. Bei der Bundestagswahl 1961 ist Brandt dann erstmals als Kanzlerkandidat seiner Partei gegen den damals 85 Jahre alten Konrad Adenauer angetreten. 1961 verloren die Unionsparteien ihre absolute Mehrheit, konnten jedoch in Koalition mit der FDP weiterregieren.

Nach der verlorenen Bundestagswahl von 1961 traf sich der »Severin-Kreis« unregelmäßig weiter. Onkel Leo hielt, wie es seine Art war, engen Kontakt zu seinen neuen Freunden und reiste ständig – mit dem Flugzeug, selbstverständlich! – nach Berlin, wo damals auch Ilse Beck lebte. Vor der Bundestagswahl 1965 wurde der Kreis reaktiviert. Es kamen viele andere prominente SPD-Anhänger hinzu, auch Günter Grass, der sich für die SPD einsetzte. Mit ihm zusammen arbeitete Onkel Leo später in der »Sozialdemokratischen Wählerinitiative«.

Bei dieser Sozialdemokratischen Wählerinitiative handelte es sich um einen Zusammenschluss von prominenten Persönlichkeiten aus Literatur, Theater und Kunst, von Hochschulprofessoren und Journalisten, großen Filmschauspielern und Regisseuren, von TV-Moderatoren und Sportlern, die sich 1967 – nach Vorüberlegungen von Günter Grass und Willy Brandt 1965 – aus einer Keimzelle um Günter Grass, Siegfried Lenz, Thaddäus Troll und den Stuttgarter Historiker Eberhard Jäckel gegründet hatte. Die Sozialdemokratische Wählerinitiative trug entscheidend zum Erfolg Brandts bei der Bundestagswahl 1969 bei. 1969 war das dritte Mal, dass er als Kanzlerkandidat der SPD antrat. Aus dieser Wahl ging er als erster sozialdemokratischer Bundeskanzler hervor.

Bereits nach der Bundestagswahl von 1965 und der aus ihr folgenden Bildung der Großen Koalition zwischen den Unionsparteien und der SPD (mit Brandt als Vizekanzler und Außenminister) aber war Onkel Leo immer stärker für politische Arbeiten in die Spitze der Partei gezogen worden, die er einstmals des »Sozialfaschismus« bezichtigt und bei der er als Jugendlicher seinen Start in die Politik gemacht hatte.

Am 1. August 1968 wurde er denn auch wieder hauptberuflicher Politiker.

Leo Bauer wurde zum Chefredakteur der sozialdemokratischen Theoriezeitschrift *Die neue Gesellschaft* bestellt. Er stürzte sich wie ein Berserker auf die neue Aufgabe. Es war sein Ehrgeiz, das wenig gelesene Organ, das aus der Exilzeitschrift *Für den Sozialismus* hervorgegangen war, zu einem Forum der deutschen Sozialdemokratie zu machen, das von den Funktionären und einfachen Mitgliedern der Partei als Hilfe bei ihrer praktischen Arbeit empfunden werden, das aber auch für Vertreter anderer »fortschrittlicher Positionen« aus Kirche, Wissenschaft und Kultur sowie für die europäische Diskussion geöffnet werden würde.

Als Chefredakteur fand er gleichwohl noch genug Zeit für andere Aktivitäten, die seinem Naturell entsprachen. Er beriet, belehrte, debattierte und diskutierte mit Leidenschaft in der Parteispitze. Er schrieb Reden für den Bundesminister und Kanzleramtschef Horst Ehmke, für den Justizminister der Großen Koalition und späteren Bundespräsidenten Gustav Heinemann und vor allem für Willy Brandt. Bei dessen wichtigen Reden wirkte Leo Bauer als Koordinator für die Zusammenstellung ganzer Batterien von Teilentwürfen. Er las alle Entwürfe genau durch und überarbeitete sie erheblich. Willy Brandt, den Onkel Leo öffentlich für den besseren Journalisten erklärte, ging dann noch einmal selber über diese Entwürfe. Auf diese Weise hatte Leo Bauer auch großen Anteil an Willy Brandts berühmter erster Regierungserklärung vom 28. Oktober 1969, deren Überschrift »Wir wollen mehr Demokratie wagen« zum Motto für eine ganze Generation wurde. Aber schon an den Parteitagsreden des SPD-

Vorsitzenden von 1966 und 1968 arbeitete er mit und geriet so immer wieder ins Rampenlicht der Öffentlichkeit, als etwas, das es offiziell in der Bundesrepublik noch gar nicht gab, als »Kanzlerberater«.

In seiner Arbeit über »Die Entstehung der Ost- und Deutschlandpolitik 1969/1970« unter dem Titel »Entscheidung in Bonn« untersuchte Günther Schmid die Rolle dieses Kanzlerberaters wissenschaftlich. Er kam zu dem Ergebnis: »Die nahezu ständige Anwesenheit einer dominierenden Persönlichkeit wie Bauer in unmittelbarer Nähe Brandts – zu dessen bevorzugten Gesprächspartnern gehörte neben Bahr, Ehmke und Ahlers teilweise auch Günter Grass – mußte zwangsläufig von anderen engen Mitarbeitern und Beratern des Kanzlers als latente ›Gefährdung‹ deren eigener Vertrauensposition perzipiert werden. So betrachteten vermutlich Helmut Schmidt, Hans-Jürgen Wischnewski und wohl auch (Egon) Bahr und (Conrad) Ahlers die Präsenz Leo Bauers im Kanzleramt mit gemischten Gefühlen. Zusammen mit Wischnewski begleitete Bauer im Dezember 1969 den Bundeskanzler und seine Familie in deren Weihnachtsurlaub nach Tunesien. Dort arbeitete Brandt mit seinen beiden Parteifreunden am Konzept für seinen Bericht zur Lage der Nation. Zu Besprechungen im Kanzleramt wurde Leo Bauer nur dann gebeten, wenn Parteiangelegenheiten, ideologische Fragen oder Probleme des Kommunismus erörtert wurden. Sein Einfluß auf grundsätzliche politische und operative Entscheidungen blieb daher begrenzt. In Fragen der Ost- und Deutschlandpolitik konsultierte ihn Brandt wiederholt auch privat, insbesondere um sich Bauers Detailkenntnisse über die kommunistischen Verhandlungspartner und ihre Denkweise nutzbar zu machen. Ob diese Mitwirkung an der Meinungsbildung des Regierungschefs erheblichen Einfluß auf praktisch-politische Entscheidungen ausüben konnte, erscheint fraglich.«

Gleichwohl spielte er eine große Rolle. Onkel Leo war einer der wenigen Menschen, die sowohl zu Willy Brandt als auch zu Herbert Wehner eine enge persönliche Beziehung pflegten. Wehner war sein Freund im wahrsten Sinn des Wortes; Brandt dagegen, so sagte es Ilse Beck, wurde von Onkel Leo »abgöttisch geliebt«. Jedenfalls trug Leo dank einer vermittelnden »Informationspolitik« dazu bei, dass die beiden widerstreitenden Führungspersönlichkeiten der SPD, Brandt und Wehner, einige Jahre respektvoll und loyal miteinander umgingen, was für die Regierungsfähigkeit der Sozialdemokraten unerlässlich war und die Ostpolitik erst ermöglichte. Als Brandt für diese Ostpolitik 1971 den Friedensnobelpreis erhielt, weinte Onkel Leo Freudentränen. Er lag krank danieder und schrieb am 6. Dezember jenes Jahres an den geliebten und bewunderten Regierungschef:

> »Du hast in den letzten Jahren Großes in Gang gebracht und wirst dafür – das geschieht selten in der Geschichte der Menschheit – noch zu Lebzeiten ausgezeichnet. Daß dies der SPD und darüber hinaus dem ganzen deutschen Volk zugute kommt, ist irgendwo, wenn man die Internas kennt, und ich habe darüber in den letzten Wochen im Bett nachgedacht, und irgendwie ungerecht. Aber die Geschichte fragt nicht danach. Dennoch bestätigt Dein Gang eine Wahrheit, die wir Sozialisten jahrzehntelang unterschätzt haben: Männer machen Geschichte.«

Kurz vor jener Zeit wohnte ich noch bei unserem Vater in Amerika und wurde dann Student in Virginia. In dem abgelegenen Universitätsstädtchen Charlottesville bekam man nicht viel mit von der Weltpolitik. Hier gab es auch keine Studentenproteste, keine Hippies, weder »Flower Power« noch »Black Power«. Wir gingen brav in die Seminare und trugen dort Jackett und Krawatte. Allenfalls fuhren wir mal mit dem Auto nach Washington, um den großen Bürgerrechtler, den Pfarrer Dr. Martin Luther King zu hören oder um vor dem Weißen Haus gegen den Vietnamkrieg zu protestieren (»Hey, hey, LBJ, how many kids did you kill today?«).

An der University of Virginia, einer staatlichen Universität mit einer besonderen Verpflichtung gegenüber den Einwohnern des Bundesstaats Virginia, von denen sicher die Hälfte Frauen und über 20 Prozent Afroamerikaner waren, an dieser University of Virginia studierten zu meiner Zeit (von 1967 an) etwa 8000 junge weiße Männer und ein paar hundert junge weiße Frauen (diese aber nur an der »School of Nursing«, der Krankenschwesternschule des Universitätskrankenhauses). Es gab damals noch keine feministische Bewegung, jedenfalls nicht dort im Süden. Aber das *Civil Rights Movement* war am ersten der Südstaaten (dessen Hauptstadt Richmond auch noch die Hauptstadt der an der Sklaverei festhaltenden, sezessionistischen »Konföderierten Staaten von Amerika« – Confederate States of America – gewesen war) nicht vorübergangen. So protestierten auch wir gegen die eklatante Ungerechtigkeit, dass keine Schwarzen an dieser staatlichen Hochschule zugelassen waren. Aber mit den anständigen Methoden einer Studentenschaft, die an einen Ehrenkodex, den *Honor Code*, gebunden war und nicht lügen, bei Examina nicht abschreiben, beim Einkaufen in der Stadt nicht mit ungedeckten Schecks bezahlen durfte. Wir trugen, wie gehalten, zum Seminar weiterhin Jackett und Krawatte. Aber wir ließen bei unserem Protest die Socken weg. Rund 6000 der 8000 Studenten liefen so auf dem Campus herum, oben tadellos gekleidet, unten barfüßig, auf dem Campus, der von Thomas Jefferson, dem dritten Präsidenten der USA und Verfasser der Unabhängigkeitserklärung (»We hold these truths to be self-evident, that all men are created equal«) angelegt worden war, von jenem Thomas Jefferson, der selber auch Sklaven besaß und Sklavinnen schwängerte. Unser Protest fiel auf. Vermutlich hatte er Wirkung, weil er gewaltlos und witzig war. Noch in jenem Jahr 1969 begannen die Integration und Koedukation auch an der University of Virginia.

Wir waren mächtig stolz auf unseren Erfolg.

Als aber André, der Sohn von Gitta und Leo, zu Besuch kam, konnte er nur lachen. Wir betrieben doch nur ein *single issue movement*, eine nur auf ein einziges Ziel, die Aufhebung der Rassentrennung, ausgerichtete Bewegung. Da seien sie, die Studenten in Deutschland, doch schon viel weiter. Sie strebten nichts weniger als eine sozialistische Weltrevolution an. Sie gründeten schon neue kommunistische Parteien. André gehörte einer an.

Ich weiß nicht mehr, welche der vielen es war: KBW, KPD-ML, KPD-AO, KB?

Sein Vater, Onkel Leo, der etwas davon verstand, der sah, wie sich die Generation der Achtundsechziger auch gegen »seinen Willy« auflehnte, schrieb seiner Exfrau Gitta einen besorgten Brief über den gemeinsamen Sohn. Gitta war inzwischen nach New York entsandt worden. Sie lebte in Manhattan, wohnte elegant an der East Side, nahe Sutton Place in einem Apartmentgebäude mit »Doormen«. Und obwohl sie für »Springer« und auf der anderen Seite der Barrikade arbeitete, besuchten wir sie gerne in der »Stadt, die nie schläft« und in der auch das einfachste Hotel für uns unerschwinglich war.

Leo aber schrieb ihr: »André ist im Moment ein kleines Problem. Ich habe in der letzten Zeit mehrere Auseinandersetzungen mit ihm gehabt. Sie betrafen das äußere Aussehen und seine nihilistischen, fast anarchistischen Einstellungen … Ich habe ihm insbesondere vorzuwerfen gehabt, daß er mit Schlagworten um sich wirft, ohne auch nur die geringste Definition für einen der Begriffe geben zu können.«

Ich weiß nicht, ob Gitta mit ihrem Sohn über diese Beschwerden seines Vaters gesprochen hat. Aber ich glaube es nicht, denn es hätte ohnehin keinen Zweck gehabt, und das wusste sie bestimmt. Für uns war sie bei dem verhassten »Springer«. Ich erinnere mich an das Lied von Wolf Biermann, das er nach dem Anschlag auf den APO-Führer Rudi Dutschke am 11. April 1968 verfasst hatte. Es hieß ›Drei Kugeln auf Rudi Dutschke‹. Und die zweite Strophe ging so: »Die Kugel Nummer Eins kam/aus Springers Zeitungswald/Ihr habt dem Mann die Groschen/Auch noch dafür bezahlt«. Das Lied wurde später auch noch umgedichtet. Irgendwann hieß es, die Kugeln, die kamen aus »Springers Mördermund«. Das Lied Biermanns und erst recht die Umdichtung zeigen, wie die Studenten über die Springer-Presse dachten. Wie sollten wir da noch mit unserer Tante sprechen? Es reichte doch schon, dass wir ihr die Ehre antaten, bei ihr zu übernachten. Sie sollte jedoch alsbald in unseren Augen rehabilitiert werden. Aber davon später.

Zunächst noch ein paar Worte aus einem Brief, den Onkel Leo seinem Sohn André schrieb, als er zu dessen Antrag auf Kriegsdienstverweigerung Stellung nehmen musste. André hatte seine »Gewissensentscheidung« gegen den Wehrdienst bei der Bundeswehr im Stile eines Flugblatts seiner »marxistisch-leninistischen« Gruppe auf einer halben Seite niedergeschrieben. Dies sagte sein Vater dazu in einem Brief vom 30.4.1969, der auch in *Karrieren eines Außenseiters* nachzulesen ist:

> »Ich schäme mich aufrichtig, daß mein Sohn André in dieser entsetzlich primitiven Form, die Ignoranz und Arroganz beweist, seinen Antrag auf Wehrdienstverweigerung begründet hat. Es muß Dir überlassen bleiben, ob Du den Wehrdienst machen willst oder nicht ... Worüber ich mich schäme, ist, daß André Bauer fremde Federn benutzen muß, um seinen Antrag zu begründen. Ich behaupte, daß kein Wort der Begründung von Dir stammt, sondern daß Du Dir das hast aufschwätzen lassen ... Meine Sorgen beziehen sich darauf, daß ich mehr und mehr den Eindruck habe, daß Du über Dinge redest, von denen Du keine Ahnung hast, weil Du Dir nicht einmal die Mühe gibst, zu lesen und zu studieren. Wir konnten Freunde werden, weil ich nämlich den Standpunkt vertreten habe, daß ich in meiner Jugend nicht besser war als die jetzige Generation. Aber mein Revoltedasein zeichnete sich dadurch aus, daß ich Tag und Nacht gelesen und studiert habe – allein und in Kursen. Daraus entwickelte sich meine Weltanschauung ... Ich habe den Eindruck, daß Du zwar revolutionär tust, sogar revolutionär sein willst, daß Du aber in der Wirklichkeit kaum etwas dazu tust, um Dir eine echte Grundlage für diese Einstellung zu schaffen ... Ich glaubte, daß Du aus dem Schicksal Deiner Mutter und besonders aus meinem Schicksal zumindest gelernt hättest, was wirklich unmenschlich ist. Nur satte Bürger, die durch den Überfluß, in dem sie leben, so übermütig geworden sind, daß sie neue Reize zur Befriedigung ihrer Gefühle brauchen, können behaupten, daß dieses System so unmenschlich sei, daß es zerschlagen werden müsse. Ich

finde es ausgesprochen traurig, daß mein Sohn André mit dieser Einstellung sich in der Gesellschaft der Töchter und Söhne der herrschenden Schicht der Bundesrepublik befindet, die aus der von mir soeben genannten Übersättigung anarchistisch revoltieren … Die reaktionäre Stellung der meisten jungen Menschen, von denen ich in diesem Zusammenhang spreche, ergibt sich ja auch schon aus dem sogenannten Elitedenken und der Verachtung für die Arbeiterschaft, die sie aus dem Elternhaus mitgebracht haben.«

Er hatte wahrscheinlich völlig recht, auch wenn sein Ton zu schroff und herablassend war. Aus heutiger Sicht ist ihm nur zuzustimmen. Aber sein Sohn André und viele andere aus der Generation wendeten sich wegen solcher Abmahnungen ein für alle Mal von der Sozialdemokratie ab. Zumal Leo Bauer aus Anlass des Juso-Kongresses 1969 in einem Brief an Willy Brandt vom 14.5.68 auch den Jusos in der eigenen Partei die Leviten las:

»Die utopische Forderung der Jungsozialisten – ›Hinter Godesberg zurück‹ – (ist) in Wirklichkeit nicht links, sondern im wahrsten Sinne des Wortes reaktionär, das heißt rückschrittlich. Es kann unter den heutigen Bedingungen der Entwicklung von Wirtschaft, Staat und Gesellschaft keinen Fortschritt auf dem Weg des demokratischen Sozialismus geben, wenn man glaubt, diesen mit der Terminologie und den Methoden des 19. Jahrhunderts erreichen zu können.«

Auch da kann man nur zustimmen. Aber der Bruch mit den eigenen Kindern, mit der ganzen Generation war vollzogen. Das sah wohl Onkel Leo auch. Ihm schwante, dass es die SPD ohne Nachwuchs – in jener Zeit kam es schnell zu Parteiausschlüssen und Unvereinbarkeitsgeboten – nicht leicht haben würde. So appellierte er in demselben Artikel über die Jungsozialisten an die Toleranz, die er selber nicht mehr aufbrachte:

»Administrative Lösungen sind keine Lösungen. An anderer Stelle wurde schon erwähnt, daß das Verhältnis zwischen Jungsozialisten und Gesamtpartei stets und richtigerweise gespannt war. Es muß so bleiben … Die Reform der Sozialdemokratischen Partei Deutschlands ist ein Teil der Reformen, die im Interesse des Ganzen realisiert werden müssen. Die Verwirklichung dieser Reformen ist aber ohne engste Zusammenarbeit mit der jungen Generation nicht möglich.«

Zu einer solchen Zusammenarbeit kam es bekanntlich nicht mehr. Nach dem Zerfall der Studentenbewegung und nach der Aufsplitterung in die zu Recht von unserem Onkel kritisierten dogmatischen Neuparteien, nach der »anarchistischen Übersättigung« fand die neue Linke zurück zur Vernunft und gründete die Partei der Grünen, womit der SPD auf lange Zeit der Nachwuchs fehlte. Die »engste Zusammenarbeit mit der (*inzwischen alt gewordenen*) jungen Generation« fand statt, aber doch eher von Seiten der Union, die sich mit dem Klimaschutz und dem Ausstieg aus der Kernenergie an die Spitze der Umweltbewegung gesetzt hat, die zugleich in der heutigen Großen Koalition unter Angela Merkel die Erfolge in der Sozialpolitik, die sozialdemokratischen »Errungenschaften« wie Mindestlohn und früheren Eintritt in die Rente für sich, die Union, verbuchen kann. Womit zwar die Lasten der nächsten, der heutigen, nichtrebellischen jungen Generation aufgebürdet werden, womit aber auch die Sozialdemokratie, wie man längst bei allen Wahlen sieht, sozusagen von beiden Seiten her marginalisiert wird.

Zurück in das Jahr 1964. Ein New Yorker Polizist erschoss den schwarzen Teenager James Powell. Es kam zu Unruhen in dem überwiegend von Afroamerikanern bewohnten Stadtteil Harlem. Es war der erste sogenannte *Race Riot*, ein Aufstand der Schwarzen in ihren »Ghettos«. Viele folgten, nicht nur in New York, auch in nahezu allen amerikanischen Großstädten, die infolge der Abwanderung der Weißen in die Suburbs überwiegend von Schwarzen bewohnt waren, während die Polizei in der Hand der Weißen blieb. Und offenkundig ist es diesen *Police Departments* bis heute nicht gelungen – siehe Ferguson, siehe Baltimore, siehe Missouri, siehe Charlotte, North Carolina –, die Rassisten aus ihren Reihen zu entfernen.

Tante Gitta tat damals, was gute Journalisten tun sollten, was sie aber leider nur ganz selten tun. Sie informierte sich aus erster Hand und mit eigener Anschauung. Dazu fragte sie den ersten und damals einzigen schwarzen Abgeordneten im US-Repräsentantenhaus, Adam Clayton Powell aus dem 22. New Yorker Wahlbezirk (Harlem), ob man in Harlem wohnen könne. Er: »Selbstverständlich, ich wohne dort.« – Sie: »Ja, aber Sie sind trotz Ihrer hellen Hautfarbe ein Afroamerikaner, und jeder weiß das, jeder kennt Sie. Ich meine mich. Ich bin eine weiße Frau, und niemand kennt mich. Kann ich in Harlem wohnen?«

Powell, angetan von ihrem Mut, vermittelte sie an seine Kirche. Diese unterhielt ein Heim für alleinstehende junge Mütter und Frauen, die ohne Schuld in Not geraten waren. In diesem Heim bezog Tante Gitta ein Zimmer – und berichtete, obzwar sie eigentlich für die Vorgänge bei den Vereinten Nationen zuständig war, bei dem nächsten *Riot* direkt aus dem brennenden Harlem. Hochachtung! Nun war sie wieder unsere Heldin. Springer hin, Springer her – Gitta hatte zum zweiten Mal in ihrem Leben eine Tat vollbracht, für die wir sie bewunderten. Sie hatte Courage, journalistischen Anstand und Vorurteilslosigkeit bewiesen. Nicht nur wir sahen das so. Sie wurde für ihre Berichte aus dem schwarzen Amerika 1970 mit dem renommierten Theodor-Wolff-Preis ausgezeichnet.

Etwa zur selben Zeit sah Onkel Leo in dem »Eurokommunismus« zum letzten Mal in seinem Leben einen Weg zum Sozialismus, wie er ihn sich vorstellen konnte. Leo war ja auch nach seiner Rückkehr im Grunde seines Herzens »Kommunist« geblieben.

Eurokommunismus bezeichnete eine bestimmte Richtung innerhalb der kommunistischen Parteien Europas. Seine Anhänger distanzierten sich infolge des »Prager Frühlings« 1968 vom Kommunismus sowjetischer Prägung und suchten einen neuen Weg, eine Symbiose von Demokratie und Sozialismus. In Italien war überdies von einem *compromesso storico* die Rede. Dieser »Historische Kompromiss« war die Bezeichnung für eine strategische politische Linie. Der wichtigste Vertreter und Vorreiter des Eurokommunismus wurde Enrico Berlinguer, von 1972 bis 1984 Generalsekretär der Kommunistischen Partei Italiens, PCI.

Leo Bauer aber war wieder einmal seiner Zeit voraus gewesen.

Er hatte bereits 1964 im *Stern* ein Interview zum Thema mit dem Vorgänger Berlinguers, dem damals neuen Generalsekretär des PCI, Luigi Longo, gebracht. Das war schon sehr ungewöhnlich. Mitte der sechziger Jahre hatte eine Illustrierte mit einem Massenpublikum an sich noch kein Interesse an einem kommunistischen Parteiführer, mochte er sich auch noch so sehr gewandelt haben. Dass es überhaupt gelang, Longo für ein Gespräch mit dem *Stern* zu gewinnen, dürfte nicht zuletzt daran gelegen haben, dass Leo den reformierten italienischen Parteisekretär bereits aus der Haft in dem französischen Lager im Stadion Roland Garros kannte.

Trotz seiner Erfahrung und auch in den schlimmsten Zeiten des Kalten Krieges hat Onkel Leo eben nie die Hoffnung auf die Überwindung der Teilung der Arbeiterbewegung ganz aufgegeben. In dem Reformwillen der südeuropäischen Kommunistischen Parteien sah er anscheinend die Möglichkeit, die Aufhebung des alten Schismas zwischen Kommunisten und Sozialdemokraten noch zu Lebzeiten zu realisieren. Sergio Serge, eine der Führungspersönlichkeiten des Partito Comunista Italiano, sah es genau richtig. Er sagte dem Historiker Peter Brandt: »Ich glaube, seine Überzeugung (*Bauers*) war ganz genau unsere Überzeugung.«

So war es denn eine große Freude für Onkel Leo, dass er – bereits im November 1967 – beauftragt wurde, für die SPD den Kontakt mit dem PCI zu halten und ständige Gespräche mit den italienischen (kommunistischen) Genossen zu führen. Er wurde mithin zu so etwas wie dem Eurokommunismus-Beauftragten der deutschen Sozialdemokratie und kam daher auch in Kontakt zu den Reformkommunisten Osteuropas, die letztendlich die Wende und das Ende des sowjetischen Kommunismus herbeiführten. Erleben aber durfte er dieses Ende nicht mehr.

Ich habe Onkel Leo kurz vor seinem Tod in Bonn noch einmal besucht. Er war schon gezeichnet. Seit er wieder politisch arbeitete, hatte er eine Dachgeschosswohnung in der Hauptstadt. Gleichwohl sah sie aus wie die eines Studenten, der gerade erst eingezogen war und noch gar nicht richtig ausgepackt hatte. Bücher lagen auf vollen Kartons. Aschenbecher quollen über. Sollte er in dieser Wohnung je etwas gegessen haben, dann war davon nichts zu sehen. Nur Kaffeetassen und Gläser standen herum. Er wirkte sehr einsam.

Die Folgen der Haft, chronische Hepatitis mit einer daraus resultierenden Leberzirrhose, knotig-erweiterte Blutadern in der Speiseröhre (Varizen), Bauchwassersucht, Magengeschwüre und Bluthochdruck fesselten ihn immer häufiger ans Bett. Die Leber-Spezialisten, die er konsultierte, konnten ihn nicht mehr heilen. Sogar ein Besuch in einer amerikanischen Mayo-Klinik 1972 brachte keine Verbesserung seines Zustands. Dazu kamen noch schwerste Depressionen und extreme Schlaf- und Konzentrationsstörungen. Er versuchte, mit Arbeit dagegenzuwirken, wenigstens eine Zeit lang zu vergessen. Er schrieb seinem Freund Herbert Wehner, »mein sehnlichster Wunsch wäre, auch noch etwas helfen zu können, vielleicht schaffe ich es sogar noch einmal.«

Er schaffte es nicht mehr.

Er starb in der Nacht vom 18. auf den 19. September 1972.

Onkel Leo ist 1970 in einem Fernsehinterview gefragt worden, was geschehen müsse, dass er aufgebe und erkläre, er habe den falschen Weg gewählt. Er antwortete, gerade die acht Jahre in Haft in den verschiedenen Ländern verpflichteten ihn,

> »für eine Gesellschaft einzutreten, in der die Vernunft regiert, in der Grausamkeiten – soweit es überhaupt menschenmöglich ist – ausgeschaltet sind. Jedenfalls ist das meine Auffassung

und meine Pflicht, die ich mir selbst bestellt habe. Und deshalb lebe und arbeite ich. Ich glaube, daß ich ohne diese Arbeit nicht mehr leben würde. Physisch nicht mehr leben würde.«

Günter Grass, der ihn einen »spätgewonnenen« Freund nannte, schrieb über Leos Rastlosigkeit, über seinen inneren Zwang zur *Tätigkeit* in seinem Buch *Aus dem Tagebuch einer Schnecke* folgende Worte: »Das Mißtrauen der neugewonnenen Genossen, der Haß der verlorenen und die Niedertracht politischer Gegner haben ihn gezeichnet. Eigentlich müßte er aufgeben, hinwerfen, abtreten. Aber Willen, wie ihn nur vielfach Gebrochene, Totgesagte und aus eigener Kraft Schuldbewußte aufbringen, läßt ihn, wenn nicht richtig leben, so doch immerhin tätig sein.«

Ähnlich rief ihm Willy Brandt nach: »Er erlaubte sich nicht den Rückzug aus unseren täglichen Sorgen, aus unseren Kämpfen, aus unseren Hoffnungen. Er nahm an ihnen teil, fast bis zur letzten Stunde. Es wurde ihm schwer, sich aus der Welt zu lösen, für die er ein hartes und manchmal bitteres Leben lang gedacht, geredet, debattiert, geschrieben hat: Die Welt einer ›neuen Gesellschaft‹, die eine Welt der freien Menschen sein soll.«

Gitta überlebte Leo um einige Jahre. Sie hatte es wirklich »geschafft«. Sie war eine erfolgreiche Journalistin, mit Sitz in New York, dem Traumjob aller Korrespondenten. Sie konnte ihrem Sohn André ein Studium finanzieren, sie konnte ihn in den Ferien zu sich holen. Sie lebte in ihrem herrlichen Apartment an der Upper East Side. Aber sie hatte auch Bezug zur normalen Welt in den weniger begüterten Vierteln der Stadt. Den alten Zwist mit meiner Mutter hat sie wohl nie ganz überwunden. Eines Tages zeigte sie mir ohne Not einen Brief meiner Mutter an sie. Dort hieß es: »Micki ist ein Verräter.« Damit war ich gemeint. Denn ich hatte mich, wie gesagt, als ich sechzehn war, entschieden wieder in die USA zu gehen und bei unserem Vater zu leben, anstatt in Deutschland auf dem Internat zu bleiben, auf das auch meine kleine Schwester Tina geschickt worden war, als sich unsere Mutter auf längere Krankenhausaufenthalte und Entziehungskuren begeben musste. Warum Gitta mir diesen Brief unserer alkoholkranken Mutter zeigte, ist mir unklar, es sei denn, sie wollte Unfrieden säen. Aber ich wusste ja, wie es um unsere Mutter bestellt war. So überwand ich den ungerechten Vorwurf recht schnell. Erst jetzt, da ich dies aufschreibe, kommt mir die Erinnerung wieder. Ich kann dazu nur sagen, kann mir nur mit der Erklärung behelfen, dass sie alle in der Folge von Flucht, Haft, Angst beim Verstecken und ihren kleinen Widerstandshandlungen einen Schaden davongetragen hatten.

»Leo Bauers Seele hatte Narben«, hatte Herbert Wehner in seiner Totenrede gesagt. Das galt nicht nur für ihn, das galt auch für seine Frau, für meine Mutter, für alle Tanten und Onkel.

Gitta hatte während ihrer Zeit in Harlem auch einen neuen Freund gefunden. Diesem Mann, Dick Days, stellte sie mich vor – in seiner Wohnung an der Lenox Avenue, Höhe 146ste Straße, einem Teil von Harlem, wo ich mich allein nicht hingewagt hätte, wohin kein Taxi fuhr, wo man Weiße allenfalls als Polizisten auf Doppel- oder Trippelstreife im Wagen sitzen sah, aus dem sie auch bei Notfällen nicht ausstiegen.

Dick Days war ein kleiner drahtiger Mann mit einer großen Afrofrisur und einer gewaltigen Stimme. Er gehörte den *United Auto Workers* an, war bezahlter Funktionär dieser mächtigen Gewerkschaft der Automobilarbeiter. Er war genau zehn Jahre älter als ich, also fast 20 Jahre jünger als Gitta. Wir entwickelten eine eigene Freundschaft, unabhängig von Tante Gitta. Zu jener Zeit herrschte noch Rassentrennung – selbst in New York. Wenn Dick mit zu Gitta in das Apartmentgebäude an der 56sten Straße zwischen der First Avenue und Sutton Place kam, trug er gerne ein buntes afrikanisches Gewand. Wir erfanden einen afrikanisch klingenden Phantasienamen und kündigten dem diensthabenden »Doorman« unseren Besucher als afrikanischen Prinzen an. Der »Doorman« war dann immer sehr beflissen und unterwürfig zu Dick. Sonst hätte ein »Doorman« einem dahergelaufenen schwarzen »Bruder« in dieser vornehmen Gegend nicht einmal die Tür geöffnet.

Eine Zeit lang wohnte ich bei Dick Days in Harlem.

Er wurde eine Vaterfigur für mich und zeigte mir seine Welt. Alleine, beschied er mir eindringlich, sollte ich nur um diesen einen Block der 146sten Straße an der Lenox Avenue (heute: Malcom X Boulevard) und der Seventh Avenue (heute: Adam Clayton Powell Jr. Boulevard) herumgehen. Dort stellte er mir jeden vor, ging mit mir in alle Geschäfte und in jede Kneipe. In den Kneipen zeigte er mir die »guten« und die »schlechten« Drogenhändler. Die »guten« nannte er *»Jesus«*, die »schlechten« nannte er *»Devil«*. Die Jesusse waren ihm willkommen, sie handelten nur mit Marihuana und Haschisch. Nach einem Essen brachten sie jedem der Gäste drei kleine, nur streichholzlange Joints, die sie wie vornehme Oberkellner mit weißen Handschuhen rollten. Die Devils handelten mit harten Drogen, Kokain und Heroin. Sie behandelte Dick wie Aussätzige, ich sollte gar nicht erst mit ihnen sprechen. Man sah ihnen an, dass sie gefährliche, skrupellose Messerstecher waren, überaus schick angezogen, mit schnellen Blicken die Umgebung musterten, immer bereit, einen neuen Kunden mit einem ersten, kostenlosen »Fix« zu versorgen. In manchen der kleinen Kneipen spielten große Jazzstars, es war ihr heimisches Publikum hier, sie mussten vor ihm spielen, auch wenn dies in einem winzigen Hinterzimmer geschah und ihnen nichts einbrachte. So hörte ich Dizzy Gillespie und Miles Davis, den Dick damals »Selim Sivad« nannte, indem er den Namen einfach umdrehte.

(Kürzlich habe ich gehört, dass französische Jugendliche in den Banlieues ebenfalls die Wörter, oft schon ein Gemisch aus Französisch und Arabisch, einfach umdrehen, um sich so in einer Geheimsprache untereinander verständigen zu können.)

Dick stellte mir auch die »Moving men«, die »Spediteure« vor. Das waren Hehler, bei denen man alles – vom Farbfernsehgerät bis zum Auto – bestellen konnte, es wurde aus Diebesgut binnen 24 Stunden geliefert. So lernte ich das andere, das schwarze Amerika kennen, das in dem netten Washingtoner Vorort Arlington, Virginia (mit dem Heldenfriedhof) und an der University of Virginia nicht existierte. Ich war, wie mein großer Freund Dick mich nannte, »the only whitey in Harlem«.

Er nahm mich überallhin mit, auch sonntags, wenn er an irgendeiner Straßenecke – vorzugsweise eine mit Kiosk, zu dem viele Leute kamen, um die *New York Times on Sunday* zu kaufen – in einer Art Rap Volksreden hielt. Er sprach einfach mit seiner großen, klaren Stimme, seinen unendlichen rhetorischen Mitteln zu den Menschen und dies in deren Dialekt, dem breitesten Harlem Slang. Es ging immer um Rassenprobleme, um Übergriffe weißer Polizisten auf schwarze Jugendliche, und es gab deren viele.

Dicks Refrain in diesem politischen Singsang war dabei: »and the blond, blue-eyed devil is gonna kill us all, yes, is gonna kill us all.« Darauf wurden einige Leute unruhig, besonders ältere Damen, oft schon in ihrem »Sunday Best« für den Kirchgang gekleidet, konnten nicht stillhalten und zeigten verstört auf mich: Was ist mit dem? Worauf Dick sich zu mir umdrehte, mich demonstrativ in den Arm nahm und die Leute beruhigte: »Oh, he don't count, he's one of us.«

Auch Gitta hatte einen Traum, ihren persönlichen Traum aus der Haft. Sie wollte einmal mit dem Auto durch das ganze Land fahren, wollte an die Westküste, wollte auf den Spuren von Jack London und von Jack Kerouac die ganze unendliche Weite dieses freien Landes kennenlernen. Nur wollte sie das nicht alleine tun. Es war mein Glück, dass sie einen Begleiter mit Führerschein suchte. Ich hatte meinen schon mit fünfzehn Jahren in Virginia gemacht und fuhr gerne Auto. Dazu noch mit dieser schönen, bewunderten Tante! Als sie mich fragte, überschlug sich meine Stimme vor Glück: »Na klar hätte ich dazu Lust. Wann geht es los?«

Sie bestellte über Dick einen Wagen bei den »Moving men«. Sie lieferten ihr einen rosafarbenen Ford Mustang Cabriolet. »Here's y'alls pink mobile«, lachte Dick, als er mit offenem Verdeck an dem Apartmentgebäude nahe Sutton Place vorfuhr, wo man normalerweise nur schwarze Limousinen sah.

Wir tauften es sofort um in »Pimpmobil«, Zuhälterkutsche. Am nächsten Tag schon ging es los. Wir fuhren – immer mit offenem Verdeck – bis in die Appalachen, tags drauf weiter über Chicago in den Mittleren Westen. Dort staunten wir: fünfhundert Meilen durch Mais- und Kornfelder, immer nur geradeaus, nicht eine Kurve, nicht ein Abzweig vom Highway. Wir besuchten Geisterstädte, wir fuhren über 4000 (sic!) Meter hohe Passstraßen, wir ließen uns die Sanddünen in der Mojave-Wüste hinunterrollen, wir schwammen nackt im Lake Tahoe. Wir waren Hippies, die 50-jährige ehemalige SED-Angehörige, die ihre Freundin vor den Nazis versteckte und die jetzt einen schwarzen Freund (»Brother, Dick Days, like Nights«) in Harlem, New York hatte, und ich, ein noch von allem unbeleckter Student aus dem braven, segregierten Virginia. Wir machten alles zusammen, wir grillten unser Essen am Lagerfeuer, wir schliefen auf Zeltplätzen oder einfach irgendwo abseits der Highways in der Wildnis. Alle paar Tage nächtigten wir in einem Motel, auch um uns zu waschen, aber stets in dem billigsten, das wir fanden. Wir sahen Bären, Bisons und Büffel an unserem Zelt vorbeitraben. Wir wanderten zu »Old Faithful«, dem düsenförmigen, regelmäßig speienden Geysir im Yellowstone Park. Wir verzockten ein paar Dollar in den Spielkasinos von Las Vegas. Wir besuchten ein Hochsicherheitsgefängnis im kalifornischen San Luis Obispo, das »Men's Colony«. Gitta hatte so viel Mitleid mit den dort einsitzenden gewöhnlichen Kriminellen, weit überwiegend Schwarze, die in den USA so oft mit extrem langen Haftstrafen für die geringsten Verbrechen gnadenlos bestraft wurden. Sie kaufte gleich mehrere Bilder im Gefängnisladen. Es waren überteuerte bunte Ölstücke von langjährig Einsitzenden. Wir brachten sie sicher im Kofferraum des »Pimpmobil« nach New York, wo sie sie später in ihrem Apartment als »Frühwerke junger europäischer abstrakter Maler« ihren ahnungslosen amerikanischen Besuchern anpries.

Eines Tages entdeckte ich, dass ich mir Läuse eingefangen hatte. Ich sagte es ihr sogleich und war sehr überrascht und gekränkt von ihrer Bemerkung: »Du Schwein, kannst du nicht besser aufpassen?«

Aber wir befanden uns ja nicht im armen kommunistischen Jugoslawien, wo sie selber einmal auf einer Reise Läuse eingefangen hatte, wir waren im reichen Land der Freiheit, Amerika. Ein kurzer Halt im Drugstore, rezeptfreie Shampoos und Cremes gekauft und – schwupp! – war ich die Läuse los.

Was blieb, war das Erstaunen darüber, wie ungerecht eine geliebte und bewunderte Tante doch sein konnte.

In der Nähe von San Francisco, etwa fünfzig Meilen nordöstlich, in dem Ort Marshall an der Tomales Bay, fuhren wir auf eine »Dairy Farm«, einen recht großen Milchhof. Ich lenkte das Pimpmobil versehentlich in einen offenen Wassergraben. Wieder zeigte die geliebte Tante ihre ungerechte, aggressive Seite. »Du Idiot, kannst du nicht besser aufpassen?«, schimpfte sie mich. Da war ich nun über 3000 Meilen problemlos und unfallfrei gefahren, und nun dies!

Es kam aber, bevor ich mich aufregen konnte, ein netter Herr auf einem Traktor heran. »Lass ihn doch, Gitta, das passiert uns selber auch häufig an dieser engen Kurve«, beruhigte er sie und spannte ein Seil vom Traktor an das Pimpmobil, zog es aus dem Schlamm – und zeigte uns bald unsere beiden geräumigen Gästezimmer mit eigenen Badezimmern und frisch bezogenen Betten im großen Farmhaus. Der freundliche Herr war Hans Angress, der jüngste der drei Angress-Brüder, der mit seiner Familie vor den Nazis zunächst nach Holland geflüchtet, nach dem Krieg nach Kalifornien gegangen und dort zunächst Miteigentümer der »Dairy Farm« geworden war.

Seine beiden Brüder sind seinerzeit ebenfalls in die USA ausgewandert. Der nächstältere, Fritz, jetzt Fred Angress, versuchte sich mit ihm auf der Farm, fand aber, dass dies nicht seine Berufung sei, und wurde Büroangestellter in San Francisco. Der älteste der drei Brüder Angress ist »Onkel Werner«, von dem gleich noch die Rede sein wird. Er lebte zu dieser Zeit aber in der Nähe von New York. Er hatte sich auch zuerst in der Landwirtschaft versucht, ist dann aber Professor für Geschichte geworden und lehrte an der University of California, Berkeley, und der Stony Brook University auf der vor New York gelegenen großen Halbinsel mit den Hamptons, den beliebten Sommerfrischen der New Yorker High Society, die jeder kennt, der einmal den Roman ›Witwe für ein Jahr‹ von John Irving gelesen hat.

Von Kalifornien nahmen wir die südliche Route über Texas zurück nach New York. Das schicke, pinkfarbene Cabriolet wurde wieder an einen der »Moving men« verkauft.

Dick verließ Gitta für eine wesentlich jüngere Frau, eine schwarze, mit der er noch zwei Kinder hatte (zusätzlich zu den zehn aus seinen ersten drei Ehen): »And the blond, blue-eyed devil is gonna kill us all, yes, is gonna kill us all – unless we outnumber him in time.«

Zuvor hatte Leo Bauer Dick Days noch im Namen der Sozialistischen Internationale der SPD zu einer Vortragsreise in die Bundesrepublik eingeladen. Das muss etwa 1970 gewesen sein. Gitta und ich begleiteten ihn. Leo wollte auf diese Weise der »jungen Generation« zeigen, dass es andere Länder als die Bundesrepublik gab, in denen revolutionäre Umwälzungen echt vonnöten waren. Das ganze Unternehmen endete im Chaos. Es war eine wieder andere Freundin von Dick ihm eifersüchtig nachgereist. Diese Audrey stand plötzlich vor der Tür und erklärte, sie ließe sich ihren Mann nicht von einer weißen Frau stehlen.

Gitta nahm das gelassen hin.

Gitta reiste weiter um die Welt, begleitet von ihrer Schwester Hilde, die mit ihr in Bautzen gesessen hatte. Die beiden kamen in die Karibik, nach Israel, nach Mallorca, wo Gitta trotz der noch herrschenden Franco-Diktatur auf dem Balkon Gitarre spielte und dabei laut und provokativ das kommunistische Kampflied ›Die Internationale‹ sang: »Völker hört die Signale/auf zum letzten Gefecht/die Internationale/erkämpft das Menschenrecht!«

Mitte der achtziger Jahre zog sie zurück in die Bundesrepublik, kaufte sich ein kleines Bauernhäuschen in einem Dorf bei Marburg.

Ihr letztes Gefecht führte sie dort: Wasser in der Lunge, eine Haftfolge, wie bei ihrem Mann, unserem Onkel Leo.

Sie verstarb Anfang 1990. André, der allem Religiösen abhold ist, hielt die Totenrede selber. Er sagte am Ende einen Satz, der mich überraschte, der mir heute noch im Ohr klingt:

»Sie war eine große Frau.«

XIII
Der Ritchie Boy

Die Hauptperson in diesem letzten Kapitel wird »Onkel Werner« sein, ein Onkel, zu dem ebenfalls keine Blutsverwandtschaft bestand und der auch nicht angeheiratet war. Werner Tom Angress war der Cousin jener Ilse Baumgart, verheiratete Moslé, die von meiner Mutter und ihrer Schwester Gitta im letzten Kriegsjahr versteckt worden war. Ihre Mutter Margot Baumgart, geborene Kiefer, Margots Zwillingsschwester Edith Kiefer und deren ältere Schwester Henny waren Freundinnen von Großtante Ami. Sie bildeten zusammen sozusagen die »Keimzelle« der beiden eng verbundenen Familien. Henny heiratete den jüdischen Bankkaufmann Ernst Angreß und hatte mit ihm drei Söhne, Werner, Fritz und Hans.

Werner war für uns immer »Onkel Werner«. Er selber nannte sich aber Tom. Den Namen Tom hat er sich bald nach seiner Einreise in die USA gegeben. Als er im Rathaus von Richmond seine *First Papers* beantragte, fragte ihn der Immigration Officer, ob er seinen Namen ändern wolle. Das taten damals viele in die USA einwandernde deutsch-jüdische Antragsteller. Onkel Werner schilderte den Vorgang so:

> »Ich blickte den Beamten, der geduldig auf der anderen Seite des Tresens wartete, etwas verwirrt an und erwiderte schließlich, ich wolle lediglich den Mittelnamen ändern. Der Mann schien verblüfft und fragte, ob ich wirklich den Vornamen »Werner« behalten wolle und den Nachnamen Angress ebenfalls? ›Also Thomas statt Karl?‹, fragte der Beamte noch einmal, und als ich bestätigend nickte, meinte er: ›Na, warum nicht? It's a free country.‹«

Werner hatte sich den Namen »Tom« ausgesucht, nach Tom Sawyer aus dem beliebten Roman *Die Abenteuer des Tom Sawyer* von Mark Twain, außerdem konnte das Initial T. gelesen werden als »Töpper«, sein Spitzname, und überhaupt wollte er seinen zweiten Vornamen Karl immer schon loswerden. Auch das ß in Angreß wurde damals umgewandelt in Doppel-s. So wurde Werner Karl Angreß zu Werner Tom Angress.

Seine letzten Lebensjahre verbrachte Onkel Werner in Berlin, wo er geboren war und von wo er im Jahre 1937 geflohen war. Warum ist er nach all dem Leid, das die Deutschen ihm und seiner Familie angetan hatten, nach Deutschland zurückgekehrt? Darüber weiß die Niederländerin Elma Gaasbeek am meisten. Sie war seine Gefährtin in den letzten Lebensjahren und wird uns darüber berichten. Für sie und für seine Freunde war und blieb Onkel Werner stets »Tom«.

Werner, Fritz und Hans Angreß waren mit den vier Dubro-Schwestern bekannt, wenn nicht sogar befreundet. Tante Ami, die über jeden und alles eine festgefügte Meinung hatte, sagte immer, wenn wir etwas zu dick auftrugen oder zu angeberisch redeten: »Du springst auch über die Erft, wie Werner.« Das wurde zum geflügelten Wort bei uns: Wenn sich einer als Angeber entpuppte, hieß es, »der springt auch über die Erft, wie Onkel Werner«. Womöglich hat der junge Werner Angreß tatsächlich einmal geprahlt, er könne über die Erft, diesen kleinen, aber doch einige Meter breiten linken Nebenfluss des Rheins, springen. Er selber konnte sich nicht daran erinnern, so etwas behauptet zu haben. Er war kein Angeber, er war eher bescheiden und zurückhaltend. Vielleicht lag es an seiner Bescheidenheit, die manche als Schüchternheit missverstanden, dass ich erst nach seinem Tode erfuhr, was er geleistet hatte.

Onkel Werner war ein Held, ein richtiger Held, der als geflüchteter deutscher Jude in der Uniform eines amerikanischen Paratroopers am D-Day todesmutig in der Normandie landete, der half, die mächtige deutsche Wehrmacht zurückzuwerfen und sie zu besiegen, der in Holland seine dort untergetauchte Familie suchte (und fand), der das KZ Wöbbelin befreite, in dem

Elma Gaasbeeks Großvater nach einer Racheaktion der Wehrmacht inhaftiert war. Werner »Tom« Angress war einer der Soldaten, nach deren Vorbild der amerikanisch-deutsche Kriegsfilm von Quentin Tarantino *Inglourious Basterds* gedreht wurde. Es gibt auch einen weniger reißerischen Bericht über Soldaten wie Tom. Dies ist der Dokumentarfilm von Christian Bauer aus dem April 2004, *Die Ritchie Boys,* über die Absolventen des Military Intelligence Training Center, »Camp Ritchie«, in Maryland, etwa 9000 junge Deutsche und Österreicher, überwiegend Juden, die in den Vereinigten Staaten eine neue Heimat gefunden hatten.

Werner Tom Angress war einer von ihnen.

Er war ein Ritchie Boy.

An dieser Stelle sollten wir wohl etwas über seine Familie erfahren. Da waren zunächst die Zwillingsmädchen Edith und Margot Kiefer, Jahrgang 1895, und deren ältere Schwester Henny, geboren 1892, Kinder einer jüdischen Familie in Berlin. Und es gab die Schwestern Maria und Anna-Elisabeth Liedig aus einer katholischen Berliner Familie. Anna-Elisabeth Liedig und Edith Kiefer, gleichen Alters, wurden beste Freundinnen. Edith erkrankte an TBC und starb jung, im November 1931, obwohl sie noch von dem bekannten Chirurgen Ferdinand Sauerbruch operiert worden war. Die Freundschaft der Anna-Elisabeth Liedig, unserer »Tante Ami«, ging auf die Zwillingsschwester Margot Kiefer über. Margot heiratete kurz nach dem Ersten Weltkrieg Kurt Baumgart, einen christlichen Beamten bei der Deutschen Reichsversicherungsanstalt, und hieß von da an Margot Baumgart. Die Freundschaft zwischen Anna-Elisabeth Liedig und Margot Baumgart hielt ein Leben lang. Ich sehe die beiden als alte Damen noch vor mir, wie sie mir gegenübersaßen bei einem Besuch in Berlin-Charlottenburg im Jahre 1965.

Henny Kiefer, die älteste der Kiefer-Schwestern, hatte Ernst Angreß geheiratet. Max Kiefer, der Vater der Kiefer-Schwestern, Werners Opa, war als Sohn eines jüdischen Vaters und einer christlichen Mutter evangelisch getauft worden. Und obwohl auch die Mutter schließlich zum Judentum übertrat, wollte Werners Opa selber eigentlich nichts mit dem »mosaischen« Glauben zu tun haben, er empfand sich als »areligiös«. Als er jedoch eine Jüdin heiratete, musste er zum Judentum übertreten. Und dazu gehört die Beschneidung. Er aber hat den *Mohel* – den Fachmann, der die *Brit Mila*, die Beschneidung, vollzieht – schlicht bestochen, um diese zu umgehen. Seine Tochter Henny und ihr Mann Ernst Angreß waren aber zweifellos gläubige Juden. Werner Karl Angreß, unser »Onkel Werner«, geboren im Juni 1920, war der älteste Sohn. Der zweite Sohn kam im April 1923 zur Welt: Es war Fritz Peter, der sich später Fred oder Freddy nannte. Der jüngste der drei ist jener Milchbauer in Kalifornien, der das »Pimpmobil« aus dem Schlamm zog: Hans Herbert, der im April 1928 geboren wurde.

Alle drei Angreß-Brüder sind in die USA gegangen und haben den Nachnamen geändert zu: Angress. Tom ging noch 1939 vom Exil in Holland aus, Fritz und Hans blieben in den Niederlanden, wo sie mit ihrer Mutter Henny von holländischen Untergrundkämpfern versteckt wurden. Sie wanderten erst einige Jahre nach Kriegsende in die Vereinigten Staaten aus. Hans schrieb mir in einer E-Mail: »Natürlich kannte ich die ›Liedig‹. Nach dem Versteck wohnte ich anderthalb Jahre bei ihr, bis ich nach Amerika ging. Sie hatte zwei Dachzimmer in der Beethovenstraat (*in Amsterdam*). Sie hatte das größere Zimmer und ich das kleinere.«

Werner Tom Angress hat mehrere Bücher veröffentlicht, darunter 1963 das Standardwerk zur Geschichte der KPD *Stillborn Revolution: The Communist Bid for Power in Germany 1921–1923*, das zehn Jahre später in einer überarbeiteten und ergänzten Fassung unter dem Titel *Die Kampfzeit der KPD – 1921–1923* auf Deutsch herauskam. Er hat auch eine Autobiografie verfasst, die unter dem Titel *… immer etwas abseits – Jugenderinnerungen eines jüdischen Berliners – 1920–1945* im Jahr 2005 in Berlin erschien. Es gibt sie auch auf Englisch: *Witness to the Storm – A Jewish Journey from Nazi Berlin to the 82nd Airborne, 1920–1945*. Sie ist gleichzeitig bemerkenswert genau – hier schreibt eben ein

Historiker –, aber auch sehr persönlich und gibt über vieles im hier Folgenden Auskunft.

1930 wechselte Werner von der Grundschule auf das Herder-Realgymnasium im Westend, in die Sexta, wie die erste Jahrgangsstufe damals hieß. Als er sein Buch »*... immer etwas abseits*« siebzig Jahre später schrieb, hatte er die Namensliste dieser Klasse noch fast vollständig im Kopf. Sie wurde jeden Morgen von einem Lehrer »heruntergeleiert«, um die Anwesenheit festzustellen. Onkel Werner führt 33 Namen auf, von Abendrot bis Zilm. Selbst wenn er fünf vergessen haben sollte und es 38 Schüler in seiner Gymnasialklasse gab, so ist doch bemerkenswert, dass

> »von diesen (33 oder 38) zumindest 13 entweder Juden oder jüdischer Abstammung (waren), also ein recht hoher Prozentsatz. Dabei bin ich während der beiden Jahre, die ich auf das Herder-Gymnasium ging, nur einmal einer antisemitischen Äußerung begegnet. Es gab auch nach dem Unterricht keine Absonderung. Freundschaften zwischen jüdischen und nichtjüdischen Jungen waren die Regel, nicht die Ausnahme, und mein Freund Klaus Loewald, der heute als emeritierter Professor für amerikanische Geschichte in Australien lebt, hat mir versichert, daß das bis zu seinem Abgang 1938 so geblieben ist ... Diese Westender Jahre waren auch die Zeit unserer letzten unbeschwerten Spielphase. Noch konnten wir Kinder aus jüdischem Hause uns völlig frei bewegen, konnten uns unsere Freunde aussuchen, ohne darauf zu achten, ob sie katholisch, evangelisch oder jüdisch waren, und konnten zu Fuß oder mit dem Rad mit gleichaltrigen Freunden auf Abenteuer gehen.«

Als Werner geboren wurde, lebte die Familie Angreß in jenem Teil von Berlin-Schöneberg, der die »jüdische Schweiz« genannt wurde. Viele assimilierte deutsche Juden wohnten im Westen der Hauptstadt. Ein anderer Teil Berlins, in dem viele Juden lebten, war das sogenannte »Scheunenviertel« in Stadtmitte. Es war dies auch die Welt der Jugend von Onkel Leo gewesen, jedenfalls eine ähnliche. Denn im Scheunenviertel wohnten die »Ostjuden«,

> »die mit ihren schwarzen Kaftanen, Schläfenlocken und Käppchen unter den assimilierten deutschen Juden, zu denen meine Familie gehörte, sowohl Mitleid als auch Aversion auslösten. Ich habe diesen Teil Berlins zum ersten Mal Anfang der achtziger Jahre besucht, also erst im ›gesetzten Alter‹, und da gab es dort kaum mehr Juden. Daß ich in meiner Jugend nie dahin kam, hat mir mein israelischer Kollege Avraham Barkai, der im Scheunenviertel aufwuchs, oft unter die Nase gerieben. Denn ich, der immer im Westen der Stadt gelebt hat, habe seine Welt nie kennengelernt, obwohl sie nur eine halbe Stunde U-Bahnfahrt von meiner entfernt lag.«

Trotz dieser Unterschiede lässt Werner keinen Zweifel aufkommen, dass seine engere Familie gläubig war. Er selber bezeichnet seinen Vater als »doch recht religiös«. Seine Mutter war allerdings mit dem Weihnachtsfest aufgewachsen und wollte es ihren Kindern nicht vorenthalten. Der Vater war einverstanden. Werner sprach von einer »religiösen Gratwanderung«, wenn es um diese Kombination von christlichen und jüdischen Festen ging. Er schrieb:

> »Hier wäre es angebracht, etwas zum Thema ›Weihnachten‹ zu sagen. Juden und Weihnachten? Heute ist das wahrscheinlich nicht mehr vorstellbar, jedenfalls was religiöse Juden anbelangt. Als solche empfanden sich meine Eltern zweifellos auch, und dennoch war es selbstverständlich, daß wir jedes Jahr zusätzlich zu den jüdischen Feiertagen und den wöchentlichen Freitagabenden auch Weihnachten und Ostern feierten. Und damit waren wir keineswegs allein. Viele deutsche Juden um diese Zeit – und das fing schon in der Kaiserzeit an – taten das, ohne sich darüber viele Gedanken zu machen. Man hat das in deutsch-jüdischen Kreisen damals nicht selten etwas verschämt und mit recht zweifelhafter Wahrhaftigkeit damit er-

klärt, daß man es lediglich wegen des christlichen Dienstpersonals täte.«

Von 1934 an bestand Werners Vater indes darauf, kein Weihnachten mehr zu feiern. Das war die Folge der antisemitischen Ausschreitungen. Viele jüdische Familien reagierten in der Zeit so. Man begann sich auf die jüdischen Wurzeln zu besinnen.

Auch wenn Werner und seine Familie anfangs noch nicht den Wahnsinn der Nazis in dem Maße unmittelbar am eigenen Leib spüren mussten, so wussten sie doch bald, dass sie Deutschland verlassen mussten. Spätestens im September 1935, als die Nürnberger Rassegesetze verkündet wurden. Für Werner kam die Wende mit Groß Breesen. Er sagte später, es sei sein »Glück« gewesen, dass sein Vater Ernst Angreß in der *C. V.-Zeitung* (genau: *Blätter für Deutschtum und Judentum. Organ des Central-Vereins deutscher Staatsbürger jüdischen Glaubens e. V. Allgemeine Zeitung des Judentums*), dem Blatt des Zentralverbandes deutscher Juden, eine Art Anzeige gesehen und seinen Sohn Werner darauf aufmerksam gemacht hatte.

Werner war damals der tiefen jugendlichen Überzeugung, er sei unglaublich tierlieb, und hatte seinem Vater gesagt, er wolle im Zoo arbeiten. Der Vater empfahl ihm, sich für eine Ausbildung als Tierpfleger (damals noch schlicht: Wärter) zu bewerben. Das tat Werner denn auch. Der Direktor des großen Berliner Zoologischen Gartens, ein Dr. Lutz Heck, antwortete sogar, erstaunlich höflich, aber doch in der Sache entschieden ablehnend. Heck teilte mit, dass der »Arierparagraph« auch die Angestellten im Zoo miteinbeziehe, dass er Werner Angreß deshalb nicht zur Ausbildung annehmen könne: »Juden unerwünscht!« Der Vater, Ernst Angreß, quittierte den Brief mit einem einzigen, bitter ironischen Satz: »Siehste, sogar die Affen sind antisemitisch.«

Sie wussten da: Es ist Zeit zu gehen. Deshalb machte der Vater den Sohn auf Groß Breesen aufmerksam.

Groß Breesen war ein landwirtschaftliches Lehrgut in Schlesien im gleichnamigen Dorf (heute das polnische Brzezno Trebnitz), etwa 30 Kilometer nördlich von Breslau. Jüdische Verbände hatten ab 1934/35 solche Ausbildungsstätten gegründet, um jungen deutschen Jüdinnen und Juden, die infolge der sich stetig steigernden Diskriminierung durch das Naziregime von der beruflichen Ausbildung und dem Besuch weiterführender Schulen ausgeschlossen wurden, mit einer zweijährigen landwirtschaftlichen, handwerklichen und hauswirtschaftlichen Ausbildung eine Existenz außerhalb von Deutschland zu ermöglichen. Meistens war das Ziel zionistisch motiviert, die Hachschara (hebräisch: Vorbereitung) für eine Auswanderung nach Palästina. Groß Breesen wurde von der »Reichsvertretung der Deutschen Juden« gegründet, ausdrücklich für Jugendliche aus Familien, die nicht zionistisch orientiert waren. 1936 begann der erste Kurs. Nach dem Konzept des Projektleiters und Sozialpädagogen Curt Bondy gehörten die »bewusste Bejahung der jüdischen Tradition und das Bekenntnis zum deutschen Kulturgut« zu den Erziehungsprinzipien.

In Groß Breesen gab es Pläne für eine gemeinsame Auswanderung in die USA, die aber scheiterten. Den meisten Teilnehmern des ersten Ausbildungskurses, zu denen auch Werner Angreß gehörte, gelang es 1937/38 individuell einen Weg ins Ausland zu finden. Im Rahmen des Novemberpogroms 1938 wurde das Gut von der SS überfallen und die männlichen Mitglieder des zweiten Kurses und die Erzieher wurden in das KZ Buchenwald verschleppt. Nach sechs Wochen kamen die meisten wieder frei, nachdem sie sich zur sofortigen Emigration verpflichtet hatten. Das Lehrgut bestand weiter, bis es 1942 von der Gestapo geschlossen wurde. Alle, die noch dort lebten, wurden nach Auschwitz deportiert.

Die Lehrgangsteilnehmer, die hatten entkommen können, verstreuten sich über alle Kontinente. Aber viele blieben untereinander in Kontakt. Noch 2003 wurden Groß-Breesen-Rundbriefe/Gross-Breesen Letters verschickt. Die Erinnerungen von Onkel Werner enthalten ein ganzes Kapitel darüber, wie es ihm und seinen Freunden in Groß Breesen ergangen war.

Mitte Oktober 1937 erhielt Werner jedoch in Groß Breesen eine Postkarte von seinem Vater. Sie lautete: »Mein lieber Töpper! … Mein heutiges Schreiben außer der Zeit hat einen Grund. Ich muss Dich unbedingt sprechen und bitte Dich am Sonnabend [den 23. 10.] mit Wochenend-Karte nach Berlin zu kommen. Montag Mittag fährst Du wieder nach Breesen zurück. Irgendwelche Rückfragen mache bitte nicht, sondern schreibe uns sofort, wann Du ankommst … Alles weitere dann mündlich – … dicken Kuß, Papa.«

Am darauffolgenden Samstag fuhr Werner, wie geheißen, nach Berlin. Zu Hause traf er nur seine Mutter, die ihm mitteilte, dass sein Vater beschlossen hatte, mit der Familie Deutschland zu verlassen. Entgegen den bestehenden Devisengesetzen würde er das ihm zustehende Geld aus der Bank, deren Chef er war, nach Amsterdam schmuggeln. Sie sollte in einer Woche mit den beiden anderen Brüdern ganz legal als Touristin nach London reisen. Werner würde mit seinem Vater nur mit Handgepäck vom Flughafen Tempelhof nach Amsterdam fliegen. Dann würden sie nach London reisen, von dort aus würden alle weiterwandern nach Übersee. Werner schrieb in seinen Memoiren über diesen Moment:

> »Mir schwamm der Kopf. Der Gedanke, Groß Breesen und meine Freunde so plötzlich verlassen zu müssen, meine Ausbildung abzubrechen, vielleicht für immer darauf verzichten zu müssen, mit den Freunden irgendwo in Übersee zu siedeln, das war mehr, als ich in dem Moment verkraften konnte.«

Als er alleine war, schrieb er seinen Eltern einen Brief, in dem er ihnen mitteilte, er wolle nicht mit ihnen auswandern, vielmehr werde er dies später mit seinen Breesener Freunden tun. Dabei drohte er, sich das Leben zu nehmen, sollten sie ihn zur Ausreise mit ihnen zwingen. Den Zettel legte er ihnen hin und fuhr mit einem Koffer voller Bücher, die er sich aus der Bibliothek seiner Eltern angeeignet hatte, zurück nach Groß Breesen.

Nachdem Curt Bondy sich mit seinem Vater verständigt hatte, teilte er Werner einige Tage später mit, dass er unmöglich nach der Ausreise seiner Eltern in Groß Breesen bleiben könne, da er als Geisel verhaftet werden und dabei Groß Breesen gefährden würde. So hatte Werner keine andere Wahl, als mit seinen Eltern nach England zu gehen. Bondy versprach ihm, dass man ihn, sobald eine feste Siedlung irgendwo in Aussicht gestellt werde, selbstverständlich mitberücksichtigen würde, und fügte hinzu, sein Vater ließe ihn wissen, er könne verstehen, warum er so emotional auf ein Fortgehen aus Groß Breesen reagiert habe.

Es blieb Werner am Ende nur Zeit, um Abschied zu nehmen. Ihm zu Ehren führten seine Groß Breesener Freunde am letzten Abend im Quartett mit Curt Bondy am Flügel noch Tschaikowskys *Capriccio Italien* auf, das Werner besonders liebte. Gegen Mitternacht fuhr er mit dem D-Zug von Breslau nach Berlin.

Eine der wichtigsten Phasen seiner Jugend war zu Ende.

Am nächsten Morgen holte ein Freund ihn vom Zug am Bahnhof Zoologischer Garten ab, mit einem großen Paket in der Hand, darin lag ein Anzug mit den ersten langen Hosen seines Lebens. Werner erinnerte sich an die Fahrt im Taxi zum Flughafen Tempelhof mit seinem Vater, der ihn in der Bahnhofshalle abgeholt hatte:

> »Ich glaube nicht, daß wir viel miteinander geredet haben. Aber ich erinnere mich noch sehr genau an sein warmes Lächeln, als er mich begrüßte und mir versicherte, wie ich am Vorabend schon von Bondy gehört hatte, daß er mir mein Verhalten von voriger Woche nicht nachtrage.«

Obwohl Ernst Angreß die noch in Berlin weilenden Familienmitglieder gebeten hatte, auf keinen Fall zum Flughafen zu kommen – da dies möglicherweise die Aufmerksamkeit der Gestapo oder anderer Beamter wecken könnte –, entdeckten sie doch mehrere vertraute Menschen in einer Ecke der Tempelhofer Flughalle. Noch ehe Werner und sein Vater zu ihnen hinübergelangt waren, hörten sie aber die Lautsprecheransage, dass ihr Flugzeug wegen dichten Nebels nicht in Dresden hatte aufsteigen können. Der Flug wurde deshalb um 24 Stunden verschoben.

»Nun verloren die drei Familienmitglieder, mit denen Papa nicht gerechnet hatte, ihre Nerven. Ich höre noch heute das heisere Geflüster: ›Kopenhagen‹, ›Paris‹, und in Antwort darauf die verhaltene, vor innerer Erregung zitternde Stimme meines Vaters: er würde sich doch sofort verdächtig machen, wenn er jetzt, nachdem er am Flugsteig erklärt hatte, weshalb wir nach Amsterdam und dann nach England wollten, nun plötzlich nach Dänemark oder Frankreich umbuchen würde.«

So kam es, dass Werner alleine mit dem Nachtzug nach Amsterdam fuhr. Dort sollte er zur »Pension Rosengarten« in der Beethovenstraat gehen und auf seinen Vater warten. Dem Besitzer sollte er sagen, dass er bald Näheres von seinem Vater hören würde. Jener Pensionsbesitzer, ein Herr Rosengarten, war der Kontaktmann, mit dessen Hilfe Ernst Angreß sein Geld illegal nach Holland transferiert hatte, um so die »Reichsfluchtsteuer« zu umgehen. Ernst Angreß hatte zuvor einen Vertrag mit Rosengarten abgeschlossen: Dieser sollte demnach zehn Prozent des Geldes erhalten; am Tage der Ausreise würde jemand in der Wohnung der Familie Angreß erscheinen, um das Geld abzuholen. Zur angegebenen Zeit erschien eine junge, seinem Vater völlig unbekannte Frau mit einem Köfferchen in der Wohnung. »Ohne sich vorzustellen, sagte sie nur, sie sei gekommen, um das Geld abzuholen.« Ihr wurden rund 100 000 gebündelte Reichsmark, das gesamte Vermögen, übergeben. Ernst Angreß hatte es am Abend zuvor von seiner Bank mit nach Hause genommen.

Was Werner nicht wusste, war, dass sein Vater am selben Bahnhof auch einen Zug genommen hatte, der aber nach Prag fuhr. »An der tschechoslowakischen Grenze angekommen, stieg Papa auf der falschen Seite des Zuges aus, ging auf den Gleisen zur Grenze und wechselte unter Vermeidung der deutschen Grenzabfertigung in die Tschechoslowakei hinüber, wo er sich dann den dortigen Beamten als jüdischer Flüchtling aus Deutschland identifizierte.« So reiste er über den »jüdischen Südring«, wie es damals hieß, über Österreich, die Schweiz und Frankreich nach Holland weiter.

In der Zwischenzeit war Werner mit knapper Not einer Gestapofestnahme in seinem Schlafwagenabteil entkommen:

> »Im Abteil ging das Licht an, ich wachte völlig verschlafen auf und starrte auf drei Männer, die plötzlich vor meinem Bett standen ... Einer von ihnen hielt meinen Paß in der Hand und blickte intensiv hinein. Dann kamen die Fragen: ›Du heißt mit Nachnamen Angreß?‹ Ich bestätigte das. ›Wo ist dein Vater?‹ Ohne zu zögern log ich: ›In Berlin‹, wie Papa mich angewiesen hatte. Glücklicherweise kam keine Frage betreffs meiner Mutter und Brüder, die ja schon am Freitag, mit je 10 RM pro Person, aber sehr vielen Koffern, per Bahn und Schiff nach London gefahren waren, ›auf Besuch zu Freunden‹. Dann hätte ich wieder lügen müssen. Man wollte dann noch wissen, wo ich hin wollte und aus welchem Grund, was ich ebenfalls gähnend – und das war echt und keine Schauspielerei – beantwortete. Dann verließen die beiden Gestapobeamten das Abteil und unterhielten sich flüsternd im Gang miteinander ... Nach ein paar Minuten, die mir wie eine Ewigkeit vorkamen, gab der Mann, der meinen Paß hielt, diesen dem Schlafwagenschaffner und beide Gestapobeamten verschwanden wortlos. Wenige Minuten später rollte der Zug langsam wieder westwärts.«

Erst später wurde klar, welch unglaubliches Glück Werner Angreß am Tag seiner »Ausreise« hatte. Da die Sekretärin seines Vaters, Else Radinowsky, selbstverständlich annahm, ihr Chef und sein Sohn befänden sich bereits in Amsterdam – und damit in Sicherheit –, da ihr Flug bereits vormittags hätte gehen müssen, beschloss sie zur Kriminalpolizei am Alexanderplatz zu gehen und dort Meldung zu machen, dass der Chef der Bank Königsberger & Lichtenhein mit seinem Vermögen das Land illegal verlassen habe, wie sie durch Zufall soeben erfahren habe. So bekam die Zollfahndungsstelle den Eindruck, dass die ganze Familie Angreß sich Samstag früh gemeinsam aus dem Staube gemacht hätte, mit unbekanntem Ziel und mit einer devisenrechtlich unautorisierten Summe Geldes. Von einem Beamten der Zollfahndungsstelle wurden nun Telegramme an alle größeren deutschen Grenzübergänge geschickt: »Fünfköpfige Familie Angreß aufzuhalten«.

Werner schreibt dazu:

»Nur die Umstände, daß ich in meinem verschlafenen Zustand nicht den Eindruck eines »auf der Flucht« befindlichen Jungen mit schlechtem Gewissen machte, daß ich alleine war und nicht als Teil einer fünfköpfigen Familie reiste (darauf bezog sich wohl die Tuschelei der Beamten) und schließlich deren offensichtlich nicht sonderlich ausgeprägte Intelligenz haben mich wahrscheinlich davor bewahrt, als Geisel in Gewahrsam gehalten zu werden, bis mein Vater mit dem Geld zurückgekommen wäre.«

Damit begann die Zeit des Exils. Vater und Sohn, Ernst Angreß und Werner Angreß, verbrachten zwei Tage in einem Hotel in Amsterdam, bevor sie weiter nach London reisten. Werner erzählt von einem Gespräch mit seinem Vater an diesen Tagen:

»Er schien meist zutiefst in Gedanken versunken, sprach wenig, und ich kann mich nicht mehr daran erinnern, worüber wir uns damals überhaupt unterhielten. Einmal jedoch, als ich durchblicken ließ, wie sehr ich Groß Breesen, meine Freunde dort, aber auch Deutschland vermißte, ergab sich ein Gespräch, das ich nicht vergessen habe. Er sei immer ein Patriot gewesen … Aber Hitler und seine Nazis hätten uns nicht als Deutsche gelten lassen, hätten uns gedemütigt, verfolgt, zu Bürgern zweiter Klasse degradiert. Damit höre Deutschland auf, unser Vaterland zu sein. Noch heute höre ich seine abschließende Bemerkung: ›Gegen diese Verbrecher würde ich jederzeit noch mal die Knarre in die Hand nehmen‹. Seine Worte stimmten mich nachdenklich, überzeugten mich damals noch keineswegs.«

Er sollte noch fast genau ein Jahr lang weiterhin seinen, wie er selbst schreibt, »verblendeten, deutschen Patriotismus« hegen.

Bis in Deutschland am 9. November 1938 während des Novemberpogroms die Synagogen brannten und Werner kurz darauf erfuhr, dass man Curt Bondy und zwanzig Lehrgangsteilnehmer in Groß Breesen verhaftet und in ein Konzentrationslager eingeliefert hatte.

England war die erste Station seines Exils. Er beschreibt die vier Monate in London als »traumatisch, weitgehend deprimierend und oft auch chaotisch«. Er hatte kaum Berührungspunkte mit den Engländern, und seine Sprachkenntnisse waren gering. Dazu kam der englische Winter mit seinem Smog. Eine Ehekrise seiner Eltern trat offen zu Tage, welche die Atmosphäre innerhalb der Familie vergiftete. Aber die Zukunftsfrage, das »Wohin?«, überwog alles andere. Höchstwahrscheinlich wäre es möglich gewesen, in England zu bleiben, wie das eine nicht unerhebliche Anzahl von deutschen Emigranten schließlich auch geschafft hatte. Aber sein Vater wollte nicht in England bleiben. Abgesehen davon, dass er die Sprache nur sehr mäßig beherrschte und wenig Hoffnung hatte, Englisch je richtig zu lernen, behagte ihm das Klima nicht. Die Familie fasste die Einreise in ein südamerikanisches Land ins Auge, wiewohl ohne Erfolg.

Es ergab sich eine neue Möglichkeit: Moritz Rosenthal, ein Fachmann für teure Damenwäsche, suchte einen Partner mit Geld, um in Amsterdam ein Damenwäschegeschäft eröffnen zu können. Die Ehekrise wurde überwunden, und die Familie Angreß siedelte im März 1938 nach Holland um. Verglichen mit den vier Monaten in London war Amsterdam ein wahrer Lichtblick für sie. Werner erforschte die Stadt auf einem geliehenen Fahrrad, besonders nachts. Manchmal fuhr er auch in die Jodenbreestraat im alten Judenviertel und bekam zum ersten Mal einen Eindruck von orthodoxen Juden.

Er war nach wie vor davon überzeugt, dass er bald nach Amerika gehen würde, besonders nachdem Curt Bondy, dem 1939 über England und Holland die Emigration in die USA gelungen war, darüber informierte, ein reicher jüdischer Kaufhausbesitzer im Staat Virginia, ein William B. Thalhimer, habe eine Farm als Siedlungsprojekt für Groß Breesener gekauft. Nach seiner Ankunft in Holland bemühte Werner sich beim amerikanischen Konsulat in Rotterdam um eine Quotennummer für die Einwanderung in die Staaten. Nach der Nummer, die er erhielt, wäre er erst 1943 drangekommen. Aber 1943, das wusste er damals natürlich noch nicht, würden die Deportationen der Juden aus den Niederlanden schon voll im Gange sein.

Jüdische Hilfsorganisationen, speziell das *Joint Distribution Committee*, führten Verhandlungen mit den zuständigen Behörden in Washington. Die Verhandlungen drehten sich um einen von Mr. Thalhimer und den Hilfsorganisationen erstrebten Beschluss der amerikanischen Behörden, die Groß Breesener als zukünftige landwirtschaftliche Siedler in Virginia mit Besitzanspruch – shareholders – und damit als Nonquota-Einwanderer zu behandeln. Dieser Beschluss würde es den Groß Breesenern ermöglichen, wenn sie gültige Bürgschaften (*Affidavits*) erhalten hätten, außerhalb der jährlichen Einwanderungsquote als Landwirte in das Land gelassen zu werden.

Mit dem Ausbruch des Krieges im September 1939 wurde die Weiterwanderung nach Virginia für seinen Vater ebenso wichtig wie für ihn. Ernst Angreß vertraute seinem Sohn seine Sorge darüber an, dass Hitler früher oder später in Holland einfallen würde. Deshalb sei es ihm wichtig, ihn in den USA in Sicherheit zu wissen. In der letzten Septemberwoche bekam Werner plötzlich und unverhofft eine Vorladung vom amerikanischen Konsulat in Rotterdam. Das *American Jewish Joint Distribution Committee* in New York hatte einen Bürgen gefunden, der ihm ein *Affidavit* stellte. Es war Lewis L. Strauss, Mitinhaber der New Yorker Großbank Kuhn, Loeb & Co. Nach der Befragung durch einen Konsulatsbeamten und einer ärztlichen Untersuchung erhielt Werner sein Visum für Amerika. Wieder einmal Glück.

Mit der Eisenbahn fuhr er nach Antwerpen in Belgien, wo das holländische Schiff SS »Veendam« lag, das am nächsten Tag nach New York abfahren würde. Sein Freund Werner »Meui« Warmbrunn, der ebenfalls ausgewandert war, hatte ihn und seine Eltern am 28. Oktober 1939 mit dem Auto zum Bahnhof in Rotterdam gefahren, wo Werner Angreß am Zug noch einmal endgültig

Abschied nahm. Es war das letzte Mal, dass er seinen Vater sah, am Auto stehend, winkend.

Nach seiner ersten Ozeanreise verbrachte Werner sechs Tage in New York. Die Stadt war angefüllt mit neuen Eindrücken und alten Bekannten. Er trank den ersten *milk shake* seines Lebens während eines Spaziergangs am Broadway, wo er fast ausschließlich von Deutsch sprechenden Menschen umgeben war – alles Emigranten, die sich damals zunächst in diesem Teil Manhattans niedergelassen hatten.

Die folgenden anderthalb Jahre lebte Werner auf Hyde Farmlands in Virginia, der von Thalhimer gekauften und den Groß Breesenern zur Verfügung gestellten Farm. Thalhimer hatte einen *Farm manager* eingestellt, der sie erst einmal in die amerikanische Landwirtschaft einführen sollte. Das Haupthaus der Farm war ein für die Südstaaten typisches Gebäude, es war aus Holz gebaut, weiß gestrichen und hatte Säulen, die das Dach über der Veranda trugen. Werner fühlte sich bald recht wohl unter den schon früher eingewanderten ehemaligen Groß Breesenern und liebte die Wildnis des südlichen *Nottoway County*, die in ihm Erinnerungen an seine jugendliche Karl-May-Lektüre weckte.

Trotzdem erschienen ihm die fast 18 Monate, die er auf Hyde Farmlands zubrachte, in vieler Hinsicht unbefriedigend. Hyde Farmlands wurde entgegen allen Hoffnungen kein zweites Groß Breesen. Dazu kam, dass seinen Bewohnern ihre neue Heimat, Amerika, erst einmal völlig fremd blieb. Die Tatsache, dass die meisten von ihnen nur sehr schlecht Englisch sprachen, verhinderte wirklichen Umgang mit Amerikanern. Werner konnte für sich zunächst keine klare Zukunftsperspektive entdecken. Als das Farm-Projekt dann aus finanziellen Gründen plötzlich eingestellt wurde, bekam er den Rat, sich freiwillig für den amerikanischen Armeedienst zu melden, das Pflichtjahr abzudienen und sich dabei zu »amerikanisieren«. Weil der Krieg Holland inzwischen längst erreicht hatte, machte er sich größte Sorgen um seine Eltern und Brüder.

Werner Angreß, nun Tom Angress, meldete sich zur US-Army. Sie nahm ihn, steckte ihn aber in eine Division für »Enemy aliens«, für noch nicht eingebürgerte Ausländer. Die Amerikaner fürchteten, dass sich deutsche Spione unter die vielen Flüchtlinge aus Europa gemischt haben könnten. Die Rechte der Soldaten in der Division für »Enemy aliens« waren stark verkürzt. Sie wurden nicht an schweren Waffen ausgebildet, sie wurden nicht in Übersee eingesetzt, sie durften gar nicht erst in der Marine oder der Luftwaffe dienen. Die meisten Emigranten, die sich meldeten, empfanden Hass und Wut auf die Nazis, die sie vertrieben hatten, sowie Dank und Loyalität für das Land, das sie aufgenommen hatte. So empfand auch Tom Angress. Er war nicht gerade glücklich über seine Zuteilung zu der Division für »Enemy aliens« und sagte:

> »Ich war immer noch kein amerikanischer Bürger, ich war ein alien, wie es so schön hieß, ein Fremdling, und durfte nicht für Amerika nach Übersee gehen, bevor ich meine Staatsbürgerschaft bekam. Und die Papiere, die ich dazu benötigte, schienen überall in Amerika rumzufliegen. Ich war unglaublich unglücklich in dieser Division, zumal wir neun Monate lang behandelt wurden wie Parasiten. Man nahm uns unsere Sachen ab, wir durften nicht auf Urlaub gehen. In diesem sogenannten alien detachment wurden wir behandelt wie Aussatz.«

Viele Emigranten wollten das Gefühl der Ohnmacht gegenüber den Nazis vergessen, sie wollten nicht mehr tatenlos an den Seitenlinien stehen, sie wollten selber den Kampf gegen die Nazis aufnehmen. Der deutsche Schriftsteller Stefan Heym, der wie Onkel Leo seine ersten Lebensjahre in Chemnitz verbracht hatte, der ebenfalls Emigrant wurde und auch zur US-Army stieß, beschreibt das Gefühl, endlich sich wehren zu können, mit großer Emphase in seiner Autobiografie *Nachruf*: »Es ist ein Gewehr, und wie er da steht, in der vordersten Reihe der Kompanie C des 31. Ausbildungsbataillons, und das Ding in der Hand spürt, fühlt er ein Würgen in der Kehle: zum ersten Mal in all den Jahren ist er nicht mehr wehrlos den Faschisten gegenüber, kann er zurückschießen.«

Nun kam es so, dass die Amerikaner die Bedeutung der psychologischen Kriegsführung erkannten und sahen, dass die wichtigsten Erkenntnisse über die Kriegszüge des Feindes nicht von Spionen geliefert wurden, dass man diese Erkenntnisse vielmehr durch Verhöre von Kriegsgefangenen erlangen konnte. Zwar mussten Kriegsgefangene nach der Genfer Konvention nur ihren Namen, ihren Dienstgrad und ihre Einheit verraten, aber wenn man sie geschickt verhörte oder wenn sie von sich aus kooperieren und reden wollten, konnte man doch unendlich viel erfahren. Psychologische Kriegsführung – das war die Waffe des 20. Jahrhunderts. Den Amerikanern kam diese Waffe bestens zupass. Sie war billig und hatte eine große Wirkung. Noch besser: Sie erforderte oft nicht einmal einen Waffeneinsatz, sie machte einen solchen Einsatz sogar überflüssig.

So entsandte die US-Army eine Expertengruppe nach Großbritannien. Die Briten hatten nämlich schon seit dem dritten Kriegsjahr vielversprechende Erfahrungen mit den Verhören deutscher Kriegsgefangener gemacht. Während die einen das britische Vorbild studierten, suchten die anderen ein geeignetes Lager für die Ausbildung von Soldaten zum Einsatz von Propaganda und psychologischer Kriegsführung.

Das Pentagon, das 1941 gebaute, riesige fünfeckige Kriegsministerium in Arlington, Virginia, entschied sich für ein Ausbildungsgelände der Maryland National Guard. Dieses lag nicht weit von der Hauptstadt Washington entfernt, in einer idyllischen Landschaft am Fuße der Blue Ridge Mountains, wo die Bewohner der nahen Großstädte Baltimore und Philadelphia gerne die Sommerfrische verbrachten. Das Lager hatte zwei künstliche Seen, die auch zunächst für Urlauber angelegt worden waren. Kurz nach dem Ersten Weltkrieg erwarb die National Guard das Gelände und gab ihm zu Ehren des damaligen Gouverneurs von Maryland den Namen: Camp Albert C. Ritchie.

1941 verpachtete der Bundesstaat Maryland das Gelände dann an das War Department, das es zu seinem »Military Intelligence Training Center« ausbaute. Am 19. Juni 1942 wurde es als »Camp Ritchie« für die Ausbildung zur psychologischen Kriegsführung eröffnet. Tom Angress war einer der ersten Soldaten, die hier für den Einsatz gegen die deutsche Wehrmacht ausgebildet wurden. Er war einer der ersten Ritchie Boys. So konnte der bescheidene junge Mann aus Berlin doch noch etwas für die Befreiung seines Heimatlandes tun.

Und wer da noch alles ausgebildet wurde: Klaus Mann, die Schriftsteller Hans Habe, Stefan Heym und Walter Hasenclever, der Regisseur Hanuš Burger, der Fotograf und Mitbegründer der berühmten Fotoagentur Magnum, David Seymour. Klaus Mann schrieb seiner Mutter: »Es wimmelt von alten Freunden aus Berlin, Wien, Paris, Budapest; man kommt sich vor wie in einem Club oder Stammcafé.«

Mit einer dieser illustren Persönlichkeiten hatte Tom ein merkwürdiges Erlebnis. Er musste als Stubenältester morgens seine Kameraden zur Inspektion des Zimmers antreten lassen. Es fiel ihm auf, dass unter einem der Betten nicht geputzt worden war. Er befahl dem nachlässigen Soldaten, den er noch nicht kannte, das schleunigst zu erledigen. Dieser säumige Soldat aber erwiderte, er denke nicht daran zu putzen, drehte sich auf dem Absatz um und verließ den Schlafsaal. Tom wollte keine Konfrontation. So bat er einfach einen anderen Soldaten, unter dem Bett zu putzen, was dieser ohne Murren prompt erledigte. Am selben Abend ging's ins Kino. Es wurde eine Hollywood-Produktion basierend auf dem populären Roman *Hostages* (dt. »Der Fall Glasenapp«) von Stefan Heym gezeigt. Bevor der Film begann, betrat Heym die Bühne, angekündigt als der Bestsellerautor, dessen verfilmter Roman gleich zu sehen sein werde. Applaus von allen, nur nicht von Tom. Er sah den Soldaten auf der Bühne, der sich am Morgen seinem Befehl zum Saubermachen einfach widersetzt hatte.

Es gab ein Gedicht über Camp Ritchie, an das Tom sich genauso gut erinnerte wie an die Liste seiner Mitschüler: »Was you ever in Camp Ritchie?/The very schönste Camp of all!/Where the sun comes up with Donner,/and recorded bugle call. Where the Privates are professors/and the Corporals write books/And all of them scare Captains/ With their supercilious looks.«

Der Unterricht im Camp begann um 7.30 Uhr und endete um 16.45 Uhr. Er wurde durch nächtliche Übungen ergänzt. Der Kommandant war ein Colonel Banfill, der nach eigenem Dafürhalten die psychologische Kriegsführung bereits im Ersten Weltkrieg erfunden hatte. Nach ihm wurde der freie Tag benannt, der *Ban Day*, den es nur gab, wenn es dem Colonel beliebte, es war nämlich der achte Tag der Woche. An den anderen sieben Tagen wurde gedrillt und gebüffelt. In der ersten Unterrichtsphase wurden den Ritchie Boys die Grundlagen der Geheimdienstarbeit nahegebracht, in einer zweiten Phase wurde spezialisiert: Auswertung von Luftbildern, Verhör von Gefangenen, Übersetzung und Analyse feindlicher Dokumente. Es gab Unterricht in PR und Zensur, in Nachrichtentechnik und Aufklärungsarbeit unter Schlachtbedingungen.

Dass die Sache nicht zum Spaßen war, konnten die Trainees auf dem Friedhof sehen, an dem sie jeden Tag auf dem Weg zum Unterricht vorbeikamen. Dort hatte Colonel Banfill ein Grab ausheben lassen. Auf dem Grabstein stand zu lesen: »Here's Yours already Dug!« – frei übersetzt: Dein Grab ist schon geschaufelt.

Der Regisseur Hanuš Burger erinnerte sich, wie in dem Buch *Die Ritchie Boys* festgehalten, später an die Ausbildung für die Mobile Radio Broadcasting Companies, die mobilen Radiosendeeinheiten, welche die Wahrheit an das von Goebbels aufgehetzte und mit Durchhalteparolen drangsalierte deutsche Volk und seine Soldaten senden sollten: »Der Stundenplan glich dem einer höheren Journalistenakademie. In einer Deutschlektion (täglich) lernten wir, uns kurz und prägnant auszudrücken und überflüssige Worte zu vermeiden. Wir lernten, wie man eine Zeitungsseite zusammenstellt, wie man Überschriften erfindet und anordnet und welche Schrifttypen man dazu verwendet. Wir mussten Rundfunknachrichten abhören, mitschreiben, verarbeiten und neu formulieren. Jeden Tag wurde ein anderer von uns ›Chefredakteur‹.«

Tom Angress sagte es auf seine berlinerische Art: »Offiziell hieß Ritchie ›MITC, Miliary Intelligence Training Center‹. Irgendjemand machte daraus: Military Institute of Total Confusion – Das passte!«

Der erste Einsatz von Ritchie Boys kam im November 1942. Bei der *Operation Torch* landeten amerikanische und britische Streitkräfte in Marokko und Algerien. An dieser Operation war Tom Angress noch nicht beteiligt. Wohl aber war es Hans Habe, der Schriftsteller. Er war Leiter der Psychological Warfare Division, die im Auftrag des OSS – des Vorläufers der CIA, mit dem unser Onkel Leo in Genf zu tun gehabt hatte – in Nordafrika operieren sollte. Diese Psychological Warfare Division kam aber erst im Kriegsgebiet an, als das Deutsche Afrikakorps (mit dem Strafbataillon 999) unter Erwin Rommel am 13. Mai 1943 schon kapituliert hatte. Hans Habe bekam eine andere Aufgabe: Er sollte unter den gefangen genommenen deutschen Soldaten nach Nazigrößen fahnden – gegen Ende des Krieges schlüpften viele Obernazis in die Rolle einfacher Landser, die »von allem nichts gewusst«, die »nur Befehle ausgeführt« hatten. Habe verhörte auch deutsche Kriegsgefangene über die Moral der Truppe. Habe hierzu: »Ich musste kein einziges Mal meine Stimme erheben, geschweige denn Gewalt anwenden, um von den Gefangenen alles zu erfahren, was ich zu wissen wünschte.« Viele deutsche Soldaten waren also jetzt schon kriegsmüde oder waren – wie mein Vater – als »wehrunwürdig« schlicht zum Dienst mit der Waffe gezwungen worden. Habes geschickte Verhörtechnik, die sie zum Reden brachte, wurde von seinen Vorgesetzten anerkannt. Diese Erkenntnis wurde auch an die Ausbilder im Camp Richie weitergegeben, wo Tom Angress und die anderen, die bald an der Invasion Europas teilnehmen sollten, von ihr profitierten.

Tom Angress gehörte zu dem Teil der Armee, der am 6. Juni 1944 in der Normandie landen sollte. Er war einer jener 150 000 Soldaten aus Frankreich, Großbritannien, Kanada und anderen Commonwealth-Staaten, Polen und den USA, die in den frühen Morgenstunden an verschiedenen Stränden zwischen den französischen Ortschaften Caen und Cherbourg Brückenköpfe bilden sollten. Dazu sollten 3100 Landungsboote, 1200 Kriegsschiffe und 7500 Flugzeuge verwendet werden, es war die größte Landeoperation aller Zeiten. Die fünf Brückenköpfe sollten zu einer verbundenen Landungsfront von insgesamt 100 Kilometern Länge und 30 Kilometern Tiefe ins Landesinnere hineinragen.

Tom war in Camp Ritchie zum *Interrogator of Prisoners of War*, zum Verhörspezialisten, ausgebildet und im britischen Ort Broadway einer Fallschirmspringerdivision, der 82nd Airborne Division, zugeteilt worden. Die 82nd Airborne Division, genannt *All American* oder *America's Guard of Honor*, ist die erste Luftlandedivision der US-Army und bis heute – heute mit etwa 14 000 Soldaten – der größte Luftlandeverband der Welt. Tom war aber noch nie mit dem Fallschirm gesprungen. So sollte er – das war zunächst geplant – mit einem Schiff nachkommen und in Frankreich zu seiner Einheit stoßen. Er hatte sich aber inzwischen mit seinen neuen Kameraden angefreundet und wollte bei ihnen sein, wenn sie in Frankreich landeten, wollte mit ihnen springen.

Dazu benötigte er eine Sondergenehmigung seines zuständigen Befehlshabers. Dies war General Gavin, James Maurice »*Jumpin' Jim*« Gavin, Jahrgang 1907, somit der jüngste Generalmajor im Kommando der US-Army im Zweiten Weltkrieg, ein Vorkämpfer gegen die Rassentrennung in den amerikanischen Streitkräften. Seine Männer nannten ihn wegen seiner Größe und seiner athletischen Figur liebevoll *Slim Jim.*

Tom suchte also *Slim Jim*, dessen Dolmetscher er später werden sollte, im Londoner Hauptquartier auf und trug ihm seinen Wunsch vor. Der baumlange, lässige Mann blickte auf Tom hinab und lächelte. »Kleiner, wenn du unbedingt springen willst, habe ich nichts dagegen. Mein Fahrer ist ebenfalls noch nie gesprungen, und der kommt auch mit.«

Ein bisschen üben sollte Tom aber doch noch. Auf dem geheimen Flugplatz, von dem aus sie am D-Day starten sollten, erhielt der junge Mann aus Berlin seine Fallschirmspringerausbildung. Nach seiner eigenen Erinnerung ging das so: Sein Ausbilder ließ ihn auf eine Kiste steigen; es gab einen kurzen, instruktiven Wortwechsel; zunächst sprach der Ausbilder: »Stell dich hier auf die

Kiste und sage mir, ob du lieber mit einem Bein landen möchtest oder mit geschlossenen Beinen oder mit ausgestellten Beinen«; Tom entschied sich, und dann ließ der Ausbilder ihn ein oder zwei Mal von dieser Kiste springen. Damit war seine Fallschirmspringerausbildung beendet.

Am 5. Juni 1944 waren Tom Angress und 30 Kameraden seiner Einheit gegen 22 Uhr bereit, in eine C 47 zu steigen. Die C 47 ist eine militärische Version der Douglas DC-3. Das ist der Typ Flugzeug, der später als »Rosinenbomber« während der Berliner Luftbrücke zur Versorgung der Westberliner Bevölkerung eingesetzt werden sollte. Von diesem Typ fliegen heute noch einige Maschinen in der zivilen Luftfahrt.

Die Männer hatten sich zur besseren Tarnung die Gesichter mit Ruß geschwärzt. Die zweimotorige, dickbäuchige Propellermaschine startete bei Vollmond und nahm Kurs auf die französische Küste. Wegen einer wechselhaften Bewölkung war es während des Fluges über den Kanal draußen mal taghell, mal stockduster.

Hören wir von Tom Angress, was dann geschah:

> »Ich saß an der offenen Tür, durch die wir raus sollten, und stellte fest, daß ich als erster springen sollte. Ich fragte, warum, und unser Unteroffizier sagte: »Kleiner, das machen wir so, weil du noch nie gesprungen bist. Wenn du im letzten Moment merkst, daß du nicht springen willst, dann mache einen Schritt zur Seite und laß die anderen raus. Dann fliegst du nach England zurück.«

Denn so war die Vorschrift: Man durfte den ersten Sprung ungestraft verweigern, aber nur diesen einen, danach hatte man zu springen, koste es, was es wolle. Aber es kam ohnehin wieder einmal in Werners Leben ganz anders als geplant: Kurz nachdem die Maschinen mit der 82nd Airborne die französische Küste überflogen hatten, gerieten sie unter starken Beschuss der immer noch sehr gut gerüsteten und kampfbereiten Deutschen. Die C 47 neben jener von Tom wurde getroffen und stürzte ab. Dann kam in seiner Maschine der Befehl zum Absprung. Weder er noch seine Kameraden wussten, dass ihr Pilot seinen Kurs geändert hatte und die Einheit weit entfernt von ihrem Ziel, Saint Mère Eglise, absetzte (in Saint Mère Eglise steht heute übrigens ein kleines Museum zur Erinnerung an die Soldaten der 82nd Airborne).

Dazu Tom:

»Es war ganz seltsam. Man springt eigentlich nicht, man tritt aus dem Flugzeug, so wie man normalerweise aus einem Zimmer kommt. Und dann mußte ich zählen: eintausend, zweitausend, dreitausend – bis dahin mußte sich der Schirm geöffnet haben. Im Notfall mußte man den Ersatzschirm öffnen, was bei mir aber nicht nötig war. Es geschah genau so, wie man es mir beschrieben hatte. Man spürte einen harten Ruck, und dann spannte sich der Schirm über mir auf. Ich hatte nicht das Gefühl zu fallen. Es schien mir eher, als käme der Boden immer näher. Als ich nach unten blickte, sah ich ein weißes Pferd, das aus Angst wie verrückt in seiner Koppel hin und her rannte. Mein Schirm verfing sich in einem Apfelbaum. Eine sehr, sehr weiche Landung. Das war's – ich war ganz allein. Kein Mensch in Sicht.«

Was er noch nicht wusste: Er war ungefähr zwanzig Kilometer hinter der Front auf deutscher Seite gelandet. Es dauerte einen ganzen Tag, bis er sich halbwegs orientieren konnte und das realisierte. Dann stieß er auf ein Waffenlager der Wehrmacht. Ein deutscher Soldat hörte ihn im Unterholz, hielt ihn auf und fragte, wohin des Weges er sei. Toms Antwort, »Unteroffizier auf Patrouille«, war ein fataler Fehler. Unteroffiziere gingen nie alleine, und »Patrouille« sagten die Deutschen seit dem Ersten Weltkrieg nicht mehr. Im Zweiten Weltkrieg hieß es: auf »Streife«. Die deutschen Soldaten wurden misstrauisch und forderten ihn auf, näher zu kommen. Tom ging auf sie zu, schlug dann aber einen Haken – und rannte davon. Sofort eröffneten die Deutschen das Feuer. Eine Kugel prallte von seinem Helm ab. Dann war er wieder im Gestrüpp und konnte sich verstecken.

Bald darauf kam er bei einem französischen Bauern unter. Dieser gab ihm einen Calvados zu trinken und versteckte ihn in seiner Scheune, wo Tom erst einmal ein paar Stunden im Stroh schlief. Er wurde von einem sechzehnjährigen Jungen geweckt. Dieser wollte zwei weitere amerikanische Soldaten in der Nähe gesehen haben und Tom zu ihnen führen. Tom folgte dem Jungen. Er zog seine Pistole und sagte, »wenn hier etwas nicht stimmt, muss ich dich erschießen.« Die Gefahr ging aber nicht von dem französischen Bauernbuben aus, sondern von den eigenen Kameraden. Als Tom und der Junge tatsächlich auf die beiden GIs trafen, zielten diese mit ihren Gewehren auf sie. Was denn los sei, wollte Tom wissen. Antwort: »Du bist ein Deutscher!« Tom versuchte noch, sich zu erklären, sagte, er sei Deutscher gewesen, sei aber jetzt Amerikaner. Es half nichts. Dann gab er verzweifelt eine kleine Erklärung ab: »Hört mal, Leute, das ist doch wirklich lächerlich. Warum sollte ich mich mitten in der Nacht in die Gewalt von zwei Amerikanern begeben und so tun, als wäre ich Amerikaner?«

Das wirkte schließlich. Die beiden ebenfalls verwirrten Kameraden senkten die Läufe ihrer Gewehre und schlugen sich gemeinsam mit Tom durch die Wälder des Marais du Cotentin, heute ein 1500 Quadratkilometer großer Naturpark. Unterwegs sammelten sie immer mehr amerikanische Soldaten auf, die wie sie hinter die Front geraten waren. Da Tom als Einziger passabel Französisch sprach, wurde er zum Anführer der wilden Truppe gemacht. Nach einigen Tagen zählten sie schon 50 Mann. Da eine so große Gruppe nicht lange unbemerkt durch das Unterholz schleichen kann, beschlossen sie am 15. Juni, sich in kleine Gruppen aufzuteilen. Diese sollten, jede für sich, versuchen wieder auf die amerikanische Seite der Frontlinie zu gelangen.

Wieder wendete sich das Blatt zu ihrem Nachteil. Tom war mit zwei Kameraden zu einem französischen Bauern gegangen, um etwas Milch und Brot zu erbetteln. Dieser Bauer aber verriet sie an die Deutschen. Sie wurden umzingelt und mussten sich ergeben. Die Deutschen nahmen den Amerikanern die Waffen und die Wertsachen ab. Einer von Toms Kameraden rief ihm hilfesuchend zu, »hey, der will mir meinen Ring abnehmen, sag ihm, dass das nicht geht.« Tom fauchte ihn flüsternd an, »sag ihm bloß nicht, dass ich Deutscher bin, das kann mein Leben kosten!«

Glücklicherweise hatte er auf seinem *Dog Tag*, der Erkennungsmarke, die jeder amerikanische Soldat an einem Kettchen um den Hals trägt, bei der Religionszugehörigkeit das »H« für *hebrew* durch ein »P« für *protestant* ersetzen lassen – gegen den Einspruch einiger jüdischer Freunde in den USA, denen er sagte, »es ist mein Leben, das ich mit dem Bekenntnis riskiere«.

Aber verkehrte Welt: Nun wurde Tom Angress, der *Interrogator of Prisoners of War*, einem deutschen Verhörspezialisten vorgeführt: »Das war schon paradox. Ich sollte Deutsche verhören, und das Erste, was mir auf dem Schlachtfeld passiert, ist, dass ich von einem Deutschen verhört werde.«

Der Offizier fragte Tom nach seinem Nachnamen. Er sprach leidlich englisch, mit einem schweren deutschen Akzent. Als Nächstes wollte er wissen, woher Tom denn stamme. – »Aus Berlin«, konnte er wohl kaum sagen. Aber auch New York und Chicago konnte er nicht nennen, zu groß war die Gefahr, dass dieser deutsche Verhöroffizier die Großstädte besucht hatte und mit Details aufwartete, die Tom nicht kannte. So vorzugehen, erst einmal Vertrauen gewinnen, um den Verhörten dann in eine Falle zu locken – das hatte man den Ritchie Boys doch genau so beigebracht. Tom war auf der Hut. Er dachte nach. Nur nicht zu lange, das wäre auch verräterisch gewesen. Schließlich antwortete er: Lynchburg! Das liegt in Virginia, ist ein Name, den man sich leicht merken kann und war der Standort seiner ungeliebten *Enemy-aliens*-Division. »Ach, Lynchburg«, rief der Verhöroffizier begeistert aus, und sein deutscher Akzent wurde noch stärker, *»I know sat, I was sere!«* Tom sah sich in der Falle. Lynchburg war zwar der Standort seiner ehemaligen Division; er selber war aber nie da gewesen. Wieder fiel ihm etwas ein, das sein Leben rettete. Er drehte den Spieß um und fragte nun seinerseits den Deutschen: »Wann waren Sie das letzte Mal dort?« – »Ach, das ist lange her, ich war noch ziemlich jung damals.« – Darauf Tom mit Berliner Schlagfertigkeit, aber in seinem ebenfalls noch mit starkem deutschen Akzent behafteten Englisch: »Dort hat sich inzwischen so viel geändert, Sie würden Lynchburg nicht mehr wiedererkennen.«

So war er erst einmal aus dem Schneider.

Aber die Verhöre gingen weiter. Zwölf Tage lang. Die ganze Zeit über hatte er Glück.

Die deutschen Verhöroffiziere waren gehalten, das Weltbild der amerikanischen Soldaten auszuleuchten. So pragmatisch die Amerikaner vorgingen, so ideologisch arbeiteten die Deutschen: Wie dachte man in der Heimat über den Krieg? Machten Amerikaner einen Unterschied zwischen Nationalsozialisten und dem deutschen Volk? Sahen sie nicht auch die Gefahren, die von dem Bolschewismus und dem Weltjudentum ausgingen? Gab es Zeichen für eine Bereitschaft der Amerikaner, gemeinsam mit den Deutschen gegen die Sowjets zu kämpfen?

Es waren Fragen, deren Antworten im Feld nicht viel taugten, die aber in Berlin vielleicht zum Wohlbefinden der Oberverbrecher beitrugen und Tom nicht in Verlegenheit brachten. Er konnte einfach über das Weltjudentum und den Bolschewismus schwadronieren, ohne sich selber und seine Herkunft zu verraten. Das Englisch des deutschen Offiziers war so viel schlechter als seines, dass sein Akzent dem Verhörer gar nicht auffiel. Über eines sprachen sie nie: über die Stadt Lynchburg.

Es entwickelte sich fast so etwas wie eine Freundschaft. Sie spielten Schach zusammen. Und wieder wendete sich das Blatt. Die Alliierten stießen weiter von ihrem Küstenstreifen in die Normandie vor. Sie umzingelten die Einheit, die Tom Angress und seine Kameraden gefangen hielt. Über Lautsprecher forderte ein Amerikaner die Deutschen in akzentfreiem Deutsch auf, sich zu ergeben. Tom Angress erkannte die Stimme. Sie gehörte dem Ritchie Boy Ernst Cramer, demselben Ernst Cramer, den Tom aus Groß Breesen kannte, dem Cramer, der Assistent von Curt Bondy gewesen war. Ernst Cramer war nach den sechs Wochen im KZ Buchenwald 1939 ebenfalls in die Vereinigten Staaten emigriert, hatte auf Hyde Farmlands gearbeitet, hatte sich nach dem Überfall der Japaner auf Pearl Harbor bei der US-Army gemeldet – und wurde in Camp Ritchie ausgebildet. Nach Kriegsende 1945 kehrte er als US-Soldat und amerikanischer Staatsbürger nach Deutschland zurück. Von 1948 bis 1954 war Cramer stellvertretender Chefredakteur der *Neuen Zeitung*, eines von ehemaligen Ritchie Boys geführten deutschsprachigen Blattes der amerikanischen Besatzungsmacht. Von 1954 arbeitete er, wieder in den Vereinigten Staaten, bei der Nachrichtenagentur United Press, UP. Vier Jahre später wurde er vom Axel Springer Verlag angestellt, unter anderem als stellvertretender Chefredakteur der Tageszeitung *Die Welt*. Bis zum Tod von Axel Springer im Jahre 1985 galt Cramer als dessen engster politischer und publizistischer Mitarbeiter und Ratgeber – so wirkte die Journalistenausbildung im Camp Ritchie in Deutschland nachhaltig weiter.

Aber zurück in die Normandie. Es war der 27. Juni 1944, Toms 24. Geburtstag. Er verabschiedete sich von seinem Verhörer mit dem Wunsch, die Deutschen würden von den Amerikanern genauso gut behandelt werden wie er, Tom Angress, von den Deutschen. Der Offizier hatte Tom »unseren Pimpf« genannt, vielleicht weil er mit seinen blauen Augen und blonden Haaren genauso aussah wie der Prototyp eines Hitlerjungen. Vielleicht hat er sogar geahnt, dass Tom ein geflüchteter Deutscher war, vielleicht wollte er ihn vor dem Schlimmsten bewahren. Wer weiß?

Tom: »Aber ich habe ihm nicht gesagt, dass ich Deutsch sprach und aus Deutschland stammte. Das wollte ich ihm nicht antun.«

So rückte Tom mit der US-Army immer weiter vor nach Osten in Richtung seiner alten Heimat. Es blieb seine Aufgabe, deutsche Gefangene zu verhören. Aus der Vielzahl der Informationen, welche die Ritchie Boys und andere Quellen herbeitrugen, konnte der Generalstab der Alliierten sich ein ziemlich genaues Bild über die Bewegungen der deutschen Truppen, über ihre Stärke und ihre nächsten Ziele machen. Immer gelang dies aber nicht. Gerade am Anfang der Invasion Europas misstraute die amerikanische und britische Generalität ihren eigenen Kundschaftern. So auch bei der sogenannten Operation Market Garden.

Dies war eine Luftlandeoperation der Alliierten, die im September 1944 stattfinden sollte. Ziel war es, den »Westwall« zu umgehen, die Deutschen aus den noch besetzten niederländischen Gebieten zu vertreiben und einen raschen Vorstoß nach Deutschland zu ermöglichen. Wäre die Befreiung der noch besetzten niederländischen Gebiete gelungen, wäre der Bevölkerung der im ersten Kapitel erwähnte »Hungerwinter« 1944 auf 1945 erspart geblieben.

Insgesamt wurden 39 620 Soldaten aus der Luft abgesetzt. Viele Fallschirmspringer landeten, wie es später unter den amerikanischen Soldaten hieß, »one bridge too far«. Sie landeten im Korridor von Eindhoven bis Arnheim, eine Brücke zu weit in den Niederlanden. Der unerwartet starke deutsche Widerstand in Arnheim verhinderte die Einnahme der wichtigen Rheinbrücke dort. Die Alliierten mussten sich schließlich unter hohen Verlusten zurückziehen.

Tom Angress hatte dabei wieder einmal Glück. Er sprang zum zweiten Mal mit seinen Kameraden. Seine 82nd Airborne hatte einen großen Bereich ziemlich weit vor Arnheim zu kontrollieren. Vorrangig sollte sie die Groesbeek-Höhen östlich von Nimwegen einnehmen. Die Brücken über die Maas, den Maas-Waal-Kanal und die Waalbrücke im Zentrum von Nimwegen waren als die endgültigen Ziele vorgesehen. Bei Nimwegen war die deutsche Abwehr schwach. Das Heideland westlich von Arnheim war als Landezone für die britische 1. Luftlandedivision vorgesehen. Deren Hauptziele waren die Brücken im Zentrum von Arnheim.

Jedoch: *one bridge too far* – die bei Arnheim landenden britischen Fallschirmjäger wurden von der dort nicht erwarteten, ungeahnt kampfstarken deutschen Waffen-SS sowie mehreren von Hitler in letzter Minute persönlich dorthin beorderten Einheiten aufgerieben. Der risikoreiche Plan, der ein schnelles Ende des Krieges in Aussicht gestellt hatte, musste scheitern. Es war das Glück von Tom Angress, dass er mit den amerikanischen Fallschirmjägern weiter hinten bei Nimwegen, das befreit werden konnte, landete – und nicht bei Arnheim.

Der Vormarsch der Alliierten war im Raum Aachen ins Stocken geraten. Dadurch konnte sich das deutsche Heer reorganisieren und Verteidigungsstellen einrichten. Die Alliierten wollten aber einen Stellungskrieg auf dem Weg zum Rhein vermeiden und den deutschen Verbänden in die Flanke fallen. Sie beschlossen deshalb in einem Waldgebiet bei Hürtgen (zwischen Aachen und Monschau) durchzubrechen. Die Wehrmacht wollte beides verhindern und hatte zudem die Eifel als Aufmarschgebiet für die »Ardennenoffensive« vorgesehen. Der bergige Hürtgenwald war auch gut zu verteidigen. Deshalb wollte sie dieses Gebiet unbedingt halten.

Am 1. Oktober 1944 begann der Vormarsch der 1. US Army. Doch das Gelände war für schwere Fahrzeuge nicht geeignet, Artillerie und Luftwaffe konnten kaum eingesetzt werden. Die Deutschen dagegen hatten eine sehr genaue Ortskenntnis und sehr sorgfältige Vorbereitungen getroffen, was Waffen und Stellungen anging. Sie benutzten den dichten Wald als Festung. Und so kam es zu genau dem verlustreichen Stellungskrieg, den die Amerikaner hatten vermeiden wollen.

Die Schlacht am Hürtgenwald war indes nur der Auftakt für die *Battle of the Bulge*, für die »Ardennenoffensive« der Deutschen. Der Hürtgenwald selber war ohne strategische Bedeutung, für die Deutschen bot die sinnlose Schlacht dort die Möglichkeit, nahezu unbemerkt gewaltige Kräfte zu sammeln, mit denen Hitler das Blatt noch einmal wenden wollte. Aus deutscher Sicht schien sich das Gemetzel gelohnt zu haben, jedenfalls im Hinblick auf die Absicht Hitlers, für eine große Offensive an der Westfront Truppen zusammenzuziehen und mit diesen die bis an die deutsche Grenze vorgestoßenen westlichen Alliierten zurückzudrängen.

Die Ritchie Boys ahnten, was sich hinter den deutschen Linien tat. Sie hatten nicht nur Kriegsgefangene befragt. Es war auch ihre Aufgabe, direkt an der Front Propaganda zu machen. Das taten sie mit mobilen Lautsprecherstationen. Über diese gefährlich weit nach vorne gebrachten Beschallungsanlagen sprachen sie die deutschen Soldaten direkt an und forderten sie auf, sich zu ergeben. Sie sollten die Hände erheben, langsam nach vorne kommen und die Worte sagen: »*Ei sörrender*«. (So schrieben sie es auf Flugblätter, wissend, dass die deutschen Soldaten mit den englischen Worten »*I surrender*« nicht viel würden anfangen können. Sie sollten »*Ei sörrender*« rufen und langsam nach vorne kommen und sich ergeben, dann würden sie gut behandelt – der ohnehin verlorene Krieg sei sofort für sie aus.) Solche Überläufer waren wertvolle Quellen für die Ritchie Boys. Sie behandelten sie geradezu zuvorkommend, sie insinuierten sich anbahnende Freundschaften, um die Überläufer zum Auspacken zu bewegen. Viele der deutschen Überläufer waren froh, sich endlich einmal die Seele vom Leib reden zu können. So konnten die aus Deutschland in die USA geflohenen Verhörspezialisten einen guten Überblick über die Lage bekommen.

Sie wussten, dass die Deutschen einen Angriff planten. Doch wurden sie nicht gehört. Christian Bauer und Rebekka Göpfert haben für ihr Projekt *Die Ritchie Boys* einige Zeitzeugenberichte festgehalten. Einer der Kameraden von Tom Angress, der ebenfalls in Berlin geborene, spätere Literaturprofessor an der Princeton University, Victor Brombert, erinnerte sich: »Wir hatten eindeutige Informationen, und weitere Verhöre bestätigten unsere Analyse. Wir hatten klare Beweise für eine massive Truppensammlung auf deutscher Seite. Ich weiß noch genau, wie ich nachts zum Hauptquartier fuhr und berichtete. Doch zu unserem großen Ärger sagte man uns, wir sollten zurückfahren und uns keine Sorgen machen. Wir waren entlassen. Danke fürs Kommen und auf Wiedersehen! In genau jener Nacht hörten wir einen gewaltigen Lärm. Zuerst dachte ich, es sei ein Gewitter, mitten im Winter. Es war aber deutsche Artillerie. Wir mussten sofort fliehen.«

Die deutsche »Ardennenoffensive« begann am frühen Morgen des 16. Dezember 1944 entlang einer Front von 130 Kilometern. Die Wehrmacht hatte mehr als 200 000 Soldaten in drei deutschen Armeen im Osten und Nordosten von Belgien sowie in Luxemburg zusammengezogen, die nun der nur 80 000 Mann starken amerikanischen 12th Army Group gegenüberstanden. Deutsche Angriffsspitzen kamen bis auf wenige Kilometer an die Maas heran.

Wie an der Ostfront richteten die Deutschen auch hier wieder Massaker an. Bereits am zweiten Tag der Offensive, am 17. Dezember 1944, nahm eine SS-Einheit eine größere Zahl amerikanischer Soldaten in der Nähe von Malmedy gefangen. Peiper, der SS-Sturmbannführer, hatte nicht vor, sich in dieser Angriffsphase mit Kriegsgefangenen zu »belasten«. So schickte er die amerikanischen Soldaten auf ein offenes Feld und ließ sie mit Maschinengewehren niedermähen. 77 Männer wurden kaltblütig ermordet.

Die Ardennenoffensive scheiterte. Doch das wusste zu diesem Zeitpunkt noch niemand. Beide Seiten litten unter der extremen Kälte, beide Seiten waren in ihren Operationen behindert durch Schneefall und Nebel. Den Deutschen kam indes just diese schlechte Sicht gelegen. Hätte es nicht Schneetreiben und den Nebel gegeben, hätte klare Sicht geherrscht, dann hätten die Amerikaner ihre Lufthoheit ausspielen können. So aber mussten sie ihre Jäger und Bomber auf dem Boden stehen lassen. Dabei gerieten ihre Bodentruppen immer mehr in Bedrängnis. Victor Brombert berichtete: »Unsere Division war komplett aufgerieben, wer überlebt hatte, war auf sich selbst angewiesen. Kleine Gruppen irrten durch die Gegend und wussten nicht, wohin. Niemand wusste, wo die Einheiten waren, das Hauptquartier. Es gab kein Hauptquartier mehr, es gab keine Einheiten mehr. Man lebte wie in einem Albtraum, man versuchte einen Weg zu finden, sich zu orientieren. Wir irrten durch eine Art Mondlandschaft, es war geisterhaft.«

Auch der Ritchie Boy Tom Angress, der in den Ardennen mitkämpfte, geriet in Bedrängnis. Gleich im Chaos der ersten Tage hatte er einen deutschen Gefangenen vor sich, von dem er in Erfahrung bringen sollte, mit welchen deutschen Einheiten die Amerikaner es zu tun hatten. Von diesen Informationen hänge, so war ihm gesagt worden, womöglich das Überleben seiner Division ab. Aber der Deutsche schwieg und berief sich auf die Genfer Konvention zur Behandlung von Kriegsgefangenen, der zufolge sie nur ihren Namen, Rang und die Einheit nennen mussten. Verzweifelt drohte Tom dem Gefangenen, er werde ihn erschießen, wenn er nicht antworte. Nun war es aber das oberste Gebot der Ritchie Boys, nie einem Gefangenen zu drohen. Und es war einfach auch geschickter, nicht zu drohen, denn Drohungen erbrachten eher Lügengeschichten als die Wahrheit, während freiwillig vorgebrachte Aussagen meist der Wahrheit entsprachen. Gleichwohl begann Tom Angress – der sich Jahre später noch für dieses Fehlverhalten schämte – bis zehn zu zählen. Zum Glück entschied sich der deutsche Soldat in seiner Todesangst »auszupacken«. Indes, so unser Onkel Werner: »Aber der arme Kerl wusste genauso wenig wie wir, was los war. Er hatte seine Leute verloren und war auf der Suche nach ihnen in unsere Hände gefallen.«

Umgekehrt konnten die Ritchie Boys nicht mit solchen moralischen Skrupeln seitens der Deutschen rechnen. Jedem war klar, was eine Gefangennahme für sie bedeuten konnte. Einmal ist ein Team von Verhörspezialisten aus Camp Ritchie in die Hände der SS geraten. Die SS-Einheit fand schnell heraus, dass es sich bei den amerikanischen Soldaten um aus Deutschland geflüchtete Juden handelte. Der SS-Oberst Sepp Dietrich, der auch mitverantwortlich für das erwähnte Malmedy-Massaker war, ließ sie darauf sofort erschießen.

Die Ritchie Boys mussten sich also in Acht nehmen. Auch aus den eigenen Reihen drohten ihnen Gefahren. Die gebürtigen Amerikaner hatten sich schon immer über den komischen deutschen Akzent der Ritchie Boys lustig gemacht. Aber sie hatten sie als Kameraden akzeptiert, sie waren ihnen für die wertvollen Verhörinformationen und die mutigen Propaganda-Einsätze dankbar. Infolge einer Kriegslist der Deutschen erwuchs den Ritchie Boys nun aber eine tödliche Gefahr aus der Tatsache, dass sie erst kürzlich Amerikaner geworden waren und immer noch mit deutschem Akzent Englisch sprachen.

Es gab da nämlich das »Unternehmen Greif«. Der SS-Sturmbannführer Otto Skorzeny hatte eine Truppe zusammengestellt, die über englische Sprachkenntnisse verfügte und sich mit der Struktur der US-Army gut auskannte. Sie sickerte in amerikanischen Uniformen durch die Kampflinien hindurch. Sie sollte unter den Amerikanern Chaos und Panik stiften, sollte Munitions- und Treibstofflager zerstören, die Nachrichtenwege der Alliierten sabotieren und die strategisch wichtigen Brücken über die Maas erobern (die regulären deutschen Truppen hatten es bis kurz vor das belgische Dinant an der Maas geschafft).

Als die Ersten von Skorzenys falschen Amerikanern enttarnt worden waren, geriet jeder Ritchie Boy sofort in Verdacht, in Wirklichkeit auch ein getarnter SS-Mann zu sein. Einer der Ritchie Boys wurde darauf versehentlich von den eigenen Leuten erschossen. Er ging des Nachts zur Latrine, kam zurück und wurde von der Wache angehalten und nach dem Passwort gefragt. Er antwortete mit dem richtigen Passwort, sprach aber mit einem so starken deutschen Akzent, dass die Wache ihn für einen von Skorzenys Infiltratoren hielt – und schoss.

Fred Howard, ein Ritchie Boy, der als Fritz Ehrlicher in Waldenburg, Schlesien geboren worden war, 1939 nach New York geflüchtet ist und nach dem Krieg dort ein erfolgreicher Designer und Geschäftsmann wurde, erinnerte sich an diese Tage der lebensgefährlichen Verwechslungen: »Es war eine sehr, sehr kritische Zeit, und viele unserer Leute hatten Schwierigkeiten, denn die MPs [die Militärpolizei] stellten ihnen Fangfragen, die nur Amerikaner beantworten konnten. Wenn sie diese falsch und auch noch mit einem deutschen Akzent beantworteten, dann glaubten die MPs sofort, sie hätten einen Deutschen in amerikanischer Uniform gefangen.«

Genau das ist auch dem Ritchie Boy Victor Brombert passiert: »Wir wurden angehalten, und keiner von uns konnte akzentfreies Englisch. Wir waren verdächtig. Um uns zu testen, stellten sie Fragen, die nur Amerikaner beantworten konnten. Zum Beispiel: ›Was ist die windy city?‹, und keiner von uns hatte eine Ahnung. Obwohl wir amerikanische Staatsbürger waren – ich hatte meine Staatsbürgerschaft sechs Monate zuvor erhalten –, hatte ich keine Ahnung, dass die Antwort Chicago lautete. Jeder Amerikaner weiß das. Die zweite Frage war – wir bekamen eine letzte Chance –: Wer hat die World Series gewonnen? Das war Baseball – wir kannten nicht einmal die Regeln von Baseball! Jetzt hatten sie schon die Finger am Abzug, wir waren richtig in Gefahr. Um uns zu retten, fing ich an zu quatschen und hörte nicht mehr auf. Ich musste es fertigbringen, dass sie uns ins Hauptquartier brachten. Erst dort konnten wir die Sache aufklären.«

Tom Angress geriet dieser Tage ebenfalls »richtig in Gefahr«. Er hatte gesehen, wie zwei amerikanische Kameraden ein frisch gerupftes Huhn in einem Brunnen waschen wollten, aus dem die heimischen Bauern ihr Wasser schöpften. Mit einem Zuruf wollte er sie davon abhalten – und blickte darauf gleich in die Mündungen ihrer Gewehre. Sein starker deutscher Akzent hatte die beiden beunruhigt, jetzt wollten sie Tom und seinen Kameraden erschießen. Tom konnte die beiden wenigstens dazu überreden, ihn und seinen Kameraden zu ihrem Offizier zu bringen. Dieser aber traute ihm ebenso wenig über den Weg: »Nachdem er uns reden gehört hatte, sah er uns sehr misstrauisch an, bis ich ihm die Nummer des Feldtelefons gab, unter der er Captain Silver anrufen konnte. Er war zu dieser Zeit der zuständige Geheimdienstoffizier des Regiments. Er schimpfte sofort los: ›Ich habe Angress doch gesagt, dass er sich nicht außerhalb unseres Regiments bewegen soll. Schicken Sie ihn sofort zurück!‹«

Der SS-Obersturmbannführer und Leiter des »Unternehmens Greif«, Otto Skorzeny, starb übrigens am 6. Juli 1975 im Alter von 67 Jahren in Madrid. Er wurde eingeäschert. Bei der Beerdigung seiner Urne auf dem Döblinger Friedhof in Wien salutierten seine »alten Kameraden« mit dem Hitlergruß. Aus seinen damals erschienenen Memoiren, mit denen er sich unter dem Schutz von General Franco im nach wie vor faschistischen Spanien gebrüstet hatte, erkennen wir, dass die Gefahr der Infiltration wohl doch nicht ganz so groß war, wie die Amerikaner damals befürchtet hatten: »600 Freiwillige wurden von Fachleuten auf Probe geschickt; wir fanden darunter zehn, die fließend Englisch sprachen, 40 einigermaßen, 150 waren fähig, sich verständlich zu machen, 200 radebrechten, und 200 weitere konnten gerade yes oder no antworten.«

Für diese Freiwilligen war das Unternehmen damit allerdings ein echtes Selbstmordkommando. Sie konnten sich in ihren amerikanischen Uniformen nicht ergeben, sie konnten sich auch nicht zurück hinter die eigenen deutschen Linien ziehen. Ein Deutscher, der in amerikanischer Uniform gefangen genommen wurde, kam als Spion vor ein amerikanisches Militärgericht. Drei aus Skorzenys Kommando, die leidlich Englisch sprachen, wurden gefasst, als sie ihren Jeep bei den Amerikanern auftanken wollten. Sie verlangten nach »*petrol*«, wie es Engländer tun, nicht nach »*gas*« wie Amerikaner. Die Folge ihres »kleinen« Fehlers: Tod durch Erschießen!

Die *Battle of the Bulge* war eine unnütze Schlacht, wie alle Schlachten. Diese aber war ganz besonders sinnlos. Mitte Januar 1945 hatten die Deutschen das gesamte gewonnene Gelände wieder verloren. Die Ardennenoffensive verzögerte lediglich – zum Preis vieler Tausend Leben – das Unausweichliche. Sie verzögerte den Sieg der Alliierten über Hitler-Deutschland um ein paar Tage. Und die Amerikaner mussten noch mehr ihrer Söhne für unsere Freiheit, für die Freiheit Europas opfern. Somit kam die Befreiung der Deutschen und der Welt einige knappe Wochen später.

Es war letztlich dem Wetter zu verdanken, dass die Amerikaner den Vorstoß der Deutschen aufhalten und selber weiter gegen das Deutsche Reich vorrücken konnten. Rudy (Rudolph) Michaels, ein in Ostpreußen geborener und in Leipzig aufgewachsener deutscher Jude, der mit seiner Familie nach der Pogromnacht vom 9. auf den 10. November 1938 noch auswandern konnte und später Richter im kalifornischen Sacramento wurde, ebenfalls ein Ritchie Boy, erinnert sich an das Ende dieser verhängnisvollen Schlacht: »Eines Morgens wachte ich auf und blickte in den Himmel, und der war nicht nur blau, sondern da war auch eine halbe Million Flugzeuge. Nur ein einziges Mal zuvor hatte ich so viele Flugzeuge auf einmal gesehen. Der Nebel hatte sich gelichtet, und aus der Luft kam Hilfe. Das war das Ende für die Deutschen.«

Bereits am 11. September 1944 hatten erstmals Soldaten der Befreier deutschen Boden betreten. Als sich nun amerikanische Soldaten von zwei Richtungen her Aachen näherten, gab Heinrich Himmler einen Durchhaltebefehl. Himmler, Reichsführer SS, dessen »Sturmstaffel« (SS) nicht nur die Konzentrationslager bewachte und dort Millionen Menschen systematisch umbrachte, sondern auch eigene, nicht direkt der Wehrmacht unterstehende Waffenverbände unterhielt, hatte Aachen besucht und erklärt, die alte Kaiserstadt sei ein Symbol für den Durchhaltewillen der Deutschen. Aachen sollte, so Himmler, »ohne Rücksicht auf Verluste bis zum letzten Stein« verteidigt werden. Da hatte sich die örtliche Parteileitung der NSDAP allerdings schon abgesetzt. Das braune Pack zog wohl die Flucht dem »heldenhaften Durchhaltewillen« vor. Übrigens sondierte bald auch Himmler selber seine persönlichen Optionen für eine Zeit nach Adolf Hitler. Himmlers eigenmächtige Verhandlungsversuche mit den westlichen Alliierten wurden indes von diesen abgewiesen und öffentlich gemacht. Das führte schließlich dazu, dass Hitler seinen doch nicht so getreuen Himmler am 29. April 1945 all seiner Ämter und Titel enthob und Haftbefehl gegen ihn erließ.

Zuvor hatte dieser allerdings noch eine ganze Panzerdivision nach Aachen verlegt. Noch lebten 25 000 der ursprünglich 160 000 Einwohner in den Trümmern der Stadt. Trotz Himmlers ausdrücklichem Befehl, die Stadt zu verlassen, blieben rund 6000 Zivilisten zurück. Sie versteckten sich und hofften darauf, dass ihre zerstörte Stadt von den Amerikanern schnell eingenommen werde.

Beide Seiten, Amerikaner und Deutsche, belegten nun über vier Wochen hinweg Aachen mit schwerem Artilleriefeuer. Mit Flugblättern der Ritchie Boys forderten die Amerikaner die deutschen Streitkräfte in der Stadt auf, sich zu ergeben (»Sagen Sie einfach: ›*Ei sörrender*‹«). Am 10. Oktober überbrachten amerikanische Unterhändler dem deutschen Stadtkommandanten, Oberst Maximilian Leyherr, ein gutes Angebot: statt völliger Zerstörung eine ehrenvolle Übergabe. Der deutsche Oberst lehnte ab. Er berief sich auf den Befehl des Generalfeldmarschalls Walter Model (»Hitlers Feuerwehrmann«), in dem es hieß: »Wer kampflos weicht, ist ein Volksverräter.« Es nützte Leyherr nichts. Er wurde am 12. Oktober durch Oberst Gerhard Wilck abgelöst. Diesem Wilck wurden außerdem etwa 5000 Soldaten des »Volkssturms« zugeteilt. Auch das nützte nichts mehr.

Es wurde nun ein erbitterter Häuserkampf geführt, bei dem die verbliebenen Zivilisten zwischen den Fronten umherirrten und die GIs Straßenzug um Straßenzug einnahmen. Am 21. Oktober kam das Unvermeidbare: Der Stadtkommandant von Aachen kapitulierte. Während weiter im Westen noch die *Battle of the Bulge* tobte, konnten die Alliierten in Aachen bereits jetzt ihre Reihen schließen.

Um zu verhindern, dass sich das wiederholte, dass um jede deutsche Stadt derart erbittert gekämpft werde, warfen die Alliierten nun über vielen deutschen Städten Flugblätter der Ritchie Boys ab. Unter der Überschrift »Die Lehre von Aachen« stand auf ihnen zu lesen: »Tagelang kämpften deutsche Soldaten zäh und erbittert in den schwelenden Ruinen Aachens. Aber Aachen ist nicht mehr … Was ist der Sinn? Was wurde gewonnen? Um den Preis einer der ältesten deutschen Städte, um den Preis tausender deutscher Soldatenleben hat die Führung Hitlers und Himmlers den Krieg um ein paar Tage verlängert. Ist das ein deutscher Sieg? Ein Erfolg? Ein Triumph???? … Aber der Preis einer so erkauften Gnadenfrist des Regimes ist die totale Vernichtung deutscher Städte und Dörfer, das sinnlose Opfer Deutscher und namenloses Massenelend … und dann? Was wird geschehen? Werden nach dem Willen Hitlers und Himmlers alle deutschen Städte so wie Aachen in Trümmer sinken?«

Bekanntlich schickten jedoch die Obernazis nun Kinder und Greise an die Fronten. In Aachen aber begann wieder das Leben. Eine Gruppe von Ritchie Boys nutzte die Chance und führte so etwas wie eine erste repräsentative Umfrage über das Denken der Deutschen in Hitler-Deutschland durch. Sie befragten jeden Erwachsenen, den sie fanden, über das Alltagsleben in Deutschland unter dem Nationalsozialismus: Sie führten insgesamt 11 599 Interviews. Diese Studie wurde später zur Grundlage für den Fragebogen gemacht, den alle erwachsenen Deutschen während des Entnazifizierungsprozesses in der amerikanisch besetzten Zone ausfüllen mussten.

In Aachen hat Tom Angress erste Schwierigkeiten im Umgang mit den Deutschen gehabt. Es ging um die Belange der Militärregierung, die wieder eine Normalität schaffen und dafür Deutsche einstellen wollte. Tom sollte sie auf ihre Vergangenheit hin befragen. Einmal, als er einen belasteten Beamten nicht wieder einstellen wollte, handelte er sich großen Ärger mit seinem Vorgesetzten ein: »Er sagte: ›Sergeant, ich habe Ihnen befohlen, Experten ranzuschaffen! Es ist mir egal, was ihre politischen Überzeugungen sind, ich möchte wieder Strom, Gas und Wasser in der Stadt haben. Und ob die nun in der NSDAP waren oder nicht, interessiert mich kein bisschen!‹ Im Rückblick hatte er natürlich recht. Wenn er das Wasser wieder in Gang bringen wollte, musste er nehmen, wen er kriegen konnte. Ich war dabei nicht sonderlich hilfreich, nach 24 Stunden hatte ich diesen Job verloren.«

Saul Kussiel Padover, dessen Vater Amerikaner war und der 1920 im Alter von 15 Jahren mit seinen Eltern in die USA ausgewandert ist, kam ebenfalls mit einem der Verhörteams nach Aachen. Er machte sich Aufzeichnungen, die auch auf Deutsch erschienen sind. Aus ihnen spricht die nackte Verachtung: »Diese Deutschen waren derart autoritätshörig und dokumentengläubig, daß sie sich erst beruhigten, wenn wir ihre Ausweise angeschaut hatten. Sie hielten uns ihre Papiere unter die Nase, um zu beweisen, daß alles in Ordnung war. Ich habe kein Volk gesehen, das so dokumentenfixiert war.« Aus den Erinnerungen anderer sprachen Triumph und späte Genugtuung. So sagte der erwähnte Rudy Michaels über seine Rückkehr nach Deutschland: »Ich habe mich gefreut. Als wir über die Grenze fuhren, saß ich in einem Jeep. Hinter mir ein Sergeant mit einem Maschinengewehr, und ich in Uniform, mit Stahlhelm, einer Pistole in meinem Gürtel und zwei Handgranaten. Ich habe mir gedacht – es war ziemlich genau sechs Jahre nach meiner Flucht – ›Das habt ihr Deutschen euch sicher nicht gedacht. Ihr habt bestimmt nicht erwartet, dass ich so schnell zurückkomme und sicher nicht auf diese Art!‹«

Als Hitlers Tod am 1. Mai bekannt wurde, hat auch Tom Angress gefeiert: »Ich stand da mit einem Aquavit in der Hand. Den hatten wir erobert, und wir prosteten uns zu. Dieser Moment – das war für mich das Kriegsende: das Anstoßen auf Hitlers Tod.«

Für ihn ging der Krieg dann aber doch weiter – bis zum letzten Tag. Der schlimmste Schrecken stand ihm noch bevor. General »Slim Jim« Gavin hatte den »Kleinen« nun zu seinem Dolmetscher gemacht.

Bekanntlich rückten die Amerikaner nun ziemlich schnell nach Osten vor, und es begann fast so etwas wie ein Rennen mit den Sowjets, die ebenso schnell, aber unter unglaublich hohen Verlusten nach Westen drängten. Am 25. April 1945 schlossen sie den Belagerungsring um Berlin; am 28. April 1945 scheiterte der Versuch der 12. Armee unter General Walther Wenck, die Hauptstadt zu entsetzen; am 30. April tötete Adolf Hitler sich selbst im Führerbunker unter der Neuen Reichskanzlei; am 2. Mai 1945 gab General Helmuth Weidling an die letzten Verteidiger von Berlin den Befehl zur Einstellung der Kampfhandlungen.

An ebenjenem 2. Mai 1945 stieß Toms 82nd Airborne in der Nähe von Ludwigslust auf das Konzentrationslager Wöbbelin. Es war erst im Februar 1945 errichtet worden und wurde ab April zum Auffanglager nach der Auflösung anderer KZ und zum Sterbelager. In dieser kurzen Zeit starben von den fast 5000 Häftlingen über 1000 an den Folgen der Haft. Die SS-Wachleute hatten viele der Häftlinge einfach verhungern lassen. Im Lager gab es nur eine einzige Wasserpumpe für alle Häftlinge. Die Waschbaracke konnte nicht genutzt werden, weil kein Wasseranschluss verlegt worden war. Dort in der Waschbaracke lagen Leichen aufgestapelt. Die amerikanischen Soldaten standen entsetzt vor den vielen Leichen, die auf Haufen oder zerstreut im Lager neben sterbenden Menschen lagen, Menschen, die bis zum Skelett abgemagert waren, die nicht mehr laufen konnten und die keine

Überlebenschancen mehr hatten. Sie konnten die Lebensmittel, welche die Amerikaner ihnen überließen, gar nicht mehr vertragen. Nach dem langen Hungern schlangen manche der Häftlinge die Rationen der GIs herunter und erlagen ihnen dann mit Magenkrämpfen und Koliken.

General Gavin ordnete eine menschenwürdige Bestattung der Toten in der Stadt Ludwiglust an. Die Einwohner wurden gezwungen, die Gräber auf dem Feld vor dem Schloss auszuheben und der Zeremonie beizuwohnen. Hier sah sich Tom Angress ein weiteres Mal gezwungen, jemandem zu drohen. Ein SS-Offizier paffte vor der Trauerfeier mit verächtlichem Blick eine Zigarette. Tom Angress befahl ihm, die Zigarette für die Zeit der Trauerfeier zu löschen. »Sie haben mir gar nichts zu sagen«, meinte darauf der herrische Deutsche, »Sie sind nicht einmal Offizier.« Worauf der kleine Berliner in der amerikanischen Uniform mit dem AA-Abzeichen (All American) seine Pistole zog und so den Mann zwang, die Kippe auszudrücken.

Kurz nach Kriegsende meldete sich Tom Angress bei General Gavin und bat um ein paar Tage Urlaub sowie um die Benutzung eines Jeeps: »Ich wollte nach Amsterdam fahren, um dort zu versuchen, meine Familie zu finden.« Er hatte ja seinen Vater, Ernst Angreß, seine Mutter, Henny, und seine beiden Brüder, Fritz und Hans, in Holland zurückgelassen. General Gavin erlaubte ihm, sie dort zu suchen. Er überließ Tom dafür sogar den erbetenen Jeep. Mit einem Kumpel fuhr er nach Amsterdam. Falls seine Familie den Krieg überlebt hatte, dachte er sich, würde er dort eine Spur aufnehmen können. Er erinnerte sich noch gut an ihre letzte Adresse im Süden der Stadt. An einem Sonntag, es war der 13. Mai 1945, Muttertag, läutete er an der Tür.

Ein Holländer öffnete ihm.

Tom, der als Werner gegangen war, wagte es kaum zu hoffen. Aber es war wahr: Seine Mutter lebte. Sie sei erst vor ein paar Tagen hier in dieser Wohnung gewesen, weil sie annahm, ihr ältester Sohn würde sie hier suchen. Der Mann kannte ihre neue Adresse. Henny Angreß wohnte nur ein paar Straßen weiter.

Wenige Minuten später hielt Tom sie in den Armen. Er hatte

sie seit sechs Jahren nicht mehr gesehen. Toms nächster Gedanke galt seinen Brüdern.

Auch Fritz war von Holländern versteckt worden. Er hat als Fred Angress auf der Grundlage seines Tagebuchs von 1943 bis 1945 später seine Erinnerungen an diese Zeit in einer unveröffentlichten Broschüre unter dem Titel *Survival in the Lions' Den – Überleben in der Höhle der Löwen* im Jahre 1989 aufgezeichnet. Demnach konnte er in Amsterdam helfen, mehrere hundert Kinder aus der »Hollandse Schouwburg« zu retten, aus der *Schouwburg* (Theater), in welcher Juden zur Deportation zusammengetrieben wurden. Und Tante Ami konnte in jener Zeit auch noch helfen, indem sie Kurierdienste für die Familie ihrer verstorbenen Freundin Edith Kiefer leistete.

In der Erinnerung an das Wiedersehen in Amsterdam war Fritz für Tom Angress natürlich schon längst Freddy:

> »Zu Freddy konnten wir laufen, und er fiel sozusagen aus dem Fenster, als er mich sah. Er kam runter und sah toll aus; er trug Anzug und Krawatte, um zu feiern, daß er sich nicht mehr verstecken mußte. Und als wir drei dann zusammen zum Haus meiner Mutter zurückliefen, tauchte mein jüngster Bruder auf – mit ein paar armseligen Blümchen, die eigentlich auf den Abfall gehört hätten. Das war alles, was er für den Muttertag hatte auftreiben können. Aber dann hörte ich von meiner Mutter, daß unser Vater nach Auschwitz gebracht worden war. Ich hatte den Namen Auschwitz noch nie gehört – ich hörte ihn jetzt zum ersten Mal. Das war der Anfang vom Ende, das Ende vom Anfang.«

Im Jahr 1947 ergab sich für Tom Angress eine Gelegenheit, erst einmal seine neue Heimat kennenzulernen.

Eine Reise über den nordamerikanischen Kontinent, das war und ist ein Traum für viele. Tante Gitta und ich hatten ihn ja viele Jahre später auch verwirklicht. Gitta und Tom trafen sich gelegentlich, als sie in New York lebte und er Professor für Geschichte im nahen Stony Brook war. Vielleicht hatte sie die Idee von ihm. Allerdings war unsere Fahrt erheblich komfortabler als seine.

Zusammen mit einem neuen Freund, Peter Klopfer, machte er sich auf den Weg – per Anhalter. Peter Klopfer ist heute emeritierter Professor für Biologie an der Duke University in Durham, North Carolina. Er arbeitet und forscht immer noch. Sein Interesse gilt den Lemuren. Lemuren sind Feuchtnasenaffen auf Madagaskar und kleineren Inseln in der Nähe, wohin Peter Klopfer einmal im Jahr zu Forschungszwecken reist. Für seine wissenschaftliche Arbeit ist er mit dem deutschen »Humboldt«-Preis ausgezeichnet worden. Er hat auch als Gastprofessor in Potsdam, Berlin (FU und Humboldt), Tübingen, Würzburg und Göttingen gelehrt. Auf meine Bitte hin schickte er mir eine lange »Postkarte«, auf der er von der Reise nach Kalifornien erzählt.

»Tom und ich haben uns im Winter 1945 kennengelernt. Er war gerade von der U. S.-Army entlassen worden und studierte an der Wesleyan University in Connecticut. Ich war Schüler an der Windsor Mountain School in Lenox, im Bundesstaat Massachussetts, ein paar Autostunden entfernt. Ich war 15 Jahre alt, Tom zehn Jahre älter als ich. Meine Schule wurde geleitet von Max Bondy, dessen Bruder, Curt Bondy, Groß Breesen in Deutschland geführt hatte, ein Internat, das Tom besucht hatte.
Curt ist auch in die USA immigriert, und zu Weihnachten und anderen größeren Feiertagen kam er nach Lenox, um seine freien Tage mit seinem Bruder Max und dessen Familie zu verbringen. Tom begleitete ihn, und da mein Zuhause am anderen Ende des Kontinents lag, wurde ich mehr oder weniger von der Bondy-Familie adoptiert und durfte bei ihnen bleiben. So habe ich Tom kennengelernt.
Wir haben uns von Anfang an gut verstanden, der Altersunterschied spielte keine Rolle. Tom wirkte immer jung für sein Alter, und ich wirkte alt für meins. Wir wurden Freunde. Als andere von Toms Mitschülern von Groß Breesen sich auf einem kleinen Milchhof mitten in Connecticut niederließen, haben

wir viele Wochenenden bei ihnen verbracht. Wir halfen bei den vielen Tätigkeiten, die auf einer kleinen Farm in Connecticut so anfallen. So wurden wir solch gute Freunde, dass unsere Beziehung Toms häufige, explosionsartige Wutanfälle aushalten konnte. Diese Wutanfälle haben viele seiner Bekannten eingeschüchtert …

Tom Angress und ich waren nicht nur aus Abenteuerlust unterwegs, als wir uns per Anhalter auf den Weg von den Berkshire-Bergen in Massachusetts zur Westküste machten. Am Ende der Reise warteten Jobs auf uns auf der Dairy Farm von Bill Strauss im Marin County in Kalifornien. Aber wir hatten nicht genug Geld, um uns Tickets für die Bahn oder den Bus leisten zu können. So gingen wir auf die Highways, die Schlafsäcke unter dem einen Arm, einen Beutel Kleider und Zeltausrüstung im anderen, und reckten die Daumen hoch.

Es war der Juni des Jahres 1947. Das Wetter war gut, und wir wurden schnell mitgenommen, meistens nur von einer Stadt zur nächsten, gelegentlich auch ein gutes Stück weiter. Die kurzen Lifts waren kein Problem, wir mussten selten lange auf den nächsten hilfsbereiten Fahrer warten. Auf dem ersten Teil unserer Reise hatten wir nur Probleme mit anderen Gruppen von Anhaltern, mit denen wir gewissermaßen ein Froschhüpfen von Stadt zu Stadt veranstalteten. Wir sahen aus wie ordentliche College-Studenten, hatten saubere Khaki-Hosen an, unsere Haare waren kurz und gekämmt, wir waren für die Autofahrer attraktiv im Vergleich zur ungepflegten Erscheinung der anderen Anhalter. Deren Neid wandelte sich oft in Aggression, sodaß wir uns in sicherer Entfernung von ihnen halten mußten.

Unseren ersten Schock erlebten wir in Missouri. Nachdem wir über die Grenze gekommen waren, fuhr ein Polizeiwagen vorbei. Zwei bedrohlich wirkende State Troopers trennten uns und begannen, nicht ohne uns vorher gründlich durchsucht zu haben, mit einem aggressiven Kreuzverhör. Wo wir herkamen, warum Tom einen Akzent hatte, wo wir hinwollten usw. Dann kamen eher persönliche Fragen: wer unsere Eltern seien, was sie arbeiteten, welche Zeitungen wir lesen, ob wir politische Veranstaltungen besuchten. Und – natürlich – ob wir Kommunisten seien. Am Ende ließen sie uns gehen, nicht ohne uns davor zu warnen, weiter per Anhalter zu reisen, solange wir nicht die Stadtgrenze von St. Louis verlassen hätten. Wir taten, wie uns geheißen, und liefen zu Fuß von einer Grenze zur nächsten. So setzten wir unsere Reise auf der berühmten zweispurigen Route 66 gen Westen fort.

In Kansas war viel weniger Verkehr auf der Straße. Autos kamen in Abständen von Stunden und rasten meistens mit hoher Geschwindigkeit (45 Meilen pro Stunde) an uns vorbei. Endlich hielt ein großer Lincoln neben uns an, und ein schwergewichtiger Mann mittleren Alters fragte uns, ob wir bereit seien, ein paar Aufgaben im Austausch für das Mitnehmen zu erledigen. Wir sollten nur ein paar Pakete aus seinem Kofferraum bei einigen ›Kunden‹ abliefern. Sein Rücken vertrage das Schleppen der schweren Kisten nicht mehr. ›Also, Jungs‹, sagte er freundschaftlich, ›wir werden uns meistens auf Seitenstraßen aufhalten, aber macht euch keine Sorgen, erledigt euren Job, und ihr werdet morgen früh schon in Oklahoma sein.‹ Unbekümmert, aber neugierig stiegen wir ein. Bald wurde es dunkel, und wir konnten nicht mehr sehen, wohin wir fuhren, aber es war klar, dass wir uns auf ungeteerten Landstraßen befanden. Wir hielten gelegentlich an verlassen wirkenden Tankstellen und kleinen Läden. In diese trugen wir die schweren Kisten und brachten sehr viel leichtere heraus. Das Geräusch von klirrendem Glas in den leichten Kisten ließ uns erkennen, dass wir Schnaps in die eine Richtung und Leergut in die andere schleppten. Kansas war damals noch ein trockner Staat, in dem Alkohol verboten war. Aber unser Fahrer hielt Wort, er lenkte den Wagen zu einem Truck Stop auf der Route 66 an der Grenze von Kansas zu Oklahoma, spendierte uns ein echtes Breakfast und fuhr mit Vollgas zurück nach Osten. Sonst bestanden unsere Mahlzeiten meist aus Crackern mit Erdnussbutter.

Oklahoma erwies sich als langweilig. Verloren und verlassen

standen wir manchmal einen ganzen Tag am Straßenrand, bis uns ein Farmer für zwei, drei Meilen mitnahm. Über Land fahrende Wagen kamen selten vorbei, und wenn, dann verlangsamten sie nicht einmal das Tempo, wenn sie uns sahen. In einem seiner Wutanfälle warf Tom seinen Geldbeutel mit unserer gesamten Barschaft von ein paar Dollar nach einem der Wagen. Den finster dreinblickenden Fahrer bewegte das nicht sonderlich. Endlich in der Abenddämmerung, als Tom nach einem Schlafplatz für uns suchte, sah ich, wie sich drei Schulbusse näherten. Tom wurde ungeduldig. ›Komm lieber her und hilf mir, ein Feuer zu machen, Schulbusse nützen uns nicht‹, schimpfte er. Aber ich blieb stehen und – siehe da! – die Busse hielten doch tatsächlich an. Es stellte sich heraus, dass die Busse von einer Fabrik in Detroit zu einem Schulbezirk in Texas überführt wurden und dass die Fahrer gewettet hatten, sie könnten alle Hitchhiker auf der Strecke mitnehmen und sie unterbringen. Es war eine Szene wie aus einem Roman von Steinbeck: Indianer, Schwarze, alle möglichen Wanderarbeiter und zwei Schuljungen (wir beide). Wenn die Fahrer nachts anhielten, suchten sie Motels aus, die es ihren mehreren Dutzend Fahrgästen erlaubten, auf dem Gelände zu zelten. Einige unternehmende Frauen aus der Besatzung hängten hinten in den Bussen Vorhänge auf und gingen in den Abendstunden ihrem uralten Gewerbe nach. Wir anderen streckten uns auf dem Rasen des Motels aus, rauchten, sangen Lieder und aßen, was auch immer an Futter geteilt wurde.

Unser nächster Halt war Albuquerque. Hier fanden wir, es sei Zeit für ein Bad und einen Kleiderwechsel. Das örtliche YMCA bot Betten in einem Schlafsaal für 50 Cents die Nacht an. Das war in den Grenzen unseres Etats. Ich hatte große Angst vor unserem Bettnachbarn, der einen Koffer voller Messer vor sich ausbreitete, die er alle schärfte. Es zeigte sich jedoch, dass er ein Metzger auf Wanderschaft war, ein durch und durch freundlicher Typ.

Unsere letzte Fahrt, eine lange und komfortable, ging auf einem Sattelschlepper, der mit Landmaschinen beladen war. Der

Fahrer erklärte uns, dass es verboten sei, Fahrgäste mit in die Kabine zu nehmen, aber er sei einverstanden, wenn wir uns in der Sonne neben den Maschinen ausstreckten. Es waren auch ein paar Büschel Heu an Bord, und so wurde dies zu einem unserer angenehmsten Reisetage, besonders da wir in der YMCA schön geduscht hatten.

Unsere Odyssee endete an der kalifornischen Grenze. Wir waren gewarnt worden, die Cops in Kalifornien seien noch weniger zuvorkommend als die in Missouri, Anhalter jeglicher Hautfarbe seien hier unerwünscht. Wir zählten unser Bares und sahen, wir konnten uns gerade noch Busfahrkarten von Barstow nach San Francisco leisten. So endete unsere Reise dort in einem Greyhound-Bus.«

Onkel Werner studierte in den USA, er wurde Professor für Geschichte, er lehrte an der University of Berkeley in Kalifornien, wechselte dann zur Stony Brook University in New York. In Berkeley hatte er seine erste Frau kennengelernt, ebenfalls eine emigrierte Jüdin, Literaturwissenschaftlerin, später Professorin an der Princeton University und an der University of California, die schließlich als Schriftstellerin und Lyrikerin berühmt wurde: Ruth Klüger. Sie war eine gebürtige Wienerin, Jahrgang 1931. 1942, im Alter von elf Jahren, war sie mit ihrer Mutter deportiert worden, nach Theresienstadt, nach Auschwitz. Kurz vor Kriegsende gelang ihnen die Flucht. Nach zwei Jahren in Bayern waren sie 1947 in die USA ausgewandert. Vater und Halbbruder hatten den Holocaust nicht überlebt.

Onkel Werner und seine erste Frau waren also beide Opfer der nationalsozialistischen Verfolgung, beide hatten mit viel Glück überlebt. Sie heirateten und bekamen zwei Söhne, Percy und Dan. Aber dennoch war der Ehe keine Dauer beschieden. Denn hinter der scheinbaren Gemeinsamkeit des Schicksals tat sich ein Abgrund auf, der sich schließlich nicht mehr überbrücken ließ, auch dies eine Folge des Holocaust. Sie hat ihre Erinnerungen in dem Buch *weiter leben. Eine Jugend* festgehalten.

Unser Onkel Werner kam nach seiner Emeritierung ganz zurück nach Deutschland und ließ sich in seiner Geburtsstadt Berlin nieder. Warum?

Bei einer Feier in der Mahn- und Gedenkstätte Wöbbelin lernte er 14 Jahre später – also 2002 – die junge Niederländerin Elma Gaasbeek kennen. Ihr Großvater war in dieses KZ verschleppt worden und ist dort umgekommen, wenige Tage nachdem es von Tom mit der 82nd Airborne befreit worden war. Der zurückgekehrte »jüdische Berliner« und die niederländische Studentin verliebten sich. Sie wurden ein Paar und blieben es bis zu seinem Tod im Jahre 2010. Ich habe Elma Gaasbeek gebeten, über ihren Freund Tom für dieses Buch einen kurzen Text zu schreiben und die Frage zu beantworten, auf die wir alle keine Antwort wussten, nämlich warum er wieder nach Deutschland gekommen ist. Elma kannte ihn besser als ich. Hier ist ihr Text, unverändert, eine Art Schlusswort für das Kapitel über den Ritchie Boy:

> »Im Sommer von 2003 fuhren Tom und ich Rad auf einem Deich entlang der Maas. Mein 83-jähriger Freund war zu Besuch in meiner Wohngemeinschaft in Maastricht. Es war das erste Mal seit vielen Jahren, dass er wieder Fahrrad fuhr. Etwas unsicher fuhr er neben mir her, wir freuten uns beide. Plötzlich verlor er das Gleichgewicht, fiel um und lag mit dem Rad auf dem Boden. Kein Problem, er stand wieder auf und wir fuhren weiter. Tom hatte immer schon ein Talent dafür gehabt, gut zu fallen! Später erzählte er mir, wie ihm das Fallen in der amerikanischen Armee beigebracht wurde.
>
> Mit drei anderen Studenten wohnte ich in einem Häuschen, das in einer Wiese gerade außerhalb Maastrichts lag. Wir kümmerten uns gemeinsam um den Gemüsegarten und die Hühner und versuchten dieses baufällige Häuschen in Schuss zu halten. Tom kam von Berlin regelmäßig zu Besuch. Obwohl es keine Zentralheizung in dem Häuschen gab und ihm manchmal furchtbar kalt gewesen sein muss, war ihm unser Zusammenleben sehr sympathisch. Vielleicht hat ihn unsere Wohn-

gemeinschaft ein wenig an das jüdische Auswanderlehrgut Groß Breesen erinnert, wo er als Jugendlicher anderthalb Jahre verbracht hatte.

Wir beide besuchten gerne Amsterdam, eine Stadt, die ihm besonders nah am Herzen lag. Die schönen Erinnerungen an Holland – das erste freie Land, das er nach Nazi-Deutschland erlebt hat – sind ihm immer geblieben.

Ich habe Tom Angress zum ersten Mal bei einer Gedenkfeier im Konzentrationslager Wöbbelin getroffen. Zwei Jahre zuvor hatte ich erfahren, dass mein Großvater, Cornelis Jan Gaasbeek, in diesem Konzentrationslager inhaftiert gewesen ist. Mein Großvater kam aus Putten, einem Dorf auf der Veluwe. Das ist ein schönes Gebiet in den Niederlanden voller Wald und Heide, wo er als Maurer und Bauunternehmer arbeitete. Am 30. September 1944 hatten Widerstandskämpfer in der Nähe Puttens einen Anschlag auf ein deutsches Militärfahrzeug verübt. Dabei starb ein deutscher Offizier, ein weiterer wurde für kurze Zeit festgehalten. Am nächsten Tag umstellte die Wehrmacht das Dorf. Alle Männer im Alter von 18 bis 50 Jahren wurden festgenommen.

Nachdem mein Großvater sich erst zu Hause in einem Zwischenraum zwischen Dachboden und Decke versteckt hatte, versuchte er zu fliehen. Auf dem Friedhof muss er gesehen haben, wie ein Nachbar erschossen wurde. Womöglich hat er sich dann entschieden, sich freiwillig bei den deutschen Soldaten auf dem Kirchplatz zu melden. Er kam noch kurz nach Hause und sagte: ›Ich muss zur Kirche gehen.‹

Am Tag darauf wurden 660 Männer in Reih und Glied zum Bahnhof geführt. Ihr Weg führte entlang dem Haus der Familie meines Großvaters. Seine beiden ältesten Töchter erinnern sich heute noch, wie sie aus dem Fenster schauten und ihren Vater mit dem Hut in der Hand vorbeigehen sahen. Cornelis Jan Gaasbeek ließ seine Frau und vier kleine Kinder im Alter von einem bis acht Jahren zurück. Am Abend setzte die Wehrmacht mehr als hundert Häuser in Brand.

Die in Putten verhafteten Männer wurden vom polizeilichen

Durchgangslager Amersfoort aus in das bei Hamburg liegende KZ Neuengamme verschleppt. Die SS suchte im Herbst 1944 Maurer und Zimmerleute für das Außenlager Helmstedt-Beendorf. Dort sollten zwei Salzschächte für die Untertageverlagerung von wichtigen Luftrüstungsbetrieben ausgebaut werden. Gemeinsam mit seinem Bruder Aris, der ebenfalls bei der Razzia in Putten festgenommen worden war, wurde mein Großvater in das Außenlager Helmstedt-Beendorf deportiert. Sein Bruder starb dort am 8. Dezember 1944.

Gegen Ende des Krieges fingen SS-Wachmannschaften an, frontnahe Konzentrationslager aufzulösen. Auch die Häftlinge des Außenlagers Helmstedt-Beendorf wurden am 9. April 1945 in Waggons verladen und verließen am Tag darauf das Lager. Nach einer mehrtägigen Odyssee erreichten sie das Außenlager Wöbbelin. Dort wurde Cornelis Jan Gaasbeek am 2. Mai 1945 von amerikanischen Soldaten der 82. Luftlandedivision befreit. Einer der Befreier war Master Sergeant Tom Angress. Amerikanische Soldaten brachten meinen Großvater in ein Krankenhaus nach Ludwigslust. Die Ärzte dort konnten ihn jedoch nicht mehr retten: Er starb im Alter von 32 Jahren am 7. Mai 1945 in Ludwigslust an den Folgen der KZ-Haft.

Meine Großmutter hat nach dem Krieg nie über die Geschehnisse der Razzia in Putten reden wollen; die Trauer war zu groß. Als wir auf mein Drängen nach vielen Jahren Kontakt zu Theo van der Sluijs, einem Mithäftling meines Großvaters, aufnahmen, erfuhren wir Näheres über sein Schicksal. Wir besuchten die Gedenkfeier der Mahn- und Gedenkstätten Wöbbelin, und da saß uns gegenüber beim Kuchenessen am Tisch ein kleiner, freundlicher Mann – wie sich herausstellen sollte, ein wunderbarer Mensch: Werner Tom Angress.

Als ich Tom kennenlernte, war er 81 Jahre alt. Auf mich wirkte er wie ein 18-Jähriger. Er selber hatte das Gefühl, er sei immer noch 15 Jahre alt.

Tom hatte ein wunderbares Talent Freundschaften zu schließen und sie über viele Jahre zu pflegen. Er entwickelte eine

große Fähigkeit zu lieben. Seine Tochter Miriam sagte es schlicht und einfach: ›He got really good at it.‹
Er trat Menschen vorurteilsfrei gegenüber und ließ sich nicht von Äußerlichkeiten ablenken. Oder wie sein Sohn Percy es sagte: ›He didn't judge, he reached out.‹ Diese Offenheit hat bestimmt dazu beigetragen, dass er so viele verschiedenartige Freunde in seinem Leben auf beiden Seiten des Ozeans gefunden hat. Zudem besaß er eine große Milde anderen Menschen gegenüber.
Warum ist Tom wieder nach Deutschland gekommen? Vielleicht wollte er einfach noch einmal in dem Land leben, dessen Kultur und Menschen er sehr liebte. Es ist auf jeden Fall eine Verkettung von Umständen gewesen. Seit Anfang der achtziger Jahre besuchte er regelmäßig Freunde in Berlin und verbrachte dort meistens drei Monate im Jahr. Nach seiner Emeritierung als Professor an der State University of New York, Stony Brook, wohnte er kurze Zeit in einem Häuschen auf der Pferderanch seiner Freunde Peter und Martha Klopfer in North Carolina. Als eines Tages ein Pferd seinen Kopf in das Fenster dieses Häuschens steckte, wusste Tom, dass dies nicht der Ort war, an dem er seine Zeit als Rentner verbringen wollte. Seine Freunde in Berlin schlugen ihm vor, zumindest eine gewisse Zeit in der Stadt seiner Geburt zu bleiben.
Daraus wurden 22 Jahre.
Die Tatsache, dass Tom so viele neue Freunde in Berlin gefunden hatte, spielte sicherlich eine große Rolle bei seiner Entscheidung. Noch wichtiger war vielleicht: Während seiner Besuche in den achtziger Jahren hatte er ein völlig anderes Land vorgefunden als das Deutschland seiner Jugend. Wenn er aber Menschen seines Alters traf, kam ihm unweigerlich die Frage: Was haben sie wohl während der Nazizeit gemacht?
Seine Freundin Almut Engelien erzählte bei der Gedenkfeier für Tom am 2. Oktober 2010 in Berlin: ›Ich habe mit ihm viele Spaziergänge im Volkspark gemacht. Wir haben oft Gespräche geführt über ›die Deutschen‹, über meine Eltern, über meinen Vater, über das Schuldig-Werden, das Beteiligt-Sein an Ver-

brechen, das Zuschauen und das Nicht-Reagieren. Es hat mich sehr berührt, als Tom mir sagte: Almut, mach ihnen keine Vorwürfe. Man hat diesen Menschen von jung auf erzählt, Juden wären Tiere. Und glaube mir, hätte man mir das erzählt, ich wäre nicht anders geworden.‹
Ich sehe Tom noch vor mir, wie er ganz ruhig und nachdenklich eine Handbewegung macht, indem er, die beiden Handflächen einander zugewandt, die fünf Fingerspitzen beider Hände sich gegenseitig leicht berühren lässt und dies ein paar Mal wiederholt. Tom erzählte mir, dass er, bevor er sterben würde, gerne noch ein Kinderbuch schreiben wollte. Sowie einen Artikel anhand der Dokumente über das Gerichtsverfahren gegen den Naziarzt, der die Todesurkunde seines Vaters, Ernst Angreß, in Auschwitz unterzeichnet hat. Dieser dicke Stapel Dokumente lag viele Jahre schon in seinem Arbeitszimmer.
Tom war bekannt für seine Wutausbrüche, die hin und wieder vorkamen, die aber immer gegen ihn selbst gerichtet waren. Es ging meistens um unwichtige Sachen, zum Beispiel einen Computer, der nicht funktionierte. Eines Tages in den letzten Jahren seines Lebens ließ er ein Glas Marmelade in der Küche seiner Charlottenburger Wohnung fallen. Ich blickte aufmerksam hin, da ich einen Wutanfall erwartete. Aber es passierte nichts. Tom blickte hinunter auf den Schaden und fing an, die Scherben und den Inhalt des Glases aufzuwischen. Ich war völlig erstaunt. Vielleicht hatte er in seinen späten Achtzigern gelernt, sich nicht mehr so stark zu erregen. Mir schien, er war gelassener geworden.
Seitdem Tom wieder in Deutschland lebte, wurde er oft zu Vorträgen gebeten. Er sollte Schülern von seiner Jugendzeit in Berlin erzählen und erklären, was es bedeutete, während der frühen Nazizeit als Jude in eine gewöhnliche Berliner Schule zu gehen. Den Mahn- und Gedenkstätten Wöbbelin blieb er über viele Jahre als Freund und Förderer verbunden. Dort sprach er regelmäßig als »Zeitzeuge« und berichtete von seinen Erlebnissen im Mai 1945 in Wöbbelin und Ludwigslust, dies auch oft vor Jugendlichen. Einen großen Teil seiner gut sortierten his-

torischen Bibliothek vererbte er der Gedenkstätte. Nach seinem Tod wurde die Gedenkstätte um einen Anbau erweitert: die Werner-Tom-Angress Bibliothek. Es ist ein schöner, von Licht durchströmter Raum.

Tom blieb ein verschmitzter Berliner mit einem Taschenmesser und einer kleinen Taschenlampe in der Hosentasche. Der die Treppe im Haus in der Kaiserstraße hinunterfiel, eine schöne Rolle daraus machte, aufstand und zur Tür hinausging. Tom war ein Befreier. Er starb am 5. Juli 2010 zu Hause im Kreise seiner Familie.

Sogar die letzten Gedanken waren der Menschheit und dem Frieden gewidmet. Wir verstanden ihn schon nicht mehr ganz richtig, glaubten aber zu hören, dass er hoffte, die Menschheit werde irgendwann, vielleicht erst in ferner Zukunft, lernen, in Frieden zusammenzuleben.«

Nachwort

Am 2. Oktober 2010 hatten sich Freunde, Familie und Weggefährten von Professor Werner Tom Angress im Haus der Wannseekonferenz versammelt, um seiner zu gedenken. Es sprachen Peter Klopfer, dem wir die »Postkarte« über den Roadtrip mit Tom zur Westküste zu verdanken haben, und die Rundfunkreporterin Almut Engelien, die ihn 30 Jahre zuvor kennengelernt, später mehrmals für das jüdische Programm des NDR interviewt hatte und eine Freundin geblieben war. Es sprachen die Kollegen Historiker Reinhard Rürup und Paul Chase sowie der Leiter der Gedenk- und Bildungsstätte Haus der Wannseekonferenz, Norbert Kampe. Es sprachen Toms Sohn Percy, sein Bruder Hans und seine Lebenspartnerin Elma Gaasbeek. Percys Schwester Miriam, aus einer späteren Ehe Toms mit Mili Rapp, konnte wegen ihrer Erkrankung an Multipler Sklerose nicht persönlich kommen. Ihr Bruder Percy verlas einen Text von ihr, in dem auch sie die Frage aufgriff, warum Werner/Tom zurückgekommen war, und eine berührende Antwort gab: »Mein Vater hörte immer auf sein Herz. Sein Herz und sein Bauchgefühl brachten ihn 1988 zurück nach Berlin, und viele Menschen in den Vereinigten Staaten fanden es seltsam, dass er nach Deutschland und in diese Stadt zurückkehrte, nachdem er in den dreißiger Jahren fliehen musste. Aber es fühlte sich für ihn richtig an, und ich bin froh, das Vorbild eines Vaters zu haben, der auf seine Gefühle hört.« Es gibt eine Broschüre, die alle Redebeiträge der Gedenkfeier und ein Verzeichnis sämtlicher Veröffentlichungen von Werner Tom Angress, dem vormaligen Ritchie Boy, enthält. Percy Angress, der im Filmgeschäft tätig ist, hat ein fabelhaftes Drehbuch über die Lebensgeschichte seines Vaters geschrieben.

Mit etwas Glück wird er wohl einen Produzenten finden, der daraus einen Spielfilm macht.

Bald nach der Gedenkfeier flog Kai Moslé, mein Nennbruder und der leibliche Neffe von Onkel Werner, nach San Francisco. Die Urne mit der Asche seines Onkels wurde ebenfalls dorthingeschickt. An der amerikanischen Westküste leben Hans und Fred Angress und viele der Nachkommen der drei Brüder. Die Familienmitglieder verstreuten Toms Asche im Wasser der Tomales Bay. Diese Bucht, ein Naturpark voller versteckter Höhlen und Strände, voller Marschland und Pinienwälder, liegt 40 Meilen nördlich der Golden Gate Bridge. Onkel Werner wollte nicht auf dem großen Friedhof in Berlin-Weißensee beigesetzt werden, wo nach dem Fall der Mauer die Grabstätten der Familie Kiefer in einem völlig verwahrlosten Gräberfeld gefunden worden waren. Er wollte an die Tomales Bay, wo seine Mutter Zuflucht gefunden hatte, wo ein großer Teil seiner Familie lebte.

Bei der Gedenkfeier im Haus der Wannseekonferenz gab es so etwas wie einen kleinen Zwischenfall, eine Meinungsverschiedenheit. Kai trug eine Kippa, das Käppchen, das Juden vor allem beim Gebet und in der Synagoge tragen, und lieh mir ebenfalls eine, die ich auch aufsetzte. Ich wusste nicht, welchen Charakter die Gedenkfeier haben würde, eher religiös oder eher säkular. Gleich an der Tür nahm mir Werners Sohn Percy Angress die Kippa ab: »Das ist nicht nötig. Du musst das nicht tragen, mein Vater war nicht religiös.« Tatsächlich hatte sich Werner Tom Angress selber als »Agnostiker« bezeichnet. Aber Kai insistierte: »Er war doch Jude.« Er, Kai, habe ihn gefragt, was jüdisch an ihm sei. »Nun«, habe Onkel Werner gesagt, »die Nazis haben meinen Vater umgebracht.« »So bist du also doch ein Jude«, habe Kai darauf geantwortet.

Als Kai 1949 in Berlin geboren wurde, saß die Angst vor den Nazis noch tief in den Knochen. Deshalb hatte sich seine Mutter für den Namen Kai-Alexander entschieden. Es gab darüber einen handfesten Streit. »Die Hitlers kommen bestimmt nicht wieder«, schrieb Tante Henny, die Mutter von Onkel Werner, deren Mann als Einziger aus diesem Teil der engeren Familie von den Nazis in Auschwitz ermordet worden war, »wenn ihr aber den kleinen Bub angepasst an die Gesellschaft erziehen und aus ihm einen guten Christenmenschen machen wollt, der seine Herkunft nicht kennt, dann wird er sich eines Tages dafür rächen.«

Aber Kais Eltern ließen sich nicht beirren. Sogar das jüdische Lichterfest *Chanukka* wurde bei den Moslés als eine Art Weihnachten gefeiert, der Heilige Abend wurde kurzerhand vorverlegt, sodass die christlichen Freunde der Familie zu Besuch kommen konnten. Wenn am Freitagabend die Sabbatfeier mit dem Gesang des aus Thessaloniki stammenden Berliner Oberkantors Estrongo Nachama im Rundfunk übertragen wurde, dann hieß es immer nur: »Schöne Musik, eine große Stimme.« Dass diese große Stimme aus der Synagoge in der Pestalozzistraße kam, sagte uns Kindern niemand.

Die Rache des zum guten Christenmenschen erzogenen Buben blieb nicht aus. Niemand sprach mit ihm über seine »Wurzeln«. Er wählte als Methode des Lernens die extreme Provokation. Als Jugendlicher bekundete Kai-Alexander sogar Sympathien für die gerade entstandene NPD. Das löste eine Krise in der Familie aus. Tante Ami drohte: »Der soll mir nur unter die Augen treten, ich prügle ihn windelweich.« Das war nicht nötig, denn Kai »wechselte«, wie er selber sagte, »die Seiten« – er absolvierte eine Stammhauslehre bei Siemens, wurde Mitglied der Gewerkschaft IG Metall und sympathisierte während des anschließenden Studiums der Volkswirtschaftslehre an der FU Berlin nun mit der maoistischen KPD-AO, einer linksradikalen Splittergruppe der Achtundsechziger. Irgendwann war aber auch das vorbei. Er wurde Kaufmann.

Wir waren einander immer sehr nahe. Nachdem mein großer Bruder Christian im Alter von 18 tödlich verunglückt war, kamen wir uns noch näher. Aber wir sprachen nie über Glauben und Religion. Umso größer war mein Erstaunen, als Kai mir – im Alter von 52 – offenbarte, er habe sich beschneiden lassen. Heute sagen wir, das war seine eigentliche »Rache«.

So beschreibt er selber seinen Werdegang:

»Meine jüdischen Großmütter waren arisch verheiratet. Meine Eltern waren ›als Mischlinge 1. Grades von der Natur aus nicht gewollt‹. Das war ein häufiges Zitat aus den Nürnberger Rassengesetzen, welches meine Mutter anbrachte, wenn jemand sie kritisierte. Die Familie war säkular.
Ihre Traumata (illegal überlebt in Berlin) gaben meine Eltern weiter an mich. Ich galt als unangepasst, provokant und aufmüpfig. Dennoch beendete ich meine Schullaufbahn in Berlin mit dem Abitur und kann auch sonst ein paar recht bürgerliche Erfolge im Leben vermelden.
Nach dem Abschluss meines Studiums war ich für verschiedene Consulting- und Architekturbüros in Berlin, Westafrika, Naher, Mittlerer Osten tätig. Dann übernahm ich für einige Jahre die kaufmännische Leitung eines größeren Straßenbauprojektes in Trinidad & Tobago W.I. Zwischenzeitlich hatte ich geheiratet und eine Familie gegründet. Mit unseren drei Kindern kehrten meine Frau und ich zurück nach Berlin. Im Anschluss war ich für zwei Jahre in der Konzernrevision der Schering AG in Berlin, Spanien, in den USA und in Kolumbien tätig.
Das war es gewesen.
Mitte der achtziger Jahre machte ich mich selbstständig, auf verschiedenen Feldern, mit verschiedenen Ergebnissen.
Es begann mit einer Autovermietung. Dann kam die Gründung der ersten Design-Agentur Europas, der ›Berliner Zimmer‹-Design-Agentur, welche sich nach der Wende in die ›BERLINER ZIMMER Kommunikationsagentur‹ wandelte. Ein 100 Hektar großes Gut in der Schorfheide mit vierzig Pferden wurde erworben – und ging nach drei Jahren pleite. In dieser Zeit, Anfang der 90er, wollten mich die Leute in der Schorfheide als Bürgermeister haben. So wurde ich Bürgermeister in Groß Schönebeck (Schorfheide), wurde zweimal wiedergewählt und beendete diese Tätigkeit nach der Fusion mit der Nachbargemeinde Finowfurt zur Gemeinde Schorfheide.
Dann back to the roots: Mein erster Chef, der inzwischen verstorbene Konsul Gerhard Bartels, bot mir die Partnerschaft,

später die Übernahme seines Planungsbüros, der Bartels Entwicklungsgesellschaft mbH Berlin (BEB) an. In dieser Funktion beendete ich den Generalplanungsauftrag und die Bauherrenvertretung des Neubaus der Botschaft des Königreiches Saudi Arabien in der Tiergartenstraße in Berlin. Mit dieser Gesellschaft wird aktuell ein Mehrgenerationen-Quartier auf dem Schlossgut Finowfurt (Schorfheide) konzeptioniert, geplant und realisiert.
Zwischenzeitlich haben meine Kinder meiner Frau und mir sechs Enkel geschenkt, und ich versuche für unsere Familie einst verloren gegangene jüdische Traditionen zu revitalisieren.«

Sechzig Jahre nach dem Krieg entdeckte Kai seine Herkunft und bekannte sich dazu. Er wurde Mitglied der jüdischen Gemeinde. Wenn ich bei ihm bin, begleite ich ihn freitagabends zur Synagoge.

Ich habe Kai auch ausdrücklich gefragt, wie es kam, dass er in der jüdischen Gemeinde aktiv geworden ist. Er antwortete:

»Meine Eltern und Großeltern wurden wegen ihrer Abstammung von den Nazis verfolgt. Das Jüdisch-Sein wurde immer mit der Verfolgung und dem Problem ›nicht so sein zu können wie die anderen‹ verbunden. Es war etwas Schicksalhaftes – etwas, das nicht beeinflussbar war, diese Herkunft, die von der Mehrheitsgesellschaft nicht nur abgelehnt, sondern auch verfolgt wurde. Was es aber war, was es bedeutete, was der Kern des Jüdisch-Seins beinhaltete, den positiven Hintergrund, darüber erfuhr ich so gut wie nichts. Wenn ich mich mal wieder wie so oft schlecht benommen hatte, sagten meine Großmütter zu mir, ›das tut man nicht, ich [die Großmutter] stamme aus einer anständigen jüdischen Familie und da gibt/da gab es so etwas nicht.‹ Für erzieherische Zwecke wurde also mit der jüdischen Herkunft schon etwas Politik gemacht – zu Hause. Doch im Wesentlichen wurde die Abstammung ›verflucht‹. Sie war schließlich an dem Leid meiner Eltern schuld. Wenn es

diese Abstammung nicht gegeben hätte, dann wären meine Eltern genauso groß geworden wie all die anderen Kinder und Jugendlichen. Sie hätten nicht leiden müssen unter dem Stigma ›kein vollwertiger Mensch, ein minderwertiger Mensch‹ zu sein. Bis in das hohe Alter hatte meine Mutter diese Floskel vom ›minderwertigen Menschen‹ benutzt, wenn sie einer Kritik von Dritten ausgesetzt war, wenn sie keine Argumente mehr als ›ich bin eben ein minderwertiger Mensch‹ hatte.
Nun war es ja so, dass mein Vater und meine Mutter sich erst nach dem Krieg kennengelernt haben. Als der Krieg zu Ende war, waren meine Eltern 22 und 23 Jahre alt. Und waren frei. Frei.
Sie mussten sich nicht mehr verstecken, sie konnten das Leben genießen, hatten sicherlich ein immenses Nachholbedürfnis, welches sie gemeinsam auslebten und mich dabei zeugten. Dass die Ehe nach 15 Jahren auseinanderbrach – nebbich – das war wohl ein häufiges Schicksal dieser verfolgten Generation. Über das Judentum hatte ich seit meiner Kindheit nur mitbekommen, dass es Stress macht, dass es schuld an dem Schicksal meiner Eltern war. Sie haben mir nichts über das Judentum vermittelt, abgesehen von der Hochachtung gegenüber jüdischen Musikern und Komponisten, Literaten und Wissenschaftlern – ›typisch, das sind ja welche von unseren Leuten‹, gelegentlichen Hinweisen wie ›Heute ist Rosh Hashana‹ und den Sabbatfeier-Übertragungen im RIAS II mit Estrongo Nachama (›Das ist gute Musik‹).
Ich fragte nach – immer wieder – und provozierte. Ich rief ›Heil Hitler‹, besuchte Naziveranstaltungen der NPD. Einmal ging meine Mutter mit – es war im Preußischen Hof am Savigny-Platz in Charlottenburg. Referat über irgendetwas ›Deutsches‹. Applaus. Dann ein Satz, ein Wort gegen Juden: Meine Mutter sprang auf und fing eine Diskussion an (mir war das peinlich). Und mein Vater? – Ich wollte in die NPD eintreten, war noch nicht 18. Hatte sogar einen Parteiausweis bekommen. Jahre später in den 90ern, mein Vater war schon in seine Welt gegangen, finde ich in einem Auszug aus den Ak-

ten der Gauck-Behörde: ›K.-A. Moslé wollte Mitglied der NPD werden, sein Vater hatte dem wirksam widersprochen, da sein Sohn noch nicht 18 Jahre alt war.‹
Als ich das las, war ich sprachlos. Weshalb hatte mein geliebter Vater nicht mit mir gesprochen – damals? Er hatte ›heimlich‹ meine Parteimitgliedschaft hintertrieben. Dass er damit recht hatte, ist klar. Aber warum blieb er stumm? Er hätte mit mir darüber reden müssen. Hatte er eine solche Scheu vor Nachfragen nach unserer Abstammung, Herkunft, Religion, nach den Werten?

Bis 1989 fand also meine Auseinandersetzung mit dem Jüdisch-Sein ausschließlich auf der Ebene der Provokation gegenüber meiner Mutter statt.
Bis sie mir im Juni desselben Jahres mitteilte, dass sie zusammen mit Gitta Bauer nach Jerusalem fahre, da Gitta als ›Gerechte unter den Völkern‹ im Yad Vashem einen Baum pflanzen solle, und sie, meine Mutter, als Gerettete auch eingeladen sei. Damit kam für mich persönlich die Wende: Ich wollte mit und ich fuhr mit. Ich verbrachte mit den beiden eine Woche in Israel und lernte meine Mutter dort von einer mir bisher völlig unbekannten Seite kennen: Sie war offen für alles Jüdische, das wir erlebten.
Bald danach kam die Wende in Berlin und die Mauer fiel. Ich erwarb ein großes Gut in Brandenburg. In der Nähe lebte eine andere bewusst jüdische Familie, die ebenfalls ein Gut gekauft hatte. In einem Gespräch mit ihnen, an dem meine Familie, Mutter, Frau und Kinder teilnahmen, sagte der Familienvorstand dieser Nachbarfamilie zu meiner Mutter, nachdem sie ihre Geschichte erzählt hatte: ›Na, dann ist ja Ihr Sohn auch Jude.‹ ›Nein‹, schrie sie, ›nein, niemals.‹ Warum tat sie das? War es eine Art Beschwörung des Schicksals, damit ich nicht etwas Ähnliches wie sie erleben sollte? Einige Tage später traf ich besagten Familienvorstand in Berlin, kam auf diesen Eklat zurück und fragte ihn: ›Wodurch ist man denn Jude?‹
Er antwortete: ›Entweder merken Sie es oder nicht.‹

Und da begann ich zu hören, zuzuhören – nach innen –, zu zweifeln, über Erklärungen für meinen bisherigen Lebensweg nachzudenken …
Ich wendete mich an Onkel Werner, fragte ihn: ›Werner, warum sagst du, dass du jüdisch bist, wo du doch nicht glaubst, nicht gläubig bist?‹ Er antwortete: ›Weil die Nazis meinen Vater ermordet haben.‹ Auch er definierte das Jüdisch-Sein durch ein ›negatives‹ Erlebnis. Gab es denn keine positiven Dinge, die das Judentum ausmachten?
Ein weiterer Zufall half mir weiter. Ein Geschäftsfreund wollte einen Termin bei Andreas Nachama haben – in der Synagoge in der Herbartstraße in Charlottenburg. Er fragte mich, ob ich ihm eine Kippa besorgen könne. Den Nachnamen Nachama kannte ich von den RIAS-II-Übertragungen als Kantor. Und Andreas Nachama, der Sohn des Kantors, war Direktor der Stiftung der Topographie des Terrors, auch ein Bekannter von Onkel Werner. Also rief ich Onkel Werner an, fuhr am Freitagnachmittag zu ihm, besorgte mir zwei Kippot und ging am Sonnabend das erste Mal ›bewusst‹ zu einem Gottesdienst in die Synagoge. Es war an einem 1. März, dem Geburtstag meines verstorbenen Vaters. Als die Thora durch die Reihen der Beter getragen und zärtlich von ihnen berührt wurde, wollte ich dies tun. Doch der Gabbe wandte sich vor mir ab und ging weiter. Schließlich war ich ja nur Gast und kein Jude. Als wir uns verabschiedeten, sah mir die Mutter von Andreas tief in die Augen und sagte: »Kommen Sie wieder.«
Und ich kam wieder. Zunächst mit meiner jüngsten Tochter Friederike. Wir gingen nun regelmäßig in die Shul am Freitagnachmittag zu Andreas Nachama, zum Bar/Bat-Mizwa-Unterricht, und anschließend in die Synagoge, in den Hüttenweg.
Und es blieb nicht aus: Ich ging zum Gemeinde-Rabbiner und fragte ihn, ob er meine Brit Mila machen könne. Es wurde ein Mohel gefunden und ich wurde im jüdischen Krankenhaus im zarten Alter von 52 Jahren beschnitten. Der Rabbi sprach den Segen, mir kamen die Tränen vor Rührung und der Mohel wurde noch einmal für die Familie tätig, als er Noah, Kar-

las Sohn, meinen Enkel, beschnitten hat, so wie es geschrieben steht.
Seit dieser Zeit bin ich nun mehrmals jährlich in Israel, bin traurig darüber, dass es mir so schwerfällt Hebräisch zu lernen, bin glücklich darüber, dass nun schon drei meiner sechs Enkelkinder in der Schule Iwrit lernen, und habe gelernt, dass vieles von dem, was mir in meiner Kindheit und Jugend so viele Schwierigkeiten gemacht hatte – genauso, wie ich so vielen Menschen Probleme mit meinem Verhalten gemacht habe –, sicherlich aus der Situation, der Unfähigkeit des Umganges meiner Eltern mit ihrer Abstammung und Geschichte, sich auf mich ausgewirkt hatte und hat. Heute weiß ich, dass ich zu der Gemeinschaft der Juden gehöre – in schlechten und guten Zeiten –, und dass ich dem nicht entfliehen kann.«

So weit mein »Bruder« Kai.

Im Rahmen der Recherchen für diese deutsch-jüdische Familiengeschichte, die auch die Geschichte meiner Familie ist, habe ich vieles erfahren und manches verstanden. Aber es blieben Fragen offen, auch Glaubensfragen, wie etwa, warum jemand, der aus einer orthodoxen jüdischen Familie kam, ein so gläubiger Kommunist werden und so lange bleiben konnte. Ich sprach darüber mit Monika Richarz, eine Freundin von »Onkel« Werner und Historikerin wie er. Sie war von 1993 bis zu ihrer Pensionierung 2001 Leiterin des Hamburger »Instituts für die Geschichte der deutschen Juden« und weiß sehr viel über die Geschichte der jüdischen Minderheit in Deutschland. Als ich sie nach diesem Zusammenhang befragte, fiel ihr sofort das Stichwort *Tzedaka* ein.

Tzedaka leitet sich vom hebräischen Wort für Gerechtigkeit ab. Es wird meist mit Wohltätigkeit übersetzt. Dem Online-Lexikon »Wikipedia« ist zu entnehmen: *Tzədāqā* oder *Ṣ'daqah*, häufig auch nur *Zedaka*, ist ein jüdisches Gebot. *Tzedaka* spielt in der jüdischen Tradition eine wichtige Rolle. Jüdische Männer und Frauen sind ihr gleichermaßen verpflichtet.

Nach Maimonides gibt es acht Stufen der Tzedaka:

1. Höchste Stufe: Dem Bedürftigen die Möglichkeit zu geben, sich selbständig zu ernähren (Hilfe zur Selbsthilfe).
2. Wohltätig sein in einer Weise, dass der Spender und der Bedürftige nicht voneinander wissen.
3. Der Wohltäter weiß, wem er gibt, aber der Arme erfährt nicht von der Identität des Spenders.
4. Der Gebende kennt nicht die Identität des Bedürftigen, aber dieser kennt den Spender.
5. Geben, bevor man gebeten wird.
6. Geben, nachdem man gebeten wird.
7. Zwar nicht ausreichend, aber mit Freundlichkeit geben.
8. Niedrigste Stufe: Mit Unfreundlichkeit geben.

Auch Andreas Nachama befragte ich nach dem Zusammenhang zwischen orthodox-jüdischer Herkunft und dem Glauben an den Kommunismus. Verschmitzt und mit der Formulierungskraft eines großen Rabbiners antwortete er: »Er ist wohl von einer Orthodoxie in die andere geraten!«

Und dann kam auch Professor Nachama auf das Prinzip der *Tzedaka* zu sprechen. Er erzählte von einem aktuellen Erlebnis.

Sein Zahnarzt hatte einem sehr wohlhabenden Patienten ein neues Gebiss angefertigt, diesem aber nicht verraten, was ihn das kosten werde, lediglich, dass sein Honorar »angemessen« sein werde. Der Patient drängte und drängte, er wollte genau wissen, was er zu zahlen hatte. Alles, was der Zahnarzt verriet, war, dass er »beim nächsten Mal« genauer Bescheid geben könne. Beim nächsten Mal sagte er dann dem ungeduldigen Patienten: »Sie zahlen genau so viel, dass ich noch drei Armen, die es sich nicht leisten können, neue Gebisse anfertigen kann.«

Tzedaka!

So schließt sich auch für mich der Kreis.

ANHANG

Danksagung

Viele haben mir bei diesem Buch geholfen, und dafür danke ich ihnen. Besonderer Dank gilt:

Jenny und Robert van Drimmelen. Sie haben mir im Winter 2014 auf 2015 das Studio im Souterrain ihrer Villa in Brüssel für eine symbolische Miete überlassen, sodass ich in Ruhe schreiben konnte. Diesen Dank, so sagten die beiden Holländer, die weiland gegen die Apartheid in Südafrika gekämpft haben, darf ich nur aussprechen, wenn ich erwähne, dass sie es gerne getan haben.

Elma Gaasbeek, bei der »Aktion Sühnezeichen – Friedensdienste« in Brüssel. Sie hat mir nicht nur mit ihrem Beitrag über Onkel Werner (Tom) Angress, sondern auch mit den Kontakten zu der Familie Cohn in Holland geholfen.

Peter Klopfer, für seine »Postkarte« über den Trip zur Westküste.

Jeroen Verhoog und Hans Warmerdam. Die beiden holländischen Historiker haben mir nicht nur ihre Firmenchronik über die Metallfirma Roba, vormals Cohn & Baruch, *Roba – A Passion for Metal* zur Verfügung gestellt, sie haben mich auch sehr freundlich in ihrem Büro für historische Betriebspublikationen in Noordwijk empfangen und in ihrem Archiv intensiv nach weiteren Informationen über die Rolle unserer Tante Ami bei der jüdischen Firma gesucht.

Lianne Kolf, meiner Agentin. Vor gut zehn Jahren erzählte ich ihr über meine Familie und den Widerstand gegen die Nazis.

Beim Namen Leo Bauer horchte sie auf und fragte: »Wer ist das schon wieder?« Meine Antwort war: »Das ist der Mann der Schwester meiner Mutter.« – »Da haben wir doch schon den Titel für ein Buch«, sagte sie entschlossen, und schrieb ihn auf einen kleinen Zettel, der jetzt noch am Bildschirm meines Computers hängt.

Andrea Wörle, der Sachbuch-Cheflektorin von dtv. Ich habe für sie vor einem guten Jahr das Buch von Thomas Harding über seinen Onkel Hanns, *Hanns und Rudolf. Der deutsche Jude und die Jagd nach dem Kommandanten von Auschwitz*, aus dem Englischen übersetzt. Während der Arbeiten musste ich mehrmals mit ihr über Fragen bei der Übersetzung sprechen. Dabei erzählte ich ihr von den Erlebnissen meiner Familie. Eines Tages schlug sie vor: »Schreiben Sie doch Ihre eigene Familiengeschichte.« – Hier ist sie.

Literatur

Die folgende Literaturliste enthält bibliografische Angaben zu den veröffentlichten und unveröffentlichten Werken, die Leo Bauer hinterlassen hat, und zu der im Text zitierten Literatur. Besonders wertvolle Informationen und Quellenangaben haben mir das Buch und der TV-Film über die Ritchie Boys von Christian Bauer und Rebekka Göpfert sowie die Biografie Leo Bauers von Peter Brandt, Jörg Schumacher, Götz Schwarzrock und Klaus Sühl geliefert. Ohne diese Bücher, insbesondere ohne die Biografie Leo Bauers, hätte ich den Spuren des Mannes der Schwester meiner Mutter und dieser deutsch-jüdischen Familie nicht in der Weise folgen können, wie ich es in meinem Buch getan habe. Ich danke den vier Autoren der Biografie ausdrücklich für ihre gründliche und wertvolle Arbeit.

Bauer, Leo, in: *Das Ende einer Utopie, Hingabe und Selbstbefreiung früherer Kommunisten*. Eine Dokumentation im zweigeteilten Deutschland, hrsg. und eingeleitet von Krüger, Horst, Olten und Freiburg, 1963

Bauer, Leo: *Roman-Fragment*, unveröffentlicht

Bauer, Leo: *Häftlingsgespräch*, unveröffentlichtes Manuskript

Bauer, Leo: *Die Partei hat immer recht*, in: Aus Politik und Zeitgeschichte – Beilage zur Wochenzeitung *Das Parlament*, 27/56 vom 4. Juli 1956

Bauer, Leo: *Personalakte* im Archiv der sozialen Demokratie der Friedrich-Ebert-Stiftung, Bonn-Bad Godesberg

Bauer, Leo: Material *Die Neue Gesellschaft* – Unterlagen der Zeitschrift und des Chefredakteurs 1968–1972

A Celebration of Life – Professor Werner Tom Angress, 27. Juni 1920–5. Juli 2010 (Berlin, 2011,© Haus der Wannsee-Konferenz – Gedenk- und Bildungsstätte, Am Großen Wannsee 56–58, 14109 Berlin, *info@ghwk.de*, Tel. +49 (0)30 80 50 01 0)

Angress, Fred: »*Suvival in the Lions' Den*«, unveröffentlichte Broschüre, San Francisco, 1989

Angress, Werner T.: *... immer etwas abseits – Jugenderinnerungen eines jüdischen Berliners 1920–1945*, Edition Hentrich, Berlin, 2005
Bährens, Kurt: *Deutsche in Straflagern und Gefängnissen der Sowjetunion*, München: Wissenschaftl. Kommission f. Dt. Kriegsgefangenengeschichte; 1965
Bauer, Christian/Rebekka Göpfert, *Die Ritchie Boys – Deutsche Emigranten beim US-Geheimdienst*, Hoffmann und Campe, Hamburg, 2005
Bauer, Gitta: *Oral History Interview* des »United States Holocaust Memorial Museum«, zu sehen unter: http://collections.ushmm.org/search/catalog/irn506484
Der Dokumentarfilm von Christian Bauer *The Ritchie Boys* ist als DVD zu finden unter dem Link: http://www.imdb.com/title/tt0435725/
Brandt, Peter/Jörg Schumacher/Götz Schwarzrock/Klaus Sühl, *Karrieren eines Außenseiters – Leo Bauer zwischen Kommunismus und Sozialdemokratie 1912–1972*, Dietz, Berlin-Bonn, 1983
Dulles, Allen W.: *Verschwörung in Deutschland*, Schleben, Kassel, 1949
Giordano, Ralph: *Die Partei hat immer recht*, Kiepenheuer & Witsch, Köln 1961
Grossmann, Kurt R.: *Emigration – Geschichte der Hitler-Flüchtlinge 1933–1945*, EVA, Frankfurt am Main, 1969
Heym, Stefan: *Nachruf*, C. Bertelsmann, München 1988
Hiller, Kurt: *Rote Ritter: Erlebnisse eines Kommunisten*, Ruhr-Verlag, Gelsenkirchen 1952
Hiller, Kurt: *Leben gegen die Zeit*, Rowohlt, Reinbek 1969
Klüger, Ruth: *weiter leben. Eine Jugend*, Wallstein, Göttingen 1992
Koestler, Arthur: *Sonnenfinsternis*, zuletzt Europa-Verlag, München/Hamburg/Wien 2000
Koestler, Arthur: Autobiographische Schriften Bd. 2, *Abschaum der Erde*, Limes Verlag 1993 (Zitat aus Bd. 2, S. 364; mit freundlicher Genehmigung der Verlagsgruppe Langen*Müller*)
Kropat, Wolf-Arno: *Hessen in der Stunde Null 1945/1947*, Hessisches Hauptstaatsarchiv, Wiesbaden 1979
Lewinsky, Charles: *Melnitz*, Nagel & Kimche-Verlag, Zürich, 2006
Lewis, Flora: *Red Pawn: The Story of Noel Field*, Doubleday, Garden City, 1965
Mayer, Hans: *Ein Deutscher auf Widerruf*, Suhrkamp, Frankfurt am Main, 1982 (Zitat aus Bd. 1, S. 270; mit freundlicher Genehmigung des Suhrkamp Verlages)
Moraw, Frank: *Die Parole der »Einheit« und die Sozialdemokratie*, Bonn-Bad Godesberg, 1973

Padover, Saul K.: *Lügendetektor. Vernehmungen im besiegten Deutschland 1944/45*, Eichborn, Frankfurt am Main, 1999
Schmid, Günther: *Entscheidung in Bonn – Die Entstehung der Ost- und Deutschlandpolitik 1969/1970*, Köln, 1979
Schwelien, Maria: *Verführte Jugend im Dritten Reich*, Gerhard-Hess-Verlag, Ulm, 1999
Skorzeny, Otto: *Lebe gefährlich. Deutsche Kommandos im 2. Weltkrieg*, Band 1, 2. Auflage. Cramer, Königswinter, 1973
Wallach-Glaser, Erica: *Licht um Mitternacht. Fünf Jahre in der Welt der Verfemten*, Piper, München, 1969 (Zitate S. 52 und S. 229; mit freundlicher Genehmigung des Piper Verlages)
Warmerdam, Hans, Verhoog & Warmerdam, Bureau voor bedrijfshistorie, Noordwijk, Holland: *70 Years Roba – A Passion for Metal,* auf Niederländisch, fünf Jahre zuvor als *1937–2009 Roba een passie voor metaal,* Noordwijk, ohne Datum, **www.uitgeverijaanzee.nl**